水体污染控制与治理科技重大专项“十三五”成果系列丛书
重点行业水污染全过程控制技术系统与应用（2017ZX07107-001）

排污许可法规汇编及案例分析

常高峰　周元驰　王　婷　主编

中国环境出版集团 · 北京

图书在版编目（CIP）数据

排污许可法规汇编及案例分析/常高峰，周元驰，王婷主编．—北京：中国环境出版集团，2022.2
ISBN 978-7-5111-5051-6

Ⅰ．①排…　Ⅱ．①常…　②周…　③王…　Ⅲ．①排污许可证—法规—汇编—中国②排污许可证—法规—案例—中国　Ⅳ．①D922.683

中国版本图书馆 CIP 数据核字（2022）第 028085 号

出 版 人　武德凯
责任编辑　董蓓蓓
封面设计　彭　杉

出版发行　中国环境出版集团
（100062　北京市东城区广渠门内大街 16 号）
网　　址：http：//www.cesp.com.cn
电子邮箱：bjgl@cesp.com.cn
联系电话：010-67112765（编辑管理部）
010-67113412（第二分社）
发行热线：010-67125803，010-67113405（传真）

印　　刷　北京建宏印刷有限公司
经　　销　各地新华书店
版　　次　2022 年 2 月第 1 版
印　　次　2022 年 2 月第 1 次印刷
开　　本　787×1092　1/16
印　　张　27.5
字　　数　580 千字
定　　价　136.00 元

中国环境出版集团郑重承诺：

中国环境出版集团合作的印刷单位、材料单位均具有中国环境标志产品认证。

序　言

本书对近年来在排污许可相关方面工作进行了整理，针对排污许可证填报及申领过程中的重点问题以典型案例形式进行了分析，可有效帮助企业了解和办理排污许可证，也可为环境管理提供支撑服务。

排污许可制度是国际通行的环境管理制度，也是环境保护管理制度体系的核心之一。20 世纪六七十年代，随着美国环境运动的兴起，诞生了一系列影响深远的环境管理制度。1972 年，随着环境影响评价制度的开展，美国通过《清洁水法》建立了国家污染物排放消除制度（NPDES）许可证项目，1977 年又通过《清洁空气法》建立了新设污染源审查许可证制度（Title V Permit），将排污许可工作推广到大气污染治理范畴，20 世纪 90 年代又将雨水等面源纳入许可证管理（TMDL 计划）。美国的排污许可证制度随着法律、标准、技术的发展，经历了一个从无到有、从小到大，内涵和外延都不断发展的过程，也为各国开展环境管理工作提供了借鉴。

我国排污许可证制度经历了一个长期追赶的过程。2001 年国家环保总局颁布了《淮河和太湖流域排放重点水污染物许可证管理办法（试行）》，2003—2004 年，又开展了环境容量的测算工作和排污许可证的试点工作，尝试建立以环境容量为基础、以排污许可证为主要管理手段、以改善环境质量为目标的污染防治管理体制。

党的十八大以来，以习近平同志为核心的党中央高度重视生态环境保护工作。2013 年，在《关于全面深化改革若干重大问题的决定》中明确要求，完善污染物排放许可制，实行企事业单位污染物排放总量控制制度。按照中央全面深化改革委员会的要求，生态环境部稳步推进排污许可证相关法律法规的制定和发布工作，在多地开展试点积累经验，并逐步形成《排污许可管理条例》《排污许可证管理办法》等一系列法律法规和配套办法，形成了一套严密的排污许可证管理体系。

随着经济发展，在生态环境管理部门和企业的共同努力下，已经通过环境影响评价制度实现了源头管控，通过实施全面达标排放计划实现了末端管控，当前阶段的管理重心已经从“管两头”向着“全过程管理”“精细化管理”转移，环境管理的深度、广度都大大地增加了。环境管理的触角已经从污染物治理设施转向整个生产过程，通过全过程的管控和整体优化来实现污染物进一步减排和环境质量进一步改善。管理思想的转变，意味着管理工作方向的转变，转变就意味着机遇和挑战，势必带动整个管理系统内的环境管理机构、制度随之调整。在工作实践中，企业的环保部门不再偏安一隅，而是主动与生产相结合，全流程掌握生产工序与排放工序的对应关系，详细记录各类台账，为进一步提升环境管理水平提供支撑。

蓝天、碧水、净土就是最好的民生福祉。在“十四五”期间，我国要在生态文明建设方面实现新进步，努力实现生产生活方式绿色转型，能源资源配置更加合理、利用效率大幅提高，主要污染物排放总量持续减少，生态环境持续改善。在全面实行排污许可制的基础上，还将推进排污权、碳排放权等市场化交易。路漫漫其修远兮！愿环保人共同奋斗！

本书由常高峰、周元驰、王婷主编，参加编写的人员还有张宇峰、邓林、王辉、朱志军、马端超、朱津山、王少博、薛宝永、盖龙霜、张喆、魏祥甲、孟凡盛、王震、杨飞、钟元、王坚坚、张涵予、李沛凝等，在编写过程得到孙贻超等多位老师的悉心指导，在此致以衷心的感谢！本书在整理工作经验的同时也借鉴了网络等平台上公开的经验介绍，并在书中加以引用，在此向这些资料的作者表示感谢。本书得到了水体污染控制与治理科技重大专项“天津滨海工业带废水污染控制与生态修复综合示范”项目“天津滨海工业带水污染控制与生态修复顶层设计方案和路线图研究”课题（2017ZX07107-001）的资助。

因编撰时间紧张，人员水平有限，差错在所难免，恳请广大读者提出宝贵意见，使本书不断更新和完善。

2020 年 10 月

目　录

第一篇　法律法规

第二篇　案例分析

第一篇

法律法规

中华人民共和国环境保护法

（1989年12月26日第七届全国人民代表大会常务委员会第十一次会议通过　2014年4月24日第十二届全国人民代表大会常务委员会第八次会议修订）

第一章　总　则

第一条　为保护和改善环境，防治污染和其他公害，保障公众健康，推进生态文明建设，促进经济社会可持续发展，制定本法。

第二条　本法所称环境，是指影响人类生存和发展的各种天然的和经过人工改造的自然因素的总体，包括大气、水、海洋、土地、矿藏、森林、草原、湿地、野生生物、自然遗迹、人文遗迹、自然保护区、风景名胜区、城市和乡村等。

第三条　本法适用于中华人民共和国领域和中华人民共和国管辖的其他海域。

第四条　保护环境是国家的基本国策。

国家采取有利于节约和循环利用资源、保护和改善环境、促进人与自然和谐的经济、技术政策和措施，使经济社会发展与环境保护相协调。

第五条　环境保护坚持保护优先、预防为主、综合治理、公众参与、损害担责的原则。

第六条　一切单位和个人都有保护环境的义务。

地方各级人民政府应当对本行政区域的环境质量负责。

企业事业单位和其他生产经营者应当防止、减少环境污染和生态破坏，对所造成的损害依法承担责任。

公民应当增强环境保护意识，采取低碳、节俭的生活方式，自觉履行环境保护义务。

第七条　国家支持环境保护科学技术研究、开发和应用，鼓励环境保护产业发展，促进环境保护信息化建设，提高环境保护科学技术水平。

第八条　各级人民政府应当加大保护和改善环境、防治污染和其他公害的财政投入，提高财政资金的使用效益。

第九条　各级人民政府应当加强环境保护宣传和普及工作，鼓励基层群众性自治组织、社会组织、环境保护志愿者开展环境保护法律法规和环境保护知识的宣传，营造保护环境的良好风气。

教育行政部门、学校应当将环境保护知识纳入学校教育内容，培养学生的环境保护意识。

新闻媒体应当开展环境保护法律法规和环境保护知识的宣传，对环境违法行为进行舆论监督。

第十条 国务院环境保护主管部门，对全国环境保护工作实施统一监督管理；县级以上地方人民政府环境保护主管部门，对本行政区域环境保护工作实施统一监督管理。

县级以上人民政府有关部门和军队环境保护部门，依照有关法律的规定对资源保护和污染防治等环境保护工作实施监督管理。

第十一条 对保护和改善环境有显著成绩的单位和个人，由人民政府给予奖励。

第十二条 每年 6 月 5 日为环境日。

第二章 监督管理

第十三条 县级以上人民政府应当将环境保护工作纳入国民经济和社会发展规划。

国务院环境保护主管部门会同有关部门，根据国民经济和社会发展规划编制国家环境保护规划，报国务院批准并公布实施。

县级以上地方人民政府环境保护主管部门会同有关部门，根据国家环境保护规划的要求，编制本行政区域的环境保护规划，报同级人民政府批准并公布实施。

环境保护规划的内容应当包括生态保护和污染防治的目标、任务、保障措施等，并与主体功能区规划、土地利用总体规划和城乡规划等相衔接。

第十四条 国务院有关部门和省、自治区、直辖市人民政府组织制定经济、技术政策，应当充分考虑对环境的影响，听取有关方面和专家的意见。

第十五条 国务院环境保护主管部门制定国家环境质量标准。

省、自治区、直辖市人民政府对国家环境质量标准中未作规定的项目，可以制定地方环境质量标准；对国家环境质量标准中已作规定的项目，可以制定严于国家环境质量标准的地方环境质量标准。地方环境质量标准应当报国务院环境保护主管部门备案。

国家鼓励开展环境基准研究。

第十六条 国务院环境保护主管部门根据国家环境质量标准和国家经济、技术条件，制定国家污染物排放标准。

省、自治区、直辖市人民政府对国家污染物排放标准中未作规定的项目，可以制定地方污染物排放标准；对国家污染物排放标准中已作规定的项目，可以制定严于国家污染物排放标准的地方污染物排放标准。地方污染物排放标准应当报国务院环境保护主管部门备案。

第十七条 国家建立、健全环境监测制度。国务院环境保护主管部门制定监测规范，会同有关部门组织监测网络，统一规划国家环境质量监测站（点）的设置，建立监测数据共享机制，加强对环境监测的管理。

有关行业、专业等各类环境质量监测站（点）的设置应当符合法律法规规定和监测规范的要求。

监测机构应当使用符合国家标准的监测设备，遵守监测规范。监测机构及其负责人对监测数据的真实性和准确性负责。

第十八条 省级以上人民政府应当组织有关部门或者委托专业机构，对环境状况进行调查、评价，建立环境资源承载能力监测预警机制。

第十九条 编制有关开发利用规划，建设对环境有影响的项目，应当依法进行环境影响评价。

未依法进行环境影响评价的开发利用规划，不得组织实施；未依法进行环境影响评价的建设项目，不得开工建设。

第二十条 国家建立跨行政区域的重点区域、流域环境污染和生态破坏联合防治协调机制，实行统一规划、统一标准、统一监测、统一的防治措施。

前款规定以外的跨行政区域的环境污染和生态破坏的防治，由上级人民政府协调解决，或者由有关地方人民政府协商解决。

第二十一条 国家采取财政、税收、价格、政府采购等方面的政策和措施，鼓励和支持环境保护技术装备、资源综合利用和环境服务等环境保护产业的发展。

第二十二条 企业事业单位和其他生产经营者，在污染物排放符合法定要求的基础上，进一步减少污染物排放的，人民政府应当依法采取财政、税收、价格、政府采购等方面的政策和措施予以鼓励和支持。

第二十三条 企业事业单位和其他生产经营者，为改善环境，依照有关规定转产、搬迁、关闭的，人民政府应当予以支持。

第二十四条 县级以上人民政府环境保护主管部门及其委托的环境监察机构和其他负有环境保护监督管理职责的部门，有权对排放污染物的企业事业单位和其他生产经营者进行现场检查。被检查者应当如实反映情况，提供必要的资料。实施现场检查的部门、机构及其工作人员应当为被检查者保守商业秘密。

第二十五条 企业事业单位和其他生产经营者违反法律法规规定排放污染物，造成或者可能造成严重污染的，县级以上人民政府环境保护主管部门和其他负有环境保护监督管理职责的部门，可以查封、扣押造成污染物排放的设施、设备。

第二十六条 国家实行环境保护目标责任制和考核评价制度。县级以上人民政府应当将环境保护目标完成情况纳入对本级人民政府负有环境保护监督管理职责的部门及其负责人和下级人民政府及其负责人的考核内容，作为对其考核评价的重要依据。考核结果应当向社会公开。

第二十七条 县级以上人民政府应当每年向本级人民代表大会或者人民代表大会常

务委员会报告环境状况和环境保护目标完成情况，对发生的重大环境事件应当及时向本级人民代表大会常务委员会报告，依法接受监督。

第三章　保护和改善环境

第二十八条　地方各级人民政府应当根据环境保护目标和治理任务，采取有效措施，改善环境质量。

未达到国家环境质量标准的重点区域、流域的有关地方人民政府，应当制定限期达标规划，并采取措施按期达标。

第二十九条　国家在重点生态功能区、生态环境敏感区和脆弱区等区域划定生态保护红线，实行严格保护。

各级人民政府对具有代表性的各种类型的自然生态系统区域，珍稀、濒危的野生动植物自然分布区域，重要的水源涵养区域，具有重大科学文化价值的地质构造、著名溶洞和化石分布区、冰川、火山、温泉等自然遗迹，以及人文遗迹、古树名木，应当采取措施予以保护，严禁破坏。

第三十条　开发利用自然资源，应当合理开发，保护生物多样性，保障生态安全，依法制定有关生态保护和恢复治理方案并予以实施。

引进外来物种以及研究、开发和利用生物技术，应当采取措施，防止对生物多样性的破坏。

第三十一条　国家建立、健全生态保护补偿制度。

国家加大对生态保护地区的财政转移支付力度。有关地方人民政府应当落实生态保护补偿资金，确保其用于生态保护补偿。

国家指导受益地区和生态保护地区人民政府通过协商或者按照市场规则进行生态保护补偿。

第三十二条　国家加强对大气、水、土壤等的保护，建立和完善相应的调查、监测、评估和修复制度。

第三十三条　各级人民政府应当加强对农业环境的保护，促进农业环境保护新技术的使用，加强对农业污染源的监测预警，统筹有关部门采取措施，防治土壤污染和土地沙化、盐渍化、贫瘠化、石漠化、地面沉降以及防治植被破坏、水土流失、水体富营养化、水源枯竭、种源灭绝等生态失调现象，推广植物病虫害的综合防治。

县级、乡级人民政府应当提高农村环境保护公共服务水平，推动农村环境综合整治。

第三十四条　国务院和沿海地方各级人民政府应当加强对海洋环境的保护。向海洋排放污染物、倾倒废弃物，进行海岸工程和海洋工程建设，应当符合法律法规规定和有关标准，防止和减少对海洋环境的污染损害。

第三十五条　城乡建设应当结合当地自然环境的特点，保护植被、水域和自然景观，加强城市园林、绿地和风景名胜区的建设与管理。

第三十六条　国家鼓励和引导公民、法人和其他组织使用有利于保护环境的产品和再生产品，减少废弃物的产生。

国家机关和使用财政资金的其他组织应当优先采购和使用节能、节水、节材等有利于保护环境的产品、设备和设施。

第三十七条　地方各级人民政府应当采取措施，组织对生活废弃物的分类处置、回收利用。

第三十八条　公民应当遵守环境保护法律法规，配合实施环境保护措施，按照规定对生活废弃物进行分类放置，减少日常生活对环境造成的损害。

第三十九条　国家建立、健全环境与健康监测、调查和风险评估制度；鼓励和组织开展环境质量对公众健康影响的研究，采取措施预防和控制与环境污染有关的疾病。

第四章　防治污染和其他公害

第四十条　国家促进清洁生产和资源循环利用。

国务院有关部门和地方各级人民政府应当采取措施，推广清洁能源的生产和使用。

企业应当优先使用清洁能源，采用资源利用率高、污染物排放量少的工艺、设备以及废弃物综合利用技术和污染物无害化处理技术，减少污染物的产生。

第四十一条　建设项目中防治污染的设施，应当与主体工程同时设计、同时施工、同时投产使用。防治污染的设施应当符合经批准的环境影响评价文件的要求，不得擅自拆除或者闲置。

第四十二条　排放污染物的企业事业单位和其他生产经营者，应当采取措施，防治在生产建设或者其他活动中产生的废气、废水、废渣、医疗废物、粉尘、恶臭气体、放射性物质以及噪声、振动、光辐射、电磁辐射等对环境的污染和危害。

排放污染物的企业事业单位，应当建立环境保护责任制度，明确单位负责人和相关人员的责任。

重点排污单位应当按照国家有关规定和监测规范安装使用监测设备，保证监测设备正常运行，保存原始监测记录。

严禁通过暗管、渗井、渗坑、灌注或者篡改、伪造监测数据，或者不正常运行防治污染设施等逃避监管的方式违法排放污染物。

第四十三条　排放污染物的企业事业单位和其他生产经营者，应当按照国家有关规定缴纳排污费。排污费应当全部专项用于环境污染防治，任何单位和个人不得截留、挤占或者挪作他用。

依照法律规定征收环境保护税的，不再征收排污费。

第四十四条　国家实行重点污染物排放总量控制制度。重点污染物排放总量控制指标由国务院下达，省、自治区、直辖市人民政府分解落实。企业事业单位在执行国家和地方污染物排放标准的同时，应当遵守分解落实到本单位的重点污染物排放总量控制指标。

对超过国家重点污染物排放总量控制指标或者未完成国家确定的环境质量目标的地区，省级以上人民政府环境保护主管部门应当暂停审批其新增重点污染物排放总量的建设项目环境影响评价文件。

第四十五条 国家依照法律规定实行排污许可管理制度。

实行排污许可管理的企业事业单位和其他生产经营者应当按照排污许可证的要求排放污染物；未取得排污许可证的，不得排放污染物。

第四十六条 国家对严重污染环境的工艺、设备和产品实行淘汰制度。任何单位和个人不得生产、销售或者转移、使用严重污染环境的工艺、设备和产品。

禁止引进不符合我国环境保护规定的技术、设备、材料和产品。

第四十七条 各级人民政府及其有关部门和企业事业单位，应当依照《中华人民共和国突发事件应对法》的规定，做好突发环境事件的风险控制、应急准备、应急处置和事后恢复等工作。

县级以上人民政府应当建立环境污染公共监测预警机制，组织制定预警方案；环境受到污染，可能影响公众健康和环境安全时，依法及时公布预警信息，启动应急措施。

企业事业单位应当按照国家有关规定制定突发环境事件应急预案，报环境保护主管部门和有关部门备案。在发生或者可能发生突发环境事件时，企业事业单位应当立即采取措施处理，及时通报可能受到危害的单位和居民，并向环境保护主管部门和有关部门报告。

突发环境事件应急处置工作结束后，有关人民政府应当立即组织评估事件造成的环境影响和损失，并及时将评估结果向社会公布。

第四十八条 生产、贮存、运输、销售、使用、处置化学物品和含有放射性物质的物品，应当遵守国家有关规定，防止污染环境。

第四十九条 各级人民政府及其农业等有关部门和机构应当指导农业生产经营者科学种植和养殖，科学合理施用农药、化肥等农业投入品，科学处置农用薄膜、农作物秸秆等农业废弃物，防止农业面源污染。

禁止将不符合农用标准和环境保护标准的固体废物、废水施入农田。施用农药、化肥等农业投入品及进行灌溉，应当采取措施，防止重金属和其他有毒有害物质污染环境。

畜禽养殖场、养殖小区、定点屠宰企业等的选址、建设和管理应当符合有关法律法规规定。从事畜禽养殖和屠宰的单位和个人应当采取措施，对畜禽粪便、尸体和污水等废弃物进行科学处置，防止污染环境。

县级人民政府负责组织农村生活废弃物的处置工作。

第五十条 各级人民政府应当在财政预算中安排资金，支持农村饮用水水源地保护、生活污水和其他废弃物处理、畜禽养殖和屠宰污染防治、土壤污染防治和农村工矿污染治理等环境保护工作。

第五十一条　各级人民政府应当统筹城乡建设污水处理设施及配套管网，固体废物的收集、运输和处置等环境卫生设施，危险废物集中处置设施、场所以及其他环境保护公共设施，并保障其正常运行。

第五十二条　国家鼓励投保环境污染责任保险。

第五章　信息公开和公众参与

第五十三条　公民、法人和其他组织依法享有获取环境信息、参与和监督环境保护的权利。

各级人民政府环境保护主管部门和其他负有环境保护监督管理职责的部门，应当依法公开环境信息、完善公众参与程序，为公民、法人和其他组织参与和监督环境保护提供便利。

第五十四条　国务院环境保护主管部门统一发布国家环境质量、重点污染源监测信息及其他重大环境信息。省级以上人民政府环境保护主管部门定期发布环境状况公报。

县级以上人民政府环境保护主管部门和其他负有环境保护监督管理职责的部门，应当依法公开环境质量、环境监测、突发环境事件以及环境行政许可、行政处罚、排污费的征收和使用情况等信息。

县级以上地方人民政府环境保护主管部门和其他负有环境保护监督管理职责的部门，应当将企业事业单位和其他生产经营者的环境违法信息记入社会诚信档案，及时向社会公布违法者名单。

第五十五条　重点排污单位应当如实向社会公开其主要污染物的名称、排放方式、排放浓度和总量、超标排放情况，以及防治污染设施的建设和运行情况，接受社会监督。

第五十六条　对依法应当编制环境影响报告书的建设项目，建设单位应当在编制时向可能受影响的公众说明情况，充分征求意见。

负责审批建设项目环境影响评价文件的部门在收到建设项目环境影响报告书后，除涉及国家秘密和商业秘密的事项外，应当全文公开；发现建设项目未充分征求公众意见的，应当责成建设单位征求公众意见。

第五十七条　公民、法人和其他组织发现任何单位和个人有污染环境和破坏生态行为的，有权向环境保护主管部门或者其他负有环境保护监督管理职责的部门举报。

公民、法人和其他组织发现地方各级人民政府、县级以上人民政府环境保护主管部门和其他负有环境保护监督管理职责的部门不依法履行职责的，有权向其上级机关或者监察机关举报。

接受举报的机关应当对举报人的相关信息予以保密，保护举报人的合法权益。

第五十八条　对污染环境、破坏生态，损害社会公共利益的行为，符合下列条件的社会组织可以向人民法院提起诉讼：

（一）依法在设区的市级以上人民政府民政部门登记；

（二）专门从事环境保护公益活动连续五年以上且无违法记录。

符合前款规定的社会组织向人民法院提起诉讼，人民法院应当依法受理。

提起诉讼的社会组织不得通过诉讼牟取经济利益。

第六章　法律责任

第五十九条　企业事业单位和其他生产经营者违法排放污染物，受到罚款处罚，被责令改正，拒不改正的，依法作出处罚决定的行政机关可以自责令改正之日的次日起，按照原处罚数额按日连续处罚。

前款规定的罚款处罚，依照有关法律法规按照防治污染设施的运行成本、违法行为造成的直接损失或者违法所得等因素确定的规定执行。

地方性法规可以根据环境保护的实际需要，增加第一款规定的按日连续处罚的违法行为的种类。

第六十条　企业事业单位和其他生产经营者超过污染物排放标准或者超过重点污染物排放总量控制指标排放污染物的，县级以上人民政府环境保护主管部门可以责令其采取限制生产、停产整治等措施；情节严重的，报经有批准权的人民政府批准，责令停业、关闭。

第六十一条　建设单位未依法提交建设项目环境影响评价文件或者环境影响评价文件未经批准，擅自开工建设的，由负有环境保护监督管理职责的部门责令停止建设，处以罚款，并可以责令恢复原状。

第六十二条　违反本法规定，重点排污单位不公开或者不如实公开环境信息的，由县级以上地方人民政府环境保护主管部门责令公开，处以罚款，并予以公告。

第六十三条　企业事业单位和其他生产经营者有下列行为之一，尚不构成犯罪的，除依照有关法律法规规定予以处罚外，由县级以上人民政府环境保护主管部门或者其他有关部门将案件移送公安机关，对其直接负责的主管人员和其他直接责任人员，处十日以上十五日以下拘留；情节较轻的，处五日以上十日以下拘留：

（一）建设项目未依法进行环境影响评价，被责令停止建设，拒不执行的；

（二）违反法律规定，未取得排污许可证排放污染物，被责令停止排污，拒不执行的；

（三）通过暗管、渗井、渗坑、灌注或者篡改、伪造监测数据，或者不正常运行防治污染设施等逃避监管的方式违法排放污染物的；

（四）生产、使用国家明令禁止生产、使用的农药，被责令改正，拒不改正的。

第六十四条　因污染环境和破坏生态造成损害的，应当依照《中华人民共和国侵权责任法》的有关规定承担侵权责任。

第六十五条　环境影响评价机构、环境监测机构以及从事环境监测设备和防治污染设施维护、运营的机构，在有关环境服务活动中弄虚作假，对造成的环境污染和生态破坏负有责任的，除依照有关法律法规规定予以处罚外，还应当与造成环境污染和生态破坏的其他责任者承担连带责任。

第六十六条　提起环境损害赔偿诉讼的时效期间为3年，从当事人知道或者应当知道其受到损害时起计算。

第六十七条　上级人民政府及其环境保护主管部门应当加强对下级人民政府及其有关部门环境保护工作的监督。发现有关工作人员有违法行为，依法应当给予处分的，应当向其任免机关或者监察机关提出处分建议。

依法应当给予行政处罚，而有关环境保护主管部门不给予行政处罚的，上级人民政府环境保护主管部门可以直接作出行政处罚的决定。

第六十八条　地方各级人民政府、县级以上人民政府环境保护主管部门和其他负有环境保护监督管理职责的部门有下列行为之一的，对直接负责的主管人员和其他直接责任人员给予记过、记大过或者降级处分；造成严重后果的，给予撤职或者开除处分，其主要负责人应当引咎辞职：

（一）不符合行政许可条件准予行政许可的；

（二）对环境违法行为进行包庇的；

（三）依法应当作出责令停业、关闭的决定而未作出的；

（四）对超标排放污染物、采用逃避监管的方式排放污染物、造成环境事故以及不落实生态保护措施造成生态破坏等行为，发现或者接到举报未及时查处的；

（五）违反本法规定，查封、扣押企业事业单位和其他生产经营者的设施、设备的；

（六）篡改、伪造或者指使篡改、伪造监测数据的；

（七）应当依法公开环境信息而未公开的；

（八）将征收的排污费截留、挤占或者挪作他用的；

（九）法律法规规定的其他违法行为。

第六十九条　违反本法规定，构成犯罪的，依法追究刑事责任。

第七章　附　则

第七十条　本法自2015年1月1日起施行。

中华人民共和国大气污染防治法

（1987年9月5日第六届全国人民代表大会常务委员会第二十二次会议通过　根据1995年8月29日第八届全国人民代表大会常务委员会第十五次会议《关于修改〈中华人民共和国大气污染防治法〉的决定》第一次修正　2000年4月29日第九届全国人民代表大会常务委员会第十五次会议第一次修订　2015年8月29日第十二届全国人民代表大会常务委员会第十六次会议第二次修订　根据2018年10月26日第十三届全国人民代表大会常务委员会第六次会议《关于修改〈中华人民共和国野生动物保护法〉等十五部法律的决定》第二次修正）

第一章　总　则

第一条　为保护和改善环境，防治大气污染，保障公众健康，推进生态文明建设，促进经济社会可持续发展，制定本法。

第二条　防治大气污染，应当以改善大气环境质量为目标，坚持源头治理，规划先行，转变经济发展方式，优化产业结构和布局，调整能源结构。

防治大气污染，应当加强对燃煤、工业、机动车船、扬尘、农业等大气污染的综合防治，推行区域大气污染联合防治，对颗粒物、二氧化硫、氮氧化物、挥发性有机物、氨等大气污染物和温室气体实施协同控制。

第三条　县级以上人民政府应当将大气污染防治工作纳入国民经济和社会发展规划，加大对大气污染防治的财政投入。

地方各级人民政府应当对本行政区域的大气环境质量负责，制定规划，采取措施，控制或者逐步削减大气污染物的排放量，使大气环境质量达到规定标准并逐步改善。

第四条　国务院生态环境主管部门会同国务院有关部门，按照国务院的规定，对省、自治区、直辖市大气环境质量改善目标、大气污染防治重点任务完成情况进行考核。省、自治区、直辖市人民政府制定考核办法，对本行政区域内地方大气环境质量改善目标、大气污染防治重点任务完成情况实施考核。考核结果应当向社会公开。

第五条　县级以上人民政府生态环境主管部门对大气污染防治实施统一监督管理。

县级以上人民政府其他有关部门在各自职责范围内对大气污染防治实施监督管理。

第六条　国家鼓励和支持大气污染防治科学技术研究，开展对大气污染来源及其变化趋势的分析，推广先进适用的大气污染防治技术和装备，促进科技成果转化，发挥科学技术在大气污染防治中的支撑作用。

第七条　企业事业单位和其他生产经营者应当采取有效措施，防止、减少大气污染，对所造成的损害依法承担责任。

公民应当增强大气环境保护意识，采取低碳、节俭的生活方式，自觉履行大气环境保护义务。

第二章　大气污染防治标准和限期达标规划

第八条　国务院生态环境主管部门或者省、自治区、直辖市人民政府制定大气环境质量标准，应当以保障公众健康和保护生态环境为宗旨，与经济社会发展相适应，做到科学合理。

第九条　国务院生态环境主管部门或者省、自治区、直辖市人民政府制定大气污染物排放标准，应当以大气环境质量标准和国家经济、技术条件为依据。

第十条　制定大气环境质量标准、大气污染物排放标准，应当组织专家进行审查和论证，并征求有关部门、行业协会、企业事业单位和公众等方面的意见。

第十一条　省级以上人民政府生态环境主管部门应当在其网站上公布大气环境质量标准、大气污染物排放标准，供公众免费查阅、下载。

第十二条　大气环境质量标准、大气污染物排放标准的执行情况应当定期进行评估，根据评估结果对标准适时进行修订。

第十三条　制定燃煤、石油焦、生物质燃料、涂料等含挥发性有机物的产品、烟花爆竹以及锅炉等产品的质量标准，应当明确大气环境保护要求。

制定燃油质量标准，应当符合国家大气污染物控制要求，并与国家机动车船、非道路移动机械大气污染物排放标准相互衔接，同步实施。

前款所称非道路移动机械，是指装配有发动机的移动机械和可运输工业设备。

第十四条　未达到国家大气环境质量标准城市的人民政府应当及时编制大气环境质量限期达标规划，采取措施，按照国务院或者省级人民政府规定的期限达到大气环境质量标准。

编制城市大气环境质量限期达标规划，应当征求有关行业协会、企业事业单位、专家和公众等方面的意见。

第十五条　城市大气环境质量限期达标规划应当向社会公开。直辖市和设区的市的大气环境质量限期达标规划应当报国务院生态环境主管部门备案。

第十六条　城市人民政府每年在向本级人民代表大会或者其常务委员会报告环境状况和环境保护目标完成情况时，应当报告大气环境质量限期达标规划执行情况，并向社会公开。

第十七条 城市大气环境质量限期达标规划应当根据大气污染防治的要求和经济、技术条件适时进行评估、修订。

第三章 大气污染防治的监督管理

第十八条 企业事业单位和其他生产经营者建设对大气环境有影响的项目，应当依法进行环境影响评价、公开环境影响评价文件；向大气排放污染物的，应当符合大气污染物排放标准，遵守重点大气污染物排放总量控制要求。

第十九条 排放工业废气或者本法第七十八条规定名录中所列有毒有害大气污染物的企业事业单位、集中供热设施的燃煤热源生产运营单位以及其他依法实行排污许可管理的单位，应当取得排污许可证。排污许可的具体办法和实施步骤由国务院规定。

第二十条 企业事业单位和其他生产经营者向大气排放污染物的，应当依照法律法规和国务院生态环境主管部门的规定设置大气污染物排放口。

禁止通过偷排、篡改或者伪造监测数据、以逃避现场检查为目的的临时停产、非紧急情况下开启应急排放通道、不正常运行大气污染防治设施等逃避监管的方式排放大气污染物。

第二十一条 国家对重点大气污染物排放实行总量控制。

重点大气污染物排放总量控制目标，由国务院生态环境主管部门在征求国务院有关部门和各省、自治区、直辖市人民政府意见后，会同国务院经济综合主管部门报国务院批准并下达实施。

省、自治区、直辖市人民政府应当按照国务院下达的总量控制目标，控制或者削减本行政区域的重点大气污染物排放总量。

确定总量控制目标和分解总量控制指标的具体办法，由国务院生态环境主管部门会同国务院有关部门规定。省、自治区、直辖市人民政府可以根据本行政区域大气污染防治的需要，对国家重点大气污染物之外的其他大气污染物排放实行总量控制。

国家逐步推行重点大气污染物排污权交易。

第二十二条 对超过国家重点大气污染物排放总量控制指标或者未完成国家下达的大气环境质量改善目标的地区，省级以上人民政府生态环境主管部门应当会同有关部门约谈该地区人民政府的主要负责人，并暂停审批该地区新增重点大气污染物排放总量的建设项目环境影响评价文件。约谈情况应当向社会公开。

第二十三条 国务院生态环境主管部门负责制定大气环境质量和大气污染源的监测和评价规范，组织建设与管理全国大气环境质量和大气污染源监测网，组织开展大气环境质量和大气污染源监测，统一发布全国大气环境质量状况信息。

县级以上地方人民政府生态环境主管部门负责组织建设与管理本行政区域大气环境质量和大气污染源监测网，开展大气环境质量和大气污染源监测，统一发布本行政区域大气环境质量状况信息。

第二十四条　企业事业单位和其他生产经营者应当按照国家有关规定和监测规范，对其排放的工业废气和本法第七十八条规定名录中所列有毒有害大气污染物进行监测，并保存原始监测记录。其中，重点排污单位应当安装、使用大气污染物排放自动监测设备，与生态环境主管部门的监控设备联网，保证监测设备正常运行并依法公开排放信息。监测的具体办法和重点排污单位的条件由国务院生态环境主管部门规定。

重点排污单位名录由设区的市级以上地方人民政府生态环境主管部门按照国务院生态环境主管部门的规定，根据本行政区域的大气环境承载力、重点大气污染物排放总量控制指标的要求以及排污单位排放大气污染物的种类、数量和浓度等因素，商有关部门确定，并向社会公布。

第二十五条　重点排污单位应当对自动监测数据的真实性和准确性负责。生态环境主管部门发现重点排污单位的大气污染物排放自动监测设备传输数据异常，应当及时进行调查。

第二十六条　禁止侵占、损毁或者擅自移动、改变大气环境质量监测设施和大气污染物排放自动监测设备。

第二十七条　国家对严重污染大气环境的工艺、设备和产品实行淘汰制度。

国务院经济综合主管部门会同国务院有关部门确定严重污染大气环境的工艺、设备和产品淘汰期限，并纳入国家综合性产业政策目录。

生产者、进口者、销售者或者使用者应当在规定期限内停止生产、进口、销售或者使用列入前款规定目录中的设备和产品。工艺的采用者应当在规定期限内停止采用列入前款规定目录中的工艺。

被淘汰的设备和产品，不得转让给他人使用。

第二十八条　国务院生态环境主管部门会同有关部门，建立和完善大气污染损害评估制度。

第二十九条　生态环境主管部门及其环境执法机构和其他负有大气环境保护监督管理职责的部门，有权通过现场检查监测、自动监测、遥感监测、远红外摄像等方式，对排放大气污染物的企业事业单位和其他生产经营者进行监督检查。被检查者应当如实反映情况，提供必要的资料。实施检查的部门、机构及其工作人员应当为被检查者保守商业秘密。

第三十条　企业事业单位和其他生产经营者违反法律法规规定排放大气污染物，造成或者可能造成严重大气污染，或者有关证据可能灭失或者被隐匿的，县级以上人民政府生态环境主管部门和其他负有大气环境保护监督管理职责的部门，可以对有关设施、设备、物品采取查封、扣押等行政强制措施。

第三十一条　生态环境主管部门和其他负有大气环境保护监督管理职责的部门应当公布举报电话、电子邮箱等，方便公众举报。

生态环境主管部门和其他负有大气环境保护监督管理职责的部门接到举报的，应当及时处理并对举报人的相关信息予以保密；对实名举报的，应当反馈处理结果等情况，查证属实的，处理结果依法向社会公开，并对举报人给予奖励。

举报人举报所在单位的，该单位不得以解除、变更劳动合同或者其他方式对举报人进行打击报复。

第四章　大气污染防治措施

第一节　燃煤和其他能源污染防治

第三十二条　国务院有关部门和地方各级人民政府应当采取措施，调整能源结构，推广清洁能源的生产和使用；优化煤炭使用方式，推广煤炭清洁高效利用，逐步降低煤炭在一次能源消费中的比重，减少煤炭生产、使用、转化过程中的大气污染物排放。

第三十三条　国家推行煤炭洗选加工，降低煤炭的硫分和灰分，限制高硫分、高灰分煤炭的开采。新建煤矿应当同步建设配套的煤炭洗选设施，使煤炭的硫分、灰分含量达到规定标准；已建成的煤矿除所采煤炭属于低硫分、低灰分或者根据已达标排放的燃煤电厂要求不需要洗选的以外，应当限期建成配套的煤炭洗选设施。

禁止开采含放射性和砷等有毒有害物质超过规定标准的煤炭。

第三十四条　国家采取有利于煤炭清洁高效利用的经济、技术政策和措施，鼓励和支持洁净煤技术的开发和推广。

国家鼓励煤矿企业等采用合理、可行的技术措施，对煤层气进行开采利用，对煤矸石进行综合利用。从事煤层气开采利用的，煤层气排放应当符合有关标准规范。

第三十五条　国家禁止进口、销售和燃用不符合质量标准的煤炭，鼓励燃用优质煤炭。

单位存放煤炭、煤矸石、煤渣、煤灰等物料，应当采取防燃措施，防止大气污染。

第三十六条　地方各级人民政府应当采取措施，加强民用散煤的管理，禁止销售不符合民用散煤质量标准的煤炭，鼓励居民燃用优质煤炭和洁净型煤，推广节能环保型炉灶。

第三十七条　石油炼制企业应当按照燃油质量标准生产燃油。

禁止进口、销售和燃用不符合质量标准的石油焦。

第三十八条　城市人民政府可以划定并公布高污染燃料禁燃区，并根据大气环境质量改善要求，逐步扩大高污染燃料禁燃区范围。高污染燃料的目录由国务院生态环境主管部门确定。

在禁燃区内，禁止销售、燃用高污染燃料；禁止新建、扩建燃用高污染燃料的设施，已建成的，应当在城市人民政府规定的期限内改用天然气、页岩气、液化石油气、电或者其他清洁能源。

第三十九条　城市建设应当统筹规划，在燃煤供热地区，推进热电联产和集中供热。

在集中供热管网覆盖地区，禁止新建、扩建分散燃煤供热锅炉；已建成的不能达标排放的燃煤供热锅炉，应当在城市人民政府规定的期限内拆除。

第四十条　县级以上人民政府市场监督管理部门应当会同生态环境主管部门对锅炉生产、进口、销售和使用环节执行环境保护标准或者要求的情况进行监督检查；不符合环境保护标准或者要求的，不得生产、进口、销售和使用。

第四十一条　燃煤电厂和其他燃煤单位应当采用清洁生产工艺，配套建设除尘、脱硫、脱硝等装置，或者采取技术改造等其他控制大气污染物排放的措施。

国家鼓励燃煤单位采用先进的除尘、脱硫、脱硝、脱汞等大气污染物协同控制的技术和装置，减少大气污染物的排放。

第四十二条　电力调度应当优先安排清洁能源发电上网。

第二节　工业污染防治

第四十三条　钢铁、建材、有色金属、石油、化工等企业生产过程中排放粉尘、硫化物和氮氧化物的，应当采用清洁生产工艺，配套建设除尘、脱硫、脱硝等装置，或者采取技术改造等其他控制大气污染物排放的措施。

第四十四条　生产、进口、销售和使用含挥发性有机物的原材料和产品的，其挥发性有机物含量应当符合质量标准或者要求。

国家鼓励生产、进口、销售和使用低毒、低挥发性有机溶剂。

第四十五条　产生含挥发性有机物废气的生产和服务活动，应当在密闭空间或者设备中进行，并按照规定安装、使用污染防治设施；无法密闭的，应当采取措施减少废气排放。

第四十六条　工业涂装企业应当使用低挥发性有机物含量的涂料，并建立台账，记录生产原料、辅料的使用量、废弃量、去向以及挥发性有机物含量。台账保存期限不得少于三年。

第四十七条　石油、化工以及其他生产和使用有机溶剂的企业，应当采取措施对管道、设备进行日常维护、维修，减少物料泄漏，对泄漏的物料应当及时收集处理。

储油储气库、加油加气站、原油成品油码头、原油成品油运输船舶和油罐车、气罐车等，应当按照国家有关规定安装油气回收装置并保持正常使用。

第四十八条　钢铁、建材、有色金属、石油、化工、制药、矿产开采等企业，应当加强精细化管理，采取集中收集处理等措施，严格控制粉尘和气态污染物的排放。

工业生产企业应当采取密闭、围挡、遮盖、清扫、洒水等措施，减少内部物料的堆存、传输、装卸等环节产生的粉尘和气态污染物的排放。

第四十九条　工业生产、垃圾填埋或者其他活动产生的可燃性气体应当回收利用，不具备回收利用条件的，应当进行污染防治处理。

可燃性气体回收利用装置不能正常作业的，应当及时修复或者更新。在回收利用装置不能正常作业期间确需排放可燃性气体的，应当将排放的可燃性气体充分燃烧或者采取其他控制大气污染物排放的措施，并向当地生态环境主管部门报告，按照要求限期修复或者更新。

第三节　机动车船等污染防治

第五十条　国家倡导低碳、环保出行，根据城市规划合理控制燃油机动车保有量，大力发展城市公共交通，提高公共交通出行比例。

国家采取财政、税收、政府采购等措施推广应用节能环保型和新能源机动车船、非道路移动机械，限制高油耗、高排放机动车船、非道路移动机械的发展，减少化石能源的消耗。

省、自治区、直辖市人民政府可以在条件具备的地区，提前执行国家机动车大气污染物排放标准中相应阶段排放限值，并报国务院生态环境主管部门备案。

城市人民政府应当加强并改善城市交通管理，优化道路设置，保障人行道和非机动车道的连续、畅通。

第五十一条　机动车船、非道路移动机械不得超过标准排放大气污染物。

禁止生产、进口或者销售大气污染物排放超过标准的机动车船、非道路移动机械。

第五十二条　机动车、非道路移动机械生产企业应当对新生产的机动车和非道路移动机械进行排放检验。经检验合格的，方可出厂销售。检验信息应当向社会公开。

省级以上人民政府生态环境主管部门可以通过现场检查、抽样检测等方式，加强对新生产、销售机动车和非道路移动机械大气污染物排放状况的监督检查。工业、市场监督管理等有关部门予以配合。

第五十三条　在用机动车应当按照国家或者地方的有关规定，由机动车排放检验机构定期对其进行排放检验。经检验合格的，方可上道路行驶。未经检验合格的，公安机关交通管理部门不得核发安全技术检验合格标志。

县级以上地方人民政府生态环境主管部门可以在机动车集中停放地、维修地对在用机动车的大气污染物排放状况进行监督抽测；在不影响正常通行的情况下，可以通过遥感监测等技术手段对在道路上行驶的机动车的大气污染物排放状况进行监督抽测，公安机关交通管理部门予以配合。

第五十四条　机动车排放检验机构应当依法通过计量认证，使用经依法检定合格的机动车排放检验设备，按照国务院生态环境主管部门制定的规范，对机动车进行排放检验，并与生态环境主管部门联网，实现检验数据实时共享。机动车排放检验机构及其负责人对检验数据的真实性和准确性负责。

生态环境主管部门和认证认可监督管理部门应当对机动车排放检验机构的排放检验情况进行监督检查。

第五十五条 机动车生产、进口企业应当向社会公布其生产、进口机动车车型的排放检验信息、污染控制技术信息和有关维修技术信息。

机动车维修单位应当按照防治大气污染的要求和国家有关技术规范对在用机动车进行维修，使其达到规定的排放标准。交通运输、生态环境主管部门应当依法加强监督管理。

禁止机动车所有人以临时更换机动车污染控制装置等弄虚作假的方式通过机动车排放检验。禁止机动车维修单位提供该类维修服务。禁止破坏机动车车载排放诊断系统。

第五十六条 生态环境主管部门应当会同交通运输、住房城乡建设、农业行政、水行政等有关部门对非道路移动机械的大气污染物排放状况进行监督检查，排放不合格的，不得使用。

第五十七条 国家倡导环保驾驶，鼓励燃油机动车驾驶人在不影响道路通行且需停车三分钟以上的情况下熄灭发动机，减少大气污染物的排放。

第五十八条 国家建立机动车和非道路移动机械环境保护召回制度。

生产、进口企业获知机动车、非道路移动机械排放大气污染物超过标准，属于设计、生产缺陷或者不符合规定的环境保护耐久性要求的，应当召回；未召回的，由国务院市场监督管理部门会同国务院生态环境主管部门责令其召回。

第五十九条 在用重型柴油车、非道路移动机械未安装污染控制装置或者污染控制装置不符合要求，不能达标排放的，应当加装或者更换符合要求的污染控制装置。

第六十条 在用机动车排放大气污染物超过标准的，应当进行维修；经维修或者采用污染控制技术后，大气污染物排放仍不符合国家在用机动车排放标准的，应当强制报废。其所有人应当将机动车交售给报废机动车回收拆解企业，由报废机动车回收拆解企业按照国家有关规定进行登记、拆解、销毁等处理。

国家鼓励和支持高排放机动车船、非道路移动机械提前报废。

第六十一条 城市人民政府可以根据大气环境质量状况，划定并公布禁止使用高排放非道路移动机械的区域。

第六十二条 船舶检验机构对船舶发动机及有关设备进行排放检验。经检验符合国家排放标准的，船舶方可运营。

第六十三条 内河和江海直达船舶应当使用符合标准的普通柴油。远洋船舶靠港后应当使用符合大气污染物控制要求的船舶用燃油。

新建码头应当规划、设计和建设岸基供电设施；已建成的码头应当逐步实施岸基供电设施改造。船舶靠港后应当优先使用岸电。

第六十四条 国务院交通运输主管部门可以在沿海海域划定船舶大气污染物排放控制区，进入排放控制区的船舶应当符合船舶相关排放要求。

第六十五条 禁止生产、进口、销售不符合标准的机动车船、非道路移动机械用燃料；禁止向汽车和摩托车销售普通柴油以及其他非机动车用燃料；禁止向非道路移动机械、内河和江海直达船舶销售渣油和重油。

第六十六条 发动机油、氮氧化物还原剂、燃料和润滑油添加剂以及其他添加剂的有害物质含量和其他大气环境保护指标，应当符合有关标准的要求，不得损害机动车船污染控制装置效果和耐久性，不得增加新的大气污染物排放。

第六十七条 国家积极推进民用航空器的大气污染防治，鼓励在设计、生产、使用过程中采取有效措施减少大气污染物排放。

民用航空器应当符合国家规定的适航标准中的有关发动机排出物要求。

第四节 扬尘污染防治

第六十八条 地方各级人民政府应当加强对建设施工和运输的管理，保持道路清洁，控制料堆和渣土堆放，扩大绿地、水面、湿地和地面铺装面积，防治扬尘污染。

住房城乡建设、市容环境卫生、交通运输、国土资源等有关部门，应当根据本级人民政府确定的职责，做好扬尘污染防治工作。

第六十九条 建设单位应当将防治扬尘污染的费用列入工程造价，并在施工承包合同中明确施工单位扬尘污染防治责任。施工单位应当制定具体的施工扬尘污染防治实施方案。

从事房屋建筑、市政基础设施建设、河道整治以及建筑物拆除等施工单位，应当向负责监督管理扬尘污染防治的主管部门备案。

施工单位应当在施工工地设置硬质围挡，并采取覆盖、分段作业、择时施工、洒水抑尘、冲洗地面和车辆等有效防尘降尘措施。建筑土方、工程渣土、建筑垃圾应当及时清运；在场地内堆存的，应当采用密闭式防尘网遮盖。工程渣土、建筑垃圾应当进行资源化处理。

施工单位应当在施工工地公示扬尘污染防治措施、负责人、扬尘监督管理主管部门等信息。

暂时不能开工的建设用地，建设单位应当对裸露地面进行覆盖；超过三个月的，应当进行绿化、铺装或者遮盖。

第七十条 运输煤炭、垃圾、渣土、砂石、土方、灰浆等散装、流体物料的车辆应当采取密闭或者其他措施防止物料遗撒造成扬尘污染，并按照规定路线行驶。

装卸物料应当采取密闭或者喷淋等方式防治扬尘污染。

城市人民政府应当加强道路、广场、停车场和其他公共场所的清扫保洁管理，推行清洁动力机械化清扫等低尘作业方式，防治扬尘污染。

第七十一条 市政河道以及河道沿线、公共用地的裸露地面以及其他城镇裸露地面，有关部门应当按照规划组织实施绿化或者透水铺装。

第七十二条 贮存煤炭、煤矸石、煤渣、煤灰、水泥、石灰、石膏、砂土等易产生扬尘的物料应当密闭；不能密闭的，应当设置不低于堆放物高度的严密围挡，并采取有效覆盖措施防治扬尘污染。

码头、矿山、填埋场和消纳场应当实施分区作业，并采取有效措施防治扬尘污染。

第五节 农业和其他污染防治

第七十三条 地方各级人民政府应当推动转变农业生产方式，发展农业循环经济，加大对废弃物综合处理的支持力度，加强对农业生产经营活动排放大气污染物的控制。

第七十四条 农业生产经营者应当改进施肥方式，科学合理施用化肥并按照国家有关规定使用农药，减少氨、挥发性有机物等大气污染物的排放。

禁止在人口集中地区对树木、花草喷洒剧毒、高毒农药。

第七十五条 畜禽养殖场、养殖小区应当及时对污水、畜禽粪便和尸体等进行收集、贮存、清运和无害化处理，防止排放恶臭气体。

第七十六条 各级人民政府及其农业行政等有关部门应当鼓励和支持采用先进适用技术，对秸秆、落叶等进行肥料化、饲料化、能源化、工业原料化、食用菌基料化等综合利用，加大对秸秆还田、收集一体化农业机械的财政补贴力度。

县级人民政府应当组织建立秸秆收集、贮存、运输和综合利用服务体系，采用财政补贴等措施支持农村集体经济组织、农民专业合作经济组织、企业等开展秸秆收集、贮存、运输和综合利用服务。

第七十七条 省、自治区、直辖市人民政府应当划定区域，禁止露天焚烧秸秆、落叶等产生烟尘污染的物质。

第七十八条 国务院生态环境主管部门应当会同国务院卫生行政部门，根据大气污染物对公众健康和生态环境的危害和影响程度，公布有毒有害大气污染物名录，实行风险管理。

排放前款规定名录中所列有毒有害大气污染物的企业事业单位，应当按照国家有关规定建设环境风险预警体系，对排放口和周边环境进行定期监测，评估环境风险，排查环境安全隐患，并采取有效措施防范环境风险。

第七十九条 向大气排放持久性有机污染物的企业事业单位和其他生产经营者以及废弃物焚烧设施的运营单位，应当按照国家有关规定，采取有利于减少持久性有机污染物排放的技术方法和工艺，配备有效的净化装置，实现达标排放。

第八十条 企业事业单位和其他生产经营者在生产经营活动中产生恶臭气体的，应当科学选址，设置合理的防护距离，并安装净化装置或者采取其他措施，防止排放恶臭气体。

第八十一条 排放油烟的餐饮服务业经营者应当安装油烟净化设施并保持正常使用，或者采取其他油烟净化措施，使油烟达标排放，并防止对附近居民的正常生活环境造成污染。

禁止在居民住宅楼、未配套设立专用烟道的商住综合楼以及商住综合楼内与居住层相邻的商业楼层内新建、改建、扩建产生油烟、异味、废气的餐饮服务项目。

任何单位和个人不得在当地人民政府禁止的区域内露天烧烤食品或者为露天烧烤食品提供场地。

第八十二条 禁止在人口集中地区和其他依法需要特殊保护的区域内焚烧沥青、油毡、橡胶、塑料、皮革、垃圾以及其他产生有毒有害烟尘和恶臭气体的物质。

禁止生产、销售和燃放不符合质量标准的烟花爆竹。任何单位和个人不得在城市人民政府禁止的时段和区域内燃放烟花爆竹。

第八十三条 国家鼓励和倡导文明、绿色祭祀。

火葬场应当设置除尘等污染防治设施并保持正常使用，防止影响周边环境。

第八十四条 从事服装干洗和机动车维修等服务活动的经营者，应当按照国家有关标准或者要求设置异味和废气处理装置等污染防治设施并保持正常使用，防止影响周边环境。

第八十五条 国家鼓励、支持消耗臭氧层物质替代品的生产和使用，逐步减少直至停止消耗臭氧层物质的生产和使用。

国家对消耗臭氧层物质的生产、使用、进出口实行总量控制和配额管理。具体办法由国务院规定。

第五章 重点区域大气污染联合防治

第八十六条 国家建立重点区域大气污染联防联控机制，统筹协调重点区域内大气污染防治工作。国务院生态环境主管部门根据主体功能区划、区域大气环境质量状况和大气污染传输扩散规律，划定国家大气污染防治重点区域，报国务院批准。

重点区域内有关省、自治区、直辖市人民政府应当确定牵头的地方人民政府，定期召开联席会议，按照统一规划、统一标准、统一监测、统一的防治措施的要求，开展大气污染联合防治，落实大气污染防治目标责任。国务院生态环境主管部门应当加强指导、督促。

省、自治区、直辖市可以参照第一款规定划定本行政区域的大气污染防治重点区域。

第八十七条 国务院生态环境主管部门会同国务院有关部门、国家大气污染防治重点区域内有关省、自治区、直辖市人民政府，根据重点区域经济社会发展和大气环境承载力，制定重点区域大气污染联合防治行动计划，明确控制目标，优化区域经济布局，统筹交通管理，发展清洁能源，提出重点防治任务和措施，促进重点区域大气环境质量改善。

第八十八条 国务院经济综合主管部门会同国务院生态环境主管部门，结合国家大气污染防治重点区域产业发展实际和大气环境质量状况，进一步提高环境保护、能耗、安全、质量等要求。

重点区域内有关省、自治区、直辖市人民政府应当实施更严格的机动车大气污染物排放标准，统一在用机动车检验方法和排放限值，并配套供应合格的车用燃油。

第八十九条　编制可能对国家大气污染防治重点区域的大气环境造成严重污染的有关工业园区、开发区、区域产业和发展等规划，应当依法进行环境影响评价。规划编制机关应当与重点区域内有关省、自治区、直辖市人民政府或者有关部门会商。

重点区域内有关省、自治区、直辖市建设可能对相邻省、自治区、直辖市大气环境质量产生重大影响的项目，应当及时通报有关信息，进行会商。

会商意见及其采纳情况作为环境影响评价文件审查或者审批的重要依据。

第九十条　国家大气污染防治重点区域内新建、改建、扩建用煤项目的，应当实行煤炭的等量或者减量替代。

第九十一条　国务院生态环境主管部门应当组织建立国家大气污染防治重点区域的大气环境质量监测、大气污染源监测等相关信息共享机制，利用监测、模拟以及卫星、航测、遥感等新技术分析重点区域内大气污染来源及其变化趋势，并向社会公开。

第九十二条　国务院生态环境主管部门和国家大气污染防治重点区域内有关省、自治区、直辖市人民政府可以组织有关部门开展联合执法、跨区域执法、交叉执法。

第六章　重污染天气应对

第九十三条　国家建立重污染天气监测预警体系。

国务院生态环境主管部门会同国务院气象主管机构等有关部门、国家大气污染防治重点区域内有关省、自治区、直辖市人民政府，建立重点区域重污染天气监测预警机制，统一预警分级标准。可能发生区域重污染天气的，应当及时向重点区域内有关省、自治区、直辖市人民政府通报。

省、自治区、直辖市、设区的市人民政府生态环境主管部门会同气象主管机构等有关部门建立本行政区域重污染天气监测预警机制。

第九十四条　县级以上地方人民政府应当将重污染天气应对纳入突发事件应急管理体系。

省、自治区、直辖市、设区的市人民政府以及可能发生重污染天气的县级人民政府，应当制定重污染天气应急预案，向上一级人民政府生态环境主管部门备案，并向社会公布。

第九十五条　省、自治区、直辖市、设区的市人民政府生态环境主管部门应当会同气象主管机构建立会商机制，进行大气环境质量预报。可能发生重污染天气的，应当及时向本级人民政府报告。省、自治区、直辖市、设区的市人民政府依据重污染天气预报信息，进行综合研判，确定预警等级并及时发出预警。预警等级根据情况变化及时调整。任何单位和个人不得擅自向社会发布重污染天气预报预警信息。

预警信息发布后，人民政府及其有关部门应当通过电视、广播、网络、短信等途径告知公众采取健康防护措施，指导公众出行和调整其他相关社会活动。

第九十六条　县级以上地方人民政府应当依据重污染天气的预警等级，及时启动应急预案，根据应急需要可以采取责令有关企业停产或者限产、限制部分机动车行驶、禁止燃放烟花爆竹、停止工地土石方作业和建筑物拆除施工、停止露天烧烤、停止幼儿园和学校组织的户外活动、组织开展人工影响天气作业等应急措施。

应急响应结束后，人民政府应当及时开展应急预案实施情况的评估，适时修改完善应急预案。

第九十七条 发生造成大气污染的突发环境事件，人民政府及其有关部门和相关企业事业单位，应当依照《中华人民共和国突发事件应对法》《中华人民共和国环境保护法》的规定，做好应急处置工作。生态环境主管部门应当及时对突发环境事件产生的大气污染物进行监测，并向社会公布监测信息。

第七章 法律责任

第九十八条 违反本法规定，以拒绝进入现场等方式拒不接受生态环境主管部门及其环境执法机构或者其他负有大气环境保护监督管理职责的部门的监督检查，或者在接受监督检查时弄虚作假的，由县级以上人民政府生态环境主管部门或者其他负有大气环境保护监督管理职责的部门责令改正，处二万元以上二十万元以下的罚款；构成违反治安管理行为的，由公安机关依法予以处罚。

第九十九条 违反本法规定，有下列行为之一的，由县级以上人民政府生态环境主管部门责令改正或者限制生产、停产整治，并处十万元以上一百万元以下的罚款；情节严重的，报经有批准权的人民政府批准，责令停业、关闭：

（一）未依法取得排污许可证排放大气污染物的；

（二）超过大气污染物排放标准或者超过重点大气污染物排放总量控制指标排放大气污染物的；

（三）通过逃避监管的方式排放大气污染物的。

第一百条 违反本法规定，有下列行为之一的，由县级以上人民政府生态环境主管部门责令改正，处二万元以上二十万元以下的罚款；拒不改正的，责令停产整治：

（一）侵占、损毁或者擅自移动、改变大气环境质量监测设施或者大气污染物排放自动监测设备的；

（二）未按照规定对所排放的工业废气和有毒有害大气污染物进行监测并保存原始监测记录的；

（三）未按照规定安装、使用大气污染物排放自动监测设备或者未按照规定与生态环境主管部门的监控设备联网，并保证监测设备正常运行的；

（四）重点排污单位不公开或者不如实公开自动监测数据的；

（五）未按照规定设置大气污染物排放口的。

第一百零一条 违反本法规定，生产、进口、销售或者使用国家综合性产业政策目录中禁止的设备和产品，采用国家综合性产业政策目录中禁止的工艺，或者将淘汰的设备和产品转让给他人使用的，由县级以上人民政府经济综合主管部门、海关按照职责责令改正，没收违法所得，并处货值金额一倍以上三倍以下的罚款；拒不改正的，报经有批准权的人民政府批准，责令停业、关闭。进口行为构成走私的，由海关依法予以处罚。

第一百零二条 违反本法规定，煤矿未按照规定建设配套煤炭洗选设施的，由县级以上人民政府能源主管部门责令改正，处十万元以上一百万元以下的罚款；拒不改正的，报经有批准权的人民政府批准，责令停业、关闭。

违反本法规定，开采含放射性和砷等有毒有害物质超过规定标准的煤炭的，由县级以上人民政府按照国务院规定的权限责令停业、关闭。

第一百零三条 违反本法规定，有下列行为之一的，由县级以上地方人民政府市场监督管理部门责令改正，没收原材料、产品和违法所得，并处货值金额一倍以上三倍以下的罚款：

（一）销售不符合质量标准的煤炭、石油焦的；

（二）生产、销售挥发性有机物含量不符合质量标准或者要求的原材料和产品的；

（三）生产、销售不符合标准的机动车船和非道路移动机械用燃料、发动机油、氮氧化物还原剂、燃料和润滑油添加剂以及其他添加剂的；

（四）在禁燃区内销售高污染燃料的。

第一百零四条 违反本法规定，有下列行为之一的，由海关责令改正，没收原材料、产品和违法所得，并处货值金额一倍以上三倍以下的罚款；构成走私的，由海关依法予以处罚：

（一）进口不符合质量标准的煤炭、石油焦的；

（二）进口挥发性有机物含量不符合质量标准或者要求的原材料和产品的；

（三）进口不符合标准的机动车船和非道路移动机械用燃料、发动机油、氮氧化物还原剂、燃料和润滑油添加剂以及其他添加剂的。

第一百零五条 违反本法规定，单位燃用不符合质量标准的煤炭、石油焦的，由县级以上人民政府生态环境主管部门责令改正，处货值金额一倍以上三倍以下的罚款。

第一百零六条 违反本法规定，使用不符合标准或者要求的船舶用燃油的，由海事管理机构、渔业主管部门按照职责处一万元以上十万元以下的罚款。

第一百零七条 违反本法规定，在禁燃区内新建、扩建燃用高污染燃料的设施，或者未按照规定停止燃用高污染燃料，或者在城市集中供热管网覆盖地区新建、扩建分散燃煤供热锅炉，或者未按照规定拆除已建成的不能达标排放的燃煤供热锅炉的，由县级以上地方人民政府生态环境主管部门没收燃用高污染燃料的设施，组织拆除燃煤供热锅炉，并处二万元以上二十万元以下的罚款。

违反本法规定，生产、进口、销售或者使用不符合规定标准或者要求的锅炉，由县级以上人民政府市场监督管理、生态环境主管部门责令改正，没收违法所得，并处二万元以上二十万元以下的罚款。

第一百零八条 违反本法规定，有下列行为之一的，由县级以上人民政府生态环境主管部门责令改正，处二万元以上二十万元以下的罚款；拒不改正的，责令停产整治：

（一）产生含挥发性有机物废气的生产和服务活动，未在密闭空间或者设备中进行，未按照规定安装、使用污染防治设施，或者未采取减少废气排放措施的；

（二）工业涂装企业未使用低挥发性有机物含量涂料或者未建立、保存台账的；

（三）石油、化工以及其他生产和使用有机溶剂的企业，未采取措施对管道、设备进行日常维护、维修，减少物料泄漏或者对泄漏的物料未及时收集处理的；

（四）储油储气库、加油加气站和油罐车、气罐车等，未按照国家有关规定安装并正常使用油气回收装置的；

（五）钢铁、建材、有色金属、石油、化工、制药、矿产开采等企业，未采取集中收集处理、密闭、围挡、遮盖、清扫、洒水等措施，控制、减少粉尘和气态污染物排放的；

（六）工业生产、垃圾填埋或者其他活动中产生的可燃性气体未回收利用，不具备回收利用条件未进行防治污染处理，或者可燃性气体回收利用装置不能正常作业，未及时修复或者更新的。

第一百零九条 违反本法规定，生产超过污染物排放标准的机动车、非道路移动机械的，由省级以上人民政府生态环境主管部门责令改正，没收违法所得，并处货值金额一倍以上三倍以下的罚款，没收销毁无法达到污染物排放标准的机动车、非道路移动机械；拒不改正的，责令停产整治，并由国务院机动车生产主管部门责令停止生产该车型。

违反本法规定，机动车、非道路移动机械生产企业对发动机、污染控制装置弄虚作假、以次充好，冒充排放检验合格产品出厂销售的，由省级以上人民政府生态环境主管部门责令停产整治，没收违法所得，并处货值金额一倍以上三倍以下的罚款，没收销毁无法达到污染物排放标准的机动车、非道路移动机械，并由国务院机动车生产主管部门责令停止生产该车型。

第一百一十条 违反本法规定，进口、销售超过污染物排放标准的机动车、非道路移动机械的，由县级以上人民政府市场监督管理部门、海关按照职责没收违法所得，并处货值金额一倍以上三倍以下的罚款，没收销毁无法达到污染物排放标准的机动车、非道路移动机械；进口行为构成走私的，由海关依法予以处罚。

违反本法规定，销售的机动车、非道路移动机械不符合污染物排放标准的，销售者应当负责修理、更换、退货；给购买者造成损失的，销售者应当赔偿损失。

第一百一十一条 违反本法规定，机动车生产、进口企业未按照规定向社会公布其生产、进口机动车车型的排放检验信息或者污染控制技术信息的，由省级以上人民政府生态环境主管部门责令改正，处五万元以上五十万元以下的罚款。

违反本法规定，机动车生产、进口企业未按照规定向社会公布其生产、进口机动车车型的有关维修技术信息的，由省级以上人民政府交通运输主管部门责令改正，处五万元以上五十万元以下的罚款。

第一百一十二条　违反本法规定，伪造机动车、非道路移动机械排放检验结果或者出具虚假排放检验报告的，由县级以上人民政府生态环境主管部门没收违法所得，并处十万元以上五十万元以下的罚款；情节严重的，由负责资质认定的部门取消其检验资格。

违反本法规定，伪造船舶排放检验结果或者出具虚假排放检验报告的，由海事管理机构依法予以处罚。

违反本法规定，以临时更换机动车污染控制装置等弄虚作假的方式通过机动车排放检验或者破坏机动车车载排放诊断系统的，由县级以上人民政府生态环境主管部门责令改正，对机动车所有人处五千元的罚款；对机动车维修单位处每辆机动车五千元的罚款。

第一百一十三条　违反本法规定，机动车驾驶人驾驶排放检验不合格的机动车上道路行驶的，由公安机关交通管理部门依法予以处罚。

第一百一十四条　违反本法规定，使用排放不合格的非道路移动机械，或者在用重型柴油车、非道路移动机械未按照规定加装、更换污染控制装置的，由县级以上人民政府生态环境等主管部门按照职责责令改正，处五千元的罚款。

违反本法规定，在禁止使用高排放非道路移动机械的区域使用高排放非道路移动机械的，由城市人民政府生态环境等主管部门依法予以处罚。

第一百一十五条　违反本法规定，施工单位有下列行为之一的，由县级以上人民政府住房城乡建设等主管部门按照职责责令改正，处一万元以上十万元以下的罚款；拒不改正的，责令停工整治：

（一）施工工地未设置硬质围挡，或者未采取覆盖、分段作业、择时施工、洒水抑尘、冲洗地面和车辆等有效防尘降尘措施的；

（二）建筑土方、工程渣土、建筑垃圾未及时清运，或者未采用密闭式防尘网遮盖的。

违反本法规定，建设单位未对暂时不能开工的建设用地的裸露地面进行覆盖，或者未对超过三个月不能开工的建设用地的裸露地面进行绿化、铺装或者遮盖的，由县级以上人民政府住房城乡建设等主管部门依照前款规定予以处罚。

第一百一十六条　违反本法规定，运输煤炭、垃圾、渣土、砂石、土方、灰浆等散装、流体物料的车辆，未采取密闭或者其他措施防止物料遗撒的，由县级以上地方人民政府确定的监督管理部门责令改正，处二千元以上二万元以下的罚款；拒不改正的，车辆不得上道路行驶。

第一百一十七条　违反本法规定，有下列行为之一的，由县级以上人民政府生态环境等主管部门按照职责责令改正，处一万元以上十万元以下的罚款；拒不改正的，责令停工整治或者停业整治：

（一）未密闭煤炭、煤矸石、煤渣、煤灰、水泥、石灰、石膏、砂土等易产生扬尘的物料的；

（二）对不能密闭的易产生扬尘的物料，未设置不低于堆放物高度的严密围挡，或者未采取有效覆盖措施防治扬尘污染的；

（三）装卸物料未采取密闭或者喷淋等方式控制扬尘排放的；

（四）存放煤炭、煤矸石、煤渣、煤灰等物料，未采取防燃措施的；

（五）码头、矿山、填埋场和消纳场未采取有效措施防治扬尘污染的；

（六）排放有毒有害大气污染物名录中所列有毒有害大气污染物的企业事业单位，未按照规定建设环境风险预警体系或者对排放口和周边环境进行定期监测、排查环境安全隐患并采取有效措施防范环境风险的；

（七）向大气排放持久性有机污染物的企业事业单位和其他生产经营者以及废弃物焚烧设施的运营单位，未按照国家有关规定采取有利于减少持久性有机污染物排放的技术方法和工艺，配备净化装置的；

（八）未采取措施防止排放恶臭气体的。

第一百一十八条 违反本法规定，排放油烟的餐饮服务业经营者未安装油烟净化设施、不正常使用油烟净化设施或者未采取其他油烟净化措施，超过排放标准排放油烟的，由县级以上地方人民政府确定的监督管理部门责令改正，处五千元以上五万元以下的罚款；拒不改正的，责令停业整治。

违反本法规定，在居民住宅楼、未配套设立专用烟道的商住综合楼、商住综合楼内与居住层相邻的商业楼层内新建、改建、扩建产生油烟、异味、废气的餐饮服务项目的，由县级以上地方人民政府确定的监督管理部门责令改正；拒不改正的，予以关闭，并处一万元以上十万元以下的罚款。

违反本法规定，在当地人民政府禁止的时段和区域内露天烧烤食品或者为露天烧烤食品提供场地的，由县级以上地方人民政府确定的监督管理部门责令改正，没收烧烤工具和违法所得，并处五百元以上二万元以下的罚款。

第一百一十九条 违反本法规定，在人口集中地区对树木、花草喷洒剧毒、高毒农药，或者露天焚烧秸秆、落叶等产生烟尘污染的物质的，由县级以上地方人民政府确定的监督管理部门责令改正，并可以处五百元以上二千元以下的罚款。

违反本法规定，在人口集中地区和其他依法需要特殊保护的区域内，焚烧沥青、油毡、橡胶、塑料、皮革、垃圾以及其他产生有毒有害烟尘和恶臭气体的物质的，由县级人民政府确定的监督管理部门责令改正，对单位处一万元以上十万元以下的罚款，对个人处五百元以上二千元以下的罚款。

违反本法规定，在城市人民政府禁止的时段和区域内燃放烟花爆竹的，由县级以上地方人民政府确定的监督管理部门依法予以处罚。

第一百二十条　违反本法规定，从事服装干洗和机动车维修等服务活动，未设置异味和废气处理装置等污染防治设施并保持正常使用，影响周边环境的，由县级以上地方人民政府生态环境主管部门责令改正，处二千元以上二万元以下的罚款；拒不改正的，责令停业整治。

第一百二十一条　违反本法规定，擅自向社会发布重污染天气预报预警信息，构成违反治安管理行为的，由公安机关依法予以处罚。

违反本法规定，拒不执行停止工地土石方作业或者建筑物拆除施工等重污染天气应急措施的，由县级以上地方人民政府确定的监督管理部门处一万元以上十万元以下的罚款。

第一百二十二条　违反本法规定，造成大气污染事故的，由县级以上人民政府生态环境主管部门依照本条第二款的规定处以罚款；对直接负责的主管人员和其他直接责任人员可以处上一年度从本企业事业单位取得收入百分之五十以下的罚款。

对造成一般或者较大大气污染事故的，按照污染事故造成直接损失的一倍以上三倍以下计算罚款；对造成重大或者特大大气污染事故的，按照污染事故造成的直接损失的三倍以上五倍以下计算罚款。

第一百二十三条　违反本法规定，企业事业单位和其他生产经营者有下列行为之一，受到罚款处罚，被责令改正，拒不改正的，依法作出处罚决定的行政机关可以自责令改正之日的次日起，按照原处罚数额按日连续处罚：

（一）未依法取得排污许可证排放大气污染物的；

（二）超过大气污染物排放标准或者超过重点大气污染物排放总量控制指标排放大气污染物的；

（三）通过逃避监管的方式排放大气污染物的；

（四）建筑施工或者贮存易产生扬尘的物料未采取有效措施防治扬尘污染的。

第一百二十四条　违反本法规定，对举报人以解除、变更劳动合同或者其他方式打击报复的，应当依照有关法律的规定承担责任。

第一百二十五条　排放大气污染物造成损害的，应当依法承担侵权责任。

第一百二十六条　地方各级人民政府、县级以上人民政府生态环境主管部门和其他负有大气环境保护监督管理职责的部门及其工作人员滥用职权、玩忽职守、徇私舞弊、弄虚作假的，依法给予处分。

第一百二十七条　违反本法规定，构成犯罪的，依法追究刑事责任。

第八章　附　则

第一百二十八条　海洋工程的大气污染防治，依照《中华人民共和国海洋环境保护法》的有关规定执行。

第一百二十九条　本法自 2016 年 1 月 1 日起施行。

中华人民共和国水污染防治法

（1984 年 5 月 11 日第六届全国人民代表大会常务委员会第五次会议通过　根据 1996 年 5 月 15 日第八届全国人民代表大会常务委员会第十九次会议《关于修改〈中华人民共和国水污染防治法〉的决定》第一次修正　2008 年 2 月 28 日第十届全国人民代表大会常务委员会第三十二次会议修订　根据 2017 年 6 月 27 日第十二届全国人民代表大会常务委员会第二十八次会议《关于修改〈中华人民共和国水污染防治法〉的决定》第二次修正）

第一章　总　则

第一条　为了保护和改善环境，防治水污染，保护水生态，保障饮用水安全，维护公众健康，推进生态文明建设，促进经济社会可持续发展，制定本法。

第二条　本法适用于中华人民共和国领域内的江河、湖泊、运河、渠道、水库等地表水体以及地下水体的污染防治。

海洋污染防治适用《中华人民共和国海洋环境保护法》。

第三条　水污染防治应当坚持预防为主、防治结合、综合治理的原则，优先保护饮用水水源，严格控制工业污染、城镇生活污染，防治农业面源污染，积极推进生态治理工程建设，预防、控制和减少水环境污染和生态破坏。

第四条　县级以上人民政府应当将水环境保护工作纳入国民经济和社会发展规划。

地方各级人民政府对本行政区域的水环境质量负责，应当及时采取措施防治水污染。

第五条　省、市、县、乡建立河长制，分级分段组织领导本行政区域内江河、湖泊的水资源保护、水域岸线管理、水污染防治、水环境治理等工作。

第六条　国家实行水环境保护目标责任制和考核评价制度，将水环境保护目标完成情况作为对地方人民政府及其负责人考核评价的内容。

第七条　国家鼓励、支持水污染防治的科学技术研究和先进适用技术的推广应用，加强水环境保护的宣传教育。

第八条　国家通过财政转移支付等方式，建立健全对位于饮用水水源保护区区域和江河、湖泊、水库上游地区的水环境生态保护补偿机制。

第九条　县级以上人民政府环境保护主管部门对水污染防治实施统一监督管理。

交通主管部门的海事管理机构对船舶污染水域的防治实施监督管理。

县级以上人民政府水行政、国土资源、卫生、建设、农业、渔业等部门以及重要江河、湖泊的流域水资源保护机构，在各自的职责范围内，对有关水污染防治实施监督管理。

第十条　排放水污染物，不得超过国家或者地方规定的水污染物排放标准和重点水污染物排放总量控制指标。

第十一条　任何单位和个人都有义务保护水环境，并有权对污染损害水环境的行为进行检举。

县级以上人民政府及其有关主管部门对在水污染防治工作中做出显著成绩的单位和个人给予表彰和奖励。

第二章　水污染防治的标准和规划

第十二条　国务院环境保护主管部门制定国家水环境质量标准。

省、自治区、直辖市人民政府可以对国家水环境质量标准中未作规定的项目，制定地方标准，并报国务院环境保护主管部门备案。

第十三条　国务院环境保护主管部门会同国务院水行政主管部门和有关省、自治区、直辖市人民政府，可以根据国家确定的重要江河、湖泊流域水体的使用功能以及有关地区的经济、技术条件，确定该重要江河、湖泊流域的省界水体适用的水环境质量标准，报国务院批准后施行。

第十四条　国务院环境保护主管部门根据国家水环境质量标准和国家经济、技术条件，制定国家水污染物排放标准。

省、自治区、直辖市人民政府对国家水污染物排放标准中未作规定的项目，可以制定地方水污染物排放标准；对国家水污染物排放标准中已作规定的项目，可以制定严于国家水污染物排放标准的地方水污染物排放标准。地方水污染物排放标准须报国务院环境保护主管部门备案。

向已有地方水污染物排放标准的水体排放污染物的，应当执行地方水污染物排放标准。

第十五条　国务院环境保护主管部门和省、自治区、直辖市人民政府，应当根据水污染防治的要求和国家或者地方的经济、技术条件，适时修订水环境质量标准和水污染物排放标准。

第十六条　防治水污染应当按流域或者按区域进行统一规划。国家确定的重要江河、湖泊的流域水污染防治规划，由国务院环境保护主管部门会同国务院经济综合宏观调控、水行政等部门和有关省、自治区、直辖市人民政府编制，报国务院批准。

前款规定外的其他跨省、自治区、直辖市江河、湖泊的流域水污染防治规划，根据国家确定的重要江河、湖泊的流域水污染防治规划和本地实际情况，由有关省、自治区、直辖市人民政府环境保护主管部门会同同级水行政等部门和有关市、县人民政府编制，经有关省、自治区、直辖市人民政府审核，报国务院批准。

省、自治区、直辖市内跨县江河、湖泊的流域水污染防治规划，根据国家确定的重要江河、湖泊的流域水污染防治规划和本地实际情况，由省、自治区、直辖市人民政府环境保护主管部门会同同级水行政等部门编制，报省、自治区、直辖市人民政府批准，并报国务院备案。

经批准的水污染防治规划是防治水污染的基本依据，规划的修订须经原批准机关批准。

县级以上地方人民政府应当根据依法批准的江河、湖泊的流域水污染防治规划，组织制定本行政区域的水污染防治规划。

第十七条 有关市、县级人民政府应当按照水污染防治规划确定的水环境质量改善目标的要求，制定限期达标规划，采取措施按期达标。

有关市、县级人民政府应当将限期达标规划报上一级人民政府备案，并向社会公开。

第十八条 市、县级人民政府每年在向本级人民代表大会或者其常务委员会报告环境状况和环境保护目标完成情况时，应当报告水环境质量限期达标规划执行情况，并向社会公开。

第三章 水污染防治的监督管理

第十九条 新建、改建、扩建直接或者间接向水体排放污染物的建设项目和其他水上设施，应当依法进行环境影响评价。

建设单位在江河、湖泊新建、改建、扩建排污口的，应当取得水行政主管部门或者流域管理机构同意；涉及通航、渔业水域的，环境保护主管部门在审批环境影响评价文件时，应当征求交通、渔业主管部门的意见。

建设项目的水污染防治设施，应当与主体工程同时设计、同时施工、同时投入使用。水污染防治设施应当符合经批准或者备案的环境影响评价文件的要求。

第二十条 国家对重点水污染物排放实施总量控制制度。

重点水污染物排放总量控制指标，由国务院环境保护主管部门在征求国务院有关部门和各省、自治区、直辖市人民政府意见后，会同国务院经济综合宏观调控部门报国务院批准并下达实施。

省、自治区、直辖市人民政府应当按照国务院的规定削减和控制本行政区域的重点水污染物排放总量。具体办法由国务院环境保护主管部门会同国务院有关部门规定。

省、自治区、直辖市人民政府可以根据本行政区域水环境质量状况和水污染防治工作的需要，对国家重点水污染物之外的其他水污染物排放实行总量控制。

对超过重点水污染物排放总量控制指标或者未完成水环境质量改善目标的地区，省级以上人民政府环境保护主管部门应当会同有关部门约谈该地区人民政府的主要负责人，并暂停审批新增重点水污染物排放总量的建设项目的环境影响评价文件。约谈情况应当向社会公开。

第二十一条　直接或者间接向水体排放工业废水和医疗污水以及其他按照规定应当取得排污许可证方可排放的废水、污水的企业事业单位和其他生产经营者，应当取得排污许可证；城镇污水集中处理设施的运营单位，也应当取得排污许可证。排污许可证应当明确排放水污染物的种类、浓度、总量和排放去向等要求。排污许可的具体办法由国务院规定。

禁止企业事业单位和其他生产经营者无排污许可证或者违反排污许可证的规定向水体排放前款规定的废水、污水。

第二十二条　向水体排放污染物的企业事业单位和其他生产经营者，应当按照法律、行政法规和国务院环境保护主管部门的规定设置排污口；在江河、湖泊设置排污口的，还应当遵守国务院水行政主管部门的规定。

第二十三条　实行排污许可管理的企业事业单位和其他生产经营者应当按照国家有关规定和监测规范，对所排放的水污染物自行监测，并保存原始监测记录。重点排污单位还应当安装水污染物排放自动监测设备，与环境保护主管部门的监控设备联网，并保证监测设备正常运行。具体办法由国务院环境保护主管部门规定。

应当安装水污染物排放自动监测设备的重点排污单位名录，由设区的市级以上地方人民政府环境保护主管部门根据本行政区域的环境容量、重点水污染物排放总量控制指标的要求以及排污单位排放水污染物的种类、数量和浓度等因素，商同级有关部门确定。

第二十四条　实行排污许可管理的企业事业单位和其他生产经营者应当对监测数据的真实性和准确性负责。

环境保护主管部门发现重点排污单位的水污染物排放自动监测设备传输数据异常，应当及时进行调查。

第二十五条　国家建立水环境质量监测和水污染物排放监测制度。国务院环境保护主管部门负责制定水环境监测规范，统一发布国家水环境状况信息，会同国务院水行政等部门组织监测网络，统一规划国家水环境质量监测站（点）的设置，建立监测数据共享机制，加强对水环境监测的管理。

第二十六条　国家确定的重要江河、湖泊流域的水资源保护工作机构负责监测其所在流域的省界水体的水环境质量状况，并将监测结果及时报国务院环境保护主管部门和国务院水行政主管部门；有经国务院批准成立的流域水资源保护领导机构的，应当将监测结果及时报告流域水资源保护领导机构。

第二十七条　国务院有关部门和县级以上地方人民政府开发、利用和调节、调度水资源时，应当统筹兼顾，维持江河的合理流量和湖泊、水库以及地下水体的合理水位，保障基本生态用水，维护水体的生态功能。

第二十八条 国务院环境保护主管部门应当会同国务院水行政等部门和有关省、自治区、直辖市人民政府，建立重要江河、湖泊的流域水环境保护联合协调机制，实行统一规划、统一标准、统一监测、统一的防治措施。

第二十九条 国务院环境保护主管部门和省、自治区、直辖市人民政府环境保护主管部门应当会同同级有关部门根据流域生态环境功能需要，明确流域生态环境保护要求，组织开展流域环境资源承载能力监测、评价，实施流域环境资源承载能力预警。

县级以上地方人民政府应当根据流域生态环境功能需要，组织开展江河、湖泊、湿地保护与修复，因地制宜建设人工湿地、水源涵养林、沿河沿湖植被缓冲带和隔离带等生态环境治理与保护工程，整治黑臭水体，提高流域环境资源承载能力。

从事开发建设活动，应当采取有效措施，维护流域生态环境功能，严守生态保护红线。

第三十条 环境保护主管部门和其他依照本法规定行使监督管理权的部门，有权对管辖范围内的排污单位进行现场检查，被检查的单位应当如实反映情况，提供必要的资料。检查机关有义务为被检查的单位保守在检查中获取的商业秘密。

第三十一条 跨行政区域的水污染纠纷，由有关地方人民政府协商解决，或者由其共同的上级人民政府协调解决。

第四章 水污染防治措施

第一节 一般规定

第三十二条 国务院环境保护主管部门应当会同国务院卫生主管部门，根据对公众健康和生态环境的危害和影响程度，公布有毒有害水污染物名录，实行风险管理。

排放前款规定名录中所列有毒有害水污染物的企业事业单位和其他生产经营者，应当对排污口和周边环境进行监测，评估环境风险，排查环境安全隐患，并公开有毒有害水污染物信息，采取有效措施防范环境风险。

第三十三条 禁止向水体排放油类、酸液、碱液或者剧毒废液。

禁止在水体清洗装贮过油类或者有毒污染物的车辆和容器。

第三十四条 禁止向水体排放、倾倒放射性固体废物或者含有高放射性和中放射性物质的废水。

向水体排放含低放射性物质的废水，应当符合国家有关放射性污染防治的规定和标准。

第三十五条 向水体排放含热废水，应当采取措施，保证水体的水温符合水环境质量标准。

第三十六条 含病原体的污水应当经过消毒处理；符合国家有关标准后，方可排放。

第三十七条 禁止向水体排放、倾倒工业废渣、城镇垃圾和其他废弃物。

禁止将含有汞、镉、砷、铬、铅、氰化物、黄磷等的可溶性剧毒废渣向水体排放、倾倒或者直接埋入地下。

存放可溶性剧毒废渣的场所，应当采取防水、防渗漏、防流失的措施。

第三十八条 禁止在江河、湖泊、运河、渠道、水库最高水位线以下的滩地和岸坡堆放、存贮固体废物和其他污染物。

第三十九条 禁止利用渗井、渗坑、裂隙、溶洞，私设暗管，篡改、伪造监测数据，或者不正常运行水污染防治设施等逃避监管的方式排放水污染物。

第四十条 化学品生产企业以及工业集聚区、矿山开采区、尾矿库、危险废物处置场、垃圾填埋场等的运营、管理单位，应当采取防渗漏等措施，并建设地下水水质监测井进行监测，防止地下水污染。

加油站等的地下油罐应当使用双层罐或者采取建造防渗池等其他有效措施，并进行防渗漏监测，防止地下水污染。

禁止利用无防渗漏措施的沟渠、坑塘等输送或者存贮含有毒污染物的废水、含病原体的污水和其他废弃物。

第四十一条 多层地下水的含水层水质差异大的，应当分层开采；对已受污染的潜水和承压水，不得混合开采。

第四十二条 兴建地下工程设施或者进行地下勘探、采矿等活动，应当采取防护性措施，防止地下水污染。

报废矿井、钻井或者取水井等，应当实施封井或者回填。

第四十三条 人工回灌补给地下水，不得恶化地下水质。

第二节 工业水污染防治

第四十四条 国务院有关部门和县级以上地方人民政府应当合理规划工业布局，要求造成水污染的企业进行技术改造，采取综合防治措施，提高水的重复利用率，减少废水和污染物排放量。

第四十五条 排放工业废水的企业应当采取有效措施，收集和处理产生的全部废水，防止污染环境。含有毒有害水污染物的工业废水应当分类收集和处理，不得稀释排放。

工业集聚区应当配套建设相应的污水集中处理设施，安装自动监测设备，与环境保护主管部门的监控设备联网，并保证监测设备正常运行。

向污水集中处理设施排放工业废水的，应当按照国家有关规定进行预处理，达到集中处理设施处理工艺要求后方可排放。

第四十六条 国家对严重污染水环境的落后工艺和设备实行淘汰制度。

国务院经济综合宏观调控部门会同国务院有关部门，公布限期禁止采用的严重污染水环境的工艺名录和限期禁止生产、销售、进口、使用的严重污染水环境的设备名录。

生产者、销售者、进口者或者使用者应当在规定的期限内停止生产、销售、进口或者使用列入前款规定的设备名录中的设备。工艺的采用者应当在规定的期限内停止采用列入前款规定的工艺名录中的工艺。

依照本条第二款、第三款规定被淘汰的设备，不得转让给他人使用。

第四十七条 国家禁止新建不符合国家产业政策的小型造纸、制革、印染、染料、炼焦、炼硫、炼砷、炼汞、炼油、电镀、农药、石棉、水泥、玻璃、钢铁、火电以及其他严重污染水环境的生产项目。

第四十八条 企业应当采用原材料利用效率高、污染物排放量少的清洁工艺，并加强管理，减少水污染物的产生。

第三节 城镇水污染防治

第四十九条 城镇污水应当集中处理。

县级以上地方人民政府应当通过财政预算和其他渠道筹集资金，统筹安排建设城镇污水集中处理设施及配套管网，提高本行政区域城镇污水的收集率和处理率。

国务院建设主管部门应当会同国务院经济综合宏观调控、环境保护主管部门，根据城乡规划和水污染防治规划，组织编制全国城镇污水处理设施建设规划。县级以上地方人民政府组织建设、经济综合宏观调控、环境保护、水行政等部门编制本行政区域的城镇污水处理设施建设规划。县级以上地方人民政府建设主管部门应当按照城镇污水处理设施建设规划，组织建设城镇污水集中处理设施及配套管网，并加强对城镇污水集中处理设施运营的监督管理。

城镇污水集中处理设施的运营单位按照国家规定向排污者提供污水处理的有偿服务，收取污水处理费用，保证污水集中处理设施的正常运行。收取的污水处理费用应当用于城镇污水集中处理设施的建设运行和污泥处理处置，不得挪作他用。

城镇污水集中处理设施的污水处理收费、管理以及使用的具体办法，由国务院规定。

第五十条 向城镇污水集中处理设施排放水污染物，应当符合国家或者地方规定的水污染物排放标准。

城镇污水集中处理设施的运营单位，应当对城镇污水集中处理设施的出水水质负责。

环境保护主管部门应当对城镇污水集中处理设施的出水水质和水量进行监督检查。

第五十一条 城镇污水集中处理设施的运营单位或者污泥处理处置单位应当安全处理处置污泥，保证处理处置后的污泥符合国家标准，并对污泥的去向等进行记录。

第四节 农业和农村水污染防治

第五十二条 国家支持农村污水、垃圾处理设施的建设，推进农村污水、垃圾集中处理。

地方各级人民政府应当统筹规划建设农村污水、垃圾处理设施，并保障其正常运行。

第五十三条　制定化肥、农药等产品的质量标准和使用标准，应当适应水环境保护要求。

第五十四条　使用农药，应当符合国家有关农药安全使用的规定和标准。

运输、存贮农药和处置过期失效农药，应当加强管理，防止造成水污染。

第五十五条　县级以上地方人民政府农业主管部门和其他有关部门，应当采取措施，指导农业生产者科学、合理地施用化肥和农药，推广测土配方施肥技术和高效低毒低残留农药，控制化肥和农药的过量使用，防止造成水污染。

第五十六条　国家支持畜禽养殖场、养殖小区建设畜禽粪便、废水的综合利用或者无害化处理设施。

畜禽养殖场、养殖小区应当保证其畜禽粪便、废水的综合利用或者无害化处理设施正常运转，保证污水达标排放，防止污染水环境。

畜禽散养密集区所在地县、乡级人民政府应当组织对畜禽粪便污水进行分户收集、集中处理利用。

第五十七条　从事水产养殖应当保护水域生态环境，科学确定养殖密度，合理投饵和使用药物，防止污染水环境。

第五十八条　农田灌溉用水应当符合相应的水质标准，防止污染土壤、地下水和农产品。

禁止向农田灌溉渠道排放工业废水或者医疗污水。向农田灌溉渠道排放城镇污水以及未综合利用的畜禽养殖废水、农产品加工废水的，应当保证其下游最近的灌溉取水点的水质符合农田灌溉水质标准。

第五节　船舶水污染防治

第五十九条　船舶排放含油污水、生活污水，应当符合船舶污染物排放标准。从事海洋航运的船舶进入内河和港口的，应当遵守内河的船舶污染物排放标准。

船舶的残油、废油应当回收，禁止排入水体。

禁止向水体倾倒船舶垃圾。

船舶装载运输油类或者有毒货物，应当采取防止溢流和渗漏的措施，防止货物落水造成水污染。

进入中华人民共和国内河的国际航线船舶排放压载水的，应当采用压载水处理装置或者采取其他等效措施，对压载水进行灭活等处理。禁止排放不符合规定的船舶压载水。

第六十条　船舶应当按照国家有关规定配置相应的防污设备和器材，并持有合法有效的防止水域环境污染的证书与文书。

船舶进行涉及污染物排放的作业，应当严格遵守操作规程，并在相应的记录簿上如实记载。

第六十一条 港口、码头、装卸站和船舶修造厂所在地市、县级人民政府应当统筹规划建设船舶污染物、废弃物的接收、转运及处理处置设施。

港口、码头、装卸站和船舶修造厂应当备有足够的船舶污染物、废弃物的接收设施。从事船舶污染物、废弃物接收作业，或者从事装载油类、污染危害性货物船舱清洗作业的单位，应当具备与其运营规模相适应的接收处理能力。

第六十二条 船舶及有关作业单位从事有污染风险的作业活动，应当按照有关法律法规和标准，采取有效措施，防止造成水污染。海事管理机构、渔业主管部门应当加强对船舶及有关作业活动的监督管理。

船舶进行散装液体污染危害性货物的过驳作业，应当编制作业方案，采取有效的安全和污染防治措施，并报作业地海事管理机构批准。

禁止采取冲滩方式进行船舶拆解作业。

第五章　饮用水水源和其他特殊水体保护

第六十三条 国家建立饮用水水源保护区制度。饮用水水源保护区分为一级保护区和二级保护区；必要时，可以在饮用水水源保护区外围划定一定的区域作为准保护区。

饮用水水源保护区的划定，由有关市、县人民政府提出划定方案，报省、自治区、直辖市人民政府批准；跨市、县饮用水水源保护区的划定，由有关市、县人民政府协商提出划定方案，报省、自治区、直辖市人民政府批准；协商不成的，由省、自治区、直辖市人民政府环境保护主管部门会同同级水行政、国土资源、卫生、建设等部门提出划定方案，征求同级有关部门的意见后，报省、自治区、直辖市人民政府批准。

跨省、自治区、直辖市的饮用水水源保护区，由有关省、自治区、直辖市人民政府商有关流域管理机构划定；协商不成的，由国务院环境保护主管部门会同同级水行政、国土资源、卫生、建设等部门提出划定方案，征求国务院有关部门的意见后，报国务院批准。

国务院和省、自治区、直辖市人民政府可以根据保护饮用水水源的实际需要，调整饮用水水源保护区的范围，确保饮用水安全。有关地方人民政府应当在饮用水水源保护区的边界设立明确的地理界标和明显的警示标志。

第六十四条 在饮用水水源保护区内，禁止设置排污口。

第六十五条 禁止在饮用水水源一级保护区内新建、改建、扩建与供水设施和保护水源无关的建设项目；已建成的与供水设施和保护水源无关的建设项目，由县级以上人民政府责令拆除或者关闭。

禁止在饮用水水源一级保护区内从事网箱养殖、旅游、游泳、垂钓或者其他可能污染饮用水水体的活动。

第六十六条 禁止在饮用水水源二级保护区内新建、改建、扩建排放污染物的建设项目；已建成的排放污染物的建设项目，由县级以上人民政府责令拆除或者关闭。

在饮用水水源二级保护区内从事网箱养殖、旅游等活动的，应当按照规定采取措施，防止污染饮用水水体。

第六十七条 禁止在饮用水水源准保护区内新建、扩建对水体污染严重的建设项目；改建建设项目，不得增加排污量。

第六十八条 县级以上地方人民政府应当根据保护饮用水水源的实际需要，在准保护区内采取工程措施或者建造湿地、水源涵养林等生态保护措施，防止水污染物直接排入饮用水水体，确保饮用水安全。

第六十九条 县级以上地方人民政府应当组织环境保护等部门，对饮用水水源保护区、地下水型饮用水源的补给区及供水单位周边区域的环境状况和污染风险进行调查评估，筛查可能存在的污染风险因素，并采取相应的风险防范措施。

饮用水水源受到污染可能威胁供水安全的，环境保护主管部门应当责令有关企业事业单位和其他生产经营者采取停止排放水污染物等措施，并通报饮用水供水单位和供水、卫生、水行政等部门；跨行政区域的，还应当通报相关地方人民政府。

第七十条 单一水源供水城市的人民政府应当建设应急水源或者备用水源，有条件的地区可以开展区域联网供水。

县级以上地方人民政府应当合理安排、布局农村饮用水水源，有条件的地区可以采取城镇供水管网延伸或者建设跨村、跨乡镇联片集中供水工程等方式，发展规模集中供水。

第七十一条 饮用水供水单位应当做好取水口和出水口的水质检测工作。发现取水口水质不符合饮用水水源水质标准或者出水口水质不符合饮用水卫生标准的，应当及时采取相应措施，并向所在地市、县级人民政府供水主管部门报告。供水主管部门接到报告后，应当通报环境保护、卫生、水行政等部门。

饮用水供水单位应当对供水水质负责，确保供水设施安全可靠运行，保证供水水质符合国家有关标准。

第七十二条 县级以上地方人民政府应当组织有关部门监测、评估本行政区域内饮用水水源、供水单位供水和用户水龙头出水的水质等饮用水安全状况。

县级以上地方人民政府有关部门应当至少每季度向社会公开一次饮用水安全状况信息。

第七十三条 国务院和省、自治区、直辖市人民政府根据水环境保护的需要，可以规定在饮用水水源保护区内，采取禁止或者限制使用含磷洗涤剂、化肥、农药以及限制种植养殖等措施。

第七十四条 县级以上人民政府可以对风景名胜区水体、重要渔业水体和其他具有特殊经济文化价值的水体划定保护区，并采取措施，保证保护区的水质符合规定用途的水环境质量标准。

第七十五条　在风景名胜区水体、重要渔业水体和其他具有特殊经济文化价值的水体的保护区内，不得新建排污口。在保护区附近新建排污口，应当保证保护区水体不受污染。

第六章　水污染事故处置

第七十六条　各级人民政府及其有关部门，可能发生水污染事故的企业事业单位，应当依照《中华人民共和国突发事件应对法》的规定，做好突发水污染事故的应急准备、应急处置和事后恢复等工作。

第七十七条　可能发生水污染事故的企业事业单位，应当制定有关水污染事故的应急方案，做好应急准备，并定期进行演练。

生产、储存危险化学品的企业事业单位，应当采取措施，防止在处理安全生产事故过程中产生的可能严重污染水体的消防废水、废液直接排入水体。

第七十八条　企业事业单位发生事故或者其他突发性事件，造成或者可能造成水污染事故的，应当立即启动本单位的应急方案，采取隔离等应急措施，防止水污染物进入水体，并向事故发生地的县级以上地方人民政府或者环境保护主管部门报告。环境保护主管部门接到报告后，应当及时向本级人民政府报告，并抄送有关部门。

造成渔业污染事故或者渔业船舶造成水污染事故的，应当向事故发生地的渔业主管部门报告，接受调查处理。其他船舶造成水污染事故的，应当向事故发生地的海事管理机构报告，接受调查处理；给渔业造成损害的，海事管理机构应当通知渔业主管部门参与调查处理。

第七十九条　市、县级人民政府应当组织编制饮用水安全突发事件应急预案。

饮用水供水单位应当根据所在地饮用水安全突发事件应急预案，制定相应的突发事件应急方案，报所在地市、县级人民政府备案，并定期进行演练。

饮用水水源发生水污染事故，或者发生其他可能影响饮用水安全的突发性事件，饮用水供水单位应当采取应急处理措施，向所在地市、县级人民政府报告，并向社会公开。有关人民政府应当根据情况及时启动应急预案，采取有效措施，保障供水安全。

第七章　法律责任

第八十条　环境保护主管部门或者其他依照本法规定行使监督管理权的部门，不依法作出行政许可或者办理批准文件的，发现违法行为或者接到对违法行为的举报后不予查处的，或者有其他未依照本法规定履行职责的行为的，对直接负责的主管人员和其他直接责任人员依法给予处分。

第八十一条　以拖延、围堵、滞留执法人员等方式拒绝、阻挠环境保护主管部门或者其他依照本法规定行使监督管理权的部门的监督检查，或者在接受监督检查时弄虚作假的，由县级以上人民政府环境保护主管部门或者其他依照本法规定行使监督管理权的部门责令改正，处二万元以上二十万元以下的罚款。

第八十二条　违反本法规定，有下列行为之一的，由县级以上人民政府环境保护主管部门责令限期改正，处二万元以上二十万元以下的罚款；逾期不改正的，责令停产整治：

（一）未按照规定对所排放的水污染物自行监测，或者未保存原始监测记录的；

（二）未按照规定安装水污染物排放自动监测设备，未按照规定与环境保护主管部门的监控设备联网，或者未保证监测设备正常运行的；

（三）未按照规定对有毒有害水污染物的排污口和周边环境进行监测，或者未公开有毒有害水污染物信息的。

第八十三条　违反本法规定，有下列行为之一的，由县级以上人民政府环境保护主管部门责令改正或者责令限制生产、停产整治，并处十万元以上一百万元以下的罚款；情节严重的，报经有批准权的人民政府批准，责令停业、关闭：

（一）未依法取得排污许可证排放水污染物的；

（二）超过水污染物排放标准或者超过重点水污染物排放总量控制指标排放水污染物的；

（三）利用渗井、渗坑、裂隙、溶洞，私设暗管，篡改、伪造监测数据，或者不正常运行水污染防治设施等逃避监管的方式排放水污染物的；

（四）未按照规定进行预处理，向污水集中处理设施排放不符合处理工艺要求的工业废水的。

第八十四条　在饮用水水源保护区内设置排污口的，由县级以上地方人民政府责令限期拆除，处十万元以上五十万元以下的罚款；逾期不拆除的，强制拆除，所需费用由违法者承担，处五十万元以上一百万元以下的罚款，并可以责令停产整治。

除前款规定外，违反法律、行政法规和国务院环境保护主管部门的规定设置排污口的，由县级以上地方人民政府环境保护主管部门责令限期拆除，处二万元以上十万元以下的罚款；逾期不拆除的，强制拆除，所需费用由违法者承担，处十万元以上五十万元以下的罚款；情节严重的，可以责令停产整治。

未经水行政主管部门或者流域管理机构同意，在江河、湖泊新建、改建、扩建排污口的，由县级以上人民政府水行政主管部门或者流域管理机构依据职权，依照前款规定采取措施、给予处罚。

第八十五条　有下列行为之一的，由县级以上地方人民政府环境保护主管部门责令停止违法行为，限期采取治理措施，消除污染，处以罚款；逾期不采取治理措施的，环境保护主管部门可以指定有治理能力的单位代为治理，所需费用由违法者承担：

（一）向水体排放油类、酸液、碱液的；

（二）向水体排放剧毒废液，或者将含有汞、镉、砷、铬、铅、氰化物、黄磷等的可溶性剧毒废渣向水体排放、倾倒或者直接埋入地下的；

（三）在水体清洗装贮过油类、有毒污染物的车辆或者容器的；

（四）向水体排放、倾倒工业废渣、城镇垃圾或者其他废弃物，或者在江河、湖泊、运河、渠道、水库最高水位线以下的滩地、岸坡堆放、存贮固体废物或者其他污染物的；

（五）向水体排放、倾倒放射性固体废物或者含有高放射性、中放射性物质的废水的；

（六）违反国家有关规定或者标准，向水体排放含低放射性物质的废水、热废水或者含病原体的污水的；

（七）未采取防渗漏等措施，或者未建设地下水水质监测井进行监测的；

（八）加油站等的地下油罐未使用双层罐或者采取建造防渗池等其他有效措施，或者未进行防渗漏监测的；

（九）未按照规定采取防护性措施，或者利用无防渗漏措施的沟渠、坑塘等输送或者存贮含有毒污染物的废水、含病原体的污水或者其他废弃物的。

有前款第三项、第四项、第六项、第七项、第八项行为之一的，处二万元以上二十万元以下的罚款。有前款第一项、第二项、第五项、第九项行为之一的，处十万元以上一百万元以下的罚款；情节严重的，报经有批准权的人民政府批准，责令停业、关闭。

第八十六条 违反本法规定，生产、销售、进口或者使用列入禁止生产、销售、进口、使用的严重污染水环境的设备名录中的设备，或者采用列入禁止采用的严重污染水环境的工艺名录中的工艺的，由县级以上人民政府经济综合宏观调控部门责令改正，处五万元以上二十万元以下的罚款；情节严重的，由县级以上人民政府经济综合宏观调控部门提出意见，报请本级人民政府责令停业、关闭。

第八十七条 违反本法规定，建设不符合国家产业政策的小型造纸、制革、印染、染料、炼焦、炼硫、炼砷、炼汞、炼油、电镀、农药、石棉、水泥、玻璃、钢铁、火电以及其他严重污染水环境的生产项目的，由所在地的市、县人民政府责令关闭。

第八十八条 城镇污水集中处理设施的运营单位或者污泥处理处置单位，处理处置后的污泥不符合国家标准，或者对污泥去向等未进行记录的，由城镇排水主管部门责令限期采取治理措施，给予警告；造成严重后果的，处十万元以上二十万元以下的罚款；逾期不采取治理措施的，城镇排水主管部门可以指定有治理能力的单位代为治理，所需费用由违法者承担。

第八十九条 船舶未配置相应的防污染设备和器材，或者未持有合法有效的防止水域环境污染的证书与文书的，由海事管理机构、渔业主管部门按照职责分工责令限期改正，处二千元以上二万元以下的罚款；逾期不改正的，责令船舶临时停航。

船舶进行涉及污染物排放的作业，未遵守操作规程或者未在相应的记录簿上如实记载的，由海事管理机构、渔业主管部门按照职责分工责令改正，处二千元以上二万元以下的罚款。

第九十条　违反本法规定，有下列行为之一的，由海事管理机构、渔业主管部门按照职责分工责令停止违法行为，处一万元以上十万元以下的罚款；造成水污染的，责令限期采取治理措施，消除污染，处二万元以上二十万元以下的罚款；逾期不采取治理措施的，海事管理机构、渔业主管部门按照职责分工可以指定有治理能力的单位代为治理，所需费用由船舶承担：

（一）向水体倾倒船舶垃圾或者排放船舶的残油、废油的；

（二）未经作业地海事管理机构批准，船舶进行散装液体污染危害性货物的过驳作业的；

（三）船舶及有关作业单位从事有污染风险的作业活动，未按照规定采取污染防治措施的；

（四）以冲滩方式进行船舶拆解的；

（五）进入中华人民共和国内河的国际航线船舶，排放不符合规定的船舶压载水的。

第九十一条　有下列行为之一的，由县级以上地方人民政府环境保护主管部门责令停止违法行为，处十万元以上五十万元以下的罚款；并报经有批准权的人民政府批准，责令拆除或者关闭：

（一）在饮用水水源一级保护区内新建、改建、扩建与供水设施和保护水源无关的建设项目的；

（二）在饮用水水源二级保护区内新建、改建、扩建排放污染物的建设项目的；

（三）在饮用水水源准保护区内新建、扩建对水体污染严重的建设项目，或者改建建设项目增加排污量的。

在饮用水水源一级保护区内从事网箱养殖或者组织进行旅游、垂钓或者其他可能污染饮用水水体的活动的，由县级以上地方人民政府环境保护主管部门责令停止违法行为，处二万元以上十万元以下的罚款。个人在饮用水水源一级保护区内游泳、垂钓或者从事其他可能污染饮用水水体的活动的，由县级以上地方人民政府环境保护主管部门责令停止违法行为，可以处五百元以下的罚款。

第九十二条　饮用水供水单位供水水质不符合国家规定标准的，由所在地市、县级人民政府供水主管部门责令改正，处二万元以上二十万元以下的罚款；情节严重的，报经有批准权的人民政府批准，可以责令停业整顿；对直接负责的主管人员和其他直接责任人员依法给予处分。

第九十三条　企业事业单位有下列行为之一的，由县级以上人民政府环境保护主管部门责令改正；情节严重的，处二万元以上十万元以下的罚款：

（一）不按照规定制定水污染事故的应急方案的；

（二）水污染事故发生后，未及时启动水污染事故的应急方案，采取有关应急措施的。

第九十四条　企业事业单位违反本法规定，造成水污染事故的，除依法承担赔偿责任外，由县级以上人民政府环境保护主管部门依照本条第二款的规定处以罚款，责令限期采取治理措施，消除污染；未按照要求采取治理措施或者不具备治理能力的，由环境保护主管部门指定有治理能力的单位代为治理，所需费用由违法者承担；对造成重大或者特大水污染事故的，还可以报经有批准权的人民政府批准，责令关闭；对直接负责的主管人员和其他直接责任人员可以处上一年度从本单位取得的收入百分之五十以下的罚款；有《中华人民共和国环境保护法》第六十三条规定的违法排放水污染物等行为之一，尚不构成犯罪的，由公安机关对直接负责的主管人员和其他直接责任人员处十日以上十五日以下的拘留；情节较轻的，处五日以上十日以下的拘留。

对造成一般或者较大水污染事故的，按照水污染事故造成的直接损失的百分之二十计算罚款；对造成重大或者特大水污染事故的，按照水污染事故造成的直接损失的百分之三十计算罚款。

造成渔业污染事故或者渔业船舶造成水污染事故的，由渔业主管部门进行处罚；其他船舶造成水污染事故的，由海事管理机构进行处罚。

第九十五条 企业事业单位和其他生产经营者违法排放水污染物，受到罚款处罚，被责令改正的，依法作出处罚决定的行政机关应当组织复查，发现其继续违法排放水污染物或者拒绝、阻挠复查的，依照《中华人民共和国环境保护法》的规定按日连续处罚。

第九十六条 因水污染受到损害的当事人，有权要求排污方排除危害和赔偿损失。

由于不可抗力造成水污染损害的，排污方不承担赔偿责任；法律另有规定的除外。

水污染损害是由受害人故意造成的，排污方不承担赔偿责任。水污染损害是由受害人重大过失造成的，可以减轻排污方的赔偿责任。

水污染损害是由第三人造成的，排污方承担赔偿责任后，有权向第三人追偿。

第九十七条 因水污染引起的损害赔偿责任和赔偿金额的纠纷，可以根据当事人的请求，由环境保护主管部门或者海事管理机构、渔业主管部门按照职责分工调解处理；调解不成的，当事人可以向人民法院提起诉讼。当事人也可以直接向人民法院提起诉讼。

第九十八条 因水污染引起的损害赔偿诉讼，由排污方就法律规定的免责事由及其行为与损害结果之间不存在因果关系承担举证责任。

第九十九条 因水污染受到损害的当事人人数众多的，可以依法由当事人推选代表人进行共同诉讼。

环境保护主管部门和有关社会团体可以依法支持因水污染受到损害的当事人向人民法院提起诉讼。

国家鼓励法律服务机构和律师为水污染损害诉讼中的受害人提供法律援助。

第一百条 因水污染引起的损害赔偿责任和赔偿金额的纠纷，当事人可以委托环境监测机构提供监测数据。环境监测机构应当接受委托，如实提供有关监测数据。

第一百零一条 违反本法规定，构成犯罪的，依法追究刑事责任。

第八章 附 则

第一百零二条 本法中下列用语的含义：

（一）水污染，是指水体因某种物质的介入，而导致其化学、物理、生物或者放射性等方面特性的改变，从而影响水的有效利用，危害人体健康或者破坏生态环境，造成水质恶化的现象。

（二）水污染物，是指直接或者间接向水体排放的，能导致水体污染的物质。

（三）有毒污染物，是指那些直接或者间接被生物摄入体内后，可能导致该生物或者其后代发病、行为反常、遗传异变、生理机能失常、机体变形或者死亡的污染物。

（四）污泥，是指污水处理过程中产生的半固态或者固态物质。

（五）渔业水体，是指划定的鱼虾类的产卵场、索饵场、越冬场、洄游通道和鱼虾贝藻类的养殖场的水体。

第一百零三条 本法自 2008 年 6 月 1 日起施行。

中华人民共和国固体废物污染环境防治法

（1995 年 10 月 30 日第八届全国人民代表大会常务委员会第十六次会议通过 2004 年 12 月 29 日第十届全国人民代表大会常务委员会第十三次会议第一次修订 根据 2013 年 6 月 29 日第十二届全国人民代表大会常务委员会第三次会议《关于修改〈中华人民共和国文物保护法〉等十二部法律的决定》第一次修正 根据 2015 年 4 月 24 日第十二届全国人民代表大会常务委员会第十四次会议《关于修改〈中华人民共和国港口法〉等七部法律的决定》第二次修正 根据 2016 年 11 月 7 日第十二届全国人民代表大会常务委员会第二十四次会议《关于修改〈中华人民共和国对外贸易法〉等十二部法律的决定》第三次修正 2020 年 4 月 29 日第十三届全国人民代表大会常务委员会第十七次会议第二次修订）

第一章 总 则

第一条 为了保护和改善生态环境，防治固体废物污染环境，保障公众健康，维护生态安全，推进生态文明建设，促进经济社会可持续发展，制定本法。

第二条 固体废物污染环境的防治适用本法。

固体废物污染海洋环境的防治和放射性固体废物污染环境的防治不适用本法。

第三条 国家推行绿色发展方式，促进清洁生产和循环经济发展。

国家倡导简约适度、绿色低碳的生活方式，引导公众积极参与固体废物污染环境防治。

第四条 固体废物污染环境防治坚持减量化、资源化和无害化的原则。

任何单位和个人都应当采取措施，减少固体废物的产生量，促进固体废物的综合利用，降低固体废物的危害性。

第五条 固体废物污染环境防治坚持污染担责的原则。

产生、收集、贮存、运输、利用、处置固体废物的单位和个人，应当采取措施，防止或者减少固体废物对环境的污染，对所造成的环境污染依法承担责任。

第六条 国家推行生活垃圾分类制度。

生活垃圾分类坚持政府推动、全民参与、城乡统筹、因地制宜、简便易行的原则。

第七条 地方各级人民政府对本行政区域固体废物污染环境防治负责。

国家实行固体废物污染环境防治目标责任制和考核评价制度，将固体废物污染环境防治目标完成情况纳入考核评价的内容。

第八条　各级人民政府应当加强对固体废物污染环境防治工作的领导，组织、协调、督促有关部门依法履行固体废物污染环境防治监督管理职责。

省、自治区、直辖市之间可以协商建立跨行政区域固体废物污染环境的联防联控机制，统筹规划制定、设施建设、固体废物转移等工作。

第九条　国务院生态环境主管部门对全国固体废物污染环境防治工作实施统一监督管理。国务院发展改革、工业和信息化、自然资源、住房城乡建设、交通运输、农业农村、商务、卫生健康、海关等主管部门在各自职责范围内负责固体废物污染环境防治的监督管理工作。

地方人民政府生态环境主管部门对本行政区域固体废物污染环境防治工作实施统一监督管理。地方人民政府发展改革、工业和信息化、自然资源、住房城乡建设、交通运输、农业农村、商务、卫生健康等主管部门在各自职责范围内负责固体废物污染环境防治的监督管理工作。

第十条　国家鼓励、支持固体废物污染环境防治的科学研究、技术开发、先进技术推广和科学普及，加强固体废物污染环境防治科技支撑。

第十一条　国家机关、社会团体、企业事业单位、基层群众性自治组织和新闻媒体应当加强固体废物污染环境防治宣传教育和科学普及，增强公众固体废物污染环境防治意识。

学校应当开展生活垃圾分类以及其他固体废物污染环境防治知识普及和教育。

第十二条　各级人民政府对在固体废物污染环境防治工作以及相关的综合利用活动中做出显著成绩的单位和个人，按照国家有关规定给予表彰、奖励。

第二章　监督管理

第十三条　县级以上人民政府应当将固体废物污染环境防治工作纳入国民经济和社会发展规划、生态环境保护规划，并采取有效措施减少固体废物的产生量、促进固体废物的综合利用、降低固体废物的危害性，最大限度降低固体废物填埋量。

第十四条　国务院生态环境主管部门应当会同国务院有关部门根据国家环境质量标准和国家经济、技术条件，制定固体废物鉴别标准、鉴别程序和国家固体废物污染环境防治技术标准。

第十五条　国务院标准化主管部门应当会同国务院发展改革、工业和信息化、生态环境、农业农村等主管部门，制定固体废物综合利用标准。

综合利用固体废物应当遵守生态环境法律法规，符合固体废物污染环境防治技术标准。使用固体废物综合利用产物应当符合国家规定的用途、标准。

第十六条　国务院生态环境主管部门应当会同国务院有关部门建立全国危险废物等

固体废物污染环境防治信息平台，推进固体废物收集、转移、处置等全过程监控和信息化追溯。

第十七条 建设产生、贮存、利用、处置固体废物的项目，应当依法进行环境影响评价，并遵守国家有关建设项目环境保护管理的规定。

第十八条 建设项目的环境影响评价文件确定需要配套建设的固体废物污染环境防治设施，应当与主体工程同时设计、同时施工、同时投入使用。建设项目的初步设计，应当按照环境保护设计规范的要求，将固体废物污染环境防治内容纳入环境影响评价文件，落实防治固体废物污染环境和破坏生态的措施以及固体废物污染环境防治设施投资概算。

建设单位应当依照有关法律法规的规定，对配套建设的固体废物污染环境防治设施进行验收，编制验收报告，并向社会公开。

第十九条 收集、贮存、运输、利用、处置固体废物的单位和其他生产经营者，应当加强对相关设施、设备和场所的管理和维护，保证其正常运行和使用。

第二十条 产生、收集、贮存、运输、利用、处置固体废物的单位和其他生产经营者，应当采取防扬散、防流失、防渗漏或者其他防止污染环境的措施，不得擅自倾倒、堆放、丢弃、遗撒固体废物。

禁止任何单位或者个人向江河、湖泊、运河、渠道、水库及其最高水位线以下的滩地和岸坡以及法律法规规定的其他地点倾倒、堆放、贮存固体废物。

第二十一条 在生态保护红线区域、永久基本农田集中区域和其他需要特别保护的区域内，禁止建设工业固体废物、危险废物集中贮存、利用、处置的设施、场所和生活垃圾填埋场。

第二十二条 转移固体废物出省、自治区、直辖市行政区域贮存、处置的，应当向固体废物移出地的省、自治区、直辖市人民政府生态环境主管部门提出申请。移出地的省、自治区、直辖市人民政府生态环境主管部门应当及时商经接受地的省、自治区、直辖市人民政府生态环境主管部门同意后，在规定期限内批准转移该固体废物出省、自治区、直辖市行政区域。未经批准的，不得转移。

转移固体废物出省、自治区、直辖市行政区域利用的，应当报固体废物移出地的省、自治区、直辖市人民政府生态环境主管部门备案。移出地的省、自治区、直辖市人民政府生态环境主管部门应当将备案信息通报接受地的省、自治区、直辖市人民政府生态环境主管部门。

第二十三条 禁止中华人民共和国境外的固体废物进境倾倒、堆放、处置。

第二十四条 国家逐步实现固体废物零进口，由国务院生态环境主管部门会同国务院商务、发展改革、海关等主管部门组织实施。

第二十五条 海关发现进口货物疑似固体废物的，可以委托专业机构开展属性鉴别，并根据鉴别结论依法管理。

第二十六条 生态环境主管部门及其环境执法机构和其他负有固体废物污染环境防治监督管理职责的部门，在各自职责范围内有权对从事产生、收集、贮存、运输、利用、处置固体废物等活动的单位和其他生产经营者进行现场检查。被检查者应当如实反映情况，并提供必要的资料。

实施现场检查，可以采取现场监测、采集样品、查阅或者复制与固体废物污染环境防治相关的资料等措施。检查人员进行现场检查，应当出示证件。对现场检查中知悉的商业秘密应当保密。

第二十七条 有下列情形之一，生态环境主管部门和其他负有固体废物污染环境防治监督管理职责的部门，可以对违法收集、贮存、运输、利用、处置的固体废物及设施、设备、场所、工具、物品予以查封、扣押：

（一）可能造成证据灭失、被隐匿或者非法转移的；

（二）造成或者可能造成严重环境污染的。

第二十八条 生态环境主管部门应当会同有关部门建立产生、收集、贮存、运输、利用、处置固体废物的单位和其他生产经营者信用记录制度，将相关信用记录纳入全国信用信息共享平台。

第二十九条 设区的市级人民政府生态环境主管部门应当会同住房城乡建设、农业农村、卫生健康等主管部门，定期向社会发布固体废物的种类、产生量、处置能力、利用处置状况等信息。

产生、收集、贮存、运输、利用、处置固体废物的单位，应当依法及时公开固体废物污染环境防治信息，主动接受社会监督。

利用、处置固体废物的单位，应当依法向公众开放设施、场所，提高公众环境保护意识和参与程度。

第三十条 县级以上人民政府应当将工业固体废物、生活垃圾、危险废物等固体废物污染环境防治情况纳入环境状况和环境保护目标完成情况年度报告，向本级人民代表大会或者人民代表大会常务委员会报告。

第三十一条 任何单位和个人都有权对造成固体废物污染环境的单位和个人进行举报。

生态环境主管部门和其他负有固体废物污染环境防治监督管理职责的部门应当将固体废物污染环境防治举报方式向社会公布，方便公众举报。

接到举报的部门应当及时处理并对举报人的相关信息予以保密；对实名举报并查证属实的，给予奖励。

举报人举报所在单位的，该单位不得以解除、变更劳动合同或者其他方式对举报人进行打击报复。

第三章 工业固体废物

第三十二条 国务院生态环境主管部门应当会同国务院发展改革、工业和信息化等主管部门对工业固体废物对公众健康、生态环境的危害和影响程度等作出界定，制定防治工业固体废物污染环境的技术政策，组织推广先进的防治工业固体废物污染环境的生产工艺和设备。

第三十三条 国务院工业和信息化主管部门应当会同国务院有关部门组织研究开发、推广减少工业固体废物产生量和降低工业固体废物危害性的生产工艺和设备，公布限期淘汰产生严重污染环境的工业固体废物的落后生产工艺、设备的名录。

生产者、销售者、进口者、使用者应当在国务院工业和信息化主管部门会同国务院有关部门规定的期限内分别停止生产、销售、进口或者使用列入前款规定名录中的设备。生产工艺的采用者应当在国务院工业和信息化主管部门会同国务院有关部门规定的期限内停止采用列入前款规定名录中的工艺。

列入限期淘汰名录被淘汰的设备，不得转让给他人使用。

第三十四条 国务院工业和信息化主管部门应当会同国务院发展改革、生态环境等主管部门，定期发布工业固体废物综合利用技术、工艺、设备和产品导向目录，组织开展工业固体废物资源综合利用评价，推动工业固体废物综合利用。

第三十五条 县级以上地方人民政府应当制定工业固体废物污染环境防治工作规划，组织建设工业固体废物集中处置等设施，推动工业固体废物污染环境防治工作。

第三十六条 产生工业固体废物的单位应当建立健全工业固体废物产生、收集、贮存、运输、利用、处置全过程的污染环境防治责任制度，建立工业固体废物管理台账，如实记录产生工业固体废物的种类、数量、流向、贮存、利用、处置等信息，实现工业固体废物可追溯、可查询，并采取防治工业固体废物污染环境的措施。

禁止向生活垃圾收集设施中投放工业固体废物。

第三十七条 产生工业固体废物的单位委托他人运输、利用、处置工业固体废物的，应当对受托方的主体资格和技术能力进行核实，依法签订书面合同，在合同中约定污染防治要求。

受托方运输、利用、处置工业固体废物，应当依照有关法律法规的规定和合同约定履行污染防治要求，并将运输、利用、处置情况告知产生工业固体废物的单位。

产生工业固体废物的单位违反本条第一款规定的，除依照有关法律法规的规定予以处罚外，还应当与造成环境污染和生态破坏的受托方承担连带责任。

第三十八条 产生工业固体废物的单位应当依法实施清洁生产审核，合理选择和利用原材料、能源和其他资源，采用先进的生产工艺和设备，减少工业固体废物的产生量，降低工业固体废物的危害性。

第三十九条 产生工业固体废物的单位应当取得排污许可证。排污许可的具体办法和实施步骤由国务院规定。

产生工业固体废物的单位应当向所在地生态环境主管部门提供工业固体废物的种类、数量、流向、贮存、利用、处置等有关资料，以及减少工业固体废物产生、促进综合利用的具体措施，并执行排污许可管理制度的相关规定。

第四十条 产生工业固体废物的单位应当根据经济、技术条件对工业固体废物加以利用；对暂时不利用或者不能利用的，应当按照国务院生态环境等主管部门的规定建设贮存设施、场所，安全分类存放，或者采取无害化处置措施。贮存工业固体废物应当采取符合国家环境保护标准的防护措施。

建设工业固体废物贮存、处置的设施、场所，应当符合国家环境保护标准。

第四十一条 产生工业固体废物的单位终止的，应当在终止前对工业固体废物的贮存、处置的设施、场所采取污染防治措施，并对未处置的工业固体废物作出妥善处置，防止污染环境。

产生工业固体废物的单位发生变更的，变更后的单位应当按照国家有关环境保护的规定对未处置的工业固体废物及其贮存、处置的设施、场所进行安全处置或者采取有效措施保证该设施、场所安全运行。变更前当事人对工业固体废物及其贮存、处置的设施、场所的污染防治责任另有约定的，从其约定；但是，不得免除当事人的污染防治义务。

对 2005 年 4 月 1 日前已经终止的单位未处置的工业固体废物及其贮存、处置的设施、场所进行安全处置的费用，由有关人民政府承担；但是，该单位享有的土地使用权依法转让的，应当由土地使用权受让人承担处置费用。当事人另有约定的，从其约定；但是，不得免除当事人的污染防治义务。

第四十二条 矿山企业应当采取科学的开采方法和选矿工艺，减少尾矿、煤矸石、废石等矿业固体废物的产生量和贮存量。

国家鼓励采取先进工艺对尾矿、煤矸石、废石等矿业固体废物进行综合利用。

尾矿、煤矸石、废石等矿业固体废物贮存设施停止使用后，矿山企业应当按照国家有关环境保护等规定进行封场，防止造成环境污染和生态破坏。

第四章 生活垃圾

第四十三条 县级以上地方人民政府应当加快建立分类投放、分类收集、分类运输、分类处理的生活垃圾管理系统，实现生活垃圾分类制度有效覆盖。

县级以上地方人民政府应当建立生活垃圾分类工作协调机制，加强和统筹生活垃圾分类管理能力建设。

各级人民政府及其有关部门应当组织开展生活垃圾分类宣传，教育引导公众养成生活垃圾分类习惯，督促和指导生活垃圾分类工作。

第四十四条 县级以上地方人民政府应当有计划地改进燃料结构，发展清洁能源，减少燃料废渣等固体废物的产生量。

县级以上地方人民政府有关部门应当加强产品生产和流通过程管理，避免过度包装，组织净菜上市，减少生活垃圾的产生量。

第四十五条 县级以上人民政府应当统筹安排建设城乡生活垃圾收集、运输、处理设施，确定设施厂址，提高生活垃圾的综合利用和无害化处置水平，促进生活垃圾收集、处理的产业化发展，逐步建立和完善生活垃圾污染环境防治的社会服务体系。

县级以上地方人民政府有关部门应当统筹规划，合理安排回收、分拣、打包网点，促进生活垃圾的回收利用工作。

第四十六条 地方各级人民政府应当加强农村生活垃圾污染环境的防治，保护和改善农村人居环境。

国家鼓励农村生活垃圾源头减量。城乡接合部、人口密集的农村地区和其他有条件的地方，应当建立城乡一体的生活垃圾管理系统；其他农村地区应当积极探索生活垃圾管理模式，因地制宜，就近就地利用或者妥善处理生活垃圾。

第四十七条 设区的市级以上人民政府环境卫生主管部门应当制定生活垃圾清扫、收集、贮存、运输和处理设施、场所建设运行规范，发布生活垃圾分类指导目录，加强监督管理。

第四十八条 县级以上地方人民政府环境卫生等主管部门应当组织对城乡生活垃圾进行清扫、收集、运输和处理，可以通过招标等方式选择具备条件的单位从事生活垃圾的清扫、收集、运输和处理。

第四十九条 产生生活垃圾的单位、家庭和个人应当依法履行生活垃圾源头减量和分类投放义务，承担生活垃圾产生者责任。

任何单位和个人都应当依法在指定的地点分类投放生活垃圾。禁止随意倾倒、抛撒、堆放或者焚烧生活垃圾。

机关、事业单位等应当在生活垃圾分类工作中起示范带头作用。

已经分类投放的生活垃圾，应当按照规定分类收集、分类运输、分类处理。

第五十条 清扫、收集、运输、处理城乡生活垃圾，应当遵守国家有关环境保护和环境卫生管理的规定，防止污染环境。

从生活垃圾中分类并集中收集的有害垃圾，属于危险废物的，应当按照危险废物管理。

第五十一条 从事公共交通运输的经营单位，应当及时清扫、收集运输过程中产生的生活垃圾。

第五十二条 农贸市场、农产品批发市场等应当加强环境卫生管理，保持环境卫生清洁，对所产生的垃圾及时清扫、分类收集、妥善处理。

第五十三条 从事城市新区开发、旧区改建和住宅小区开发建设、村镇建设的单位，以及机场、码头、车站、公园、商场、体育场馆等公共设施、场所的经营管理单位，应当按照国家有关环境卫生的规定，配套建设生活垃圾收集设施。

县级以上地方人民政府应当统筹生活垃圾公共转运、处理设施与前款规定的收集设施的有效衔接，并加强生活垃圾分类收运体系和再生资源回收体系在规划、建设、运营等方面的融合。

第五十四条　从生活垃圾中回收的物质应当按照国家规定的用途、标准使用，不得用于生产可能危害人体健康的产品。

第五十五条　建设生活垃圾处理设施、场所，应当符合国务院生态环境主管部门和国务院住房城乡建设主管部门规定的环境保护和环境卫生标准。

鼓励相邻地区统筹生活垃圾处理设施建设，促进生活垃圾处理设施跨行政区域共建共享。

禁止擅自关闭、闲置或者拆除生活垃圾处理设施、场所；确有必要关闭、闲置或者拆除的，应当经所在地的市、县级人民政府环境卫生主管部门商所在地生态环境主管部门同意后核准，并采取防止污染环境的措施。

第五十六条　生活垃圾处理单位应当按照国家有关规定，安装使用监测设备，实时监测污染物的排放情况，将污染排放数据实时公开。监测设备应当与所在地生态环境主管部门的监控设备联网。

第五十七条　县级以上地方人民政府环境卫生主管部门负责组织开展厨余垃圾资源化、无害化处理工作。

产生、收集厨余垃圾的单位和其他生产经营者，应当将厨余垃圾交由具备相应资质条件的单位进行无害化处理。

禁止畜禽养殖场、养殖小区利用未经无害化处理的厨余垃圾饲喂畜禽。

第五十八条　县级以上地方人民政府应当按照产生者付费原则，建立生活垃圾处理收费制度。

县级以上地方人民政府制定生活垃圾处理收费标准，应当根据本地实际，结合生活垃圾分类情况，体现分类计价、计量收费等差别化管理，并充分征求公众意见。生活垃圾处理收费标准应当向社会公布。

生活垃圾处理费应当专项用于生活垃圾的收集、运输和处理等，不得挪作他用。

第五十九条　省、自治区、直辖市和设区的市、自治州可以结合实际，制定本地方生活垃圾具体管理办法。

第五章　建筑垃圾、农业固体废物等

第六十条　县级以上地方人民政府应当加强建筑垃圾污染环境的防治，建立建筑垃圾分类处理制度。

县级以上地方人民政府应当制定包括源头减量、分类处理、消纳设施和场所布局及建设等在内的建筑垃圾污染环境防治工作规划。

第六十一条 国家鼓励采用先进技术、工艺、设备和管理措施，推进建筑垃圾源头减量，建立建筑垃圾回收利用体系。

县级以上地方人民政府应当推动建筑垃圾综合利用产品应用。

第六十二条 县级以上地方人民政府环境卫生主管部门负责建筑垃圾污染环境防治工作，建立建筑垃圾全过程管理制度，规范建筑垃圾产生、收集、贮存、运输、利用、处置行为，推进综合利用，加强建筑垃圾处置设施、场所建设，保障处置安全，防止污染环境。

第六十三条 工程施工单位应当编制建筑垃圾处理方案，采取污染防治措施，并报县级以上地方人民政府环境卫生主管部门备案。

工程施工单位应当及时清运工程施工过程中产生的建筑垃圾等固体废物，并按照环境卫生主管部门的规定进行利用或者处置。

工程施工单位不得擅自倾倒、抛撒或者堆放工程施工过程中产生的建筑垃圾。

第六十四条 县级以上人民政府农业农村主管部门负责指导农业固体废物回收利用体系建设，鼓励和引导有关单位和其他生产经营者依法收集、贮存、运输、利用、处置农业固体废物，加强监督管理，防止污染环境。

第六十五条 产生秸秆、废弃农用薄膜、农药包装废弃物等农业固体废物的单位和其他生产经营者，应当采取回收利用和其他防止污染环境的措施。

从事畜禽规模养殖应当及时收集、贮存、利用或者处置养殖过程中产生的畜禽粪污等固体废物，避免造成环境污染。

禁止在人口集中地区、机场周围、交通干线附近以及当地人民政府划定的其他区域露天焚烧秸秆。

国家鼓励研究开发、生产、销售、使用在环境中可降解且无害的农用薄膜。

第六十六条 国家建立电器电子、铅蓄电池、车用动力电池等产品的生产者责任延伸制度。

电器电子、铅蓄电池、车用动力电池等产品的生产者应当按照规定以自建或者委托等方式建立与产品销售量相匹配的废旧产品回收体系，并向社会公开，实现有效回收和利用。

国家鼓励产品的生产者开展生态设计，促进资源回收利用。

第六十七条 国家对废弃电器电子产品等实行多渠道回收和集中处理制度。

禁止将废弃机动车船等交由不符合规定条件的企业或者个人回收、拆解。

拆解、利用、处置废弃电器电子产品、废弃机动车船等，应当遵守有关法律法规的规定，采取防止污染环境的措施。

第六十八条 产品和包装物的设计、制造，应当遵守国家有关清洁生产的规定。国务院标准化主管部门应当根据国家经济和技术条件、固体废物污染环境防治状况以及产品的技术要求，组织制定有关标准，防止过度包装造成环境污染。

生产经营者应当遵守限制商品过度包装的强制性标准，避免过度包装。县级以上地方人民政府市场监督管理部门和有关部门应当按照各自职责，加强对过度包装的监督管理。

生产、销售、进口依法被列入强制回收目录的产品和包装物的企业，应当按照国家有关规定对该产品和包装物进行回收。

电子商务、快递、外卖等行业应当优先采用可重复使用、易回收利用的包装物，优化物品包装，减少包装物的使用，并积极回收利用包装物。县级以上地方人民政府商务、邮政等主管部门应当加强监督管理。

国家鼓励和引导消费者使用绿色包装和减量包装。

第六十九条　国家依法禁止、限制生产、销售和使用不可降解塑料袋等一次性塑料制品。

商品零售场所开办单位、电子商务平台企业和快递企业、外卖企业应当按照国家有关规定向商务、邮政等主管部门报告塑料袋等一次性塑料制品的使用、回收情况。

国家鼓励和引导减少使用、积极回收塑料袋等一次性塑料制品，推广应用可循环、易回收、可降解的替代产品。

第七十条　旅游、住宿等行业应当按照国家有关规定推行不主动提供一次性用品。

机关、企业事业单位等的办公场所应当使用有利于保护环境的产品、设备和设施，减少使用一次性办公用品。

第七十一条　城镇污水处理设施维护运营单位或者污泥处理单位应当安全处理污泥，保证处理后的污泥符合国家有关标准，对污泥的流向、用途、用量等进行跟踪、记录，并报告城镇排水主管部门、生态环境主管部门。

县级以上人民政府城镇排水主管部门应当将污泥处理设施纳入城镇排水与污水处理规划，推动同步建设污泥处理设施与污水处理设施，鼓励协同处理，污水处理费征收标准和补偿范围应当覆盖污泥处理成本和污水处理设施正常运营成本。

第七十二条　禁止擅自倾倒、堆放、丢弃、遗撒城镇污水处理设施产生的污泥和处理后的污泥。

禁止重金属或者其他有毒有害物质含量超标的污泥进入农用地。

从事水体清淤疏浚应当按照国家有关规定处理清淤疏浚过程中产生的底泥，防止污染环境。

第七十三条　各级各类实验室及其设立单位应当加强对实验室产生的固体废物的管理，依法收集、贮存、运输、利用、处置实验室固体废物。实验室固体废物属于危险废物的，应当按照危险废物管理。

第六章 危险废物

第七十四条 危险废物污染环境的防治，适用本章规定；本章未作规定的，适用本法其他有关规定。

第七十五条 国务院生态环境主管部门应当会同国务院有关部门制定国家危险废物名录，规定统一的危险废物鉴别标准、鉴别方法、识别标志和鉴别单位管理要求。国家危险废物名录应当动态调整。

国务院生态环境主管部门根据危险废物的危害特性和产生数量，科学评估其环境风险，实施分级分类管理，建立信息化监管体系，并通过信息化手段管理、共享危险废物转移数据和信息。

第七十六条 省、自治区、直辖市人民政府应当组织有关部门编制危险废物集中处置设施、场所的建设规划，科学评估危险废物处置需求，合理布局危险废物集中处置设施、场所，确保本行政区域的危险废物得到妥善处置。

编制危险废物集中处置设施、场所的建设规划，应当征求有关行业协会、企业事业单位、专家和公众等方面的意见。

相邻省、自治区、直辖市之间可以开展区域合作，统筹建设区域性危险废物集中处置设施、场所。

第七十七条 对危险废物的容器和包装物以及收集、贮存、运输、利用、处置危险废物的设施、场所，应当按照规定设置危险废物识别标志。

第七十八条 产生危险废物的单位，应当按照国家有关规定制定危险废物管理计划；建立危险废物管理台账，如实记录有关信息，并通过国家危险废物信息管理系统向所在地生态环境主管部门申报危险废物的种类、产生量、流向、贮存、处置等有关资料。

前款所称危险废物管理计划应当包括减少危险废物产生量和降低危险废物危害性的措施以及危险废物贮存、利用、处置措施。危险废物管理计划应当报产生危险废物的单位所在地生态环境主管部门备案。

产生危险废物的单位已经取得排污许可证的，执行排污许可管理制度的规定。

第七十九条 产生危险废物的单位，应当按照国家有关规定和环境保护标准要求贮存、利用、处置危险废物，不得擅自倾倒、堆放。

第八十条 从事收集、贮存、利用、处置危险废物经营活动的单位，应当按照国家有关规定申请取得许可证。许可证的具体管理办法由国务院制定。

禁止无许可证或者未按照许可证规定从事危险废物收集、贮存、利用、处置的经营活动。

禁止将危险废物提供或者委托给无许可证的单位或者其他生产经营者从事收集、贮存、利用、处置活动。

第八十一条 收集、贮存危险废物，应当按照危险废物特性分类进行。禁止混合收集、贮存、运输、处置性质不相容而未经安全性处置的危险废物。

贮存危险废物应当采取符合国家环境保护标准的防护措施。禁止将危险废物混入非危险废物中贮存。

从事收集、贮存、利用、处置危险废物经营活动的单位，贮存危险废物不得超过一年；确需延长期限的，应当报经颁发许可证的生态环境主管部门批准；法律、行政法规另有规定的除外。

第八十二条 转移危险废物的，应当按照国家有关规定填写、运行危险废物电子或者纸质转移联单。

跨省、自治区、直辖市转移危险废物的，应当向危险废物移出地省、自治区、直辖市人民政府生态环境主管部门申请。移出地省、自治区、直辖市人民政府生态环境主管部门应当及时商经接受地省、自治区、直辖市人民政府生态环境主管部门同意后，在规定期限内批准转移该危险废物，并将批准信息通报相关省、自治区、直辖市人民政府生态环境主管部门和交通运输主管部门。未经批准的，不得转移。

危险废物转移管理应当全程管控、提高效率，具体办法由国务院生态环境主管部门会同国务院交通运输主管部门和公安部门制定。

第八十三条 运输危险废物，应当采取防止污染环境的措施，并遵守国家有关危险货物运输管理的规定。

禁止将危险废物与旅客在同一运输工具上载运。

第八十四条 收集、贮存、运输、利用、处置危险废物的场所、设施、设备和容器、包装物及其他物品转作他用时，应当按照国家有关规定经过消除污染处理，方可使用。

第八十五条 产生、收集、贮存、运输、利用、处置危险废物的单位，应当依法制定意外事故的防范措施和应急预案，并向所在地生态环境主管部门和其他负有固体废物污染环境防治监督管理职责的部门备案；生态环境主管部门和其他负有固体废物污染环境防治监督管理职责的部门应当进行检查。

第八十六条 因发生事故或者其他突发性事件，造成危险废物严重污染环境的单位，应当立即采取有效措施消除或者减轻对环境的污染危害，及时通报可能受到污染危害的单位和居民，并向所在地生态环境主管部门和有关部门报告，接受调查处理。

第八十七条 在发生或者有证据证明可能发生危险废物严重污染环境、威胁居民生命财产安全时，生态环境主管部门或者其他负有固体废物污染环境防治监督管理职责的部门应当立即向本级人民政府和上一级人民政府有关部门报告，由人民政府采取防止或者减轻危害的有效措施。有关人民政府可以根据需要责令停止导致或者可能导致环境污染事故的作业。

第八十八条 重点危险废物集中处置设施、场所退役前，运营单位应当按照国家有关规定对设施、场所采取污染防治措施。退役的费用应当预提，列入投资概算或者生产成本，专门用于重点危险废物集中处置设施、场所的退役。具体提取和管理办法，由国务院财政部门、价格主管部门会同国务院生态环境主管部门规定。

第八十九条 禁止经中华人民共和国过境转移危险废物。

第九十条 医疗废物按照国家危险废物名录管理。县级以上地方人民政府应当加强医疗废物集中处置能力建设。

县级以上人民政府卫生健康、生态环境等主管部门应当在各自职责范围内加强对医疗废物收集、贮存、运输、处置的监督管理，防止危害公众健康、污染环境。

医疗卫生机构应当依法分类收集本单位产生的医疗废物，交由医疗废物集中处置单位处置。医疗废物集中处置单位应当及时收集、运输和处置医疗废物。

医疗卫生机构和医疗废物集中处置单位，应当采取有效措施，防止医疗废物流失、泄漏、渗漏、扩散。

第九十一条 重大传染病疫情等突发事件发生时，县级以上人民政府应当统筹协调医疗废物等危险废物收集、贮存、运输、处置等工作，保障所需的车辆、场地、处置设施和防护物资。卫生健康、生态环境、环境卫生、交通运输等主管部门应当协同配合，依法履行应急处置职责。

第七章 保障措施

第九十二条 国务院有关部门、县级以上地方人民政府及其有关部门在编制国土空间规划和相关专项规划时，应当统筹生活垃圾、建筑垃圾、危险废物等固体废物转运、集中处置等设施建设需求，保障转运、集中处置等设施用地。

第九十三条 国家采取有利于固体废物污染环境防治的经济、技术政策和措施，鼓励、支持有关方面采取有利于固体废物污染环境防治的措施，加强对从事固体废物污染环境防治工作人员的培训和指导，促进固体废物污染环境防治产业专业化、规模化发展。

第九十四条 国家鼓励和支持科研单位、固体废物产生单位、固体废物利用单位、固体废物处置单位等联合攻关，研究开发固体废物综合利用、集中处置等的新技术，推动固体废物污染环境防治技术进步。

第九十五条 各级人民政府应当加强固体废物污染环境的防治，按照事权划分的原则安排必要的资金用于下列事项：

（一）固体废物污染环境防治的科学研究、技术开发；

（二）生活垃圾分类；

（三）固体废物集中处置设施建设；

（四）重大传染病疫情等突发事件产生的医疗废物等危险废物应急处置；

（五）涉及固体废物污染环境防治的其他事项。

使用资金应当加强绩效管理和审计监督，确保资金使用效益。

第九十六条　国家鼓励和支持社会力量参与固体废物污染环境防治工作，并按照国家有关规定给予政策扶持。

第九十七条　国家发展绿色金融，鼓励金融机构加大对固体废物污染环境防治项目的信贷投放。

第九十八条　从事固体废物综合利用等固体废物污染环境防治工作的，依照法律、行政法规的规定，享受税收优惠。

国家鼓励并提倡社会各界为防治固体废物污染环境捐赠财产，并依照法律、行政法规的规定，给予税收优惠。

第九十九条　收集、贮存、运输、利用、处置危险废物的单位，应当按照国家有关规定，投保环境污染责任保险。

第一百条　国家鼓励单位和个人购买、使用综合利用产品和可重复使用产品。

县级以上人民政府及其有关部门在政府采购过程中，应当优先采购综合利用产品和可重复使用产品。

第八章　法律责任

第一百零一条　生态环境主管部门或者其他负有固体废物污染环境防治监督管理职责的部门违反本法规定，有下列行为之一，由本级人民政府或者上级人民政府有关部门责令改正，对直接负责的主管人员和其他直接责任人员依法给予处分：

（一）未依法作出行政许可或者办理批准文件的；

（二）对违法行为进行包庇的；

（三）未依法查封、扣押的；

（四）发现违法行为或者接到对违法行为的举报后未予查处的；

（五）有其他滥用职权、玩忽职守、徇私舞弊等违法行为的。

依照本法规定应当作出行政处罚决定而未作出的，上级主管部门可以直接作出行政处罚决定。

第一百零二条　违反本法规定，有下列行为之一，由生态环境主管部门责令改正，处以罚款，没收违法所得；情节严重的，报经有批准权的人民政府批准，可以责令停业或者关闭：

（一）产生、收集、贮存、运输、利用、处置固体废物的单位未依法及时公开固体废物污染环境防治信息的；

（二）生活垃圾处理单位未按照国家有关规定安装使用监测设备、实时监测污染物的排放情况并公开污染排放数据的；

（三）将列入限期淘汰名录被淘汰的设备转让给他人使用的；

（四）在生态保护红线区域、永久基本农田集中区域和其他需要特别保护的区域内，建设工业固体废物、危险废物集中贮存、利用、处置的设施、场所和生活垃圾填埋场的；

（五）转移固体废物出省、自治区、直辖市行政区域贮存、处置未经批准的；

（六）转移固体废物出省、自治区、直辖市行政区域利用未报备案的；

（七）擅自倾倒、堆放、丢弃、遗撒工业固体废物，或者未采取相应防范措施，造成工业固体废物扬散、流失、渗漏或者其他环境污染的；

（八）产生工业固体废物的单位未建立固体废物管理台账并如实记录的；

（九）产生工业固体废物的单位违反本法规定委托他人运输、利用、处置工业固体废物的；

（十）贮存工业固体废物未采取符合国家环境保护标准的防护措施的；

（十一）单位和其他生产经营者违反固体废物管理其他要求，污染环境、破坏生态的。

有前款第一项、第八项行为之一，处五万元以上二十万元以下的罚款；有前款第二项、第三项、第四项、第五项、第六项、第九项、第十项、第十一项行为之一，处十万元以上一百万元以下的罚款；有前款第七项行为，处所需处置费用一倍以上三倍以下的罚款，所需处置费用不足十万元的，按十万元计算。对前款第十一项行为的处罚，有关法律、行政法规另有规定的，适用其规定。

第一百零三条 违反本法规定，以拖延、围堵、滞留执法人员等方式拒绝、阻挠监督检查，或者在接受监督检查时弄虚作假的，由生态环境主管部门或者其他负有固体废物污染环境防治监督管理职责的部门责令改正，处五万元以上二十万元以下的罚款；对直接负责的主管人员和其他直接责任人员，处二万元以上十万元以下的罚款。

第一百零四条 违反本法规定，未依法取得排污许可证产生工业固体废物的，由生态环境主管部门责令改正或者限制生产、停产整治，处十万元以上一百万元以下的罚款；情节严重的，报经有批准权的人民政府批准，责令停业或者关闭。

第一百零五条 违反本法规定，生产经营者未遵守限制商品过度包装的强制性标准的，由县级以上地方人民政府市场监督管理部门或者有关部门责令改正；拒不改正的，处二千元以上二万元以下的罚款；情节严重的，处二万元以上十万元以下的罚款。

第一百零六条 违反本法规定，未遵守国家有关禁止、限制使用不可降解塑料袋等一次性塑料制品的规定，或者未按照国家有关规定报告塑料袋等一次性塑料制品的使用情况的，由县级以上地方人民政府商务、邮政等主管部门责令改正，处一万元以上十万元以下的罚款。

第一百零七条 从事畜禽规模养殖未及时收集、贮存、利用或者处置养殖过程中产生的畜禽粪污等固体废物的，由生态环境主管部门责令改正，可以处十万元以下的罚款；情节严重的，报经有批准权的人民政府批准，责令停业或者关闭。

第一百零八条 违反本法规定，城镇污水处理设施维护运营单位或者污泥处理单位对污泥流向、用途、用量等未进行跟踪、记录，或者处理后的污泥不符合国家有关标准的，由城镇排水主管部门责令改正，给予警告；造成严重后果的，处十万元以上二十万元以下的罚款；拒不改正的，城镇排水主管部门可以指定有治理能力的单位代为治理，所需费用由违法者承担。

违反本法规定，擅自倾倒、堆放、丢弃、遗撒城镇污水处理设施产生的污泥和处理后的污泥的，由城镇排水主管部门责令改正，处二十万元以上二百万元以下的罚款，对直接负责的主管人员和其他直接责任人员处二万元以上十万元以下的罚款；造成严重后果的，处二百万元以上五百万元以下的罚款，对直接负责的主管人员和其他直接责任人员处五万元以上五十万元以下的罚款；拒不改正的，城镇排水主管部门可以指定有治理能力的单位代为治理，所需费用由违法者承担。

第一百零九条　违反本法规定，生产、销售、进口或者使用淘汰的设备，或者采用淘汰的生产工艺的，由县级以上地方人民政府指定的部门责令改正，处十万元以上一百万元以下的罚款，没收违法所得；情节严重的，由县级以上地方人民政府指定的部门提出意见，报经有批准权的人民政府批准，责令停业或者关闭。

第一百一十条　尾矿、煤矸石、废石等矿业固体废物贮存设施停止使用后，未按照国家有关环境保护规定进行封场的，由生态环境主管部门责令改正，处二十万元以上一百万元以下的罚款。

第一百一十一条　违反本法规定，有下列行为之一，由县级以上地方人民政府环境卫生主管部门责令改正，处以罚款，没收违法所得：

（一）随意倾倒、抛撒、堆放或者焚烧生活垃圾的；

（二）擅自关闭、闲置或者拆除生活垃圾处理设施、场所的；

（三）工程施工单位未编制建筑垃圾处理方案报备案，或者未及时清运施工过程中产生的固体废物的；

（四）工程施工单位擅自倾倒、抛撒或者堆放工程施工过程中产生的建筑垃圾，或者未按照规定对施工过程中产生的固体废物进行利用或者处置的；

（五）产生、收集厨余垃圾的单位和其他生产经营者未将厨余垃圾交由具备相应资质条件的单位进行无害化处理的；

（六）畜禽养殖场、养殖小区利用未经无害化处理的厨余垃圾饲喂畜禽的；

（七）在运输过程中沿途丢弃、遗撒生活垃圾的。

单位有前款第一项、第七项行为之一，处五万元以上五十万元以下的罚款；单位有前款第二项、第三项、第四项、第五项、第六项行为之一，处十万元以上一百万元以下的罚款；个人有前款第一项、第五项、第七项行为之一，处一百元以上五百元以下的罚款。

违反本法规定，未在指定的地点分类投放生活垃圾的，由县级以上地方人民政府环境卫生主管部门责令改正；情节严重的，对单位处五万元以上五十万元以下的罚款，对个人依法处以罚款。

第一百一十二条 违反本法规定，有下列行为之一，由生态环境主管部门责令改正，处以罚款，没收违法所得；情节严重的，报经有批准权的人民政府批准，可以责令停业或者关闭：

（一）未按照规定设置危险废物识别标志的；

（二）未按照国家有关规定制定危险废物管理计划或者申报危险废物有关资料的；

（三）擅自倾倒、堆放危险废物的；

（四）将危险废物提供或者委托给无许可证的单位或者其他生产经营者从事经营活动的；

（五）未按照国家有关规定填写、运行危险废物转移联单或者未经批准擅自转移危险废物的；

（六）未按照国家环境保护标准贮存、利用、处置危险废物或者将危险废物混入非危险废物中贮存的；

（七）未经安全性处置，混合收集、贮存、运输、处置具有不相容性质的危险废物的；

（八）将危险废物与旅客在同一运输工具上载运的；

（九）未经消除污染处理，将收集、贮存、运输、处置危险废物的场所、设施、设备和容器、包装物及其他物品转作他用的；

（十）未采取相应防范措施，造成危险废物扬散、流失、渗漏或者其他环境污染的；

（十一）在运输过程中沿途丢弃、遗撒危险废物的；

（十二）未制定危险废物意外事故防范措施和应急预案的；

（十三）未按照国家有关规定建立危险废物管理台账并如实记录的。

有前款第一项、第二项、第五项、第六项、第七项、第八项、第九项、第十二项、第十三项行为之一，处十万元以上一百万元以下的罚款；有前款第三项、第四项、第十项、第十一项行为之一，处所需处置费用三倍以上五倍以下的罚款，所需处置费用不足二十万元的，按二十万元计算。

第一百一十三条 违反本法规定，危险废物产生者未按照规定处置其产生的危险废物被责令改正后拒不改正的，由生态环境主管部门组织代为处置，处置费用由危险废物产生者承担；拒不承担代为处置费用的，处代为处置费用一倍以上三倍以下的罚款。

第一百一十四条 无许可证从事收集、贮存、利用、处置危险废物经营活动的，由生态环境主管部门责令改正，处一百万元以上五百万元以下的罚款，并报经有批准权的人民政府批准，责令停业或者关闭；对法定代表人、主要负责人、直接负责的主管人员和其他责任人员，处十万元以上一百万元以下的罚款。

未按照许可证规定从事收集、贮存、利用、处置危险废物经营活动的，由生态环境主管部门责令改正，限制生产、停产整治，处五十万元以上二百万元以下的罚款；对法定代表人、主要负责人、直接负责的主管人员和其他责任人员，处五万元以上五十万元以下的罚款；情节严重的，报经有批准权的人民政府批准，责令停业或者关闭，还可以由发证机关吊销许可证。

第一百一十五条　违反本法规定，将中华人民共和国境外的固体废物输入境内的，由海关责令退运该固体废物，处五十万元以上五百万元以下的罚款。

承运人对前款规定的固体废物的退运、处置，与进口者承担连带责任。

第一百一十六条　违反本法规定，经中华人民共和国过境转移危险废物的，由海关责令退运该危险废物，处五十万元以上五百万元以下的罚款。

第一百一十七条　对已经非法入境的固体废物，由省级以上人民政府生态环境主管部门依法向海关提出处理意见，海关应当依照本法第一百一十五条的规定作出处罚决定；已经造成环境污染的，由省级以上人民政府生态环境主管部门责令进口者消除污染。

第一百一十八条　违反本法规定，造成固体废物污染环境事故的，除依法承担赔偿责任外，由生态环境主管部门依照本条第二款的规定处以罚款，责令限期采取治理措施；造成重大或者特大固体废物污染环境事故的，还可以报经有批准权的人民政府批准，责令关闭。

造成一般或者较大固体废物污染环境事故的，按照事故造成的直接经济损失的一倍以上三倍以下计算罚款；造成重大或者特大固体废物污染环境事故的，按照事故造成的直接经济损失的三倍以上五倍以下计算罚款，并对法定代表人、主要负责人、直接负责的主管人员和其他责任人员处上一年度从本单位取得的收入百分之五十以下的罚款。

第一百一十九条　单位和其他生产经营者违反本法规定排放固体废物，受到罚款处罚，被责令改正的，依法作出处罚决定的行政机关应当组织复查，发现其继续实施该违法行为的，依照《中华人民共和国环境保护法》的规定按日连续处罚。

第一百二十条　违反本法规定，有下列行为之一，尚不构成犯罪的，由公安机关对法定代表人、主要负责人、直接负责的主管人员和其他责任人员处十日以上十五日以下的拘留；情节较轻的，处五日以上十日以下的拘留：

（一）擅自倾倒、堆放、丢弃、遗撒固体废物，造成严重后果的；

（二）在生态保护红线区域、永久基本农田集中区域和其他需要特别保护的区域内，建设工业固体废物、危险废物集中贮存、利用、处置的设施、场所和生活垃圾填埋场的；

（三）将危险废物提供或者委托给无许可证的单位或者其他生产经营者堆放、利用、处置的；

（四）无许可证或者未按照许可证规定从事收集、贮存、利用、处置危险废物经营活动的；

（五）未经批准擅自转移危险废物的；

（六）未采取防范措施，造成危险废物扬散、流失、渗漏或者其他严重后果的。

第一百二十一条　固体废物污染环境、破坏生态，损害国家利益、社会公共利益的，有关机关和组织可以依照《中华人民共和国环境保护法》《中华人民共和国民事诉讼法》《中华人民共和国行政诉讼法》等法律的规定向人民法院提起诉讼。

第一百二十二条 固体废物污染环境、破坏生态给国家造成重大损失的，由设区的市级以上地方人民政府或者其指定的部门、机构组织与造成环境污染和生态破坏的单位和其他生产经营者进行磋商，要求其承担损害赔偿责任；磋商未达成一致的，可以向人民法院提起诉讼。

对于执法过程中查获的无法确定责任人或者无法退运的固体废物，由所在地县级以上地方人民政府组织处理。

第一百二十三条 违反本法规定，构成违反治安管理行为的，由公安机关依法给予治安管理处罚；构成犯罪的，依法追究刑事责任；造成人身、财产损害的，依法承担民事责任。

第九章 附 则

第一百二十四条 本法下列用语的含义：

（一）固体废物，是指在生产、生活和其他活动中产生的丧失原有利用价值或者虽未丧失利用价值但被抛弃或者放弃的固态、半固态和置于容器中的气态的物品、物质以及法律、行政法规规定纳入固体废物管理的物品、物质。经无害化加工处理，并且符合强制性国家产品质量标准，不会危害公众健康和生态安全，或者根据固体废物鉴别标准和鉴别程序认定为不属于固体废物的除外。

（二）工业固体废物，是指在工业生产活动中产生的固体废物。

（三）生活垃圾，是指在日常生活中或者为日常生活提供服务的活动中产生的固体废物，以及法律、行政法规规定视为生活垃圾的固体废物。

（四）建筑垃圾，是指建设单位、施工单位新建、改建、扩建和拆除各类建筑物、构筑物、管网等，以及居民装饰装修房屋过程中产生的弃土、弃料和其他固体废物。

（五）农业固体废物，是指在农业生产活动中产生的固体废物。

（六）危险废物，是指列入国家危险废物名录或者根据国家规定的危险废物鉴别标准和鉴别方法认定的具有危险特性的固体废物。

（七）贮存，是指将固体废物临时置于特定设施或者场所中的活动。

（八）利用，是指从固体废物中提取物质作为原材料或者燃料的活动。

（九）处置，是指将固体废物焚烧和用其他改变固体废物的物理、化学、生物特性的方法，达到减少已产生的固体废物数量、缩小固体废物体积、减少或者消除其危险成分的活动，或者将固体废物最终置于符合环境保护规定要求的填埋场的活动。

第一百二十五条 液态废物的污染防治，适用本法；但是，排入水体的废水的污染防治适用有关法律，不适用本法。

第一百二十六条 本法自 2020 年 9 月 1 日起施行。

“十三五”生态环境保护规划（节录）

第五章 实施专项治理，全面推进达标排放与污染减排

以污染源达标排放为底线，以骨干性工程推进为抓手，改革完善总量控制制度，推动行业多污染物协同治污减排，加强城乡统筹治理，严格控制增量，大幅度削减污染物存量，降低生态环境压力。

第一节 实施工业污染源全面达标排放计划

工业污染源全面开展自行监测和信息公开。工业企业要建立环境管理台账制度，开展自行监测，如实申报，属于重点排污单位的还要依法履行信息公开义务。实施排污口规范化整治，2018 年年底前，工业企业要进一步规范排污口设置，编制年度排污状况报告。排污企业全面实行在线监测，地方各级人民政府要完善重点排污单位污染物超标排放和异常报警机制，逐步实现工业污染源排放监测数据统一采集、公开发布，不断加强社会监督，对企业守法承诺履行情况进行监督检查。2019 年年底前，建立全国工业企业环境监管信息平台。

排查并公布未达标工业污染源名单。各地要加强对工业污染源的监督检查，全面推进“双随机”抽查制度，实施环境信用颜色评价，鼓励探索实施企业超标排放计分量化管理。对污染物排放超标或者重点污染物排放超总量的企业予以“黄牌”警示，限制生产或停产整治；对整治后仍不能达到要求且情节严重的企业予以“红牌”处罚，限期停业、关闭。自 2017 年起，地方各级人民政府要制定本行政区域工业污染源全面达标排放计划，确定年度工作目标，每季度向社会公布“黄牌”“红牌”企业名单。环境保护部将加大抽查核查力度，对企业超标现象普遍、超标企业集中地区的地方政府进行通报、挂牌督办。

实施重点行业企业达标排放限期改造。建立分行业污染治理实用技术公开遴选与推广应用机制，发布重点行业污染治理技术。分流域分区域制定实施重点行业限期整治方案，升级改造环保设施，加大检查核查力度，确保稳定达标。以钢铁、水泥、石化、有色金属、玻璃、燃煤锅炉、造纸、印染、化工、焦化、氮肥、农副食品加工、原料药制造、制革、农药、电镀等行业为重点，推进行业达标排放改造。

完善工业园区污水集中处理设施。实行“清污分流、雨污分流”，实现废水分类收集、

分质处理，入园企业应在达到国家或地方规定的排放标准后接入集中式污水处理设施处理，园区集中式污水处理设施总排口应安装自动监控系统、视频监控系统，并与环境保护主管部门联网。开展工业园区污水集中处理规范化改造示范。

第二节　深入推进重点污染物减排

改革完善总量控制制度。以提高环境质量为核心，以重大减排工程为主要抓手，上下结合，科学确定总量控制要求，实施差别化管理。优化总量减排核算体系，以省级为主体实施核查核算，推动自主减排管理，鼓励将持续有效改善环境质量的措施纳入减排核算。加强对生态环境保护重大工程的调度，对进度滞后地区及早预警通报，各地减排工程、指标情况要主动向社会公开。总量减排考核服从于环境质量考核，重点审查环境质量未达到标准、减排数据与环境质量变化趋势明显不协调的地区，并根据环境保护督查、日常监督检查和排污许可执行情况，对各省（区、市）自主减排管理情况实施“双随机”抽查。大力推行区域性、行业性总量控制，鼓励各地实施特征性污染物总量控制，并纳入各地国民经济。

推动治污减排工程建设。各省（区、市）要制定实施造纸、印染等十大重点涉水行业专项治理方案，大幅降低污染物排放强度。电力、钢铁、纺织、造纸、石油石化、化工、食品发酵等高耗水行业达到先进定额标准。以燃煤电厂超低排放改造为重点，对电力、钢铁、建材、石化、有色金属等重点行业，实施综合治理，对二氧化硫、氮氧化物、烟粉尘以及重金属等多污染物实施协同控制。各省（区、市）应于 2017 年年底前制定专项治理方案并向社会公开，对治理不到位的工程项目要公开曝光。制定分行业治污技术政策，培育示范企业和示范工程。

专栏 3　推动重点行业治污减排

（一）造纸行业。

力争完成纸浆无元素氯漂白改造或采取其他低污染制浆技术，完善中段水生化处理工艺，增加深度治理工艺，进一步完善中控系统。

（二）印染行业。

实施低排水染整工艺改造及废水综合利用，强化清污分流、分质处理、分质回用，完善中段水生化处理，增加强氧化、膜处理等深度治理工艺。

（三）味精行业。

提高生产废水循环利用水平，分离尾液和离交尾液采用絮凝气浮和蒸发浓缩等措施，外排水采取厌氧—好氧二级生化处理工艺；敏感区域应深度处理。

（四）柠檬酸行业。

采用低浓度废水循环再利用技术，高浓度废水采用喷浆造粒等措施。

（五）氮肥行业。

开展工艺冷凝液水解解析技术改造，实施含氰、含氨废水综合治理。

（六）酒精与啤酒行业。

低浓度废水采用物化—生化工艺，预处理后由园区集中处理。啤酒行业采用就地清洗技术。

（七）制糖行业。

采用无滤布真空吸滤机、高压水清洗、甜菜干法输送及压粕水回收，推进废糖蜜、酒精废醪液发酵还田综合利用，鼓励废水生化处理后回用，敏感区域执行特别排放限值。

（八）淀粉行业。

采用厌氧+好氧生化处理技术，建设污水处理设施在线监测和中控系统。

（九）屠宰行业。

强化外排污水预处理，敏感区域执行特别排放限值，有条件的采用膜生物反应器工艺进行深度处理。

（十）磷化工行业。

实施湿法磷酸净化改造，严禁过磷酸钙、钙镁磷肥新增产能。发展磷炉尾气净化合成有机化工产品，鼓励各种建材或建材添加剂综合利用磷渣、磷石膏。

（十一）煤电行业。

加快推进燃煤电厂超低排放和节能改造。强化露天煤场抑尘措施，有条件的实施封闭改造。

（十二）钢铁行业。

完成干熄焦技术改造，不同类型的废水应分别进行预处理。未纳入淘汰计划的烧结机和球团生产设备全部实施全烟气脱硫，禁止设置脱硫设施烟气旁路；烧结机头、机尾、焦炉、高炉出铁场、转炉烟气除尘等设施实施升级改造，露天原料场实施封闭改造，原料转运设施建设封闭皮带通廊，转运站和落料点配套抽风收尘装置。

（十三）建材行业。

原料破碎、生产、运输、装卸等各环节实施堆场及输送设备全封闭、道路清扫等措施，有效控制无组织排放。水泥窑全部实施烟气脱硝，水泥窑及窑磨一体机进行高效除尘改造；平板玻璃行业推进“煤改气”“煤改电”，禁止掺烧高硫石油焦等劣质原料，未使用清洁能源的浮法玻璃生产线全部实施烟气脱硫，浮法玻璃生产线全部实施烟气高效除尘、脱硝；建筑卫生陶瓷行业使用清洁燃料，喷雾干燥塔、陶瓷窑炉安装脱硫除尘设施，氮氧化物不能稳定达标排放的喷雾干燥塔采取脱硝措施。

（十四）石化行业。

催化裂化装置实施催化再生烟气治理，对不能稳定达标排放的硫黄回收尾气，提高硫黄回收率或加装脱硫设施。

（十五）有色金属行业。

加强富余烟气收集，对二氧化硫含量大于3.5%的烟气，采取两转两吸制酸等方式回收。低浓度烟气和制酸尾气排放超标的必须进行脱硫。规范冶炼企业废气排放口设置，取消脱硫设施旁路。

控制重点地区重点行业挥发性有机物排放。全面加强石化、有机化工、表面涂装、包装印刷等重点行业挥发性有机物控制。细颗粒物和臭氧污染严重省份实施行业挥发性有机污染物总量控制，制定挥发性有机污染物总量控制目标和实施方案。强化挥发性有机物与氮氧化物的协同减排，建立固定源、移动源、面源排放清单，对芳香烃、烯烃、炔烃、醛类、酮类等挥发性有机物实施重点减排。开展石化行业“泄漏检测与修复”专项行动，对无组织排放开展治理。各地要明确时限，完成加油站、储油库、油罐车油气回收治理，油气回收率提高到90%以上，并加快推进原油成品油码头油气回收治理。涂装行业实施低挥发性有机物含量涂料替代、涂装工艺与设备改进，建设挥发性有机物收集与治理设施。印刷行业全面开展低挥发性有机物含量原辅料替代，改进生产工艺。京津冀及周边地区、长三角地区、珠三角地区，以及成渝、武汉及其周边、辽宁中部、陕西关中、长株潭等城市群全面加强挥发性有机物排放控制。

总磷、总氮超标水域实施流域、区域性总量控制。总磷超标的控制单元以及上游相关地区要实施总磷总量控制，明确控制指标并作为约束性指标，制定水质达标改善方案。重点开展100家磷矿采选和磷化工企业生产工艺及污水处理设施建设改造。大力推广磷铵生产废水回用，促进磷石膏的综合加工利用，确保磷酸生产企业磷回收率达到96%以上。沿海地级及以上城市和汇入富营养化湖库的河流，实施总氮总量控制，开展总氮污染来源解析，明确重点控制区域、领域和行业，制定总氮总量控制方案，并将总氮纳入区域总量控制指标。氮肥、味精等行业提高辅料利用效率，加大资源回收力度。印染等行业降低尿素的使用量或使用尿素替代助剂。造纸等行业加快废水处理设施精细化管理，严格控制营养盐投加量。强化城镇污水处理厂生物除磷、脱氮工艺，实施畜禽养殖业总磷、总氮与化学需氧量、氨氮协同控制。

专栏 4　区域性、流域性总量控制地区

（一）挥发性有机物总量控制。

在细颗粒物和臭氧污染较严重的 16 个省（直辖市）实施行业挥发性有机物总量控制，包括：北京市、天津市、河北省、辽宁省、上海市、江苏省、浙江省、安徽省、山东省、河南省、湖北省、湖南省、广东省、重庆市、四川省、陕西省等。

（二）总磷总量控制。

总磷超标的控制单元以及上游相关地区实施总磷总量控制，包括：天津市宝坻区，黑龙江省鸡西市，贵州省黔南布依族苗族自治州、黔东南苗族侗族自治州，河南省漯河市、鹤壁市、安阳市、新乡市，湖北省宜昌市、十堰市，湖南省常德市、益阳市、岳阳市，江西省南昌市、九江市，辽宁省抚顺市，四川省宜宾市、泸州市、眉山市、乐山市、成都市、资阳市，云南省玉溪市等。

（三）总氮总量控制。

在 56 个沿海地级及以上城市或区域实施总氮总量控制，包括：丹东市、大连市、锦州市、营口市、盘锦市、葫芦岛市、秦皇岛市、唐山市、沧州市、天津市、滨州市、东营市、潍坊市、烟台市、威海市、青岛市、日照市、连云港市、盐城市、南通市、上海市、杭州市、宁波市、温州市、嘉兴市、绍兴市、舟山市、台州市、福州市、平潭综合实验区、厦门市、莆田市、宁德市、漳州市、泉州市、广州市、深圳市、珠海市、汕头市、江门市、湛江市、茂名市、惠州市、汕尾市、阳江市、东莞市、中山市、潮州市、揭阳市、北海市、防城港市、钦州市、海口市、三亚市、三沙市和海南省直辖县级行政区等。

在 29 个富营养化湖库汇水范围内实施总氮总量控制，包括：安徽省巢湖、龙感湖，安徽省、湖北省南漪湖，北京市怀柔水库，天津市于桥水库，河北省白洋淀，吉林省松花湖，内蒙古自治区呼伦湖、乌梁素海，山东省南四湖，江苏省白马湖、高邮湖、洪泽湖、太湖、阳澄湖，浙江省西湖，上海市、江苏省淀山湖，湖南省洞庭湖，广东省高州水库、鹤地水库，四川省鲁班水库、邛海，云南省滇池、杞麓湖、星云湖、异龙湖，宁夏自治区沙湖、香山湖，新疆自治区艾比湖等。

排污许可管理条例

中华人民共和国国务院令 第736号

《排污许可管理条例》已经2020年12月9日国务院第117次常务会议通过，现予公布，自2021年3月1日起施行。

总理 李克强

2021年1月24日

第一章 总 则

第一条 为了加强排污许可管理，规范企业事业单位和其他生产经营者排污行为，控制污染物排放，保护和改善生态环境，根据《中华人民共和国环境保护法》等有关法律，制定本条例。

第二条 依照法律规定实行排污许可管理的企业事业单位和其他生产经营者（以下称排污单位），应当依照本条例规定申请取得排污许可证；未取得排污许可证的，不得排放污染物。

根据污染物产生量、排放量、对环境的影响程度等因素，对排污单位实行排污许可分类管理：

（一）污染物产生量、排放量或者对环境的影响程度较大的排污单位，实行排污许可重点管理；

（二）污染物产生量、排放量和对环境的影响程度都较小的排污单位，实行排污许可简化管理。

实行排污许可管理的排污单位范围、实施步骤和管理类别名录，由国务院生态环境主管部门拟订并报国务院批准后公布实施。制定实行排污许可管理的排污单位范围、实施步骤和管理类别名录，应当征求有关部门、行业协会、企业事业单位和社会公众等方面的意见。

第三条 国务院生态环境主管部门负责全国排污许可的统一监督管理。

设区的市级以上地方人民政府生态环境主管部门负责本行政区域排污许可的监督管理。

第四条　国务院生态环境主管部门应当加强全国排污许可证管理信息平台建设和管理，提高排污许可在线办理水平。

排污许可证审查与决定、信息公开等应当通过全国排污许可证管理信息平台办理。

第五条　设区的市级以上人民政府应当将排污许可管理工作所需经费列入本级预算。

第二章　申请与审批

第六条　排污单位应当向其生产经营场所所在地设区的市级以上地方人民政府生态环境主管部门（以下称审批部门）申请取得排污许可证。

排污单位有两个以上生产经营场所排放污染物的，应当按照生产经营场所分别申请取得排污许可证。

第七条　申请取得排污许可证，可以通过全国排污许可证管理信息平台提交排污许可证申请表，也可以通过信函等方式提交。

排污许可证申请表应当包括下列事项：

（一）排污单位名称、住所、法定代表人或者主要负责人、生产经营场所所在地、统一社会信用代码等信息；

（二）建设项目环境影响报告书（表）批准文件或者环境影响登记表备案材料；

（三）按照污染物排放口、主要生产设施或者车间、厂界申请的污染物排放种类、排放浓度和排放量，执行的污染物排放标准和重点污染物排放总量控制指标；

（四）污染防治设施、污染物排放口位置和数量，污染物排放方式、排放去向、自行监测方案等信息；

（五）主要生产设施、主要产品及产能、主要原辅材料、产生和排放污染物环节等信息，及其是否涉及商业秘密等不宜公开情形的情况说明。

第八条　有下列情形之一的，申请取得排污许可证还应当提交相应材料：

（一）属于实行排污许可重点管理的，排污单位在提出申请前已通过全国排污许可证管理信息平台公开单位基本信息、拟申请许可事项的说明材料；

（二）属于城镇和工业污水集中处理设施的，排污单位的纳污范围、管网布置、最终排放去向等说明材料；

（三）属于排放重点污染物的新建、改建、扩建项目以及实施技术改造项目的，排污单位通过污染物排放量削减替代获得重点污染物排放总量控制指标的说明材料。

第九条　审批部门对收到的排污许可证申请，应当根据下列情况分别作出处理：

（一）依法不需要申请取得排污许可证的，应当即时告知不需要申请取得排污许可证；

（二）不属于本审批部门职权范围的，应当即时作出不予受理的决定，并告知排污单位向有审批权的生态环境主管部门申请；

（三）申请材料存在可以当场更正的错误的，应当允许排污单位当场更正；

（四）申请材料不齐全或者不符合法定形式的，应当当场或者在 3 日内出具告知单，一次性告知排污单位需要补正的全部材料；逾期不告知的，自收到申请材料之日起即视为受理；

（五）属于本审批部门职权范围，申请材料齐全、符合法定形式，或者排污单位按照要求补正全部申请材料的，应当受理。

审批部门应当在全国排污许可证管理信息平台上公开受理或者不予受理排污许可证申请的决定，同时向排污单位出具加盖本审批部门专用印章和注明日期的书面凭证。

第十条 审批部门应当对排污单位提交的申请材料进行审查，并可以对排污单位的生产经营场所进行现场核查。

审批部门可以组织技术机构对排污许可证申请材料进行技术评估，并承担相应费用。

技术机构应当对其提出的技术评估意见负责，不得向排污单位收取任何费用。

第十一条 对具备下列条件的排污单位，颁发排污许可证：

（一）依法取得建设项目环境影响报告书（表）批准文件，或者已经办理环境影响登记表备案手续；

（二）污染物排放符合污染物排放标准要求，重点污染物排放符合排污许可证申请与核发技术规范、环境影响报告书（表）批准文件、重点污染物排放总量控制要求；其中，排污单位生产经营场所位于未达到国家环境质量标准的重点区域、流域的，还应当符合有关地方人民政府关于改善生态环境质量的特别要求；

（三）采用污染防治设施可以达到许可排放浓度要求或者符合污染防治可行技术；

（四）自行监测方案的监测点位、指标、频次等符合国家自行监测规范。

第十二条 对实行排污许可简化管理的排污单位，审批部门应当自受理申请之日起 20 日内作出审批决定；对符合条件的颁发排污许可证，对不符合条件的不予许可并书面说明理由。

对实行排污许可重点管理的排污单位，审批部门应当自受理申请之日起 30 日内作出审批决定；需要进行现场核查的，应当自受理申请之日起 45 日内作出审批决定；对符合条件的颁发排污许可证，对不符合条件的不予许可并书面说明理由。

审批部门应当通过全国排污许可证管理信息平台生成统一的排污许可证编号。

第十三条 排污许可证应当记载下列信息：

（一）排污单位名称、住所、法定代表人或者主要负责人、生产经营场所所在地等；

（二）排污许可证有效期限、发证机关、发证日期、证书编号和二维码等；

（三）产生和排放污染物环节、污染防治设施等；

（四）污染物排放口位置和数量、污染物排放方式和排放去向等；

（五）污染物排放种类、许可排放浓度、许可排放量等；

（六）污染防治设施运行和维护要求、污染物排放口规范化建设要求等；

（七）特殊时段禁止或者限制污染物排放的要求；

（八）自行监测、环境管理台账记录、排污许可证执行报告的内容和频次等要求；

（九）排污单位环境信息公开要求；

（十）存在大气污染物无组织排放情形时的无组织排放控制要求；

（十一）法律法规规定排污单位应当遵守的其他控制污染物排放的要求。

第十四条　排污许可证有效期为 5 年。

排污许可证有效期届满，排污单位需要继续排放污染物的，应当于排污许可证有效期届满 60 日前向审批部门提出申请。审批部门应当自受理申请之日起 20 日内完成审查；对符合条件的予以延续，对不符合条件的不予延续并书面说明理由。

排污单位变更名称、住所、法定代表人或者主要负责人的，应当自变更之日起 30 日内，向审批部门申请办理排污许可证变更手续。

第十五条　在排污许可证有效期内，排污单位有下列情形之一的，应当重新申请取得排污许可证：

（一）新建、改建、扩建排放污染物的项目；

（二）生产经营场所、污染物排放口位置或者污染物排放方式、排放去向发生变化；

（三）污染物排放口数量或者污染物排放种类、排放量、排放浓度增加。

第十六条　排污单位适用的污染物排放标准、重点污染物总量控制要求发生变化，需要对排污许可证进行变更的，审批部门可以依法对排污许可证相应事项进行变更。

第三章　排污管理

第十七条　排污许可证是对排污单位进行生态环境监管的主要依据。

排污单位应当遵守排污许可证规定，按照生态环境管理要求运行和维护污染防治设施，建立环境管理制度，严格控制污染物排放。

第十八条　排污单位应当按照生态环境主管部门的规定建设规范化污染物排放口，并设置标志牌。

污染物排放口位置和数量、污染物排放方式和排放去向应当与排污许可证规定相符。

实施新建、改建、扩建项目和技术改造的排污单位，应当在建设污染防治设施的同时，建设规范化污染物排放口。

第十九条　排污单位应当按照排污许可证规定和有关标准规范，依法开展自行监测，并保存原始监测记录。原始监测记录保存期限不得少于 5 年。

排污单位应当对自行监测数据的真实性、准确性负责，不得篡改、伪造。

第二十条　实行排污许可重点管理的排污单位，应当依法安装、使用、维护污染物排放自动监测设备，并与生态环境主管部门的监控设备联网。

排污单位发现污染物排放自动监测设备传输数据异常的，应当及时报告生态环境主管部门，并进行检查、修复。

第二十一条 排污单位应当建立环境管理台账记录制度，按照排污许可证规定的格式、内容和频次，如实记录主要生产设施、污染防治设施运行情况以及污染物排放浓度、排放量。环境管理台账记录保存期限不得少于5年。

排污单位发现污染物排放超过污染物排放标准等异常情况时，应当立即采取措施消除、减轻危害后果，如实进行环境管理台账记录，并报告生态环境主管部门，说明原因。超过污染物排放标准等异常情况下的污染物排放计入排污单位的污染物排放量。

第二十二条 排污单位应当按照排污许可证规定的内容、频次和时间要求，向审批部门提交排污许可证执行报告，如实报告污染物排放行为、排放浓度、排放量等。

排污许可证有效期内发生停产的，排污单位应当在排污许可证执行报告中如实报告污染物排放变化情况并说明原因。

排污许可证执行报告中报告的污染物排放量可以作为年度生态环境统计、重点污染物排放总量考核、污染源排放清单编制的依据。

第二十三条 排污单位应当按照排污许可证规定，如实在全国排污许可证管理信息平台上公开污染物排放信息。

污染物排放信息应当包括污染物排放种类、排放浓度和排放量，以及污染防治设施的建设运行情况、排污许可证执行报告、自行监测数据等；其中，水污染物排入市政排水管网的，还应当包括污水接入市政排水管网位置、排放方式等信息。

第二十四条 污染物产生量、排放量和对环境的影响程度都很小的企业事业单位和其他生产经营者，应当填报排污登记表，不需要申请取得排污许可证。

需要填报排污登记表的企业事业单位和其他生产经营者范围名录，由国务院生态环境主管部门制定并公布。制定需要填报排污登记表的企业事业单位和其他生产经营者范围名录，应当征求有关部门、行业协会、企业事业单位和社会公众等方面的意见。

需要填报排污登记表的企业事业单位和其他生产经营者，应当在全国排污许可证管理信息平台上填报基本信息、污染物排放去向、执行的污染物排放标准以及采取的污染防治措施等信息；填报的信息发生变动的，应当自发生变动之日起20日内进行变更填报。

第四章　监督检查

第二十五条 生态环境主管部门应当加强对排污许可的事中事后监管，将排污许可执法检查纳入生态环境执法年度计划，根据排污许可管理类别、排污单位信用记录和生态环境管理需要等因素，合理确定检查频次和检查方式。

生态环境主管部门应当在全国排污许可证管理信息平台上记录执法检查时间、内容、结果以及处罚决定，同时将处罚决定纳入国家有关信用信息系统向社会公布。

第二十六条 排污单位应当配合生态环境主管部门监督检查，如实反映情况，并按照要求提供排污许可证、环境管理台账记录、排污许可证执行报告、自行监测数据等相关材料。

禁止伪造、变造、转让排污许可证。

第二十七条　生态环境主管部门可以通过全国排污许可证管理信息平台监控排污单位的污染物排放情况，发现排污单位的污染物排放浓度超过许可排放浓度的，应当要求排污单位提供排污许可证、环境管理台账记录、排污许可证执行报告、自行监测数据等相关材料进行核查，必要时可以组织开展现场监测。

第二十八条　生态环境主管部门根据行政执法过程中收集的监测数据，以及排污单位的排污许可证、环境管理台账记录、排污许可证执行报告、自行监测数据等相关材料，对排污单位在规定周期内的污染物排放量，以及排污单位污染防治设施运行和维护是否符合排污许可证规定进行核查。

第二十九条　生态环境主管部门依法通过现场监测、排污单位污染物排放自动监测设备、全国排污许可证管理信息平台获得的排污单位污染物排放数据，可以作为判定污染物排放浓度是否超过许可排放浓度的证据。

排污单位自行监测数据与生态环境主管部门及其所属监测机构在行政执法过程中收集的监测数据不一致的，以生态环境主管部门及其所属监测机构收集的监测数据作为行政执法依据。

第三十条　国家鼓励排污单位采用污染防治可行技术。国务院生态环境主管部门制定并公布污染防治可行技术指南。

排污单位未采用污染防治可行技术的，生态环境主管部门应当根据排污许可证、环境管理台账记录、排污许可证执行报告、自行监测数据等相关材料，以及生态环境主管部门及其所属监测机构在行政执法过程中收集的监测数据，综合判断排污单位采用的污染防治技术能否稳定达到排污许可证规定；对不能稳定达到排污许可证规定的，应当提出整改要求，并可以增加检查频次。

制定污染防治可行技术指南，应当征求有关部门、行业协会、企业事业单位和社会公众等方面的意见。

第三十一条　任何单位和个人对排污单位违反本条例规定的行为，均有向生态环境主管部门举报的权利。

接到举报的生态环境主管部门应当依法处理，按照有关规定向举报人反馈处理结果，并为举报人保密。

第五章　法律责任

第三十二条　违反本条例规定，生态环境主管部门在排污许可证审批或者监督管理中有下列行为之一的，由上级机关责令改正；对直接负责的主管人员和其他直接责任人员依法给予处分：

（一）对符合法定条件的排污许可证申请不予受理或者不在法定期限内审批；

（二）向不符合法定条件的排污单位颁发排污许可证；

（三）违反审批权限审批排污许可证；

（四）发现违法行为不予查处；

（五）不依法履行监督管理职责的其他行为。

第三十三条 违反本条例规定，排污单位有下列行为之一的，由生态环境主管部门责令改正或者限制生产、停产整治，处 20 万元以上 100 万元以下的罚款；情节严重的，报经有批准权的人民政府批准，责令停业、关闭：

（一）未取得排污许可证排放污染物；

（二）排污许可证有效期届满未申请延续或者延续申请未经批准排放污染物；

（三）被依法撤销、注销、吊销排污许可证后排放污染物；

（四）依法应当重新申请取得排污许可证，未重新申请取得排污许可证排放污染物。

第三十四条 违反本条例规定，排污单位有下列行为之一的，由生态环境主管部门责令改正或者限制生产、停产整治，处 20 万元以上 100 万元以下的罚款；情节严重的，吊销排污许可证，报经有批准权的人民政府批准，责令停业、关闭：

（一）超过许可排放浓度、许可排放量排放污染物；

（二）通过暗管、渗井、渗坑、灌注或者篡改、伪造监测数据，或者不正常运行污染防治设施等逃避监管的方式违法排放污染物。

第三十五条 违反本条例规定，排污单位有下列行为之一的，由生态环境主管部门责令改正，处 5 万元以上 20 万元以下的罚款；情节严重的，处 20 万元以上 100 万元以下的罚款，责令限制生产、停产整治：

（一）未按照排污许可证规定控制大气污染物无组织排放；

（二）特殊时段未按照排污许可证规定停止或者限制排放污染物。

第三十六条 违反本条例规定，排污单位有下列行为之一的，由生态环境主管部门责令改正，处 2 万元以上 20 万元以下的罚款；拒不改正的，责令停产整治：

（一）污染物排放口位置或者数量不符合排污许可证规定；

（二）污染物排放方式或者排放去向不符合排污许可证规定；

（三）损毁或者擅自移动、改变污染物排放自动监测设备；

（四）未按照排污许可证规定安装、使用污染物排放自动监测设备并与生态环境主管部门的监控设备联网，或者未保证污染物排放自动监测设备正常运行；

（五）未按照排污许可证规定制定自行监测方案并开展自行监测；

（六）未按照排污许可证规定保存原始监测记录；

（七）未按照排污许可证规定公开或者不如实公开污染物排放信息；

（八）发现污染物排放自动监测设备传输数据异常或者污染物排放超过污染物排放标准等异常情况不报告；

（九）违反法律法规规定的其他控制污染物排放要求的行为。

第三十七条　违反本条例规定，排污单位有下列行为之一的，由生态环境主管部门责令改正，处每次 5 千元以上 2 万元以下的罚款；法律另有规定的，从其规定：

（一）未建立环境管理台账记录制度，或者未按照排污许可证规定记录；

（二）未如实记录主要生产设施及污染防治设施运行情况或者污染物排放浓度、排放量；

（三）未按照排污许可证规定提交排污许可证执行报告；

（四）未如实报告污染物排放行为或者污染物排放浓度、排放量。

第三十八条　排污单位违反本条例规定排放污染物，受到罚款处罚，被责令改正的，生态环境主管部门应当组织复查，发现其继续实施该违法行为或者拒绝、阻挠复查的，依照《中华人民共和国环境保护法》的规定按日连续处罚。

第三十九条　排污单位拒不配合生态环境主管部门监督检查，或者在接受监督检查时弄虚作假的，由生态环境主管部门责令改正，处 2 万元以上 20 万元以下的罚款。

第四十条　排污单位以欺骗、贿赂等不正当手段申请取得排污许可证的，由审批部门依法撤销其排污许可证，处 20 万元以上 50 万元以下的罚款，3 年内不得再次申请排污许可证。

第四十一条　违反本条例规定，伪造、变造、转让排污许可证的，由生态环境主管部门没收相关证件或者吊销排污许可证，处 10 万元以上 30 万元以下的罚款，3 年内不得再次申请排污许可证。

第四十二条　违反本条例规定，接受审批部门委托的排污许可技术机构弄虚作假的，由审批部门解除委托关系，将相关信息记入其信用记录，在全国排污许可证管理信息平台上公布，同时纳入国家有关信用信息系统向社会公布；情节严重的，禁止从事排污许可技术服务。

第四十三条　需要填报排污登记表的企业事业单位和其他生产经营者，未依照本条例规定填报排污信息的，由生态环境主管部门责令改正，可以处 5 万元以下的罚款。

第四十四条　排污单位有下列行为之一，尚不构成犯罪的，除依照本条例规定予以处罚外，对其直接负责的主管人员和其他直接责任人员，依照《中华人民共和国环境保护法》的规定处以拘留：

（一）未取得排污许可证排放污染物，被责令停止排污，拒不执行；

（二）通过暗管、渗井、渗坑、灌注或者篡改、伪造监测数据，或者不正常运行污染防治设施等逃避监管的方式违法排放污染物。

第四十五条　违反本条例规定，构成违反治安管理行为的，依法给予治安管理处罚；

构成犯罪的，依法追究刑事责任。

第六章　附　则

第四十六条　本条例施行前已经实际排放污染物的排污单位，不符合本条例规定条件的，应当在国务院生态环境主管部门规定的期限内进行整改，达到本条例规定的条件并申请取得排污许可证；逾期未取得排污许可证的，不得继续排放污染物。整改期限内，生态环境主管部门应当向其下达排污限期整改通知书，明确整改内容、整改期限等要求。

第四十七条　排污许可证申请表、环境管理台账记录、排污许可证执行报告等文件的格式和内容要求，以及排污许可证申请与核发技术规范等，由国务院生态环境主管部门制定。

第四十八条　企业事业单位和其他生产经营者涉及国家秘密的，其排污许可、监督管理等应当遵守保密法律法规的规定。

第四十九条　飞机、船舶、机动车、列车等移动污染源的污染物排放管理，依照相关法律法规的规定执行。

第五十条　排污单位应当遵守安全生产规定，按照安全生产管理要求运行和维护污染防治设施，建立安全生产管理制度。

在运行和维护污染防治设施过程中违反安全生产规定，发生安全生产事故的，对负有责任的排污单位依照《中华人民共和国安全生产法》的有关规定予以处罚。

第五十一条　本条例自 2021 年 3 月 1 日起施行。

控制污染物排放许可制实施方案

控制污染物排放许可制（以下称排污许可制）是依法规范企事业单位排污行为的基础性环境管理制度，环境保护部门通过对企事业单位发放排污许可证并依证监管实施排污许可制。近年来，各地积极探索排污许可制，取得初步成效。但总体看，排污许可制定位不明确，企事业单位治污责任不落实，环境保护部门依证监管不到位，使得管理制度效能难以充分发挥。为进一步推动环境治理基础制度改革，改善环境质量，根据《中华人民共和国环境保护法》和《生态文明体制改革总体方案》等，制定本方案。

一、总体要求

（一）指导思想。全面贯彻落实党的十八大和十八届三中、四中、五中、六中全会精神，深入学习贯彻习近平总书记系列重要讲话精神，紧紧围绕统筹推进“五位一体”总体布局和协调推进“四个全面”战略布局，牢固树立创新、协调、绿色、开放、共享的发展理念，认真落实党中央、国务院决策部署，加大生态文明建设和环境保护力度，将排污许可制建设成为固定污染源环境管理的核心制度，作为企业守法、部门执法、社会监督的依据，为提高环境管理效能和改善环境质量奠定坚实基础。

（二）基本原则：

精简高效，衔接顺畅。排污许可制衔接环境影响评价管理制度，融合总量控制制度，为排污收费、环境统计、排污权交易等工作提供统一的污染物排放数据，减少重复申报，减轻企事业单位负担，提高管理效能。

公平公正，一企一证。企事业单位持证排污，按照所在地改善环境质量和保障环境安全的要求承担相应的污染治理责任，多排放多担责、少排放可获益。向企事业单位核发排污许可证，作为生产运营期排污行为的唯一行政许可，并明确其排污行为依法应当遵守的环境管理要求和承担的法律责任义务。

权责清晰，强化监管。排污许可证是企事业单位在生产运营期接受环境监管和环境保护部门实施监管的主要法律文书。企事业单位依法申领排污许可证，按证排污，自证守法。环境保护部门基于企事业单位守法承诺，依法发放排污许可证，依证强化事中事后监管，对违法排污行为实施严厉打击。

公开透明，社会共治。排污许可证申领、核发、监管流程全过程公开，企事业单位污染物排放和环境保护部门监管执法信息及时公开，为推动企业守法、部门联动、社会监督创造条件。

（三）目标任务。到2020年，完成覆盖所有固定污染源的排污许可证核发工作，全国排污许可证管理信息平台有效运转，各项环境管理制度精简合理、有机衔接，企事业单位环保主体责任得到落实，基本建立法规体系完备、技术体系科学、管理体系高效的排污许可制，对固定污染源实施全过程管理和多污染物协同控制，实现系统化、科学化、法治化、精细化、信息化的“一证式”管理。

二、衔接整合相关环境管理制度

（四）建立健全企事业单位污染物排放总量控制制度。改变单纯以行政区域为单元分解污染物排放总量指标的方式和总量减排核算考核办法，通过实施排污许可制，落实企事业单位污染物排放总量控制要求，逐步实现由行政区域污染物排放总量控制向企事业单位污染物排放总量控制转变，控制的范围逐渐统一到固定污染源。环境质量不达标地区，要通过提高排放标准或加严许可排放量等措施，对企事业单位实施更为严格的污染物排放总量控制，推动改善环境质量。

（五）有机衔接环境影响评价制度。环境影响评价制度是建设项目的环境准入门槛，排污许可制是企事业单位生产运营期排污的法律依据，必须做好充分衔接，实现从污染预防到污染治理和排放控制的全过程监管。新建项目必须在发生实际排污行为之前申领排污许可证，环境影响评价文件及批复中与污染物排放相关的主要内容应当纳入排污许可证，其排污许可证执行情况应作为环境影响后评价的重要依据。

三、规范有序发放排污许可证

（六）制定排污许可管理名录。环境保护部依法制订并公布排污许可分类管理名录，考虑企事业单位及其他生产经营者，确定实行排污许可管理的行业类别。对不同行业或同一行业内的不同类型企事业单位，按照污染物产生量、排放量以及环境危害程度等因素进行分类管理，对环境影响较小、环境危害程度较低的行业或企事业单位，简化排污许可内容和相应的自行监测、台账管理等要求。

（七）规范排污许可证核发。由县级以上地方政府环境保护部门负责排污许可证核发，地方性法规另有规定的从其规定。企事业单位应按相关法规标准和技术规定提交申请材料，申报污染物排放种类、排放浓度等，测算并申报污染物排放量。环境保护部门对符合要求的企事业单位应及时核发排污许可证，对存在疑问的开展现场核查。首次发放的排污许可证有效期三年，延续换发的排污许可证有效期五年。上级环境保护部门要加强监督抽查，有权依法撤销下级环境保护部门作出的核发排污许可证的决定。环境保护部统一制定排污许可证申领核发程序、排污许可证样式、信息编码和平台接口标准、相关数据格式要求等。各地区现有排污许可证及其管理要按国家统一要求及时进行规范。

（八）合理确定许可内容。排污许可证中明确许可排放的污染物种类、浓度、排放量、排放去向等事项，载明污染治理设施、环境管理要求等相关内容。根据污染物排放标准、总量控制指标、环境影响评价文件及批复要求等，依法合理确定许可排放的污染物种类、浓度及排放量。按照《国务院办公厅关于加强环境监管执法的通知》（国办发〔2014〕56号）要求，经地方政府依法处理、整顿规范并符合要求的项目，纳入排污许可管理范围。地方政府制定的环境质量限期达标规划、重污染天气应对措施中对企事业单位有更加严格的排放控制要求的，应当在排污许可证中予以明确。

（九）分步实现排污许可全覆盖。排污许可证管理内容主要包括大气污染物、水污染物，并依法逐步纳入其他污染物。按行业分步实现对固定污染源的全覆盖，率先对火电、造纸行业企业核发排污许可证，2017 年完成《大气污染防治行动计划》和《水污染防治行动计划》重点行业及产能过剩行业企业排污许可证核发，2020 年全国基本完成排污许可证核发。

四、严格落实企事业单位环境保护责任

（十）落实按证排污责任。纳入排污许可管理的所有企事业单位必须按期持证排污、按证排污，不得无证排污。企事业单位应及时申领排污许可证，对申请材料的真实性、准确性和完整性承担法律责任，承诺按照排污许可证的规定排污并严格执行；落实污染物排放控制措施和其他各项环境管理要求，确保污染物排放种类、浓度和排放量等达到许可要求；明确单位负责人和相关人员环境保护责任，不断提高污染治理和环境管理水平，自觉接受监督检查。

（十一）实行自行监测和定期报告。企事业单位应依法开展自行监测，安装或使用监测设备应符合国家有关环境监测、计量认证规定和技术规范，保障数据合法有效，保证设备正常运行，妥善保存原始记录，建立准确完整的环境管理台账，安装在线监测设备的应与环境保护部门联网。企事业单位应如实向环境保护部门报告排污许可证执行情况，依法向社会公开污染物排放数据并对数据真实性负责。排放情况与排污许可证要求不符的，应及时向环境保护部门报告。

五、加强监督管理

（十二）依证严格开展监管执法。依证监管是排污许可制实施的关键，重点检查许可事项和管理要求的落实情况，通过执法监测、核查台账等手段，核实排放数据和报告的真实性，判定是否达标排放，核定排放量。企事业单位在线监测数据可以作为环境保护部门监管执法的依据。按照“谁核发、谁监管”的原则定期开展监管执法，首次核发排污许可证后，应及时开展检查；对有违规记录的，应提高检查频次；对污染严重的产能过剩行业企业加大执法频次与处罚力度，推动去产能工作。现场检查的时间、内容、结果以及处罚

决定应记入排污许可证管理信息平台。

（十三）严厉查处违法排污行为。根据违法情节轻重，依法采取按日连续处罚、限制生产、停产整治、停业、关闭等措施，严厉处罚无证和不按证排污行为，对构成犯罪的，依法追究刑事责任。环境保护部门检查发现实际情况与环境管理台账、排污许可证执行报告等不一致的，可以责令作出说明，对未能说明且无法提供自行监测原始记录的，依法予以处罚。

（十四）综合运用市场机制政策。对自愿实施严于许可排放浓度和排放量且在排污许可证中载明的企事业单位，加大电价等价格激励措施力度，符合条件的可以享受相关环保、资源综合利用等方面的优惠政策。与拟开征的环境保护税有机衔接，交换共享企事业单位实际排放数据与纳税申报数据，引导企事业单位按证排污并诚信纳税。排污许可证是排污权的确认凭证、排污交易的管理载体，企事业单位在履行法定义务的基础上，通过淘汰落后和过剩产能、清洁生产、污染治理、技术改造升级等产生的污染物排放削减量，可按规定在市场交易。

六、强化信息公开和社会监督

（十五）提高管理信息化水平。2017 年建成全国排污许可证管理信息平台，将排污许可证申领、核发、监管执法等工作流程及信息纳入平台，各地现有的排污许可证管理信息平台逐步接入。在统一社会信用代码基础上适当扩充，制定全国统一的排污许可证编码。通过排污许可证管理信息平台统一收集、存储、管理排污许可证信息，实现各级联网、数据集成、信息共享。形成的实际排放数据作为环境保护部门排污收费、环境统计、污染源排放清单等各项固定污染源环境管理的数据来源。

（十六）加大信息公开力度。在全国排污许可证管理信息平台上及时公开企事业单位自行监测数据和环境保护部门监管执法信息，公布不按证排污的企事业单位名单，纳入企业环境行为信用评价，并通过企业信用信息公示系统进行公示。与环保举报平台共享污染源信息，鼓励公众举报无证和不按证排污行为。依法推进环境公益诉讼，加强社会监督。

七、做好排污许可制实施保障

（十七）加强组织领导。各地区要高度重视排污许可制实施工作，统一思想，提高认识，明确目标任务，制定实施计划，确保按时限完成排污许可证核发工作。要做好排污许可制推进期间各项环境管理制度的衔接，避免出现管理真空。环境保护部要加强对全国排污许可制实施工作的指导，制定相关管理办法，总结推广经验，跟踪评估实施情况。将排污许可制落实情况纳入环境保护督察工作，对落实不力的进行问责。

（十八）完善法律法规。加快修订建设项目环境保护管理条例，制定排污许可管理条例。配合修订水污染防治法，研究建立企事业单位守法排污的自我举证、加严对无证或不按证排污连续违法行为的处罚规定。推动修订固体废物污染环境防治法、环境噪声污染防治法，探索将有关污染物纳入排污许可证管理。

（十九）健全技术支撑体系。梳理和评估现有污染物排放标准，并适时修订。建立健全基于排放标准的可行技术体系，推动企事业单位污染防治措施升级改造和技术进步。完善排污许可证执行和监管执法技术体系，指导企事业单位自行监测、台账记录、执行报告、信息公开等工作，规范环境保护部门台账核查、现场执法等行为。培育和规范咨询与监测服务市场，促进人才队伍建设。

（二十）开展宣传培训。加大对排污许可制的宣传力度，做好制度解读，及时回应社会关切。组织各级环境保护部门、企事业单位、咨询与监测机构开展专业培训。强化地方政府环境保护主体责任，树立企事业单位持证排污意识，有序引导社会公众更好参与监督企事业单位排污行为，形成政府综合管控、企业依证守法、社会共同监督的良好氛围。

排污许可管理办法（试行）

（2019 年 8 月 22 日经《生态环境部关于废止、修改部分规章的决定》（生态环境部令第 7 号）修改）

第一章　总　则

第一条　为规范排污许可管理，根据《中华人民共和国环境保护法》《中华人民共和国水污染防治法》《中华人民共和国大气污染防治法》以及国务院办公厅印发的《控制污染物排放许可制实施方案》，制定本办法。

第二条　排污许可证的申请、核发、执行以及与排污许可相关的监管和处罚等行为，适用本办法。

第三条　环境保护部依法制定并公布固定污染源排污许可分类管理名录，明确纳入排污许可管理的范围和申领时限。

纳入固定污染源排污许可分类管理名录的企业事业单位和其他生产经营者（以下简称排污单位）应当按照规定的时限申请并取得排污许可证；未纳入固定污染源排污许可分类管理名录的排污单位，暂不需申请排污许可证。

第四条　排污单位应当依法持有排污许可证，并按照排污许可证的规定排放污染物。

应当取得排污许可证而未取得的，不得排放污染物。

第五条　对污染物产生量大、排放量大或者环境危害程度高的排污单位实行排污许可重点管理，对其他排污单位实行排污许可简化管理。

实行排污许可重点管理或者简化管理的排污单位的具体范围，依照固定污染源排污许可分类管理名录规定执行。实行重点管理和简化管理的内容及要求，依照本办法第十一条规定的排污许可相关技术规范、指南等执行。

设区的市级以上地方环境保护主管部门，应当将实行排污许可重点管理的排污单位确定为重点排污单位。

第六条　环境保护部负责指导全国排污许可制度实施和监督。各省级环境保护主管部门负责本行政区域排污许可制度的组织实施和监督。

排污单位生产经营场所所在地设区的市级环境保护主管部门负责排污许可证核发。地方性法规对核发权限另有规定的，从其规定。

第七条　同一法人单位或者其他组织所属、位于不同生产经营场所的排污单位，应当以其所属的法人单位或者其他组织的名义，分别向生产经营场所所在地有核发权的环境保护主管部门（以下简称核发环保部门）申请排污许可证。

生产经营场所和排放口分别位于不同行政区域时，生产经营场所所在地核发环保部门负责核发排污许可证，并应当在核发前，征求其排放口所在地同级环境保护主管部门意见。

第八条　依据相关法律规定，环境保护主管部门对排污单位排放水污染物、大气污染物等各类污染物的排放行为实行综合许可管理。

2015 年 1 月 1 日及以后取得建设项目环境影响评价审批意见的排污单位，环境影响评价文件及审批意见中与污染物排放相关的主要内容应当纳入排污许可证。

第九条　环境保护部对实施排污许可管理的排污单位及其生产设施、污染防治设施和排放口实行统一编码管理。

第十条　环境保护部负责建设、运行、维护、管理全国排污许可证管理信息平台。

排污许可证的申请、受理、审核、发放、变更、延续、注销、撤销、遗失补办应当在全国排污许可证管理信息平台上进行。排污单位自行监测、执行报告及环境保护主管部门监管执法信息应当在全国排污许可证管理信息平台上记载，并按照本办法规定在全国排污许可证管理信息平台上公开。

全国排污许可证管理信息平台中记录的排污许可证相关电子信息与排污许可证正本、副本依法具有同等效力。

第十一条　环境保护部制定排污许可证申请与核发技术规范、环境管理台账及排污许可证执行报告技术规范、排污单位自行监测技术指南、污染防治可行技术指南以及其他排污许可政策、标准和规范。

第二章　排污许可证内容

第十二条　排污许可证由正本和副本构成，正本载明基本信息，副本包括基本信息、登记事项、许可事项、承诺书等内容。

设区的市级以上地方环境保护主管部门可以根据环境保护地方性法规，增加需要在排污许可证中载明的内容。

第十三条　以下基本信息应当同时在排污许可证正本和副本中载明：

（一）排污单位名称、注册地址、法定代表人或者主要负责人、技术负责人、生产经营场所地址、行业类别、统一社会信用代码等排污单位基本信息；

（二）排污许可证有效期限、发证机关、发证日期、证书编号和二维码等基本信息。

第十四条　以下登记事项由排污单位申报，并在排污许可证副本中记录：

（一）主要生产设施、主要产品及产能、主要原辅材料等；

（二）产排污环节、污染防治设施等；

（三）环境影响评价审批意见、依法分解落实到本单位的重点污染物排放总量控制指标、排污权有偿使用和交易记录等。

第十五条 下列许可事项由排污单位申请，经核发环保部门审核后，在排污许可证副本中进行规定：

（一）排放口位置和数量、污染物排放方式和排放去向等，大气污染物无组织排放源的位置和数量；

（二）排放口和无组织排放源排放污染物的种类、许可排放浓度、许可排放量；

（三）取得排污许可证后应当遵守的环境管理要求；

（四）法律法规规定的其他许可事项。

第十六条 核发环保部门应当根据国家和地方污染物排放标准，确定排污单位排放口或者无组织排放源相应污染物的许可排放浓度。

排污单位承诺执行更加严格的排放浓度的，应当在排污许可证副本中规定。

第十七条 核发环保部门按照排污许可证申请与核发技术规范规定的行业重点污染物允许排放量核算方法，以及环境质量改善的要求，确定排污单位的许可排放量。

对于本办法实施前已有依法分解落实到本单位的重点污染物排放总量控制指标的排污单位，核发环保部门应当按照行业重点污染物允许排放量核算方法、环境质量改善要求和重点污染物排放总量控制指标，从严确定许可排放量。

2015 年 1 月 1 日及以后取得环境影响评价审批意见的排污单位，环境影响评价文件和审批意见确定的排放量严于按照本条第一款、第二款确定的许可排放量的，核发环保部门应当根据环境影响评价文件和审批意见要求确定排污单位的许可排放量。

地方人民政府依法制定的环境质量限期达标规划、重污染天气应对措施要求排污单位执行更加严格的重点污染物排放总量控制指标的，应当在排污许可证副本中规定。

本办法实施后，环境保护主管部门应当按照排污许可证规定的许可排放量，确定排污单位的重点污染物排放总量控制指标。

第十八条 下列环境管理要求由核发环保部门根据排污单位的申请材料、相关技术规范和监管需要，在排污许可证副本中进行规定：

（一）污染防治设施运行和维护、无组织排放控制等要求；

（二）自行监测要求、台账记录要求、执行报告内容和频次等要求；

（三）排污单位信息公开要求；

（四）法律法规规定的其他事项。

第十九条 排污单位在申请排污许可证时，应当按照自行监测技术指南，编制自行监测方案。

自行监测方案应当包括以下内容：

（一）监测点位及示意图、监测指标、监测频次；

（二）使用的监测分析方法、采样方法；

（三）监测质量保证与质量控制要求；

（四）监测数据记录、整理、存档要求等。

第二十条　排污单位在填报排污许可证申请时，应当承诺排污许可证申请材料是完整、真实和合法的；承诺按照排污许可证的规定排放污染物，落实排污许可证规定的环境管理要求，并由法定代表人或者主要负责人签字或者盖章。

第二十一条　排污许可证自作出许可决定之日起生效。首次发放的排污许可证有效期为三年，延续换发的排污许可证有效期为五年。

对列入国务院经济综合宏观调控部门会同国务院有关部门发布的产业政策目录中计划淘汰的落后工艺装备或者落后产品，排污许可证有效期不得超过计划淘汰期限。

第二十二条　环境保护主管部门核发排污许可证，以及监督检查排污许可证实施情况时，不得收取任何费用。

第三章　申请与核发

第二十三条　省级环境保护主管部门应当根据本办法第六条和固定污染源排污许可分类管理名录，确定本行政区域内负责受理排污许可证申请的核发环保部门、申请程序等相关事项，并向社会公告。

依据环境质量改善要求，部分地区决定提前对部分行业实施排污许可管理的，该地区省级环境保护主管部门应当报环境保护部备案后实施，并向社会公告。

第二十四条　在固定污染源排污许可分类管理名录规定的时限前已经建成并实际排污的排污单位，应当在名录规定时限申请排污许可证；在名录规定的时限后建成的排污单位，应当在启动生产设施或者在实际排污之前申请排污许可证。

第二十五条　实行重点管理的排污单位在提交排污许可申请材料前，应当将承诺书、基本信息以及拟申请的许可事项向社会公开。公开途径应当选择包括全国排污许可证管理信息平台等便于公众知晓的方式，公开时间不得少于五个工作日。

第二十六条　排污单位应当在全国排污许可证管理信息平台上填报并提交排污许可证申请，同时向核发环保部门提交通过全国排污许可证管理信息平台印制的书面申请材料。

申请材料应当包括：

（一）排污许可证申请表，主要内容包括：排污单位基本信息，主要生产设施、主要产品及产能、主要原辅材料，废气、废水等产排污环节和污染防治设施，申请的排放口位置和数量、排放方式、排放去向，按照排放口和生产设施或者车间申请的排放污染物种类、排放浓度和排放量，执行的排放标准；

（二）自行监测方案；

（三）由排污单位法定代表人或者主要负责人签字或者盖章的承诺书；

（四）排污单位有关排污口规范化的情况说明；

（五）建设项目环境影响评价文件审批文号，或者按照有关国家规定经地方人民政府依法处理、整顿规范并符合要求的相关证明材料；

（六）排污许可证申请前信息公开情况说明表；

（七）污水集中处理设施的经营管理单位还应当提供纳污范围、纳污排污单位名单、管网布置、最终排放去向等材料；

（八）本办法实施后的新建、改建、扩建项目排污单位存在通过污染物排放等量或者减量替代削减获得重点污染物排放总量控制指标情况的，且出让重点污染物排放总量控制指标的排污单位已经取得排污许可证的，应当提供出让重点污染物排放总量控制指标的排污单位的排污许可证完成变更的相关材料；

（九）法律法规规章规定的其他材料。

主要生产设施、主要产品产能等登记事项中涉及商业秘密的，排污单位应当进行标注。

第二十七条 核发环保部门收到排污单位提交的申请材料后，对材料的完整性、规范性进行审查，按照下列情形分别作出处理：

（一）依照本办法不需要取得排污许可证的，应当当场或者在五个工作日内告知排污单位不需要办理；

（二）不属于本行政机关职权范围的，应当当场或者在五个工作日内作出不予受理的决定，并告知排污单位向有核发权限的部门申请；

（三）申请材料不齐全或者不符合规定的，应当当场或者在五个工作日内出具告知单，告知排污单位需要补正的全部材料，可以当场更正的，应当允许排污单位当场更正；

（四）属于本行政机关职权范围，申请材料齐全、符合规定，或者排污单位按照要求提交全部补正申请材料的，应当受理。

核发环保部门应当在全国排污许可证管理信息平台上作出受理或者不予受理排污许可证申请的决定，同时向排污单位出具加盖本行政机关专用印章和注明日期的受理单或者不予受理告知单。

核发环保部门应当告知排污单位需要补正的材料，但逾期不告知的，自收到书面申请材料之日起即视为受理。

第二十八条 对存在下列情形之一的，核发环保部门不予核发排污许可证：

（一）位于法律法规规定禁止建设区域内的；

（二）属于国务院经济综合宏观调控部门会同国务院有关部门发布的产业政策目录中明令淘汰或者立即淘汰的落后生产工艺装备、落后产品的；

（三）法律法规规定不予许可的其他情形。

第二十九条　核发环保部门应当对排污单位的申请材料进行审核，对满足下列条件的排污单位核发排污许可证：

（一）依法取得建设项目环境影响评价文件审批意见，或者按照有关规定经地方人民政府依法处理、整顿规范并符合要求的相关证明材料；

（二）采用的污染防治设施或者措施有能力达到许可排放浓度要求；

（三）排放浓度符合本办法第十六条规定，排放量符合本办法第十七条规定；

（四）自行监测方案符合相关技术规范；

（五）本办法实施后的新建、改建、扩建项目排污单位存在通过污染物排放等量或者减量替代削减获得重点污染物排放总量控制指标情况的，出让重点污染物排放总量控制指标的排污单位已完成排污许可证变更。

第三十条　对采用相应污染防治可行技术的，或者新建、改建、扩建建设项目排污单位采用环境影响评价审批意见要求的污染治理技术的，核发环保部门可以认为排污单位采用的污染防治设施或者措施有能力达到许可排放浓度要求。

不符合前款情形的，排污单位可以通过提供监测数据予以证明。监测数据应当通过使用符合国家有关环境监测、计量认证规定和技术规范的监测设备取得；对于国内首次采用的污染治理技术，应当提供工程试验数据予以证明。

环境保护部依据全国排污许可证执行情况，适时修订污染防治可行技术指南。

第三十一条　核发环保部门应当自受理申请之日起二十个工作日内作出是否准予许可的决定。自作出准予许可决定之日起十个工作日内，核发环保部门向排污单位发放加盖本行政机关印章的排污许可证。

核发环保部门在二十个工作日内不能作出决定的，经本部门负责人批准，可以延长十个工作日，并将延长期限的理由告知排污单位。

依法需要听证、检验、检测和专家评审的，所需时间不计算在本条所规定的期限内。核发环保部门应当将所需时间书面告知排污单位。

第三十二条　核发环保部门作出准予许可决定的，须向全国排污许可证管理信息平台提交审核结果，获取全国统一的排污许可证编码。

核发环保部门作出准予许可决定的，应当将排污许可证正本以及副本中基本信息、许可事项及承诺书在全国排污许可证管理信息平台上公告。

核发环保部门作出不予许可决定的，应当制作不予许可决定书，书面告知排污单位不予许可的理由，以及依法申请行政复议或者提起行政诉讼的权利，并在全国排污许可证管理信息平台上公告。

第四章　实施与监管

第三十三条　禁止涂改排污许可证。禁止以出租、出借、买卖或者其他方式非法转让排污许可证。排污单位应当在生产经营场所内方便公众监督的位置悬挂排污许可证正本。

第三十四条 排污单位应当按照排污许可证规定，安装或者使用符合国家有关环境监测、计量认证规定的监测设备，按照规定维护监测设施，开展自行监测，保存原始监测记录。

实施排污许可重点管理的排污单位，应当按照排污许可证规定安装自动监测设备，并与环境保护主管部门的监控设备联网。

对未采用污染防治可行技术的，应当加强自行监测，评估污染防治技术达标可行性。

第三十五条 排污单位应当按照排污许可证中关于台账记录的要求，根据生产特点和污染物排放特点，按照排污口或者无组织排放源进行记录。记录主要包括以下内容：

（一）与污染物排放相关的主要生产设施运行情况；发生异常情况的，应当记录原因和采取的措施；

（二）污染防治设施运行情况及管理信息；发生异常情况的，应当记录原因和采取的措施；

（三）污染物实际排放浓度和排放量；发生超标排放情况的，应当记录超标原因和采取的措施；

（四）其他按照相关技术规范应当记录的信息。

台账记录保存期限不少于三年。

第三十六条 污染物实际排放量按照排污许可证规定的废气、污水的排污口、生产设施或者车间分别计算，依照下列方法和顺序计算：

（一）依法安装使用了符合国家规定和监测规范的污染物自动监测设备的，按照污染物自动监测数据计算；

（二）依法不需安装污染物自动监测设备的，按照符合国家规定和监测规范的污染物手工监测数据计算；

（三）不能按照本条第一项、第二项规定的方法计算的，包括依法应当安装而未安装污染物自动监测设备或者自动监测设备不符合规定的，按照环境保护部规定的产排污系数、物料衡算方法计算。

第三十七条 排污单位应当按照排污许可证规定的关于执行报告内容和频次的要求，编制排污许可证执行报告。

排污许可证执行报告包括年度执行报告、季度执行报告和月执行报告。

排污单位应当每年在全国排污许可证管理信息平台上填报、提交排污许可证年度执行报告并公开，同时向核发环保部门提交通过全国排污许可证管理信息平台印制的书面执行报告。书面执行报告应当由法定代表人或者主要负责人签字或者盖章。

季度执行报告和月执行报告至少应当包括以下内容：

（一）根据自行监测结果说明污染物实际排放浓度和排放量及达标判定分析；

（二）排污单位超标排放或者污染防治设施异常情况的说明。

年度执行报告可以替代当季度或者当月的执行报告，并增加以下内容：

（一）排污单位基本生产信息；

（二）污染防治设施运行情况；

（三）自行监测执行情况；

（四）环境管理台账记录执行情况；

（五）信息公开情况；

（六）排污单位内部环境管理体系建设与运行情况；

（七）其他排污许可证规定的内容执行情况等。

建设项目竣工环境保护验收报告中与污染物排放相关的主要内容，应当由排污单位记载在该项目验收完成当年排污许可证年度执行报告中。

排污单位发生污染事故排放时，应当依照相关法律法规规章的规定及时报告。

第三十八条　排污单位应当对提交的台账记录、监测数据和执行报告的真实性、完整性负责，依法接受环境保护主管部门的监督检查。

第三十九条　环境保护主管部门应当制定执法计划，结合排污单位环境信用记录，确定执法监管重点和检查频次。

环境保护主管部门对排污单位进行监督检查时，应当重点检查排污许可证规定的许可事项的实施情况。通过执法监测、核查台账记录和自动监测数据以及其他监控手段，核实排污数据和执行报告的真实性，判定是否符合许可排放浓度和许可排放量，检查环境管理要求落实情况。

环境保护主管部门应当将现场检查的时间、内容、结果以及处罚决定记入全国排污许可证管理信息平台，依法在全国排污许可证管理信息平台上公布监管执法信息、无排污许可证和违反排污许可证规定排污的排污单位名单。

第四十条　环境保护主管部门可以通过政府购买服务的方式，组织或者委托技术机构提供排污许可管理的技术支持。

技术机构应当对其提交的技术报告负责，不得收取排污单位任何费用。

第四十一条　上级环境保护主管部门可以对具有核发权限的下级环境保护主管部门的排污许可证核发情况进行监督检查和指导，发现属于本办法第四十九条规定违法情形的，上级环境保护主管部门可以依法撤销。

第四十二条　鼓励社会公众、新闻媒体等对排污单位的排污行为进行监督。排污单位应当及时公开有关排污信息，自觉接受公众监督。

公民、法人和其他组织发现排污单位有违反本办法行为的，有权向环境保护主管部门举报。

接受举报的环境保护主管部门应当依法处理，并按照有关规定对调查结果予以反馈，同时为举报人保密。

第五章 变更、延续、撤销

第四十三条 在排污许可证有效期内，下列与排污单位有关的事项发生变化的，排污单位应当在规定时间内向核发环保部门提出变更排污许可证的申请：

（一）排污单位名称、地址、法定代表人或者主要负责人等正本中载明的基本信息发生变更之日起三十个工作日内；

（二）因排污单位原因许可事项发生变更之日前三十个工作日内；

（三）排污单位在原场址内实施新建、改建、扩建项目应当开展环境影响评价的，在取得环境影响评价审批意见后，排污行为发生变更之日前三十个工作日内；

（四）新制修订的国家和地方污染物排放标准实施前三十个工作日内；

（五）依法分解落实的重点污染物排放总量控制指标发生变化后三十个工作日内；

（六）地方人民政府依法制定的限期达标规划实施前三十个工作日内；

（七）地方人民政府依法制定的重污染天气应急预案实施后三十个工作日内；

（八）法律法规规定需要进行变更的其他情形。

发生本条第一款第三项规定情形，且通过污染物排放等量或者减量替代削减获得重点污染物排放总量控制指标的，在排污单位提交变更排污许可申请前，出让重点污染物排放总量控制指标的排污单位应当完成排污许可证变更。

第四十四条 申请变更排污许可证的，应当提交下列申请材料：

（一）变更排污许可证申请；

（二）由排污单位法定代表人或者主要负责人签字或者盖章的承诺书；

（三）与变更排污许可事项有关的其他材料。

第四十五条 核发环保部门应当对变更申请材料进行审查，作出变更决定的，在排污许可证副本中载明变更内容并加盖本行政机关印章，同时在全国排污许可证管理信息平台上公告；属于本办法第四十三条第一款第一项情形的，还应当换发排污许可证正本。

属于本办法第四十三条第一款规定情形的，排污许可证期限仍自原证书核发之日起计算；属于本办法第四十三条第二款情形的，变更后排污许可证期限自变更之日起计算。

属于本办法第四十三条第一款第一项情形的，核发环保部门应当自受理变更申请之日起十个工作日内作出变更决定；属于本办法第四十三条第一款规定的其他情形的，应当自受理变更申请之日起二十个工作日内作出变更许可决定。

第四十六条 排污单位需要延续依法取得的排污许可证的有效期的，应当在排污许可证届满三十个工作日前向原核发环保部门提出申请。

第四十七条 申请延续排污许可证的，应当提交下列材料：

（一）延续排污许可证申请；

（二）由排污单位法定代表人或者主要负责人签字或者盖章的承诺书；

（三）与延续排污许可事项有关的其他材料。

第四十八条 核发环保部门应当按照本办法第二十九条规定对延续申请材料进行审查，并自受理延续申请之日起二十个工作日内作出延续或者不予延续许可决定。

作出延续许可决定的，向排污单位发放加盖本行政机关印章的排污许可证，收回原排污许可证正本，同时在全国排污许可证管理信息平台上公告。

第四十九条 有下列情形之一的，核发环保部门或者其上级行政机关，可以撤销排污许可证并在全国排污许可证管理信息平台上公告：

（一）超越法定职权核发排污许可证的；

（二）违反法定程序核发排污许可证的；

（三）核发环保部门工作人员滥用职权、玩忽职守核发排污许可证的；

（四）对不具备申请资格或者不符合法定条件的申请人准予行政许可的；

（五）依法可以撤销排污许可证的其他情形。

第五十条 有下列情形之一的，核发环保部门应当依法办理排污许可证的注销手续，并在全国排污许可证管理信息平台上公告：

（一）排污许可证有效期届满，未延续的；

（二）排污单位被依法终止的；

（三）应当注销的其他情形。

第五十一条 排污许可证发生遗失、损毁的，排污单位应当在三十个工作日内向核发环保部门申请补领排污许可证；遗失排污许可证的，在申请补领前应当在全国排污许可证管理信息平台上发布遗失声明；损毁排污许可证的，应当同时交回被损毁的排污许可证。

核发环保部门应当在收到补领申请后十个工作日内补发排污许可证，并在全国排污许可证管理信息平台上公告。

第六章 法律责任

第五十二条 环境保护主管部门在排污许可证受理、核发及监管执法中有下列行为之一的，由其上级行政机关或者监察机关责令改正，对直接负责的主管人员或者其他直接责任人员依法给予行政处分；构成犯罪的，依法追究刑事责任：

（一）符合受理条件但未依法受理申请的；

（二）对符合许可条件的不依法准予核发排污许可证或者未在法定时限内作出准予核发排污许可证决定的；

（三）对不符合许可条件的准予核发排污许可证或者超越法定职权核发排污许可证的；

（四）实施排污许可证管理时擅自收取费用的；

（五）未依法公开排污许可相关信息的；

（六）不依法履行监督职责或者监督不力，造成严重后果的；

（七）其他应当依法追究责任的情形。

第五十三条 排污单位隐瞒有关情况或者提供虚假材料申请行政许可的，核发环保部门不予受理或者不予行政许可，并给予警告。

第五十四条 违反本办法第四十三条规定，未及时申请变更排污许可证的；或者违反本办法第五十一条规定，未及时补办排污许可证的，由核发环保部门责令改正。

第五十五条 重点排污单位未依法公开或者不如实公开有关环境信息的，由县级以上环境保护主管部门责令公开，依法处以罚款，并予以公告。

第五十六条 违反本办法第三十四条，有下列行为之一的，由县级以上环境保护主管部门依据《中华人民共和国大气污染防治法》《中华人民共和国水污染防治法》的规定，责令改正，处二万元以上二十万元以下的罚款；拒不改正的，依法责令停产整治：

（一）未按照规定对所排放的工业废气和有毒有害大气污染物、水污染物进行监测，或者未保存原始监测记录的；

（二）未按照规定安装大气污染物、水污染物自动监测设备，或者未按照规定与环境保护主管部门的监控设备联网，或者未保证监测设备正常运行的。

第五十七条 排污单位存在以下无排污许可证排放污染物情形的，由县级以上环境保护主管部门依据《中华人民共和国大气污染防治法》《中华人民共和国水污染防治法》的规定，责令改正或者责令限制生产、停产整治，并处十万元以上一百万元以下的罚款；情节严重的，报经有批准权的人民政府批准，责令停业、关闭：

（一）依法应当申请排污许可证但未申请，或者申请后未取得排污许可证排放污染物的；

（二）排污许可证有效期限届满后未申请延续排污许可证，或者延续申请未经核发环保部门许可仍排放污染物的；

（三）被依法撤销排污许可证后仍排放污染物的；

（四）法律法规规定的其他情形。

第五十八条 排污单位存在以下违反排污许可证行为的，由县级以上环境保护主管部门依据《中华人民共和国环境保护法》《中华人民共和国大气污染防治法》《中华人民共和国水污染防治法》的规定，责令改正或者责令限制生产、停产整治，并处十万元以上一百万元以下的罚款；情节严重的，报经有批准权的人民政府批准，责令停业、关闭：

（一）超过排放标准或者超过重点大气污染物、重点水污染物排放总量控制指标排放水污染物、大气污染物的；

（二）通过偷排、篡改或者伪造监测数据、以逃避现场检查为目的的临时停产、非紧急情况下开启应急排放通道、不正常运行大气污染防治设施等逃避监管的方式排放大气污染物的；

（三）利用渗井、渗坑、裂隙、溶洞，私设暗管，篡改、伪造监测数据，或者不正常运行水污染防治设施等逃避监管的方式排放水污染物的；

（四）其他违反排污许可证规定排放污染物的。

第五十九条　排污单位违法排放大气污染物、水污染物，受到罚款处罚，被责令改正的，依法作出处罚决定的行政机关组织复查，发现其继续违法排放大气污染物、水污染物或者拒绝、阻挠复查的，作出处罚决定的行政机关可以自责令改正之日的次日起，依法按照原处罚数额按日连续处罚。

第六十条　排污单位发生本办法第三十五条第一款第二、三项或者第三十七条第四款第二项规定的异常情况，及时报告核发环保部门，且主动采取措施消除或者减轻违法行为危害后果的，县级以上环境保护主管部门应当依据《中华人民共和国行政处罚法》相关规定从轻处罚。

排污单位应当在相应季度执行报告或者月执行报告中记载本条第一款情况。

第七章　附　则

第六十一条　依照本办法首次发放排污许可证时，对于在本办法实施前已经投产、运营的排污单位，存在以下情形之一，排污单位承诺改正并提出改正方案的，环境保护主管部门可以向其核发排污许可证，并在排污许可证中记载其存在的问题，规定其承诺改正内容和承诺改正期限：

（一）在本办法实施前的新建、改建、扩建建设项目不符合本办法第二十九条第一项条件；

（二）不符合本办法第二十九条第二项条件。

对于不符合本办法第二十九条第一项条件的排污单位，由核发环保部门依据《建设项目环境保护管理条例》第二十三条，责令限期改正，并处罚款。

对于不符合本办法第二十九条第二项条件的排污单位，由核发环保部门依据《中华人民共和国大气污染防治法》第九十九条或者《中华人民共和国水污染防治法》第八十三条，责令改正或者责令限制生产、停产整治，并处罚款。

本条第二款、第三款规定的核发环保部门责令改正内容或者限制生产、停产整治内容，应当与本条第一款规定的排污许可证规定的改正内容一致；本条第二款、第三款规定的核发环保部门责令改正期限或者限制生产、停产整治期限，应当与本条第一款规定的排污许可证规定的改正期限的起止时间一致。

本条第一款规定的排污许可证规定的改正期限为三至六个月、最长不超过一年。

在改正期间或者限制生产、停产整治期间，排污单位应当按证排污，执行自行监测、台账记录和执行报告制度，核发环保部门应当按照排污许可证的规定加强监督检查。

第六十二条　本办法第六十一条第一款规定的排污许可证规定的改正期限到期，排污单位完成改正任务或者提前完成改正任务的，可以向核发环保部门申请变更排污许可证，核发环保部门应当按照本办法第五章规定对排污许可证进行变更。

本办法第六十一条第一款规定的排污许可证规定的改正期限到期，排污单位仍不符合许可条件的，由核发环保部门依据《中华人民共和国大气污染防治法》第九十九条或者《中华人民共和国水污染防治法》第八十三条或者《建设项目环境保护管理条例》第二十三条的规定，提出建议报有批准权的人民政府批准责令停业、关闭，并按照本办法第五十条规定注销排污许可证。

第六十三条 对于本办法实施前依据地方性法规核发的排污许可证，尚在有效期内的，原核发环保部门应当在全国排污许可证管理信息平台填报数据，获取排污许可证编码；已经到期的，排污单位应当按照本办法申请排污许可证。

第六十四条 本办法第十二条规定的排污许可证格式、第二十条规定的承诺书样本和本办法第二十六条规定的排污许可证申请表格式，由环境保护部制定。

第六十五条 本办法所称排污许可，是指环境保护主管部门根据排污单位的申请和承诺，通过发放排污许可证法律文书形式，依法依规规范和限制排污行为，明确环境管理要求，依据排污许可证对排污单位实施监管执法的环境管理制度。

第六十六条 本办法所称主要负责人是指依照法律、行政法规规定代表非法人单位行使职权的负责人。

第六十七条 涉及国家秘密的排污单位，其排污许可证的申请、受理、审核、发放、变更、延续、注销、撤销、遗失补办应当按照保密规定执行。

第六十八条 本办法自发布之日起施行。

固定污染源排污许可分类管理名录（2019 年版）

第一条　为实施排污许可分类管理，根据《中华人民共和国环境保护法》等有关法律法规和《国务院办公厅关于印发控制污染物排放许可制实施方案的通知》的相关规定，制定本名录。

第二条　国家根据排放污染物的企业事业单位和其他生产经营者（以下简称排污单位）污染物产生量、排放量、对环境的影响程度等因素，实行排污许可重点管理、简化管理和登记管理。对污染物产生量、排放量或者对环境的影响程度较大的排污单位，实行排污许可重点管理；对污染物产生量、排放量和对环境的影响程度较小的排污单位，实行排污许可简化管理。对污染物产生量、排放量和对环境的影响程度很小的排污单位，实行排污登记管理。实行登记管理的排污单位，不需要申请取得排污许可证，应当在全国排污许可证管理信息平台填报排污登记表，登记基本信息、污染物排放去向、执行的污染物排放标准以及采取的污染防治措施等信息。

第三条　本名录依据《国民经济行业分类》（GB/T 4754—2017）划分行业类别。

第四条　现有排污单位应当在生态环境部规定的实施时限内申请取得排污许可证或者填报排污登记表。新建排污单位应当在启动生产设施或者发生实际排污之前申请取得排污许可证或者填报排污登记表。

第五条　同一排污单位在同一场所从事本名录中两个以上行业生产经营的，申请一张排污许可证。

第六条　属于本名录第 1 至 107 类行业的排污单位，按照本名录第 109 至 112 类规定的锅炉、工业炉窑、表面处理、水处理等通用工序实施重点管理或者简化管理的，只需对其涉及的通用工序申请取得排污许可证，不需要对其他生产设施和相应的排放口等申请取得排污许可证。

第七条　属于本名录第 108 类行业的排污单位，涉及本名录规定的通用工序重点管理、简化管理或者登记管理的，应当对其涉及的本名录第 109 至 112 类规定的锅炉、工业炉窑、表面处理、水处理等通用工序申请领取排污许可证或者填报排污登记表；有下列情形之一的，还应当对其生产设施和相应的排放口等申请取得重点管理排污许可证：

（一）被列入重点排污单位名录的；

（二）二氧化硫或者氮氧化物年排放量大于 250 吨的；

（三）烟粉尘年排放量大于 500 吨的；

（四）化学需氧量年排放量大于 30 吨，或者总氮年排放量大于 10 吨，或者总磷年排放量大于 0.5 吨的；

（五）氨氮、石油类和挥发酚合计年排放量大于 30 吨的；

（六）其他单项有毒有害大气、水污染物污染当量数大于 3 000 的。污染当量数按照《中华人民共和国环境保护税法》的规定计算。

第八条 本名录未作规定的排污单位，确需纳入排污许可管理的，其排污许可管理类别由省级生态环境主管部门提出建议，报生态环境部确定。

第九条 本名录由生态环境部负责解释，并适时修订。

第十条 本名录自发布之日起施行。《固定污染源排污许可分类管理名录（2017 年版）》同时废止。

序号	行业类别	重点管理	简化管理	登记管理
一、畜牧业 03				
1	牲畜饲养 031，家禽饲养 032	设有污水排放口的规模化畜禽养殖场、养殖小区（具体规模化标准按《畜禽规模养殖污染防治条例》执行）	/	无污水排放口的规模化畜禽养殖场、养殖小区，设有污水排放口的规模以下畜禽养殖场、养殖小区
2	其他畜牧业 039	/	/	设有污水排放口的养殖场、养殖小区
二、煤炭开采和洗选业 06				
3	烟煤和无烟煤开采洗选 061，褐煤开采洗选 062，其他煤炭洗选 069	涉及通用工序重点管理的	涉及通用工序简化管理的	其他
三、石油和天然气开采业 07				
4	石油开采 071，天然气开采 072	涉及通用工序重点管理的	涉及通用工序简化管理的	其他
四、黑色金属矿采选业 08				
5	铁矿采选 081，锰矿、铬矿采选 082，其他黑色金属矿采选 089	涉及通用工序重点管理的	涉及通用工序简化管理的	其他
五、有色金属矿采选业 09				
6	常用有色金属矿采选 091，贵金属矿采选 092，稀有稀土金属矿采选 093	涉及通用工序重点管理的	涉及通用工序简化管理的	其他

序号	行业类别	重点管理	简化管理	登记管理
六、非金属矿采选业 10				
7	土砂石开采 101，化学矿开采 102，采盐 103，石棉及其他非金属矿采选 109	涉及通用工序重点管理的	涉及通用工序简化管理的	其他
七、其他采矿业 12				
8	其他采矿业 120	涉及通用工序重点管理的	涉及通用工序简化管理的	其他
八、农副食品加工业 13				
9	谷物磨制 131	/	/	谷物磨制 131*
10	饲料加工 132	/	饲料加工 132（有发酵工艺的）*	饲料加工 132（无发酵工艺的）*
11	植物油加工 133	/	除单纯混合或者分装以外的*	单纯混合或者分装的*
12	制糖业 134	日加工糖料能力 1 000 吨及以上的原糖、成品糖或者精制糖生产	其他*	/
13	屠宰及肉类加工 135	年屠宰生猪 10 万头及以上的，年屠宰肉牛 1 万头及以上的，年屠宰肉羊 15 万头及以上的，年屠宰禽类 1 000 万只及以上的	年屠宰生猪 2 万头及以上 10 万头以下的，年屠宰肉牛 0.2 万头及以上 1 万头以下的，年屠宰肉羊 2.5 万头及以上 15 万头以下的，年屠宰禽类 100 万只及以上 1 000 万只以下的，年加工肉禽类 2 万吨及以上的	其他*
14	水产品加工 136	/	年加工 10 万吨及以上的水产品冷冻加工 1361、鱼糜制品及水产品干腌制加工 1362、鱼油提取及制品制造 1363、其他水产品加工 1369	其他*
15	蔬菜、菌类、水果和坚果加工 137	涉及通用工序重点管理的	涉及通用工序简化管理的	其他*
16	其他农副食品加工 139	年加工能力 15 万吨玉米或者 1.5 万吨薯类及以上的淀粉生产或者年产 1 万吨及以上的淀粉制品生产，有发酵工艺的淀粉制品	除重点管理以外的年加工能力 1.5 万吨及以上的玉米、0.1 万吨及以上的薯类或豆类、4.5 万吨及以上小麦的淀粉生产、年产 0.1 万吨及以上的淀粉制品生产（不含有发酵工艺的淀粉制品）	其他*

序号	行业类别	重点管理	简化管理	登记管理
九、食品制造业 14				
17	方便食品制造 143，其他食品制造 149	/	米、面制品制造 1431*，速冻食品制造 1432*，方便面制造 1433*，其他方便食品制造 1439*，食品及饲料添加剂制造 1495*，以上均不含手工制作、单纯混合或者分装的	其他*
18	焙烤食品制造 141，糖果、巧克力及蜜饯制造 142，罐头食品制造 145	涉及通用工序重点管理的	涉及通用工序简化管理的	其他*
19	乳制品制造 144	年加工 20 万吨及以上的（不含单纯混合或者分装的）	年加工 20 万吨以下的（不含单纯混合或者分装的）*	单纯混合或者分装的*
20	调味品、发酵制品制造 146	有发酵工艺的味精、柠檬酸、赖氨酸、酵母制造，年产 2 万吨及以上且有发酵工艺的酱油、食醋制造	除重点管理以外的调味品、发酵制品制造（不含单纯混合或者分装的）*	单纯混合或者分装的*
十、酒、饮料和精制茶制造业 15				
21	酒的制造 151	酒精制造 1511，有发酵工艺的年生产能力 5 000 千升及以上的白酒、啤酒、黄酒、葡萄酒、其他酒制造	有发酵工艺的年生产能力 5 000 千升以下的白酒、啤酒、黄酒、葡萄酒、其他酒制造*	其他*
22	饮料制造 152	/	有发酵工艺或者原汁生产的*	其他*
23	精制茶加工 153	涉及通用工序重点管理的	涉及通用工序简化管理的	其他*
十一、烟草制品业 16				
24	烟叶复烤 161，卷烟制造 162，其他烟草制品制造 169	涉及通用工序重点管理的	涉及通用工序简化管理的	其他*
十二、纺织业 17				
25	棉纺织及印染精加工 171，毛纺织及染整精加工 172，麻纺织及染整精加工 173，丝绢纺织及印染精加工 174，化纤织造及印染精加工 175	有前处理、染色、印花、洗毛、麻脱胶、缫丝或者喷水织造工序的	仅含整理工序的	其他*

序号	行业类别	重点管理	简化管理	登记管理
26	针织或钩针编织物及其制品制造 176，家用纺织制成品制造 177，产业用纺织制成品制造 178	涉及通用工序重点管理的	涉及通用工序简化管理的	其他*
十三、纺织服装、服饰业 18				
27	机织服装制造 181，服饰制造 183	有水洗工序、湿法印花、染色工艺的	/	其他*
28	针织或钩针编织服装制造 182	涉及通用工序重点管理的	涉及通用工序简化管理的	其他*
十四、皮革、毛皮、羽毛及其制品和制鞋业 19				
29	皮革鞣制加工 191，毛皮鞣制及制品加工 193	有鞣制工序的	皮革鞣制加工 191（无鞣制工序的）	毛皮鞣制及制品加工 193（无鞣制工序的）
30	皮革制品制造 192	涉及通用工序重点管理的	涉及通用工序简化管理的	其他*
31	羽毛（绒）加工及制品制造 194	羽毛（绒）加工 1941（有水洗工序的）	/	羽毛（绒）加工 1941（无水洗工序的）*，羽毛（绒）制品制造 1942*
32	制鞋业 195	纳入重点排污单位名录的	除重点管理以外的年使用 10 吨及以上溶剂型胶黏剂或者 3 吨及以上溶剂型处理剂的	其他*
十五、木材加工和木、竹、藤、棕、草制品业 20				
33	人造板制造 202	纳入重点排污单位名录的	除重点管理以外的胶合板制造 2021（年产 10 万立方米及以上的）、纤维板制造 2022、刨花板制造 2023、其他人造板制造 2029（年产 10 万立方米及以上的）	其他*
34	木材加工 201，木质制品制造 203，竹、藤、棕、草等制品制造 204	涉及通用工序重点管理的	涉及通用工序简化管理的	其他*
十六、家具制造业 21				
35	木质家具制造 211，竹、藤家具制造 212，金属家具制造 213，塑料家具制造 214，其他家具制造 219	纳入重点排污单位名录的	除重点管理以外的年使用 10 吨及以上溶剂型涂料或者胶黏剂（含稀释剂、固化剂）的、年使用 20 吨及以上水性涂料或者胶黏剂的、有磷化表面处理工艺的	其他*

序号	行业类别	重点管理	简化管理	登记管理
十七、造纸和纸制品业 22				
36	纸浆制造 221	全部	/	/
37	造纸 222	机制纸及纸板制造 2221、手工纸制造 2222	有工业废水和废气排放的加工纸制造 2223	除简化管理外的加工纸制造 2223*
38	纸制品制造 223	/	有工业废水或者废气排放的	其他*
十八、印刷和记录媒介复制业 23				
39	印刷 231	纳入重点排污单位名录的	除重点管理以外的年使用 80 吨及以上溶剂型油墨、涂料或者 10 吨及以上溶剂型稀释剂的包装装潢印刷	其他*
40	装订及印刷相关服务 232，记录媒介复制 233	涉及通用工序重点管理的	涉及通用工序简化管理的	其他*
十九、文教、工美、体育和娱乐用品制造业 24				
41	文教办公用品制造 241，乐器制造 242，工艺美术及礼仪用品制造 243，体育用品制造 244，玩具制造 245，游艺器材及娱乐用品制造 246	涉及通用工序重点管理的	涉及通用工序简化管理的	其他*
二十、石油、煤炭及其他燃料加工业 25				
42	精炼石油产品制造 251	原油加工及石油制品制造 2511，其他原油制造 2519，以上均不含单纯混合或者分装的	/	单纯混合或者分装的
43	煤炭加工 252	炼焦 2521，煤制合成气生产 2522，煤制液体燃料生产 2523	/	煤制品制造 2524，其他煤炭加工 2529
44	生物质燃料加工 254	涉及通用工序重点管理的	涉及通用工序简化管理的	其他
二十一、化学原料和化学制品制造业 26				
45	基础化学原料制造 261	无机酸制造 2611，无机碱制造 2612，无机盐制造 2613，有机化学原料制造 2614，其他基础化学原料制造 2619（非金属无机氧化物、金属氧化物、金属过氧化物、金属超氧化物、硫磺、磷、硅、精硅、硒、砷、硼、碲），以上均不含单纯混合或者分装的	单纯混合或者分装的无机酸制造 2611、无机碱制造 2612、无机盐制造 2613、有机化学原料制造 2614、其他基础化学原料制造 2619（非金属无机氧化物、金属氧化物、金属过氧化物、金属超氧化物、硫磺、磷、硅、精硅、硒、砷、硼、碲）	其他基础化学原料制造 2619（除重点管理、简化管理以外的）

序号	行业类别	重点管理	简化管理	登记管理
46	肥料制造 262	氮肥制造 2621，磷肥制造 2622，复混肥料制造 2624，以上均不含单纯混合或者分装的	钾肥制造 2623，有机肥料及微生物肥料制造 2625，其他肥料制造 2629，以上均不含单纯混合或者分装的；氮肥制造 2621（单纯混合或者分装的）	其他
47	农药制造 263	化学农药制造 2631（包含农药中间体，不含单纯混合或者分装的），生物化学农药及微生物农药制造 2632（有发酵工艺的）	化学农药制造 2631（单纯混合或者分装的），生物化学农药及微生物农药制造 2632（无发酵工艺的）	/
48	涂料、油墨、颜料及类似产品制造 264	涂料制造 2641，油墨及类似产品制造 2642，工业颜料制造 2643，工艺美术颜料制造 2644，染料制造 2645，以上均不含单纯混合或者分装的	单纯混合或者分装的涂料制造 2641、油墨及类似产品制造 2642，密封用填料及类似品制造 2646（不含单纯混合或者分装的）	其他
49	合成材料制造 265	初级形态塑料及合成树脂制造 2651，合成橡胶制造 2652，合成纤维单（聚合）体制造 2653，其他合成材料制造 2659（陶瓷纤维等特种纤维及其增强的复合材料的制造）	/	其他合成材料制造 2659（除陶瓷纤维等特种纤维及其增强的复合材料的制造以外的）
50	专用化学产品制造 266	化学试剂和助剂制造 2661，专项化学用品制造 2662，林产化学产品制造 2663（有热解或者水解工艺的），以上均不含单纯混合或者分装的	林产化学产品制造 2663（无热解或者水解工艺的），文化用信息化学品制造 2664，医学生产用信息化学品制造 2665，环境污染处理专用药剂材料制造 2666，动物胶制造 2667，其他专用化学产品制造 2669，以上均不含单纯混合或者分装的	单纯混合或者分装的
51	炸药、火工及焰火产品制造 267	涉及通用工序重点管理的	涉及通用工序简化管理的	其他

序号	行业类别	重点管理	简化管理	登记管理
52	日用化学产品制造268	肥皂及洗涤剂制造2681（以油脂为原料的肥皂或者皂粒制造），香料、香精制造 2684（香料制造），以上均不含单纯混合或者分装的	肥皂及洗涤剂制造2681（采用高塔喷粉工艺的合成洗衣粉制造），香料、香精制造2684（采用热反应工艺的香精制造）	肥皂及洗涤剂制造 2681（除重点管理、简化管理以外的），化妆品制造 2682，口腔清洁用品制造 2683，香料、香精制造 2684（除重点管理、简化管理以外的），其他日用化学产品制造 2689
二十二、医药制造业 27				
53	化学药品原料药制造271	全部	/	/
54	化学药品制剂制造272	化学药品制剂制造2720（不含单纯混合或者分装的）	/	单纯混合或者分装的
55	中药饮片加工 273，药用辅料及包装材料制造 278	涉及通用工序重点管理的	涉及通用工序简化管理的	其他*
56	中成药生产 274	/	有提炼工艺的	其他*
57	兽用药品制造 275	兽用药品制造 2750（不含单纯混合或者分装的）	/	单纯混合或者分装的
58	生物药品制品制造276	生物药品制造 2761，基因工程药物和疫苗制造 2762，以上均不含单纯混合或者分装的	/	单纯混合或者分装的
59	卫生材料及医药用品制造 277	/	/	卫生材料及医药用品制造2770
二十三、化学纤维制造业 28				
60	纤维素纤维原料及纤维制造 281，合成纤维制造 282，生物基材料制造 283	化纤浆粕制造 2811，人造纤维（纤维素纤维）制造2812，锦纶纤维制造2821，涤纶纤维制造2822，腈纶纤维制造2823，维纶纤维制造2824，氨纶纤维制造2826，其他合成纤维制造2829，生物基化学纤维制造 2831（莱赛尔纤维制造）	/	丙纶纤维制造 2825，生物基化学纤维制造 2831（除莱赛尔纤维制造以外的），生物基、淀粉基新材料制造 2832

序号	行业类别	重点管理	简化管理	登记管理
		二十四、橡胶和塑料制品业 29		
61	橡胶制品业 291	纳入重点排污单位名录的	除重点管理以外的轮胎制造 2911、年耗胶量 2000 吨及以上的橡胶板、管、带制造 2912、橡胶零件制造 2913、再生橡胶制造 2914、日用及医用橡胶制品制造 2915、运动场地用塑胶制造 2916、其他橡胶制品制造 2919	其他
62	塑料制品业 292	塑料人造革、合成革制造 2925	年产 1 万吨及以上的泡沫塑料制造 2924，年产 1 万吨及以上涉及改性的塑料薄膜制造 2921、塑料板、管、型材制造 2922、塑料丝、绳和编织品制造 2923、塑料包装箱及容器制造 2926、日用塑料品制造 2927、人造草坪制造 2928、塑料零件及其他塑料制品制造 2929	其他
		二十五、非金属矿物制品业 30		
63	水泥、石灰和石膏制造 301，石膏、水泥制品及类似制品制造 302	水泥（熟料）制造	水泥粉磨站、石灰和石膏制造 3012	水泥制品制造 3021，砼结构构件制造 3022，石棉水泥制品制造 3023，轻质建筑材料制造 3024，其他水泥类似制品制造 3029
64	砖瓦、石材等建筑材料制造 303	黏土砖瓦及建筑砌块制造 3031（以煤或者煤矸石为燃料的烧结砖瓦）	黏土砖瓦及建筑砌块制造 3031（除以煤或者煤矸石为燃料的烧结砖瓦以外的），建筑用石加工 3032，防水建筑材料制造 3033，隔热和隔音材料制造 3034，其他建筑材料制造 3039，以上均不含仅切割加工的	仅切割加工的
65	玻璃制造 304	平板玻璃制造 3041	特种玻璃制造 3042	其他玻璃制造 3049
66	玻璃制品制造 305	以煤、石油焦、油和发生炉煤气为燃料的	以天然气为燃料的	其他

序号	行业类别	重点管理	简化管理	登记管理
67	玻璃纤维和玻璃纤维增强塑料制品制造 306	以煤、石油焦、油和发生炉煤气为燃料的	以天然气为燃料的	其他
68	陶瓷制品制造 307	建筑陶瓷制品制造 3071（以煤、石油焦、油和发生炉煤气为燃料的），卫生陶瓷制品制造 3072（年产 150 万件及以上的），日用陶瓷制品制造 3074（年产 250 万件及以上的）	建筑陶瓷制品制造 3071（以天然气为燃料的）	建筑陶瓷制品制造 3071（除重点管理、简化管理以外的），卫生陶瓷制品制造 3072（年产 150 万件以下的），日用陶瓷制品制造 3074（年产 250 万件以下的），特种陶瓷制品制造 3073，陈设艺术陶瓷制造 3075，园艺陶瓷制造 3076，其他陶瓷制品制造 3079
69	耐火材料制品制造 308	石棉制品制造 3081	以煤、石油焦、油和发生炉煤气为燃料的云母制品制造 3082、耐火陶瓷制品及其他耐火材料制造 3089	除简化管理以外的云母制品制造 3082、耐火陶瓷制品及其他耐火材料制造 3089
70	石墨及其他非金属矿物制品制造 309	石墨及碳素制品制造 3091（石墨制品、碳制品、碳素新材料），其他非金属矿物制品制造 3099（多晶硅棒）	石墨及碳素制品制造 3091（除石墨制品、碳制品、碳素新材料以外的），其他非金属矿物制品制造 3099（单晶硅棒，沥青混合物）	其他非金属矿物制品制造 3099（除重点管理、简化管理以外的）
二十六、黑色金属冶炼和压延加工业 31				
71	炼铁 311	含炼铁、烧结、球团等工序的生产	/	/
72	炼钢 312	全部	/	/
73	钢压延加工 313	年产 50 万吨及以上的冷轧	热轧及年产 50 万吨以下的冷轧	其他
74	铁合金冶炼 314	铁合金冶炼 3140	/	/
二十七、有色金属冶炼和压延加工业 32				
75	常用有色金属冶炼 321	铜、铅锌、镍钴、锡、锑、铝、镁、汞、钛等常用有色金属冶炼（含再生铜、再生铝和再生铅冶炼）	/	其他
76	贵金属冶炼 322	金冶炼 3221，银冶炼 3222，其他贵金属冶炼 3229	/	/
77	稀有稀土金属冶炼 323	钨钼冶炼 3231，稀土金属冶炼 3232，其他稀有金属冶炼 3239	/	/

序号	行业类别	重点管理	简化管理	登记管理
78	有色金属合金制造324	铅基合金制造，年产2万吨及以上的其他有色金属合金制造	其他	/
79	有色金属压延加工325	/	有轧制或者退火工序的	其他
二十八、金属制品业33				
80	结构性金属制品制造331，金属工具制造332，集装箱及金属包装容器制造333，金属丝绳及其制品制造334，建筑、安全用金属制品制造335，搪瓷制品制造337，金属制日用品制造338，铸造及其他金属制品制造339（除黑色金属铸造3391、有色金属铸造3392）	涉及通用工序重点管理的	涉及通用工序简化管理的	其他
81	金属表面处理及热处理加工336	纳入重点排污单位名录的，专业电镀企业（含电镀园区中电镀企业），专门处理电镀废水的集中处理设施，有电镀工序的，有含铬钝化工序的	除重点管理以外的有酸洗、抛光（电解抛光和化学抛光）、热浸镀（溶剂法）、淬火或者无铬钝化等工序的、年使用10吨及以上有机溶剂的	其他
82	铸造及其他金属制品制造339	黑色金属铸造3391（使用冲天炉的），有色金属铸造3392（生产铅基及铅青铜铸件的）	除重点管理以外的黑色金属铸造3391、有色金属铸造3392	/
二十九、通用设备制造业34				
83	锅炉及原动设备制造341，金属加工机械制造342，物料搬运设备制造343，泵、阀门、压缩机及类似机械制造344，轴承、齿轮和传动部件制造345，烘炉、风机、包装等设备制造346，文化、办公用机械制造347，通用零部件制造348，其他通用设备制造业349	涉及通用工序重点管理的	涉及通用工序简化管理的	其他

序号	行业类别	重点管理	简化管理	登记管理
三十、专用设备制造业 35				
84	采矿、冶金、建筑专用设备制造 351，化工、木材、非金属加工专用设备制造 352，食品、饮料、烟草及饲料生产专用设备制造 353，印刷、制药、日化及日用品生产专用设备制造 354，纺织、服装和皮革加工专用设备制造 355，电子和电工机械专用设备制造 356，农、林、牧、渔专用机械制造 357，医疗仪器设备及器械制造 358，环保、邮政、社会公共服务及其他专用设备制造 359	涉及通用工序重点管理的	涉及通用工序简化管理的	其他
三十一、汽车制造业 36				
85	汽车整车制造 361，汽车用发动机制造 362，改装汽车制造 363，低速汽车制造 364，电车制造 365，汽车车身、挂车制造 366，汽车零部件及配件制造 367	纳入重点排污单位名录的	除重点管理以外的汽车整车制造 361，除重点管理以外的年使用 10 吨及以上溶剂型涂料或者胶黏剂（含稀释剂、固化剂、清洗溶剂）的汽车用发动机制造 362、改装汽车制造 363、低速汽车制造 364、电车制造 365、汽车车身、挂车制造 366、汽车零部件及配件制造 367	其他

序号	行业类别	重点管理	简化管理	登记管理
三十二、铁路、船舶、航空航天和其他运输设备制造 37				
86	铁路运输设备制造 371，城市轨道交通设备制造 372，船舶及相关装置制造 373，航空、航天器及设备制造 374，摩托车制造 375，自行车和残疾人座车制造 376，助动车制造 377，非公路休闲车及零配件制造 378，潜水救捞及其他未列明运输设备制造 379	纳入重点排污单位名录的	除重点管理以外的年使用 10 吨及以上溶剂型涂料或者胶黏剂（含稀释剂、固化剂、清洗溶剂）的	其他
三十三、电气机械和器材制造业 38				
87	电机制造 381，输配电及控制设备制造 382，电线、电缆、光缆及电工器材制造 383，家用电力器具制造 385，非电力家用器具制造 386，照明器具制造 387，其他电气机械及器材制造 389	涉及通用工序重点管理的	涉及通用工序简化管理的	其他
88	电池制造 384	铅酸蓄电池制造 3843	锂离子电池制造 3841，镍氢电池制造 3842，锌锰电池制造 3844，其他电池制造 3849	/
三十四、计算机、通信和其他电子设备制造业 39				
89	计算机制造 391，电子器件制造 397，电子元件及电子专用材料制造 398，其他电子设备制造 399	纳入重点排污单位名录的	除重点管理以外的年使用 10 吨及以上溶剂型涂料（含稀释剂）的	其他
90	通信设备制造 392，广播电视设备制造 393，雷达及配套设备制造 394，非专业视听设备制造 395，智能消费设备制造 396	涉及通用工序重点管理的	涉及通用工序简化管理的	其他

序号	行业类别	重点管理	简化管理	登记管理
		三十五、仪器仪表制造业 40		
91	通用仪器仪表制造401，专用仪器仪表制造402，钟表与计时仪器制造403，光学仪器制造404，衡器制造405，其他仪器仪表制造业409	涉及通用工序重点管理的	涉及通用工序简化管理的	其他
		三十六、其他制造业 41		
92	日用杂品制造411，其他未列明制造业419	涉及通用工序重点管理的	涉及通用工序简化管理的	其他
		三十七、废弃资源综合利用业 42		
93	金属废料和碎屑加工处理421，非金属废料和碎屑加工处理422	废电池、废油、废轮胎加工处理	废弃电器电子产品、废机动车、废电机、废电线电缆、废塑料、废船、含水洗工艺的其他废料和碎屑加工处理	其他
		三十八、金属制品、机械和设备修理业 43		
94	金属制品修理431，通用设备修理432，专用设备修理433，铁路、船舶、航空航天等运输设备修理434，电气设备修理435，仪器仪表修理436，其他机械和设备修理业439	涉及通用工序重点管理的	涉及通用工序简化管理的	其他
		三十九、电力、热力生产和供应业 44		
95	电力生产441	火力发电4411，热电联产4412，生物质能发电4417（生活垃圾、污泥发电）	生物质能发电4417（利用农林生物质、沼气发电、垃圾填埋气发电）	/
96	热力生产和供应443	单台或者合计出力20吨/小时（14兆瓦）及以上的锅炉（不含电热锅炉）	单台且合计出力20吨/小时（14兆瓦）以下的锅炉（不含电热锅炉和单台且合计出力1吨/小时（0.7兆瓦）及以下的天然气锅炉）	单台且合计出力1吨/小时（0.7兆瓦）及以下的天然气锅炉
		四十、燃气生产和供应业 45		
97	燃气生产和供应业451，生物质燃气生产和供应业452	涉及通用工序重点管理的	涉及通用工序简化管理的	其他

序号	行业类别	重点管理	简化管理	登记管理
四十一、水的生产和供应业 46				
98	自来水生产和供应461，海水淡化处理463，其他水的处理、利用与分配469	涉及通用工序重点管理的	涉及通用工序简化管理的	其他
99	污水处理及其再生利用 462	工业废水集中处理场所，日处理能力2万吨及以上的城乡污水集中处理场所	日处理能力500吨及以上2万吨以下的城乡污水集中处理场所	日处理能力 500 吨以下的城乡污水集中处理场所
四十二、零售业 52				
100	汽车、摩托车、零配件和燃料及其他动力销售 526	/	位于城市建成区的加油站	其他加油站
四十三、水上运输业 55				
101	水上运输辅助活动553	/	单个泊位 1 000 吨级及以上的内河、单个泊位1 万吨级及以上的沿海专业化干散货码头（煤炭、矿石）、通用散货码头	其他货运码头 5532
四十四、装卸搬运和仓储业 59				
102	危险品仓储 594	总容量 10 万立方米及以上的油库（含油品码头后方配套油库，不含储备油库）	总容量1万立方米及以上 10 万立方米以下的油库（含油品码头后方配套油库，不含储备油库）	其他危险品仓储（含油品码头后方配套油库，不含储备油库）
四十五、生态保护和环境治理业 77				
103	环境治理业 772	专业从事危险废物贮存、利用、处理、处置（含焚烧发电）的，专业从事一般工业固体废物贮存、处置（含焚烧发电）的	/	/
四十六、公共设施管理业 78				
104	环境卫生管理 782	生活垃圾（含餐厨废弃物）、生活污水处理污泥集中焚烧、填埋	生活垃圾（含餐厨废弃物）、生活污水处理污泥集中处理（除焚烧、填埋以外的），日处理能力 50 吨及以上的城镇粪便集中处理，日转运能力150吨及以上的垃圾转运站	日处理能力 50 吨以下的城镇粪便集中处理，日转运能力 150 吨以下的垃圾转运站
四十七、居民服务业 80				
105	殡葬服务 808	/	火葬场	/

序号	行业类别	重点管理	简化管理	登记管理
四十八、机动车、电子产品和日用品修理业 81				
106	汽车、摩托车等修理与维护 811	/	营业面积 5 000 平方米及以上且有涂装工序的	/
四十九、卫生 84				
107	医院 841，专业公共卫生服务 843	床位 500 张及以上的（不含专科医院 8415 中的精神病、康复和运动康复医院以及疗养院 8416）	床位 100 张及以上的专科医院 8415（精神病、康复和运动康复医院）以及疗养院 8416，床位 100 张及以上 500 张以下的综合医院 8411、中医医院 8412、中西医结合医院 8413、民族医院 8414、专科医院 8415（不含精神病、康复和运动康复医院）	疾病预防控制中心 8431，床位 100 张以下的综合医院 8411、中医医院 8412、中西医结合医院 8413、民族医院 8414、专科医院 8415、疗养院 8416
五十、其他行业				
108	除 1-107 外的其他行业	涉及通用工序重点管理的，存在本名录第七条规定情形之一的	涉及通用工序简化管理的	涉及通用工序登记管理的
五十一、通用工序				
109	锅炉	纳入重点排污单位名录的	除纳入重点排污单位名录的，单台或者合计出力 20 吨/小时（14 兆瓦）及以上的锅炉（不含电热锅炉）	除纳入重点排污单位名录的，单台且合计出力 20 吨/小时（14 兆瓦）以下的锅炉（不含电热锅炉）
110	工业炉窑	纳入重点排污单位名录的	除纳入重点排污单位名录的，除以天然气或者电为能源的加热炉、热处理炉、干燥炉（窑）以外的其他工业炉窑	除纳入重点排污单位名录的，以天然气或者电为能源的加热炉、热处理炉或者干燥炉（窑）
111	表面处理	纳入重点排污单位名录的	除纳入重点排污单位名录的，有电镀工序、酸洗、抛光（电解抛光和化学抛光）、热浸镀（溶剂法）、淬火或者钝化等工序的、年使用 10 吨及以上有机溶剂的	其他

序号	行业类别	重点管理	简化管理	登记管理
112	水处理	纳入重点排污单位名录的	除纳入重点排污单位名录的，日处理能力2万吨及以上的水处理设施	除纳入重点排污单位名录的，日处理能力500吨及以上2万吨以下的水处理设施

注：1. 表格中标“＊”号者，是指在工业建筑中生产的排污单位。工业建筑的定义参见《工程结构设计基本术语标准》（GB/T 50083—2014），是指提供生产用的各种建筑物，如车间、厂前区建筑、生活间、动力站、库房和运输设施等。

2. 表格中涉及溶剂、涂料、油墨、胶黏剂等使用量的排污单位，其投运满三年的，使用量按照近三年年最大量确定；其投运满一年但不满三年的，使用量按投运期间年最大量确定；其未投运或者投运不满一年的，按照环境影响报告书（表）批准文件确定。投运日期为排污单位发生实际排污行为的日期。

3. 根据《中华人民共和国环境保护税法实施条例》，城乡污水集中处理场所，是指为社会公众提供生活污水处理服务的场所，不包括为工业园区、开发区等工业聚集区域内的排污单位提供污水处理服务的场所，以及排污单位自建自用的污水处理场所。

4. 本名录中的电镀工序，是指电镀、化学镀、阳极氧化等生产工序。

5. 本名录不包括位于生态环境法律法规禁止建设区域内的，或生产设施或产品属于产业政策立即淘汰类的排污单位。

排污许可证申请与核发技术规范　总则

（HJ 942—2018）

前　言

为贯彻落实《中华人民共和国环境保护法》《中华人民共和国大气污染防治法》《中华人民共和国水污染防治法》等法律法规、《国务院办公厅关于印发控制污染物排放许可制实施方案的通知》（国办发〔2016〕81 号）和《排污许可管理办法（试行）》（环境保护部令　第 48 号），加强大气、水、土壤污染防治，落实相关治理措施和企业主体责任，完善排污许可技术支撑体系，指导排污单位排污许可证申请与核发工作，制定本标准。

本标准规定了排污单位基本情况填报要求、许可排放限值确定、实际排放量核算和合规判定的一般方法，以及自行监测、环境管理台账及排污许可证执行报告等环境管理要求，提出了排污单位污染防治可行技术的原则要求。

本标准附录 A 为资料性附录。

本标准为首次发布。

本标准由环境保护部规划财务司、环境保护部科技标准司组织制订。

本标准主要起草单位：环境保护部环境工程评估中心。

本标准环境保护部 2018 年 2 月 8 日批准。

本标准自 2018 年 2 月 8 日起实施。

本标准由环境保护部解释。

1　适用范围

本标准适用于指导排污单位填报《排污许可证申请表》及网上填报相关申请信息，适用于指导核发环保部门审核确定排污单位排污许可证许可要求，排污许可证申请与核发程序参见附录 A。

有行业排污许可证申请与核发技术规范（以下简称行业技术规范）的，执行行业技术规范；无行业技术规范的，执行本标准；行业涉及通用工序的，执行通用工序排污许可证申请与核发技术规范。行业或通用工序排污许可证申请与核发技术规范的编制可参考本标准。

2　规范性引用文件

本标准引用了下列文件或其中的条款。凡是未注明日期的引用文件，其最新版本适用于本标准。

GB/T 16157 固定污染源排气中颗粒物测定与气态污染物采样方法

HJ/T 55 大气污染物无组织排放监测技术导则

HJ 75 固定污染源烟气（SO_2、NO_x、颗粒物）排放连续监测技术规范

HJ/T 91 地表水和污水监测技术规范

HJ/T 356 水污染源在线监测系统数据有效性判别技术规范（试行）

HJ/T 397 固定源废气监测技术规范

HJ 608 排污单位编码规则

HJ 819 排污单位自行监测技术指南 总则

HJ 944—2018 排污单位环境管理台账及排污许可证执行报告技术规范 总则（试行）

《排污许可管理办法（试行）》（环境保护部令 第 48 号）

《固定污染源排污许可分类管理名录》

《排污口规范化整治技术要求（试行）》（国家环保局 环监〔1996〕470 号）

《未纳入排污许可管理行业适用的排污系数、物料衡算方法（试行）》（环境保护部公告 2017 年第 81 号）

3 术语和定义

下列术语和定义适用于本标准。

3.1 生产设施 production facilities

指在排污单位中与产排污有关的，直接参加生产过程或直接为生产服务的设备或设施。

3.2 污染治理设施 pollution control facilities

指对生产过程中产生的污染物进行收集、净化、去除的设备或设施。

3.3 许可排放限值 permitted emission limits

指排污许可证中规定的允许排污单位排放的污染物最大排放浓度和排放量。

3.4 特殊时段 special periods

指根据地方人民政府依法制定的环境质量限期达标规划或其他相关环境管理文件，对排污单位的污染物排放有特殊要求的时段，包括重污染天气应对期间和冬防期间等。

3.5 非正常情况 abnormal situation

指开停炉（机）、设备检修、工艺设备运转异常等生产设施非正常工况或污染治理设施非正常状况。

4 排污单位基本情况填报要求

4.1 一般原则

排污单位应按照本标准要求，在全国排污许可证管理信息平台申报系统填报《排污许

可证申请表》中的相应信息表。地方环境保护主管部门有规定需要填报或排污单位认为需要填报的，可自行增加内容。

设区的市级以上地方环境保护主管部门可以根据环境保护地方性法规，增加需要在排污许可证中载明的内容，并填入排污许可证管理信息平台申报系统中“有核发权的地方环境保护主管部门增加的管理内容”一栏。

未依法取得建设项目环境影响评价文件审批意见或按照有关规定经地方人民政府依法处理、整顿规范并符合要求的相关证明材料的排污单位，采用的污染防治设施或措施不能达到许可排放浓度要求的排污单位，以及存在其他依规需要改正行为的排污单位，在首次申报排污许可证填报申请信息时，应在全国排污许可证管理信息平台申报系统中“改正规定”一栏，提出改正方案。

排污单位基本情况应当按照实际情况填报，排污单位对提交申请材料的真实性、合法性和完整性负法律责任。

4.2 排污单位基本信息

排污单位基本信息应填报单位名称、是否需整改、许可证管理类别、邮政编码、是否投产、投产日期、生产经营场所中心经度、生产经营场所中心纬度、所在地是否属于环境敏感区（如大气重点控制区域、总磷总氮控制区等）、所属工业园区名称、环境影响评价审批意见文号（备案编号）、地方政府对违规项目的认定或备案文件文号、主要污染物总量分配计划文件文号、颗粒物总量指标（t/a）、二氧化硫总量指标（t/a）、氮氧化物总量指标（t/a）、化学需氧量总量指标（t/a）、氨氮总量指标（t/a）、挥发性有机物总量指标（t/a）、其他污染物总量指标（如有）等。

4.3 主要产品及产能

4.3.1 主要生产单元、主要工艺、生产设施及设施参数

在填报“主要产品及产能”时，需选择所属行业类别。排污单位主要生产单元、主要工艺、生产设施及设施参数填报内容见表 1。

4.3.2 生产设施编号

排污单位填写内部生产设施编号，若排污单位无内部生产设施编号，则根据 HJ 608 进行编号并填报。

4.3.3 产品名称

填写生产设施主要产品名称。涉及化学品的，填报化学品名称及 CAS 编号。

4.3.4 生产能力、计量单位及设计年生产时间

生产能力为主要产品设计产能，并标明计量单位。生产能力不包括国家或地方政府予以淘汰或取缔的产能。

设计生产时间按环境影响评价文件及审批意见或地方政府对违规项目的认定或备案文件中的年生产时间填写。

表 1 排污单位主要生产单元、主要工艺、生产设施及设施参数表

主要生产单元	主要工艺	生产设施	设施参数
主体工程	主要生产线	与排放废气和废水密切相关的主要生产设施，包括工业炉窑（熔炼炉、焚烧炉、熔化炉、加热炉、热处理炉、石灰窑等）、化工类排污单位的反应设备（化学反应釜/器/塔、蒸馏/蒸发/萃取设备等）、包装印刷设备、工业涂装工序生产设施等	设计生产能力、功率、尺寸、面积、额定蒸发量、额定功率、压力、流量、设计处理能力、设计排气量、储量、容积、周转量等
公用工程	发电、供热系统等公用系统	与排放废气和废水密切相关的生产设施，包括锅炉、汽轮机、发电机等	
辅助工程	污水处理系统等其他为生产线配套服务的系统	与排放废气和废水密切相关的生产设施或污染治理设施，包括污水处理站等	
储运工程	储运系统	与排放废气和废水密切相关的生产设施，包括物料的存储、运输设施如储罐、仓库、固体废物储存间、转运站等	

4.3.5 其他

排污单位如有需要说明的内容，可填写。

4.4 主要原辅材料及燃料信息

4.4.1 原辅材料及燃料种类

按原料、辅料、燃料种类分别填写具体物质名称。涉及化学品的，填报化学品名称及CAS 编号。

原料填报产品生产加工过程所需的主要原材料以及所有有毒有害化学品原材料。

辅料填报产品生产加工过程中添加的主要辅料和污染治理过程中添加的化学品。

燃料种类包括：固体燃料（煤炭、煤矸石、焦炭、生物质燃料等），液体燃料（原油、汽油、煤油、柴油、燃料油等），气体燃料（天然气、煤层气、冶金副产煤气、石油炼制副产燃气、煤气发生炉煤气等）。

4.4.2 设计年使用量及计量单位

设计年使用量为与产能相匹配的原辅料及燃料年使用量，并标明计量单位。

4.4.3 原辅料有毒有害物质及成分占比

为优先控制化学品名录、污染物排放标准中的“第一类污染物”以及有关文件中规定的有毒有害物质或元素，及其在原辅料中的成分占比，应按设计值或上一年生产实际值填写，原辅料中不含有毒有害物质或元素的可不填写。

4.4.4 燃料灰分、硫分、挥发分及热值

应按设计值或上一年生产实际值填写固体燃料灰分、硫分、挥发分及热值（低位发热量）。燃油和燃气填写硫分（液体燃料按硫分计；气体燃料按总硫计，总硫包含有机硫和无机硫）及热值（低位发热量）。

原则上固体燃料和液体燃料填报值以收到基为基准，排污单位可结合行业特点填报，并注明填报基准。

4.4.5 其他

排污单位如有需要说明的内容，可填写。

4.5 产排污环节、污染物及污染治理设施

4.5.1 一般原则

废气产排污环节、污染物及污染治理设施包括对应产排污环节名称、污染物种类、排放形式（有组织、无组织）、污染治理设施、有组织排放口编号及名称、排放口设置是否符合要求、排放口类型。

废水类别、污染物及污染治理设施包括废水类别、污染物种类、污染治理设施、排放去向、排放方式、排放规律、排放口编号及名称、排放口设置是否符合要求、排放口类型。

4.5.2 废气

4.5.2.1 废气产排污环节、污染物种类、排放形式及污染治理设施

产排污环节为生产设施对应的产排污环节名称，依据国家和地方污染物排放标准、环境影响评价文件及审批意见综合确定。

污染物种类为排放标准中的各污染物项目，依据国家和地方污染物排放标准确定。

排放形式分有组织排放和无组织排放两种形式。

污染治理设施包括设施编号、名称、工艺、是否为可行技术，污染治理设施应与生产设施产排污环节相对应。

废气污染治理设施分为除尘系统、脱硫系统、脱硝系统、有机废气收集治理系统、恶臭治理系统、其他废气收集处理系统等。

废气污染治理设施工艺包括除尘设施（袋式除尘器、电除尘器、电袋复合除尘器、其他）、脱硫设施（干法、半干法、湿法、其他）、脱硝设施（低氮燃烧、SCR、SNCR、其他）、有机废气收集治理设施（焚烧、吸附、催化分解、其他）、恶臭治理设施（水洗、吸收、氧化、活性炭吸附、过滤、其他）、其他废气收集处理设施（活性炭吸附、生物滤塔、洗涤、吸收、燃烧、氧化、过滤、其他）等。

4.5.2.2 污染治理设施、有组织排放口编号

污染治理设施编号填写排污单位内部编号，若排污单位无内部编号，则根据 HJ 608 进行编号并填报。

有组织排放口编号可填写地方环境保护主管部门现有编号，或根据 HJ 608 进行编号并填写。

4.5.2.3 排放口设置要求

根据《排污口规范化整治技术要求（试行）》（国家环保局 环监〔1996〕470 号），以及排污单位执行的污染物排放标准中有关排放口规范化设置的规定，填报废气排放口设置是否符合规范化要求。

4.5.2.4 排放口类型

废气排放口分为主要排放口、一般排放口和其他排放口。原则上将主体工程中的工业炉窑、化工类排污单位的主要反应设备、公用工程中出力 10 t/h 及以上的燃料锅炉、燃气轮机组以及与出力 10 t/h 及以上的燃料锅炉和燃气轮机组排放污染物相当的污染源，其对应的排放口为主要排放口；主体工程、辅助工程、储运工程中污染物排放量相对较小的污染源，其对应的排放口为一般排放口；公用工程中的火炬、放空管等污染物排放标准中未明确污染物排放浓度限值要求的排放口为其他排放口。具体见表 2。

表 2 纳入许可管理的废气排放源及排放口类型

<table>
<tr><th>主要生产单元</th><th>生产设施</th><th>排放口类型</th></tr>
<tr><td colspan="3">有组织排放</td></tr>
<tr><td rowspan="4">主体工程</td><td>工业炉窑（熔炼炉、焚烧炉、熔化炉、加热炉、热处理炉、石灰窑等）</td><td rowspan="2">主要排放口</td></tr>
<tr><td>化工类排污单位的主要反应设备（化学反应釜/器/塔、蒸馏/蒸发/萃取设备等）</td></tr>
<tr><td>与出力 10t/h 及以上的燃料锅炉和燃气轮机组排放污染物相当的污染源</td><td>主要排放口</td></tr>
<tr><td>其他</td><td>一般排放口</td></tr>
<tr><td rowspan="2">公用工程</td><td>出力 10t/h 及以上的燃料锅炉和燃气轮机组等</td><td>主要排放口</td></tr>
<tr><td>火炬、放空管等</td><td>其他排放口</td></tr>
<tr><td>辅助工程</td><td>污水处理站</td><td>一般排放口</td></tr>
<tr><td>储运工程</td><td>储罐、仓库、固体废物储存间、转运站等储运设施</td><td>一般排放口</td></tr>
<tr><td colspan="3">无组织排放</td></tr>
<tr><td colspan="2">排污单位生产设施、生产单元或厂界</td><td>—</td></tr>
</table>

4.5.3 废水

4.5.3.1 废水类别、污染物种类、排放方式及污染治理设施

废水类别分为对应工艺（工序）的生产废水、综合废水、生活污水、初期雨水、循环冷却水等。

污染物种类为排放标准中的各污染物项目，依据国家和地方污染物排放标准确定。

排放方式分为间接排放、直接排放和不外排三种方式。

污染治理设施包括设施编号、名称、工艺、是否为可行技术，污染治理设施应与废水类别相对应。

废水污染治理设施名称包括工艺（工序）的生产废水预处理设施、综合废水处理设施、生活污水处理设施、其他。

废水污染治理工艺分为一级处理（过滤、沉淀、气浮、其他），二级处理（A/O、A^2/O、SBR、活性污泥法、生物接触氧化、其他）、深度处理（超滤/纳滤、反渗透、吸附过滤、蒸发结晶、其他）、其他。

4.5.3.2 废水排放去向及排放规律

排污单位应明确废水排放去向及排放规律。

废水排放去向包括：不外排；排至厂内综合污水处理站；直接进入海域；直接进入江、湖、库等水环境；进入城市下水道（再入江河、湖、库）；进入城市下水道（再入沿海海域）；进入城市污水处理厂；进入其他单位；进入工业废水集中处理厂；其他。对于工艺、工序产生的废水，“不外排”指全部在工序内部循环使用，“排至厂内综合污水处理站”指工序废水经处理后排至综合污水处理站，对于综合污水处理站，“不外排”指全厂废水经处理后全部回用不向环境排放。

排放规律包括连续排放，流量稳定；连续排放，流量不稳定，但有周期性规律；连续排放，流量不稳定，但有规律，且不属于周期性规律；连续排放，流量不稳定，属于冲击型排放；连续排放，流量不稳定且无规律，但不属于冲击型排放；间断排放，排放期间流量稳定；间断排放，排放期间流量不稳定，但有周期性规律；间断排放，排放期间流量不稳定，但有规律，且不属于非周期性规律；间断排放，排放期间流量不稳定，属于冲击型排放；间断排放，排放期间流量不稳定且无规律，但不属于冲击型排放。

4.5.3.3 污染治理设施、排放口编号

污染治理设施编号填写排污单位内部编号，若排污单位无内部编号，则根据 HJ 608 进行编号并填报。

排放口编号可填写地方环境保护主管部门现有编号，或根据 HJ 608 进行编号并填写。

4.5.3.4 排放口设置要求

根据《排污口规范化整治技术要求（试行）》（国家环保局　环监〔1996〕470 号），以及排污单位执行的污染物排放标准中有关排放口规范化设置的规定，填报排放口设置是否符合规范化要求。

4.5.3.5 排放口类型

根据排污单位废水排放特点，废水排放口包括车间或生产设施排放口、废水总排放口。原则上涉及排放第一类污染物的车间或生产设施排放口以及纳入水环境重点排污单位名录中的排污单位废水总排放口为主要排放口，其他为一般排放口。

4.6 其他要求

排污单位基本情况还应包括生产工艺流程图（包括全厂及各工序）和厂区总平面布置图。

生产工艺流程图应至少包括主要生产设施（设备）、主要原辅材料及燃料的流向、生产工艺流程等内容。

厂区总平面布置图应至少包括主体设施、公辅设施、全厂污水处理站等，同时注明厂区雨水和污水排放口位置。

5 产排污环节对应排放口及许可排放限值确定方法

5.1 产排污环节对应排放口

5.1.1 废气

废气排放口应填报排放口地理坐标、排气筒高度、排气筒出口内径、国家和地方污染物排放标准及承诺更加严格排放限值，其余项为依据本标准 4.5 填报的产排污环节及排放口信息，信息平台系统自动生成。

5.1.2 废水

废水直接排放口应填报排放口地理坐标、间歇排放时段、受纳自然水体信息、汇入受纳自然水体处地理坐标及执行的国家和地方污染物排放标准，废水间接排放口应填报排放口地理坐标、间歇排放时段、受纳污水处理厂名称及执行的国家和地方污染物排放标准。废水向海洋排放的，还应说明岸边排放或深海排放。深海排放的，还应说明排污口的深度、与岸线直线距离。其余项为依据本标准 4.5 填报的产排污环节及排放口信息，信息平台系统自动生成。

5.2 许可排放限值

5.2.1 一般原则

许可排放限值包括污染物许可排放浓度和许可排放量。许可排放量包括年许可排放量和特殊时段许可排放量。年许可排放量是指允许排污单位连续 12 个月排放的污染物最大排放量。核发环保部门可根据需要（如采暖季、枯水期等）将年许可排放量按月、季进行细化。

对于大气污染物，以排放口为单位确定有组织主要排放口和一般排放口许可排放浓度，以生产设施、生产单元或厂界为单位确定无组织许可排放浓度。主要排放口逐一计算许可排放量；一般排放口和无组织废气不许可排放量；其他排放口不许可排放浓度和排放量。

对于水污染物，以排放口为单位确定主要排放口许可排放浓度和排放量，一般排放口仅许可排放浓度。单独排入城镇集中污水处理设施的生活污水仅说明排放去向。

根据国家和地方污染物排放标准，按从严原则确定许可排放浓度。依据本标准 5.2.3 规定的允许排放量核算方法和依法分解落实到排污单位的重点污染物排放总量控制指标，从严确定许可排放量，落实环境质量改善要求。2015 年 1 月 1 日及以后取得环境影响评价审批意见的排污单位，许可排放量还应同时满足环境影响评价文件和审批意见确定的排放量的要求。

按照《固定污染源排污许可分类管理名录》实施简化管理的排污单位原则上仅许可排放浓度，不许可排放量。

排污单位填报许可限值时，应在《排污许可证申请表》中写明申请的许可排放限值计算过程。

排污单位承诺执行更加严格的排放浓度的，应在排污许可证中载明。

5.2.2 许可排放浓度

5.2.2.1 废气

按照国家和地方污染物排放标准确定排污单位许可排放浓度时，应依据排污单位执行的国家和地方污染物排放标准从严确定。

按照国务院环境保护行政主管部门或省级人民政府规定执行大气污染物特别排放限值的区域，应按照规定的行政区域范围、时间，执行相关排放标准的污染物特别排放限值。

若执行不同许可排放浓度的多台生产设施或排放口采用混合方式排放废气，且选择的监控位置只能监测混合废气中的大气污染物浓度，应根据污染物排放标准要求确定许可排放浓度。若污染物排放标准中无混合排放浓度确定要求的，则应执行各限值要求中最严格的排放浓度。

5.2.2.2 废水

按照国家和地方污染物排放标准确定排污单位许可排放浓度时，应依据排污单位执行的国家和地方污染物排放标准从严确定。

按照国务院环境保护行政主管部门或省级人民政府规定执行水污染物特别排放限值的区域，应按照规定的行政区域范围、时间，执行相关排放标准的污染物特别排放限值。

若排污单位生产设施为两种及以上工序或同时生产两种及以上产品，可适用不同污染物排放控制要求或不同行业污染物排放标准时，且生产设施产生的污水混合处理排放的情况下，应根据污染物排放标准要求确定许可排放浓度。若污染物排放标准中无混合排放浓度确定要求的，则应执行各限值要求中最严格的排放浓度。

5.2.3 允许排放量

5.2.3.1 废气

通常对颗粒物、二氧化硫、氮氧化物、挥发性有机物（石化、化工、包装印刷、工业涂装等重点行业）、重金属（有色冶炼等重点行业）等污染物许可排放量。

废气许可排放量包括年许可排放量和特殊时段许可排放量。排污单位的废气年许可排放量为各废气主要排放口许可排放量之和。

a）年许可排放量核算方法

废气有组织排放口年许可排放量依据许可排放浓度、污染物排放标准中规定的基准排气量、主要产品产能确定，核算方法见式（1）与式（2）。

$$M_i = R \times Q \times \rho \times 10^{-9} \tag{1}$$

$$E_{年许可} = \sum_{i=1}^{n} M_i \tag{2}$$

式中：M_i——第 i 个主要排放口污染物年许可排放量，t；

R——第 i 个主要排放口对应装置产能，t；

Q——基准排气量（标态），m^3/t 产品；

ρ——污染物许可排放质量浓度限值（标态），mg/m^3；

$E_{年许可}$——污染物年许可排放量，t/a。

无规定的基准排气量时，也可按照许可排放浓度、风量、年生产时间确定，核算方法见式（3）与式（4）。

$$M_i = Q \times \rho \times T \times 10^{-9} \tag{3}$$

$$E_{年许可} = \sum_{i=1}^{n} M_i \tag{4}$$

式中：M_i——第 i 个主要排放口污染物年许可排放量，t；

Q——第 i 个主要排放口风量（标态），m^3/h；

ρ——污染物许可排放质量浓度限值（标态），mg/m^3；

T——第 i 个主要排放口对应装置设计年生产时间，h；

$E_{年许可}$——污染物年许可排放量，t/a。

b）特殊时段许可排放量核算方法

特殊时段排污单位应按照国家或所在地区人民政府制定的重污染天气应急预案等文件，根据停产、减产、减排等要求，确定特殊时段短期许可排放量要求。国家和地方环境保护主管部门依法规定的其他特殊时段短期许可排放量应当在排污许可证中明确。在排污许可证有效期内，国家或排污单位所在地区人民政府发布新的特殊时段要求的，排污单位应当按照新的停产、减产、减排等要求进行排放。

特殊时段日（月）许可排放量根据排污单位前一年实际排放量折算的日（月）均值、特殊时段产量或排放量削减比例核算，核算方法见式（5）。

$$E_{日（月）许可} = E_{前一年日（月）实际排放量} \times (1-\alpha) \tag{5}$$

式中：$E_{日（月）许可}$——特殊时段日（月）许可排放量，t；

$E_{前一年日（月）实际排放量}$——排污单位前一年实际排放量折算的日（月）均值，t；

α——特殊时段日（月）产量或排放量削减比例。

5.2.3.2 废水

对排污单位废水主要排放口化学需氧量、氨氮，以及受纳水体环境质量超标且列入相关污染物排放标准的污染物许可排放量；对位于《“十三五”生态环境保护规划》及环境保护部规定的总磷、总氮总量控制区域内排放总磷、总氮的排污单位，废水主要排放口还应分别申请总磷及总氮年许可排放量。

废水许可排放量为年许可排放量，排污单位的废水年许可排放量为主要排放口许可排放量之和。

废水主要排放口年许可排放量依据许可排放浓度、污染物排放标准中规定的基准排水量、主要产品产能确定，核算方法见式（6）。

$$E_{年许可} = S \times Q \times \rho \times 10^{-6} \tag{6}$$

其中：$E_{年许可}$——污染物年许可排放量，t/a；

S—— 主要产品产能，t；

Q—— 单位产品基准排水量，m^3/t 产品；

ρ —— 污染物许可排放浓度限值，mg/L。

无规定的基准排水量时，也可按照许可排放浓度、排水量、年生产时间确定，核算方法见式（7）。

$$E_{年许可} = Q \times \rho \times T \times 10^{-6} \tag{7}$$

其中：$E_{年许可}$——污染物年许可排放量，t/a；

Q——排水量，m^3/d；

ρ——污染物许可排放浓度限值，mg/L；

T——设计年生产时间，d。

6 可行技术要求

6.1 可行技术要求

可行技术可按照行业可行技术指南和污染物排放标准控制要求确定。以污染防治技术的污染物排放持续稳定达标性、规模应用和经济可行性作为确定污染防治可行技术的重要依据。

对采用相应污染防治可行技术的，或者新建、改建、扩建建设项目排污单位采用环境影响评价审批意见要求的污染治理技术的，原则上认为排污单位具有符合国家要求的污染防治设施或污染物处理能力；对于未采用的，排污单位应当在申请时提供相关证明材料（如已有监测数据；对于国内外首次采用的污染防治技术，还应当提供中试数据等说明材料），证明可达到与污染防治可行技术相当的处理能力。

对于未采用污染防治可行技术的，排污单位应当加强自行监测、台账记录，评估污染防治技术达标可行性。环境保护部依据全国排污许可证执行情况，动态更新污染防治可行技术指南。

6.2 运行管理要求

6.2.1 废气

6.2.1.1 有组织排放

主要针对废气污染治理设施的安装、运行、维护等提出要求，包括：

1）废气污染治理设施应按照国家和地方规范进行设计；

2）污染治理设施应与产生废气的生产设施同步运行。由于事故或设备维修等原因造成污染治理设施停止运行时，应立即报告当地环境保护主管部门；

3）污染治理设施应在满足设计工况的条件下运行，并根据工艺要求，定期对设备、电气、自控仪表及构筑物进行检查维护，确保污染治理设施可靠运行；

4）污染治理设施正常运行中废气的排放应符合国家和地方污染物排放标准。

6.2.1.2 无组织排放

无组织排放的运行管理按照国家和地方污染物排放标准要求执行。

6.2.2 废水

主要针对废水污染治理设施的安装、运行、维护等提出要求，包括：

1）废水污染治理设施应按照国家和地方规范进行设计；

2）由于事故或设备维修等原因造成污染治理设施停止运行时，应立即报告当地环境保护主管部门；

3）污染治理设施应在满足设计工况的条件下运行，并根据工艺要求，定期对设备、电气、自控仪表及构筑物进行检查维护，确保污染治理设施可靠运行；

4）全厂综合污水处理厂应加强源头管理，加强对上游装置来水的监测，并通过管理手段控制上游来水水质满足污水处理厂的进水要求；

5）污染治理设施正常运行中废水的排放应符合国家和地方污染物排放标准。

6.2.3 渗漏、泄漏防治措施要求

涉及有毒有害污染物的排污单位，针对可能污染土壤和地下水的渗漏、泄漏风险点应采取相应防治措施，包括：

1）源头控制

对有毒有害物质，特别是液体或粉状固体物质储存及输送、生产加工，污水治理、固体废物堆放采取相应的防渗漏、泄漏措施。

2）分区防控

原辅料及燃料储存区、生产装置区、输送管道、污水治理设施、固体废物堆存区的防渗要求，应满足国家和地方标准、防渗技术规范要求。

3）渗漏、泄漏检测

对管道、储罐等配置渗漏、泄漏检测装置，阴极保护系统等防腐蚀装置，定期对渗漏、泄漏风险点进行隐患排查。

7 自行监测管理要求

排污单位自行监测按照 HJ 819 执行。

8 环境管理台账及排污许可证执行报告编制要求

环境管理台账及排污许可证执行报告编制按照《排污单位环境管理台账及排污许可证执行报告技术规范 总则（试行）》（HJ 944—2018）执行。

9 实际排放量核算方法

9.1 一般原则

排污单位应核算废气和废水主要排放口的污染物实际排放量。实际排放量为正常情况和非正常情况实际排放量之和。排污单位废气、废水污染物实际排放量的核算方法包括实测法、物料衡算法和产排污系数法等。

实测法为根据监测数据测算污染物实际排放量的方法，分为自动监测和手工监测。对于排污许可证载明的要求采用自动监测的污染物项目，应采用符合监测规范的有效自动监测数据核算污染物实际排放量。对于排污许可证载明的未要求采用自动监测的污染物项目，可采用自动监测数据或手工监测数据核算污染物实际排放量。

物料衡算法根据质量守恒定律，利用物料数量或元素数量在输入端与输出端之间的平衡关系，核算污染物实际排放量。

产排污系数法根据单位产品污染物的产生量和排放量，核算污染物实际排放量。相关产排污系数参考污染源普查产排污系数手册或《未纳入排污许可管理行业适用的排污系数、物料衡算方法（试行）》的相关内容。

9.2 废气

9.2.1 正常情况

1）采用自动监测数据核算

废气自动监测实测法应采用符合监测规范的有效自动监测数据污染物的小时平均排

放浓度、小时烟气量、运行时间核算污染物实际排放量，核算方法见式（8）与式（9）。

$$M_{j主要排放口}=\sum_{i=1}^{n}(\rho_i\times q_i\times 10^{-9}) \tag{8}$$

$$E_{主要排放口}=\sum_{j=1}^{m}M_{j主要排放口} \tag{9}$$

式中：$M_{j主要排放口}$——核算时段内第 j 个主要排放口污染物的实际排放量，t；

ρ_i——第 j 个主要排放口污染物在第 i 小时的实测平均排放质量浓度（标态），mg/m^3；

q_i——第 j 个主要排放口在第 i 小时的排气量（标态），m^3/h；

n——核算时段内的污染物排放时间，h；

$E_{主要排放口}$——核算时段内主要排放口污染物的实际排放量，t。

要求采用自动监测的排放口或污染物项目而未采用的以及自动监测设备不符合规定的，采用物料衡算法核算二氧化硫排放量，根据原辅燃料消耗量、含硫率，按直排进行核算，核算方法见式（10）。

$$E=\left[\sum_{i}^{n}(m_i\times\frac{s_{m_i}}{100})-p_i\times\frac{s_{p_i}}{100}-d_i\times\frac{s_{d_i}}{100}\right]\times 2 \tag{10}$$

式中：E——核算时段内二氧化硫排放量，t；

m_i——核算时段内第 i 种原辅料及燃料使用量，t；

s_{m_i}——核算时段内第 i 种原辅料及燃料含硫率，%；

p_i——核算时段内第 i 种产品产量，t；

s_{pi}——核算时段内第 i 种产品含硫率，%；

d_i——核算时段内第 i 种废物收集量，t；

s_{di}——核算时段内第 i 种废物含硫率，%。

要求采用自动监测的排放口或污染物项目而未采用的以及自动监测设备不符合规定的，采用产排污系数法核算颗粒物、氮氧化物、挥发性有机物等污染物实际排放量，根据单位产品污染物的产生量，按直排进行核算，核算方法见式（11）。

$$E=M\times\beta\times 10^{-3} \tag{11}$$

式中：E——核算时段内污染物的排放量，t；

M——核算时段内某工序或生产设施产品产量，t；

β——产污系数，kg/t。

对于因自动监控设施发生故障以及其他情况导致数据缺失的按照 HJ 75 进行补遗。二氧化硫、氮氧化物、颗粒物在线监测数据缺失时段超过 25%的，自动监测数据不能作为核算实际排放量的依据，实际排放量按照“要求采用自动监测的排放口或污染物项目而未采用”的相关规定进行核算，其他污染物在线监测数据缺失情形可参照核算，环境保护部另有规定的从其规定。

对于出现在线数据缺失或数据异常等情况的排污单位，若排污单位能提供材料充分证明不是其责任的，可按照排污单位提供的手工监测数据等核算实际排放量，或者按照上一个半年申报期间的稳定运行期间自动监测数据的小时浓度均值和半年平均烟气量，核算数据缺失时段的实际排放量。

2）采用手工监测数据核算

废气手工监测实测法应采用每次手工监测时段内污染物的小时平均排放浓度、小时烟气量、运行时间核算污染物实际排放量，核算方法见式（12）与式（13）。排污单位应将手工监测时段内生产负荷与核算时段内的平均生产负荷进行对比，并给出对比结果。监测时段内有多组监测数据时，应加权平均。

$$M_{j主要排放口}=\sum_{i=1}^{n}(\rho_i\times q_i\times 10^{-9}\times T) \tag{12}$$

$$E_{主要排放口}=\sum_{j=1}^{m}M_{j主要排放口} \tag{13}$$

式中：$M_{j主要排放口}$——核算时段内第 j 个主要排放口污染物的实际排放量，t；

ρ_i——第 j 个主要排放口在第 i 个监测时段的污染物实测小时排放质量浓度（标态），mg/m³；

q_i——第 j 个主要排放口在第 i 个监测时段的排气量（标态），m³/h；

T——第 i 个监测时段内主要排放口累计运行时间，h；

$E_{主要排放口}$——核算时段内主要排放口污染物的实际排放量，t。

手工监测数据包括核算时间内的所有执法监测数据和排污单位自行或委托其他有资质的检（监）测机构的有效手工监测数据，若同一时段既有执法监测数据又有手工监测数据，优先使用执法监测数据。排污单位采用手工监测数据核算实际排放量时，排污单位自行或委托的手工监测频次、监测期间生产工况、数据有效性等须符合相关规范文件等要求。

9.2.2 非正常情况

非正常情况下污染物排放量优先采用实测法核定，其次采用物料衡算法和产排污系数法。

9.3 废水

9.3.1 正常情况

1）采用自动监测数据核算

废水自动监测实测法应采用符合监测规范的有效自动监测数据污染物的日平均排放

浓度、日废水量、运行时间核算污染物年排放量，核算方法见式（14）。

$$E_{废水}=\sum_{i=1}^{n}(\rho_i \times q_i \times 10^{-6}) \tag{14}$$

式中：$E_{废水}$——核算时段内主要排放口污染物的实际排放量，t；

ρ_i——污染物在第 i 日的实测平均排放质量浓度，mg/L；

q_i——第 i 日的流量，m^3/d；

n——核算时段内的污染物排放时间，d。

对要求采用自动监测的排放口或污染物项目，在自动监测数据由于某种原因出现中断或其他情况，应按照 HJ/T 356 补遗。

要求采用自动监测的排放口或污染物项目而未采用的以及自动监测设备不符合规定的，采用产排污系数法核算化学需氧量、氨氮等污染物实际排放量，按直排进行核算，核算方法见式（15）。

$$E=M\times\beta\times10^{-6} \tag{15}$$

式中：E——核算时段内污染物的排放量，t；

M——核算时段内某工序或生产设施产品产量，t；

β——产污系数，g/t。

2）采用手工监测数据核算

废水手工监测实测法应采用每次手工监测时段内污染物的日平均排放浓度、日废水量、运行时间核算污染物年排放量，核算方法见式（16）。排污单位应将手工监测时段内生产负荷与核算时段内的平均生产负荷进行对比，并给出对比结果。监测时段内有多组监测数据时，应加权平均。

$$E_{废水}=\sum_{i=1}^{n}(\rho_i \times q_i \times 10^{-6} \times T) \tag{16}$$

式中：$E_{废水}$——核算时段内主要排放口污染物的实际排放量，t；

ρ_i——第 i 个监测时段的污染物实测日均排放质量浓度，mg/L；

q_i——第 i 个监测时段的流量，m^3/d；

T——第 i 个监测时段内主要排放口累计运行时间，d。

手工监测数据包括核算时间内的所有执法监测数据和排污单位自行或委托其他有资质的检（监）测机构的有效手工监测数据，若同一时段既有执法监测数据又有手工监测数据，优先使用执法监测数据。排污单位采用手工监测数据核算实际排放量时，排污单位自行或委托的手工监测频次、监测期间生产工况、数据有效性等须符合相关规范文件等要求。

9.3.2 非正常情况

废水处理设施非正常情况下的排水，如无法满足排放标准要求时，不应直接排入外环境，待废水处理设施恢复正常运行后方可排放。如造成污染治理设施未正常运行超标排放污染物的或偷排偷放污染物的，采用产排污系数法按直排核算非正常排放期间实际排放量。

10 合规判定方法

10.1 一般原则

合规是指排污单位许可事项和环境管理要求符合排污许可证规定。

许可事项合规是指排污单位排放口位置和数量、排放方式、排放去向、排放污染物种类、排放限值符合排污许可证规定。其中，排放限值合规是指排污单位污染物实际排放浓度和排放量满足许可排放限值要求。

环境管理要求合规是指排污单位按排污许可证规定落实自行监测、台账记录、执行报告、信息公开等环境管理要求。

排污单位可通过台账记录、按时上报执行报告和开展自行监测、信息公开，自证其依证排污，满足排污许可证要求。

核发环保部门可依据执法监测数据，以及排污单位环境管理台账、执行报告、自行监测记录中的内容，判断其污染物排放浓度和排放量是否满足许可排放限值要求。

10.2 排放浓度合规判定方法

10.2.1 废气

10.2.1.1 正常情况

废气有组织排放口污染物排放浓度或生产设施、生产单元、厂界无组织污染物排放浓度达标均是指“任一小时浓度均值均满足许可排放浓度要求”。排放标准中浓度限值非小时均值的污染物，其排放浓度达标是指按相关监测规范要求测定的排放浓度满足许可排放浓度要求。环境保护部发布在线监测数据达标判定方法的，从其规定。

1）执法监测

按照监测规范要求获取的执法监测数据超标的，即视为不合规。根据 GB/T 16157、HJ/T 397、HJ/T 55 确定监测要求。相关标准中对采样频次和采样时间有规定的，按相关标准的规定执行。

2）排污单位自行监测

a）自动监测

按照监测规范要求获取的自动监测数据计算得到的有效小时浓度均值与许可排放浓

度进行对比，超过许可排放浓度的，即视为不合规。对于应当采用自动监测的排放口或污染物项目而未采用的以及自动监测设备不符合规定的，即认为不合规。

b）手工监测

对于未采用自动监测的排放口或污染物，应进行手工监测，按照自行监测方案、监测规范要求获取的监测数据计算得到的有效小时浓度均值超标的，即视为不合规。

3）其他

若同一时段既有执法监测数据又有排污单位自行监测数据，优先使用执法监测数据。

10.2.1.2 非正常情况

若多台设施采用混合方式排放废气，且其中一台处于启停时段，排污单位可自行提供废气混合前各台设施污染物有效监测数据的，按照提供数据进行合规判定。

其他非正常情况导致污染物超标排放的，应立即停产整改。

10.2.1.3 无组织排放合规判定

无组织排放满足污染物排放标准中排放浓度限值要求及污染控制措施要求的，即认为合规，其他情形则认为不合规。

10.2.2 废水

排污单位废水排放口污染物排放浓度达标是指任一有效日均值（除 pH 外）满足许可排放浓度要求。排放标准中浓度限值非日均值的污染物，其排放浓度达标是指按相关监测规范要求测定的排放浓度满足许可排放浓度要求。环境保护部发布在线监测数据达标判定方法的，从其规定。

1）执法监测

按照监测规范要求获取的执法监测数据超标的，即视为不合规。根据 HJ/T 91 确定监测要求。相关标准中对采样频次和采样时间有规定的，按相关标准规定执行。

2）排污单位自行监测

a）自动监测

按照监测规范要求获取的自动监测数据计算得到有效日均浓度（除 pH 外）与许可排放浓度进行对比，超过许可排放浓度的，即视为不合规。对于应当采用自动监测的排放口或污染物项目而未采用的以及自动监测设备不符合规定的，即认为不合规。

b）手工监测

对于未要求采用自动监测的排放口或污染物，排污单位应按照自行监测方案、监测规范进行手工监测，当日各次监测数据平均值或当日混合样监测数据（除 pH 外）超标的，即视为不合规。

3）其他

若同一时段既有执法监测数据又有排污单位自行监测数据，优先使用执法监测数据。

10.3 排放量合规判定方法

污染物排放量合规是指：

1）排污单位污染物年实际排放量满足年许可排放量要求；

2）对于特殊时段有许可排放量要求的排污单位，实际排放量之和不得超过特殊时段许可排放量。

10.4 管理要求合规判定

核发环保部门依据排污许可证中的管理要求，审核环境管理台账记录和排污许可证执行报告，核查排污单位是否满足排污许可证管理要求。管理要求合规判定包括：

1）排污单位是否按照自行监测方案开展自行监测；

2）排污单位是否按照排污许可证中环境管理台账记录要求记录相关内容，记录频次、形式等是否满足排污许可证要求；

3）排污单位是否按照排污许可证中执行报告要求定期上报，上报内容是否符合要求等；

4）排污单位是否按照排污许可证要求定期开展信息公开；

5）排污单位是否满足特殊时段污染防治要求。

附 录 A
（资料性附录）
排污许可证申请与核发程序

排污单位在规定的申请时限，登录全国排污许可证管理信息平台（http：//permit.mep.gov. cn）进行网上注册，并填写排污许可申请材料。

申请前信息公开结束后，排污单位在全国排污许可证管理信息平台上填写《排污许可证申领信息公开情况说明表》，并按照平台“业务办理流程”，将相关申请材料一并提交。同时向核发环保部门提交通过全国排污许可证管理信息平台印制的书面申请材料。

核发环保部门收到排污单位提交的申请材料后，对材料的完整性、规范性进行审查，并在全国排污许可证管理信息平台上作出受理或者不予受理排污许可证申请的决定。同意受理的进入审核流程，核发环保部门对排污单位的申请材料进行审核，对满足条件的排污单位核发排污许可证，对不满足条件的排污单位不予核发排污许可证（图 A.1）。

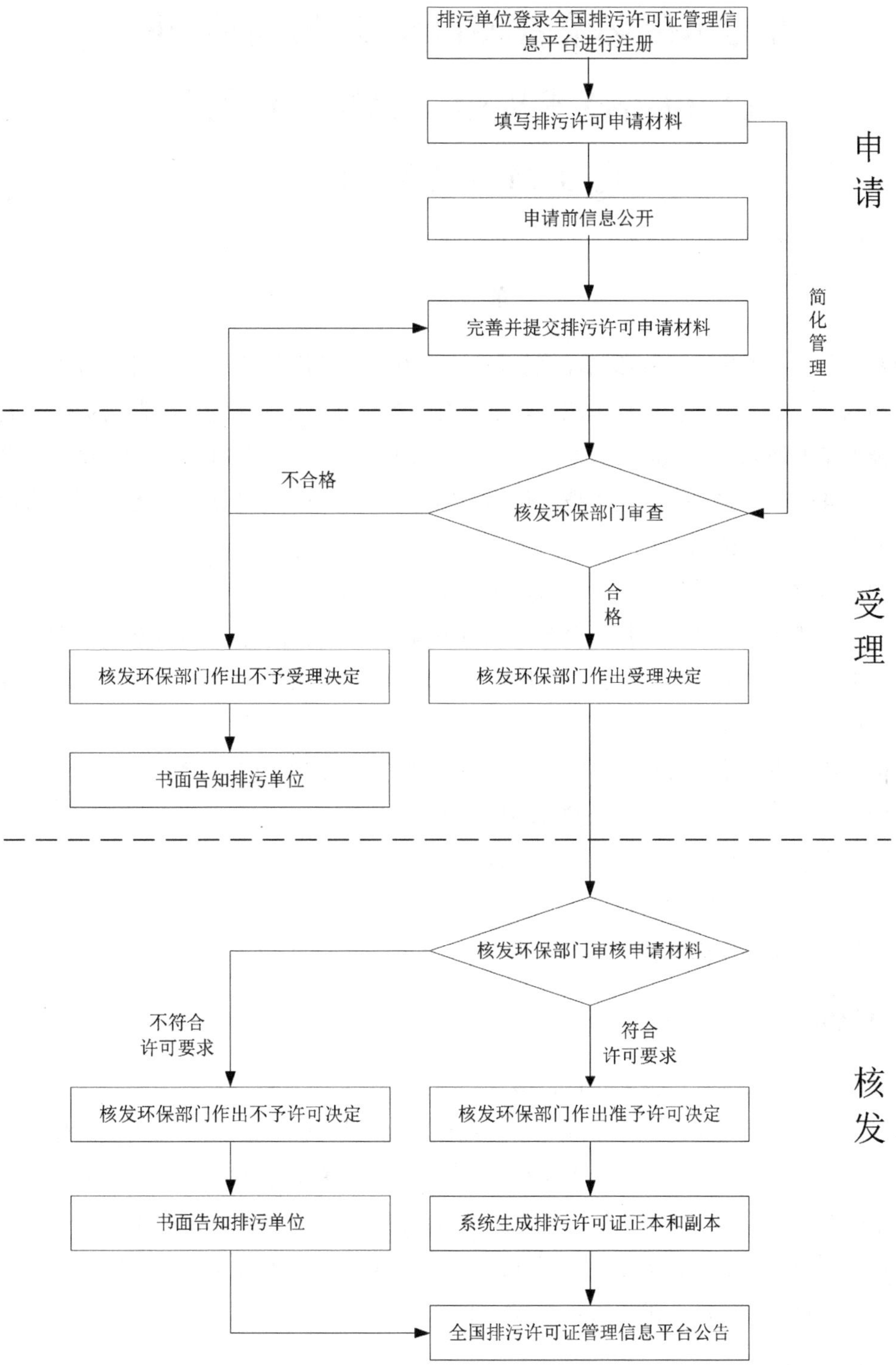

图 A.1　申请与核发程序流程

排污单位环境管理台账及排污许可证执行报告技术规范　总则（试行）

（HJ 944—2018）

前　言

为贯彻落实《中华人民共和国环境保护法》《中华人民共和国大气污染防治法》《中华人民共和国水污染防治法》等法律法规，以及《国务院办公厅关于印发控制污染物排放许可制实施方案的通知》（国办发〔2016〕81 号）和《排污许可管理办法（试行）》（环境保护部令　第 48 号），完善排污许可技术体系，确定环境管理台账记录和排污许可证执行报告编制要求，制定本标准。

本标准规定了排污单位环境管理台账记录形式、记录内容、记录频次和记录保存的一般要求，以及排污许可证执行报告分类、编制流程、编制内容和报告周期等原则要求。

本标准附录 A、附录 B、附录 C、附录 D、附录 E、附录 F 和附录 G 为资料性附录。

本标准为首次发布。

本标准由生态环境部规划财务司、生态环境部科技标准司组织制订。

本标准主要起草单位：环境保护部环境工程评估中心。

本标准生态环境部 2018 年 3 月 27 日批准。

本标准自 2018 年 3 月 27 日起实施。

本标准由生态环境部解释。

1　适用范围

本标准适用于排污许可证的申请、核发、执行、监管全过程。

本标准适用于指导排污单位开展环境管理台账记录和执行报告编制及提交。有行业排污许可证申请与核发技术规范（以下简称行业技术规范）的，按照行业技术规范执行；无行业技术规范的，按照本标准执行；行业涉及通用工序的，执行通用工序排污许可证申请与核发技术规范。制定行业或通用工序排污许可证申请与核发技术规范“环境管理台账与排污许可证执行报告编制要求”可参考本标准。

2　规范性引用文件

本标准引用了下列文件或其中的条款。凡是未注明日期的引用文件，其最新版本适用于本标准。

GB/T 16157　固定污染源排气中颗粒物测定与气态污染物采样方法

HJ/T 55　大气污染物无组织排放监测技术导则

HJ 75　固定污染源烟气（SO_2、NO_x、颗粒物）排放连续监测技术规范

HJ 76　固定污染源烟气（SO_2、NO_x、颗粒物）排放连续监测系统技术要求及检测方法

HJ/T 91　地表水和污水监测技术规范

HJ/T 212　污染源在线自动监控（监测）系统数据传输标准

HJ/T 353　水污染源在线监测系统安装技术规范（试行）

HJ/T 354　水污染源在线监测系统验收技术规范（试行）

HJ/T 355　水污染源在线监测系统运行与考核技术规范（试行）

HJ/T 356　水污染源在线监测系统数据有效性判别技术规范（试行）

HJ/T 373　固定污染源监测质量保证与质量控制技术规范（试行）

HJ/T 397　固定源废气监测技术规范

HJ 477　污染源在线自动监控（监测）数据采集传输仪技术要求

HJ 608　排污单位编码规则

HJ 819　排污单位自行监测技术指南　总则

HJ 942　排污许可证申请与核发技术规范　总则

《排污许可管理办法（试行）》（环境保护部令　第 48 号）

3　术语和定义

下列术语和定义适用于本标准。

3.1　环境管理台账　environmental management records

指排污单位根据排污许可证的规定，对自行监测、落实各项环境管理要求等行为的具体记录，包括电子台账和纸质台账两种。

3.2　执行报告　compliance reports

指排污单位根据排污许可证和相关规范的规定，对自行监测、污染物排放及落实各项环境管理要求等行为的定期报告，包括电子报告和书面报告两种。

3.3　电子化存储　electronic storage

指将环境管理台账以文字和数据的形式记录并保存在磁盘、硬盘、光盘等电子存储介质内的形式。

3.4　报告周期　frequency of reporting

指排污单位提交执行报告的频次和时间要求。

4 环境管理台账记录要求

4.1 一般原则

本标准所指环境管理台账记录要求为基本要求，排污单位可自行增加和加严记录要求，环境保护主管部门也可依据法律法规、标准规范增加和加严记录要求。排污单位应建立环境管理台账记录制度，落实环境管理台账记录的责任单位和责任人，明确工作职责，并对环境管理台账的真实性、完整性和规范性负责。一般按日或按批次进行记录，异常情况应按次记录。

实施简化管理的排污单位，其环境管理台账内容可适当缩减，至少记录污染防治设施运行管理信息和监测记录信息，记录频次可适当降低。

4.2 记录形式

分为电子台账和纸质台账两种形式。

4.3 记录内容

包括基本信息、生产设施运行管理信息、污染防治设施运行管理信息、监测记录信息及其他环境管理信息等，参照附录 A。生产设施、污染防治设施、排放口编码应与排污许可证副本中载明的编码一致。

4.3.1 基本信息

包括排污单位生产设施基本信息、污染防治设施基本信息。

1）生产设施基本信息：主要技术参数及设计值等。

2）污染防治设施基本信息：主要技术参数及设计值；对于防渗漏、防泄漏等污染防治措施，还应记录落实情况及问题整改情况等。

4.3.2 生产设施运行管理信息

包括主体工程、公用工程、辅助工程、储运工程等单元的生产设施运行管理信息。

1）正常工况：运行状态、生产负荷、主要产品产量、原辅料及燃料等。

a）运行状态：是否正常运行，主要参数名称及数值。

b）生产负荷：主要产品产量与设计生产能力之比。

c）主要产品产量：名称、产量。

d）原辅料：名称、用量、硫元素占比、有毒有害物质及成分占比（如有）。

e）燃料：名称、用量、硫元素占比、热值等。

f）其他：用电量等。

2）非正常工况：起止时间、产品产量、原辅料及燃料消耗量、事件原因、应对措施、是否报告等。

对于无实际产品、燃料消耗、非正常工况的辅助工程及储运工程的相关生产设施，仅记录正常工况下的运行状态和生产负荷信息。

4.3.3 污染防治设施运行管理信息

1）正常情况：运行情况、主要药剂添加情况等。

a）运行情况：是否正常运行；治理效率、副产物产生量等。

b）主要药剂（吸附剂）添加情况：添加（更换）时间、添加量等。

c）涉及 DCS 系统的，还应记录 DCS 曲线图。DCS 曲线图应按不同污染物分别记录，至少包括烟气量、污染物进出口浓度等。

2）异常情况：起止时间、污染物排放浓度、异常原因、应对措施、是否报告等。

4.3.4 监测记录信息

按照 HJ 819 及各行业自行监测技术指南规定执行。

监测质量控制按照 HJ/T 373 和 HJ 819 等规定执行。

4.3.5 其他环境管理信息

无组织废气污染防治措施管理维护信息：管理维护时间及主要内容等。

特殊时段环境管理信息：具体管理要求及其执行情况。

其他信息：法律法规、标准规范确定的其他信息，企业自主记录的环境管理信息。

4.4 记录频次

本标准规定了基本信息、生产设施运行管理信息、污染防治设施运行管理信息、监测记录信息、其他环境管理信息的记录频次。

4.4.1 基本信息

对于未发生变化的基本信息，按年记录，1 次/a；对于发生变化的基本信息，在发生变化时记录 1 次。

4.4.2 生产设施运行管理信息

1）正常工况：

a）运行状态：一般按日或批次记录，1 次/d 或批次。

b）生产负荷：一般按日或批次记录，1 次/d 或批次。

c）产品产量：连续生产的，按日记录，1 次/d。非连续生产的，按照生产周期记录，1 次/周期；周期小于 1 d 的，按日记录，1 次/d。

d）原辅料：按照采购批次记录，1 次/批。

e）燃料：按照采购批次记录，1 次/批。

2）非正常工况：按照工况期记录，1 次/工况期。

4.4.3 污染防治设施运行管理信息

1）正常情况：

a）运行情况：按日记录，1 次/d。

b）主要药剂添加情况：按日或批次记录，1 次/d 或批次。

c）DCS 曲线图：按月记录，1 次/月。

2）异常情况：按照异常情况期记录，1 次/异常情况期。

4.4.4 监测记录信息

按照 HJ 819 及各行业自行监测技术指南规定执行。

4.4.5 其他环境管理信息

废气无组织污染防治措施管理信息：按日记录，1 次/d。

特殊时段环境管理信息：按照 4.4.1～4.4.4 规定频次记录；对于停产或错峰生产的，原则上仅对停产或错峰生产的起止日期各记录 1 次。

其他信息：依据法律法规、标准规范或实际生产运行规律等确定记录频次。

4.5 记录存储及保存

1）纸质存储：应将纸质台账存放于保护袋、卷夹或保护盒等保存介质中；由专人签字、定点保存；应采取防光、防热、防潮、防细菌及防污染等措施；如有破损应及时修补，并留存备查；保存时间原则上不低于 3 年。

2）电子化存储：应存放于电子存储介质中，并进行数据备份；可在排污许可管理信息平台填报并保存；由专人定期维护管理；保存时间原则上不低于 3 年。

5 排污许可证执行报告编制要求

5.1 报告分类

按报告周期分为年度执行报告、季度执行报告和月度执行报告。

5.2 编制流程

包括资料收集与分析、编制、质量控制、提交四个阶段（见附录 B）。

第一阶段（资料收集与分析阶段）：收集排污许可证及申请材料、历史排污许可证执行报告、环境管理台账等相关资料，全面梳理排污单位在报告周期内的执行情况。

第二阶段（编制阶段）：针对排污许可证执行情况，汇总梳理依证排污的依据，分析违证排污的情形及原因，提出整改计划，在全国排污许可证管理信息平台填报相关内容。

第三阶段（质量控制阶段）：开展报告质量审核，确保执行报告内容真实、有效，并经排污单位技术负责人签字确认。

第四阶段（提交阶段）：排污单位在全国排污许可证管理信息平台提交电子版执行报告，同时向有排污许可证核发权的环境保护主管部门提交通过平台印制的经排污单位法定代表人或实际负责人签字并加盖公章的书面执行报告。电子版执行报告与书面执行报告应保持一致。

5.3　编制内容

排污单位应对提交的排污许可证执行报告中各项内容和数据的真实性、有效性负责，并自愿承担相应法律责任；应自觉接受环境保护主管部门监管和社会公众监督，如提交的内容和数据与实际情况不符，应积极配合调查，并依法接受处罚。

排污单位应对上述要求作出承诺，并将承诺书纳入执行报告中。执行报告封面格式参见附录 C，编写提纲参见附录 D。

5.3.1　年度执行报告

包括排污单位基本情况、污染防治设施运行情况、自行监测执行情况、环境管理台账执行情况、实际排放情况及合规判定分析、信息公开情况、排污单位内部环境管理体系建设与运行情况、其他排污许可证规定的内容执行情况、其他需要说明的问题、结论、附图附件等。

对于排污单位信息有变化和违证排污等情形，应分析与排污许可证内容的差异，并说明原因。

5.3.1.1　排污单位基本情况

1）说明排污许可证执行情况，包括排污单位基本信息、产排污节点、污染物及污染防治设施、环境管理要求等，参见附录 E。

2）按照生产单元或主要工艺，分析排污单位的生产状况，说明平均生产负荷、原辅料及燃料使用等情况；说明取水及排水情况；对于报告期内有污染防治投资的，还应说明防治设施建成运行时间、计划总投资、报告周期内累计完成投资等，参见附录 F 中表 F.1。

3）说明排放口规范性整改情况（如有）。

4）新（改、扩）建项目环境影响评价及其批复、竣工环境保护验收等情况。

5）其他需要说明的情况，包括排污许可证变更情况，以及执行过程中遇到的困难、问题等。

5.3.1.2　污染防治设施运行情况

1）正常情况说明。分别说明有组织废气、无组织废气、废水等污染防治设施的处理效率、药剂添加、催化剂更换、固体废物产生、副产物产生、运行费用等情况，以及防治设施运行维护情况，参见附录 F 中表 F.2。

2）异常情况说明。排污单位拆除、停运污染防治设施，应说明实施拆除、停运的原因、起止日期等情况，并提供环境保护主管部门同意文件；因故障等紧急情况停运污染防治设施，或污染防治设施运行异常的，排污单位应说明故障原因、废水和废气等污染物排放情况、报告提交情况及采取的应急措施，参见附录F中表F.3。

3）如发生污染事故，排污单位应说明发生事故次数、事故等级、事故发生时采取的措施、污染物排放、处理情况等信息。

5.3.1.3 自行监测执行情况

1）说明自行监测要求执行情况，并附监测布点图，参见附录F中表F.4至表F.7。

2）对于自动监测，说明是否满足HJ 75、HJ 76、HJ/T 353、HJ/T 354、HJ/T 355、HJ/T 356、HJ/T 373、HJ 477等相关规范要求。说明自动监测系统发生故障时，向环境保护主管部门提交补充监测和事故分析报告的情况。

3）对于手工监测，说明是否满足GB/T 16157、HJ/T 55、HJ/T 91、HJ/T 373、HJ/T 397等相关标准与规范要求。

4）对于非正常工况，说明废气有效监测数据数量、监测结果等，参见附录F中表F.8和表F.9。

5）对于特殊时段，说明废气有效监测数据数量、监测结果等，参见附录F中表F.10。

6）对于有周边环境质量监测要求的，说明监测点位、指标、时间、频次、有效监测数据数量、监测结果等内容，并附监测布点图。

7）对于未开展自行监测、自行监测方案与排污许可证要求不符、监测数据无效等情形，说明原因及措施。

5.3.1.4 环境管理台账执行情况

说明是否按排污许可证要求记录环境管理台账的情况，参见附录F中表F.11。

5.3.1.5 实际排放情况及合规判定分析

1）以自行监测数据为基础，说明各排放口的实际排放浓度范围、有效数据数量等内容，参见附录F中表F.4至表F.10。

2）按照《排污许可证申请与核发技术规范　总则》，核算排污单位实际排放量，给出计算方法、所用的参数依据来源和计算过程，并与许可排放量进行对比分析，参见附录F中表F.12至表F.16。

3）对于非正常工况，说明发生的原因、次数、起止时间、防治措施等。

4）对于特殊时段，说明各污染物的排放浓度及达标情况等。

5）对于废气污染物超标排放，应逐时说明；对于废水污染物超标排放，应逐日说明；说明内容包括排放口、污染物、超标时段、实际排放浓度、超标原因等，以及向环境保护主管部门报告及接受处罚的情况，参见附录F中表F.17至表F.18。

6）说明实际排放量与生产负荷之间的关系。

5.3.1.6 信息公开情况

说明信息公开的方式、内容、频率及时间节点等信息，参见附录 F 中表 F.19。

5.3.1.7 排污单位内部环境管理体系建设与运行情况

1）说明环境管理机构及人员设置情况、环境管理制度建立情况、排污单位环境保护规划、环保措施整改计划等。

2）说明环境管理体系的实施、相关责任的落实情况。

5.3.1.8 其他排污许可证规定的内容执行情况

说明排污许可证中规定的其他内容执行情况。

5.3.1.9 其他需要说明的问题

对于违证排污的情况，提出相应整改计划。

5.3.1.10 结论

总结排污单位在报告周期内排污许可证执行情况，说明执行过程中存在的问题，以及下一步需进行整改的内容。

5.3.1.11 附图附件

1）附图包括自行监测布点图等。执行报告附图应清晰、要点明确。

2）附件包括污染物实际排放量计算过程、非正常工况证明材料，以及支持排污许可证执行报告的其他材料。

5.3.2 季度/月度执行报告

至少包括污染物实际排放浓度和排放量，合规判定分析，超标排放或污染防治设施异常情况说明等内容。其中，季度执行报告还应包括各月度生产小时数、主要产品及其产量、主要原料及其消耗量、新水用量及废水排放量、主要污染物排放量等信息。

5.3.3 简化管理要求

实行简化管理的排污单位，应提交年度执行报告与季度执行报告，其中年度执行报告内容应至少包括排污单位基本情况、污染防治设施运行情况、自行监测执行情况、环境管理台账执行情况、实际排放情况及合规判定分析、结论等；季度执行报告至少包括污染物实际排放浓度和排放量，合规判定分析，超标排放或污染防治设施异常情况说明等内容，参见附录 G。

5.3.3.1 排污单位基本情况

1）说明排污许可证执行情况，包括排污单位基本信息、产排污节点、污染物及污染防治设施、环境管理要求等，参见附录 E。

2）说明排放口规范性整改情况（如有）。

5.3.3.2 污染防治设施运行情况

1）正常情况说明。分别说明有组织废气、无组织废气、废水等污染防治设施的运行时间、污水处理量、脱硫脱硝剂用量、运行费用等情况，参见附录 G 中表 G.1。

2）异常情况说明。排污单位拆除、停运污染防治设施，应说明实施拆除、停运的原因、起止日期等情况，并提供环境保护主管部门同意文件；因故障等紧急情况停运污染防治设施，或污染防治设施运行异常的，排污单位应说明故障原因、废水废气等污染物排放情况、报告提交情况及采取的应急措施，参见附录G中表G.2。

3）如发生污染事故，排污单位应说明发生事故次数、事故等级、事故发生时采取的措施、污染物排放、处理情况等信息。

5.3.3.3　自行监测执行情况

1）说明自行监测要求执行情况，并附监测布点图，参见附录G中表G.3至表G.6。

2）对于自动监测，说明是否满足HJ 75、HJ 76、HJ/T 353、HJ/T 354、HJ/T 355、HJ/T 356、HJ/T 373、HJ 477等相关规范要求。说明自动监测系统发生故障时，向环境保护主管部门提交补充监测和事故分析报告的情况。

3）对于手工监测，说明是否满足GB/T 16157、HJ/T 55、HJ/T 91、HJ/T 373、HJ/T 397等相关标准与规范要求。

4）对于非正常工况，说明废气有效监测数据数量、监测结果等，参见附录G中表G.7和表G.8。

5）对于特殊时段，说明废气有效监测数据数量、监测结果等，参见附录G中表G.9。

6）对于有周边环境质量监测要求的，说明监测点位、指标、时间、频次、有效监测数据数量、监测结果等内容，并附监测布点图。

7）对于未开展自行监测、自行监测方案与排污许可证要求不符、监测数据无效等情形，说明原因及措施。

5.3.3.4　环境管理台账执行情况

说明是否按排污许可证要求记录环境管理台账的情况，参见附录G中表G.10。

5.3.3.5　实际排放情况及合规判定分析

1）以自行监测数据为基础，说明各排放口的实际排放浓度范围、有效数据数量等内容，参见附录G中表G.3至表G.9。

2）按照《排污许可证申请与核发技术规范　总则》（HJ 942），核算排污单位实际排放量，给出计算方法、所用的参数依据来源和计算过程，并与许可排放量进行对比分析，参见附录G中表G.11至表G.15。

3）对于非正常工况，说明发生的原因、次数、起止时间、防治措施等。

4）对于特殊时段，说明各污染物的排放浓度及达标情况等。

5）对于废气污染物超标排放，应逐时说明；对于废水污染物超标排放，应逐日说明；说明内容包括排放口、污染物、超标时段、实际排放浓度、超标原因等，以及向环境保护主管部门报告及接受处罚的情况，参见附录G中表G.16和表G.17。

6）说明实际排放量与生产负荷之间的关系。

5.3.3.6 结论

总结排污单位在报告周期内排污许可证执行情况，说明执行过程中存在的问题，以及下一步需进行整改的内容。

5.4 报告周期

排污单位按照排污许可证规定的时间提交执行报告，应每年提交一次排污许可证年度执行报告；同时，还应依据法律法规、标准等文件的要求，提交季度执行报告或月度执行报告。

5.4.1 年度执行报告

对于持证时间超过三个月的年度，报告周期为当年全年（自然年）；对于持证时间不足三个月的年度，当年可不提交年度执行报告，排污许可证执行情况纳入下一年度执行报告。

5.4.2 季度执行报告

对于持证时间超过一个月的季度，报告周期为当季全季（自然季度）；对于持证时间不足一个月的季度，该报告周期内可不提交季度执行报告，排污许可证执行情况纳入下一季度执行报告。

5.4.3 月度执行报告

对于持证时间超过 10 d 的月份，报告周期为当月全月（自然月）；对于持证时间不足 10 d 的月份，该报告周期内可不提交月度执行报告，排污许可证执行情况纳入下一月度执行报告。

附 录 A
（资料性附录）
环境管理台账记录内容

表 A.1 排污单位基本信息表

单位名称	生产经营场所地址	行业类别	法定代表人	统一社会信用代码	产品名称	生产工艺	生产规模	环保投资	环评批复文号[a]	排污权交易文件	排污许可证编号
[a] 列出环评批复文件文号、备案编号，或者地方政府出具的认定或备案文件文号。											

记录时间： 记录人： 审核人：

表 A.2　生产设施正常工况信息表

生产设施（设备）名称[a]	编码	生产设施型号	主要生产设施（设备）规格参数[b]				设计生产能力		运行状态		生产负荷	产品产量				原辅料						
			参数名称	设计值	实际值	单位	生产能力	单位	开始时间[c]	结束时间[c]		中间产品	单位	最终产品	单位	名称	种类	用量	单位	有毒有害元素		来源地
																				成分	占比	

注：中间产品和单位可选填。

[a] 指主要生产设施（设备）名称。

[b] 指设施（设备）的设计规格参数，包括参数名称、设计值、实际值、计量单位；参数名称包括排污许可证载明的参数及其他参数，如储罐参数包括尺寸、运行时间等，焚烧炉参数包括平均燃烧率、热酌减率、焚毁去除率等；对于设计值与实际值相同的参数，可仅填报设计值。

[c] 开始时间、结束时间为记录频次内的起止时刻。

记录时间：　　　　　　　　　　　　记录人：　　　　　　　　　　　　审核人：

表 A.3　燃料信息表

名称[a]	用量	低位热值	单位	品质[b]								
				燃煤				燃油		燃气		其他燃料
				含硫量/%	灰分/%	挥发分/%	其他[c]	含硫量/%	其他[c]	硫化氢含量/%	其他[c]	相关物质含量

[a] 指燃料名称，包括燃煤、燃油、燃气等。

[b] 根据燃料类型对应填写，可以收到基品质为准。

[c] 指燃料燃烧后与污染物产生有关的成分。

记录时间：　　　　　　　　　　　　记录人：　　　　　　　　　　　　审核人：

表 A.4　废气污染防治设施基本信息与运行管理信息表

防治设施名称	编码	防治设施型号	主要防治设施规格参数			运行状态			污染物排放情况				排气筒高度/m	排口温度/℃	压力/kPa	排放时间/h	耗电量/kW·h	副产物		药剂情况		
			参数名称	设计值	单位	开始时间	结束时间	是否正常	烟气量/m^3/h	污染因子	治理效率/%	数据来源						名称	产生量/t	名称	添加时间	添加量/t

注：根据行业特点及监测情况，选择记录“治理效率”。

记录时间：　　　　　　　　　　　　记录人：　　　　　　　　　　　　审核人：

表 A.5 废水污染防治设施运行管理信息表

防治设施名称	编码	防治设施型号	主要防治设施规格参数			运行状态			污染物排放情况					污泥产生量	处理方式	耗电量	药剂情况		
			参数名称	设计值	单位	开始时间	结束时间	是否正常	出口流量/(m^3/d)	污染因子	治理效率/%	数据来源	排放去向				名称	添加时间	添加量/t
注：根据行业特点及监测情况，选择记录“治理效率”。																			

记录时间： 记录人： 审核人：

表 A.6 防治设施异常情况信息表

防治设施名称	编号	异常情况起始时刻	异常情况终止时刻	污染物排放情况			事件原因	是否报告	应对措施
				污染物种类	排放浓度	排放去向			

记录时间： 记录人： 审核人：

表 A.7 有组织废气（手工/在线监测）污染物监测原始结果表

序号	排放口编号	监测日期	监测时间	出口										进口									
				标态干烟气量/(m^3/h)	氧含量/%	二氧化硫/(mg/m^3)		颗粒物/(mg/m^3)		氮氧化物/(mg/m^3)		……		标态干烟气量/(m^3/h)	氧含量/%	二氧化硫/(mg/m^3)		颗粒物/(mg/m^3)		氮氧化物/(mg/m^3)		……	
						监测结果	折标值	监测结果	折标值	监测结果	折标值					监测结果	折标值	监测结果	折标值	监测结果	折标值		
注：进口监测数据按照监测方法、设备条件、企业需求选择性填报。																							

记录时间： 记录人： 审核人：

表 A.8 无组织废气污染物监测原始结果表

序号	生产设施/无组织排放编号	监测日期	监测时间	二氧化硫/(mg/m^3)	颗粒物/(mg/m^3)	氮氧化物/(mg/m^3)	……

记录时间： 记录人： 审核人：

表 A.9　废水监测仪器信息表

排放口编号	污染物种类	监测采样方法及个数	监测次数	测定方法	监测仪器型号	备注

记录时间：　　　　记录人：　　　　审核人：

表 A.10　废水污染物监测结果表

<table>
<tr><td rowspan="2">序号</td><td rowspan="2">排放口编号</td><td rowspan="2">监测日期</td><td rowspan="2">监测时间</td><td colspan="5">出　口</td><td colspan="5">进　口</td></tr>
<tr><td>化学需氧量/（mg/L）</td><td>生化需氧量/（mg/L）</td><td>氨氮/（mg/L）</td><td>悬浮物/（mg/L）</td><td>……</td><td>化学需氧量/（mg/L）</td><td>生化需氧量/（mg/L）</td><td>氨氮/（mg/L）</td><td>悬浮物/（mg/L）</td><td>……</td></tr>
<tr><td></td><td></td><td></td><td></td><td></td><td></td><td></td><td></td><td></td><td></td><td></td><td></td><td></td><td></td></tr>
<tr><td colspan="14">注：进口监测数据按照监测方法、设备条件、企业需求选择性填报。</td></tr>
</table>

记录时间：　　　　记录人：　　　　审核人：

附　录　B
（资料性附录）
排污许可证年度执行报告编制流程

排污许可证年度执行报告编制的工作流程可分为四个阶段。具体流程见图 1。

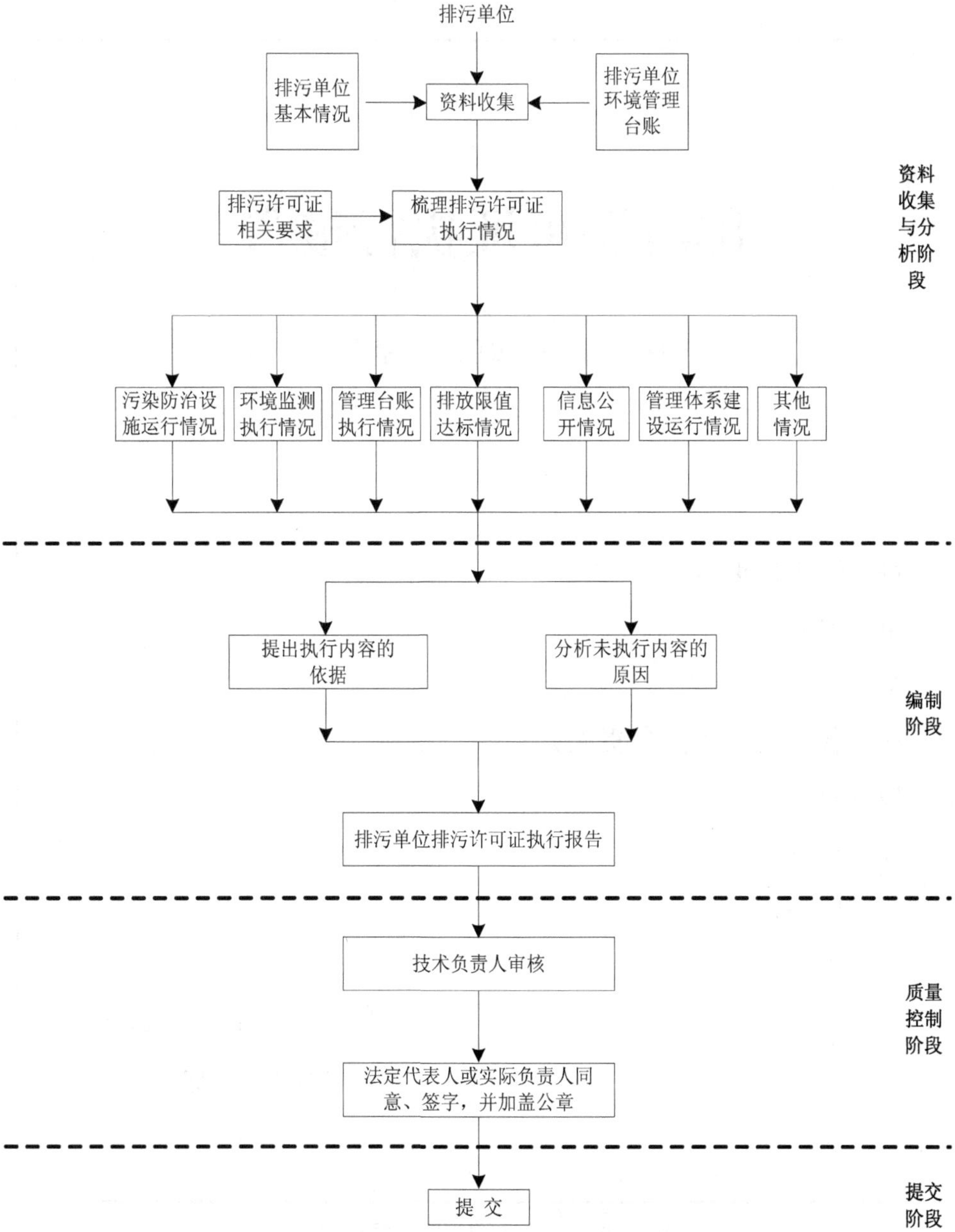

图 1　排污许可证年度执行报告编制流程

附 录 C
（资料性附录）
排污许可证执行报告封面样式

排污许可证执行报告封面样式见图 2。

排污许可证执行报告

（月报□ 季报□ 年报□）

排污许可证编号：

单位名称：

报告时段：

法定代表人（实际负责人）：

技术负责人：

固定电话：

移动电话：

排污单位名称：（盖章）

报告日期： 年 月 日

图 2 排污许可证执行报告封面样式

附　录　D
（资料性附录）
排污许可证年度执行报告编写提纲

排污许可证年度执行报告的编写提纲如下：

承诺书

1. 排污单位基本情况

1.1 排污单位基本信息

1.2 排污许可证执行情况

1.3 排污单位生产运行情况

1.4 原辅材料及燃料消耗情况

1.5 排污单位生产流程及产排污节点情况

1.6 排放口规范化

1.7 需说明的其他情况

2. 污染防治设施运行情况

2.1 污染防治设施变化情况

2.2 重点污染防治设施运行情况

2.3 污染防治设施维护情况

2.4 污染防治设施异常情况

3. 自行监测执行情况

3.1 排污单位自行监测方案及变化情况

3.2 自动监控系统运行情况

3.3 手工监测执行情况

3.4 周边环境质量监测情况

4. 环境管理台账

4.1 环境管理台账要求

4.2 环境管理台账执行情况

5. 实际排放情况及合规判定

5.1 污染物排放浓度及达标情况

5.2 污染物实际排放量及达标情况

5.3 特殊时段排放情况

5.4 非正常排放情况

6. 信息公开

6.1 信息公开情况

6.2 信息公开执行情况

7. 排污单位环境管理体系建设与运行情况

7.1 环境管理体系建设情况

7.2 环境管理体系落实情况

8. 其他排污许可证规定的内容执行情况

9. 其他需要说明的问题

10. 结论

附图

附件

附 录 E

（资料性附录）

排污许可证执行情况表格形式

表 E.1 排污许可证执行情况汇总表

项目	内容				报告周期内执行情况	备注
1 排污单位基本情况	（一）排污单位基本信息	单位名称			□变化 □未变化	
		注册地址			□变化 □未变化	
		邮政编码			□变化 □未变化	
		生产经营场所地址			□变化 □未变化	
		行业类别			□变化 □未变化	
		生产经营场所中心经度			□变化 □未变化	
		生产经营场所中心纬度			□变化 □未变化	
		统一社会信用代码			□变化 □未变化	
		技术负责人			□变化 □未变化	
		联系电话			□变化 □未变化	
		所在地是否属于重点区域			□变化 □未变化	
		主要污染物类别及种类			□变化 □未变化	
		大气污染物排放方式			□变化 □未变化	
		废水污染物排放规律			□变化 □未变化	
		大气污染物排放执行标准名称			□变化 □未变化	
		水污染物排放执行标准名称			□变化 □未变化	
		设计生产能力			□变化 □未变化	
	（二）主要原辅材料及燃料	原料	原料①（自动生成）	年最大使用量	□变化 □未变化	
				硫元素占比	□变化 □未变化	
				有毒有害成分及占比	□变化 □未变化	
			……	……	□变化 □未变化	
		辅料	辅料①（自动生成）	年最大使用量	□变化 □未变化	
				硫元素占比	□变化 □未变化	
				有毒有害成分及占比	□变化 □未变化	
			……	……	□变化 □未变化	
		燃料	污染防治设施①（自动生成）	灰分	□变化 □未变化	
				硫分	□变化 □未变化	
				挥发分	□变化 □未变化	
				热值	□变化 □未变化	
				年最大使用量	□变化 □未变化	
			……	……	□变化 □未变化	

<table>
<tr><td>项目</td><td colspan="4">内容</td><td>报告周期内执行情况</td><td>备注</td></tr>
<tr><td rowspan="10">1 排污单位基本情况</td><td rowspan="10">(三)产排污节点、污染物及污染防治设施</td><td rowspan="5">废气</td><td rowspan="4">污染防治设施①（自动生成）</td><td>治理污染物种类</td><td>□变化 □未变化</td><td></td></tr>
<tr><td>污染防治设施工艺</td><td>□变化 □未变化</td><td></td></tr>
<tr><td>排放形式</td><td>□变化 □未变化</td><td></td></tr>
<tr><td>排放口位置</td><td>□变化 □未变化</td><td></td></tr>
<tr><td>……</td><td>……</td><td>□变化 □未变化</td><td></td></tr>
<tr><td rowspan="5">废水</td><td rowspan="5">污染防治设施①（自动生成）</td><td>治理污染物种类</td><td>□变化 □未变化</td><td></td></tr>
<tr><td>污染防治设施工艺</td><td>□变化 □未变化</td><td></td></tr>
<tr><td>排放去向</td><td>□变化 □未变化</td><td></td></tr>
<tr><td>排放规律</td><td>□变化 □未变化</td><td></td></tr>
<tr><td>排放口位置</td><td>□变化 □未变化</td><td></td></tr>
<tr><td rowspan="10">2 环境管理要求</td><td colspan="2" rowspan="10">自行监测要求</td><td rowspan="9">排放口①（自动生成）</td><td>污染物种类</td><td>□变化 □未变化</td><td></td></tr>
<tr><td>监测设施</td><td>□变化 □未变化</td><td></td></tr>
<tr><td>自动监测是否联网</td><td>□变化 □未变化</td><td></td></tr>
<tr><td>自动监测仪器名称</td><td>□变化 □未变化</td><td></td></tr>
<tr><td>自动监测设施安装位置</td><td>□变化 □未变化</td><td></td></tr>
<tr><td>自动监测设施是否符合安装、运行、维护等管理要求</td><td>□变化 □未变化</td><td></td></tr>
<tr><td>手工监测采样方法及个数</td><td>□变化 □未变化</td><td></td></tr>
<tr><td>手工监测频次</td><td>□变化 □未变化</td><td></td></tr>
<tr><td>手工测定方法</td><td>□变化 □未变化</td><td></td></tr>
<tr><td>……</td><td>……</td><td>□变化 □未变化</td><td></td></tr>
<tr><td colspan="7">注：对于选择“变化”的，应在“备注”中说明原因。</td></tr>
</table>

附 录 F

（资料性附录）

排污许可证年度执行报告表格形式（重点管理）

表 F.1 排污单位基本信息表

序号	记录内容	名称		数量或内容	计量单位	备注
1	主要原料用量	原料 1（自动生成）				
		其他原料				
		……				
2	主要辅料用量	辅料 1（自动生成）				
		其他辅料				
		……				
3	能源消耗	能源类型（自动生成）	用量			
			硫分		%	
			灰分		%	
			挥发分		%	
			热值			
		……	……			
		蒸汽消耗量			MJ	
		用电量			kW·h	
		……				
4	生产规模	生产单元 1（自动生成）				
		……				
5	运行时间	生产单元 1（自动生成）	正常运行时间		h	
			非正常运行时间		h	
			停产时间		h	
		……	……			
6	主要产品产量	产品 1（自动生成）				
		……				
7	取排水	取水量				
		废水排放量				
8	全年生产负荷				%	
9	污染防治设施计划投资情况（执行报告周期如涉及）	治理设施类型			—	
		开工时间			万元	
		建成投产时间				
		计划总投资				
		报告周期内累计完成投资			万元	
		……				
10	其他内容					

注 1：排污单位应根据行业特征补充细化列表中相关内容。

注 2：如与排污许可证载明事项不符的，在“备注”中说明变化情况及原因。

注 3：如报告周期有污染治理投资的，填写 9 有关内容。

注 4：列表中未能涵盖的信息，排污单位可以文字形式另行说明。

注 5：能源类型中的用量、硫分、灰分、挥发分、热值原则上指报告时段内全厂各批次收到基燃料的加权平均值，以入厂数据来衡量；排污单位也可使用入炉数据并在备注中说明；对于液体或气体燃料，可只填报用量、硫分、热值；热值指燃料低位发热量。

注 6：取水量指排污单位生产用水和生活用水的合计总量。

注 7：治理设施类型指颗粒物废气治理设施、二氧化硫废气治理设施、氮氧化物废气治理设施、其他废气治理设施、废水治理设施等。

表 F.2 污染防治设施正常情况汇总表

<table>
<tr><th rowspan="2">序号</th><th rowspan="2">污染源</th><th colspan="5">污染防治设施</th><th rowspan="2">备注</th></tr>
<tr><th colspan="3">名称</th><th>数量</th><th>单位</th></tr>
<tr><td rowspan="10">1</td><td rowspan="10">废水</td><td rowspan="9">污染防治设施 1</td><td rowspan="9">污染防治设施编号</td><td>废水防治设施运行时间</td><td></td><td>h</td><td></td></tr>
<tr><td>污水处理量</td><td></td><td>t</td><td></td></tr>
<tr><td>污水回用量</td><td></td><td>t</td><td></td></tr>
<tr><td>污水排放量</td><td></td><td>t</td><td></td></tr>
<tr><td>耗电量</td><td></td><td>kW·h</td><td></td></tr>
<tr><td>××药剂使用量</td><td></td><td>kg</td><td></td></tr>
<tr><td>××污染物处理效率</td><td></td><td>%</td><td></td></tr>
<tr><td>运行费用</td><td></td><td>万元</td><td></td></tr>
<tr><td>……</td><td></td><td></td><td></td></tr>
<tr><td>……</td><td>……</td><td>……</td><td></td><td></td><td></td></tr>
<tr><td rowspan="25">2</td><td rowspan="25">废气</td><td rowspan="6">脱硫设施 1</td><td rowspan="6">污染防治设施编号</td><td>脱硫设施运行时间</td><td></td><td>h</td><td></td></tr>
<tr><td>脱硫剂用量</td><td></td><td>t</td><td></td></tr>
<tr><td>平均脱硫效率</td><td></td><td>%</td><td></td></tr>
<tr><td>脱硫固废产生量</td><td></td><td>t</td><td></td></tr>
<tr><td>运行费用</td><td></td><td>万元</td><td></td></tr>
<tr><td>……</td><td></td><td></td><td></td></tr>
<tr><td>……</td><td>……</td><td>……</td><td></td><td></td><td></td></tr>
<tr><td rowspan="6">脱硝设施 1</td><td rowspan="6">污染防治设施编号</td><td>脱硝设施运行时间</td><td></td><td>h</td><td></td></tr>
<tr><td>脱硝剂用量</td><td></td><td>t</td><td></td></tr>
<tr><td>平均脱硝效率</td><td></td><td>%</td><td></td></tr>
<tr><td>脱硝固废产生量</td><td></td><td>t</td><td></td></tr>
<tr><td>运行费用</td><td></td><td>万元</td><td></td></tr>
<tr><td>……</td><td></td><td></td><td></td></tr>
<tr><td>……</td><td>……</td><td>……</td><td></td><td></td><td></td></tr>
<tr><td rowspan="6">除尘设施 1</td><td rowspan="6">污染防治设施编号</td><td>除尘设施运行时间</td><td></td><td>h</td><td></td></tr>
<tr><td>平均除尘效率</td><td></td><td>%</td><td></td></tr>
<tr><td>除尘灰产生量</td><td></td><td>t</td><td></td></tr>
<tr><td>布袋除尘器清灰周期及换袋情况</td><td></td><td></td><td></td></tr>
<tr><td>运行费用</td><td></td><td>万元</td><td></td></tr>
<tr><td>……</td><td></td><td></td><td></td></tr>
<tr><td>……</td><td>……</td><td>……</td><td></td><td></td><td></td></tr>
<tr><td>其他防治设施 1</td><td>污染防治设施编号</td><td>……</td><td></td><td></td><td></td></tr>
<tr><td>……</td><td>……</td><td>……</td><td></td><td></td><td></td></tr>
<tr><td colspan="8">注 1：排污单位应根据行业特征细化列表中内容，如有相关内容则填写，如无相关内容则不填写。
注 2：列表中未能涵盖的信息，排污单位可以文字形式另行说明。
注 3：其他防治设施中包括无组织等防治设施。
注 4：污染物处理效率/平均脱硫效率/平均脱硝效率/平均除尘效率为报告期内算术平均值。
注 5：废水污染防治设施运行费用主要为药剂、电等的消耗费用，不包括人工、绿化、设备折旧和财务费用等；废气污染防治设施运行费用主要为脱硫/脱硝剂等物料及水、电等的消耗费用，不包括人工、绿化、设备折旧和财务费用等。</td></tr>
</table>

表 F.3 污染防治设施异常情况汇总表

污染防治设施编号	时段		故障设施	故障原因	各排放因子浓度/（mg/m^3）		采取的应对措施
	开始时间	结束时间			（自行填写）	……	
废气防治设施							
废水防治设施							
注 1：如废气防治设施异常，排放因子填写二氧化硫、氮氧化物、烟尘等。							
注 2：如废水防治设施异常，排放因子填写化学需氧量、氨氮等。							

表 F.4 有组织废气污染物排放浓度监测数据统计表

排放口编号	污染物种类	监测设施	有效监测数据（小时值）数量	许可排放浓度限值/（mg/m^3）	监测结果（折标，小时浓度）/（mg/m^3）			超标数据数量	超标率/%	备注
					最小值	最大值	平均值			
自动生成	自动生成	自动生成		自动生成						
	……	……		……						
……										
注 1：若采用手工监测，有效监测数据数量为报告周期内的监测次数。										
注 2：若采用自动和手工联合监测，有效监测数据数量为两者有效数据数量的总和。										
注 3：超标率是指超标的监测数据个数占总有效监测数据个数的比例。										
注 4：监测要求与排污许可证不一致的原因以及污染物浓度超标原因等可在“备注”中进行说明。										

表 F.5 有组织废气污染物排放速率监测数据统计表

排放口编号/设施编号	污染物种类	排放速率有效监测数据数量	许可排放速率/（kg/h）	实际排放速率/（kg/h）			超标数据数量	超标率/%	超标原因	备注
				最小值	最大值	平均值				
自动生成	自动生成									如排污许可证未许可排放速率，可不填
	……									
……										
注：超标率是指超标的监测数据个数占总有效监测数据个数的比例。										

表 F.6　无组织废气污染物排放浓度监测数据统计表

序号	监测点位/设施	生产设施/无组织排放编号	监测时间	污染物种类	许可排放浓度限值/（mg/m³）	浓度监测结果（折标，小时浓度）/（mg/m³）	是否超标及超标原因	备注
1	自动生成	自动生成		自动生成	自动生成			如排污许可证无无组织废气监测要求，可不填
		……		……	……			
……	……							

表 F.7　废水污染物排放浓度监测数据统计表

排放口编号	污染物种类	监测设施	有效监测数据（日均值）数量	许可排放浓度限值/（mg/L）	浓度监测结果（日均浓度）/（mg/L）			超标数据数量	超标率/%	备注
					最小值	最大值	平均值			
自动生成	自动生成	自动生成		自动生成						
	……	……		……						
……										

注 1：若采用手工监测，有效监测数据数量为报告周期内的监测次数。
注 2：若采用自动和手工联合监测，有效监测数据数量为两者有效数据数量的总和。
注 3：超标率是指超标的监测数据个数占总有效监测数据个数的比例。
注 4：监测要求与排污许可证不一致的原因以及污染物浓度超标原因等可在“备注”中进行说明。

表 F.8　非正常工况有组织废气污染物监测数据统计表

起止时间	排放口编号	污染物种类	有效监测数据（小时值）数量	许可排放浓度限值/（mg/m³）	浓度监测结果（折标，小时浓度）/（mg/m³）			超标数据数量	超标率/%	备注
					最小值	最大值	平均值			
	自动生成	自动生成		自动生成						
		……		……						
	……									

注 1：若采用手工监测，有效监测数据数量为报告周期内的监测次数。
注 2：若采用自动和手工联合监测，有效监测数据数量为两者有效数据数量的总和。
注 3：超标率是指超标的监测数据个数占总有效监测数据个数的比例。
注 4：监测要求与排污许可证不一致的原因以及污染物浓度超标原因等可在“备注”中进行说明。

表 F.9　非正常工况无组织废气污染物浓度监测数据统计表

起止时间	生产设施/无组织排放编号	监测时间	污染物种类	监测次数	许可排放浓度限值/（mg/m^3）	浓度监测结果（折标，小时浓度）/（mg/m^3）	是否超标及超标原因	备注
	自动生成		自动生成		自动生成			如排污许可证无无组织废气监测要求，可不填
	……		……		……			

表 F.10　特殊时段有组织废气污染物监测数据统计表

记录日期	排放口编号	污染物种类	监测设施	有效监测数据（小时值）数量	许可排放浓度限值/（mg/m^3）	监测结果（折标，小时浓度）/（mg/m^3）			超标数据数量	超标率/%	备注
						最小值	最大值	平均值			
	自动生成	自动生成	自动生成		自动生成						
		……	……		……						
	……										

注 1：若采用手工监测，有效监测数据数量为报告周期内的监测次数。
注 2：若采用自动和手工联合监测，有效监测数据数量为两者有效数据数量的总和。
注 3：超标率是指超标的监测数据个数占总有效监测数据个数的比例。
注 4：监测要求等与排污许可证不一致的，或超标原因等可在“备注”中进行说明。

表 F.11　台账管理情况表

序号	记录内容	是否完整	说明
	自动生成	□是　□否	
	……	□是　□否	
		□是　□否	

表 F.12 废气污染物实际排放量报表（季度报告）

排放口类型	排放口编号	月份	污染物种类	许可排放量/t	实际排放量/t	是否超标及超标原因	备注
有组织废气主要排放口	自动生成		自动生成				如排污许可证未许可排放量，可不填
			……				
			自动生成				
			……				
			自动生成				
			……				
		季度合计	自动生成				
			……				
	……	……					
其他合计			自动生成				
			……				
			自动生成				
			……				
			自动生成				
			……				
		季度合计	自动生成				
			……				
全厂合计			自动生成				
			……				
			自动生成				
			……				
			自动生成				
			……				
		季度合计	自动生成				
			……				

注：其他合计指除主要排放口以外的污染物排放量合计，如一般排放口、无组织排放（如有）、其他排放情形（如有）等。

表 F.13 废水污染物实际排放量报表（季度报告）

排放口类型	排放口编号	月份	污染物种类	许可排放量/t	实际排放量/t	是否超标及超标原因	备注
主要排放口	自动生成		自动生成				如排污许可证未许可排放量，可不填
			……				
			自动生成				
			……				
			自动生成				
			……				
		季度合计	自动生成				
			……				
	……	……					
一般排放口合计			自动生成				
			……				
			自动生成				
			……				
			自动生成				
			……				
		季度合计	自动生成				
			……				
全厂合计			自动生成				
			……				
			自动生成				
			……				
			自动生成				
			……				
		季度合计	自动生成				
			……				

表 F.14 废气污染物实际排放量报表（年度报告）

<table>
<tr><th>排放口类型</th><th>排放口编号</th><th>季度</th><th>污染物种类</th><th>许可排放量/t</th><th>实际排放量/t</th><th>是否超标及超标原因</th><th>备注</th></tr>
<tr><td rowspan="11">有组织废气主要排放口</td><td rowspan="10">自动生成</td><td rowspan="2">第一季度</td><td>自动生成</td><td></td><td></td><td></td><td rowspan="27">如排污许可证未许可排放量，可不填</td></tr>
<tr><td>……</td><td></td><td></td><td></td></tr>
<tr><td rowspan="2">第二季度</td><td>自动生成</td><td></td><td></td><td></td></tr>
<tr><td>……</td><td></td><td></td><td></td></tr>
<tr><td rowspan="2">第三季度</td><td>自动生成</td><td></td><td></td><td></td></tr>
<tr><td>……</td><td></td><td></td><td></td></tr>
<tr><td rowspan="2">第四季度</td><td>自动生成</td><td></td><td></td><td></td></tr>
<tr><td>……</td><td></td><td></td><td></td></tr>
<tr><td rowspan="2">年度合计</td><td>自动生成</td><td></td><td></td><td></td></tr>
<tr><td>……</td><td></td><td></td><td></td></tr>
<tr><td>……</td><td>……</td><td></td><td></td><td></td><td></td></tr>
<tr><td rowspan="10" colspan="2">其他合计</td><td rowspan="2">第一季度</td><td>自动生成</td><td></td><td></td><td></td></tr>
<tr><td>……</td><td></td><td></td><td></td></tr>
<tr><td rowspan="2">第二季度</td><td>自动生成</td><td></td><td></td><td></td></tr>
<tr><td>……</td><td></td><td></td><td></td></tr>
<tr><td rowspan="2">第三季度</td><td>自动生成</td><td></td><td></td><td></td></tr>
<tr><td>……</td><td></td><td></td><td></td></tr>
<tr><td rowspan="2">第四季度</td><td>自动生成</td><td></td><td></td><td></td></tr>
<tr><td>……</td><td></td><td></td><td></td></tr>
<tr><td rowspan="2">年度合计</td><td>自动生成</td><td></td><td></td><td></td></tr>
<tr><td>……</td><td></td><td></td><td></td></tr>
<tr><td rowspan="10" colspan="2">全厂合计</td><td rowspan="2">第一季度</td><td>自动生成</td><td></td><td></td><td></td></tr>
<tr><td>……</td><td></td><td></td><td></td></tr>
<tr><td rowspan="2">第二季度</td><td>自动生成</td><td></td><td></td><td></td></tr>
<tr><td>……</td><td></td><td></td><td></td></tr>
<tr><td rowspan="2">第三季度</td><td>自动生成</td><td></td><td></td><td></td></tr>
<tr><td>……</td><td></td><td></td><td></td></tr>
<tr><td rowspan="2">第四季度</td><td>自动生成</td><td></td><td></td><td></td><td></td></tr>
<tr><td>……</td><td></td><td></td><td></td><td></td></tr>
<tr><td rowspan="2">年度合计</td><td>自动生成</td><td></td><td></td><td></td><td></td></tr>
<tr><td>……</td><td></td><td></td><td></td><td></td></tr>
<tr><td colspan="8">注：其他合计指除主要排放口以外的污染物排放量合计，如一般排放口、无组织排放（如有）、其他排放情形（如有）等。</td></tr>
</table>

表 F.15 废水污染物实际排放量报表（年度报告）

排放口类型	排放口编号	季度	污染物种类	许可排放量/t	实际排放量/t	是否超标及超标原因	备注
主要排放口	自动生成	第一季度	自动生成				如排污许可证未许可排放量，可不填
			……				
		第二季度	自动生成				
			……				
		第三季度	自动生成				
			……				
		第四季度	自动生成				
			……				
		年度合计	自动生成				
			……				
	……	……					
一般排放口合计		第一季度	自动生成				
			……				
		第二季度	自动生成				
			……				
		第三季度	自动生成				
			……				
		第四季度	自动生成				
			……				
		年度合计	自动生成				
			……				
全厂合计		第一季度	自动生成				
			……				
		第二季度	自动生成				
			……				
		第三季度	自动生成				
			……				
		第四季度	自动生成				
			……				
		年度合计	自动生成				
			……				

表 F.16 特殊时段废气污染物实际排放量报表

重污染天气应急预警期间等特殊时段							
日期	废气类型	排放口编号/设施编号	污染物种类	许可日排放量/kg	实际日排放量/kg	是否超标及超标原因	备注
	有组织废气	自动生成	自动生成				如排污许可证未许可特殊时段排放量，可不填
			……	……			
		……					
	无组织废气	自动生成	自动生成				
			……	……			
		……					
	全厂合计		自动生成				
			……	……			
冬防等特殊时段							
月份	废气类型	排放口编号/设施编号	污染物种类	许可月排放量/t	实际月排放量/t	是否超标及超标原因	备注
	有组织废气	自动生成	自动生成				如排污许可证未许可特殊时段排放量，可不填
			……	……			
		……					
	无组织废气	自动生成	自动生成				
			……	……			
		……					
	全厂合计		自动生成				
			……	……			

表 F.17 废气污染物超标时段小时均值报表

日期	时间	生产设施编号	排放口编号	超标污染物种类	实际排放浓度（折标）/（mg/m^3）	超标原因说明

表 F.18 废水污染物超标时段日均值报表

日期	时间	排放口编号	超标污染物种类	实际排放浓度/（mg/m^3）	超标原因说明

表 F.19 信息公开情况报表

序号	分类	执行情况	是否符合排污许可证要求	备注
1	公开方式		□是 □否	
2	时间节点		□是 □否	
3	公开内容		□是 □否	
……	……		……	
注：信息公开情况不符合排污许可证要求的，在“备注”中说明原因。				

附　录　G

（资料性附录）

排污许可证年度执行报告表格形式（简化管理）

表 G.1　污染防治设施正常情况汇总表

序号	污染源	污染防治设施					备注
		名称			数量	单位	
1	废水	污染防治设施 1	污染防治设施编号	废水防治设施运行时间		h	
				污水处理量		t	
				运行费用		万元	
				……			
		……	……				
2	废气	脱硫设施 1	污染防治设施编号	脱硫设施运行时间		h	
				脱硫剂用量			
				运行费用		万元	
				……			
		……	……				
		脱硝设施 1	污染防治设施编号	脱硝设施运行时间		h	
				脱硝剂用量			
				运行费用		万元	
				……			
		……	……				
		除尘设施 1	污染防治设施编号	除尘设施运行时间		h	
				运行费用		万元	
				……			
		……	……				
		其他防治设施 1	污染防治设施编号				
		……	……				

注 1：排污单位应根据行业特征细化列表中内容，如有相关内容则填写，如无相关内容则不填写。

注 2：列表中未能涵盖的信息，排污单位可以文字形式另行说明。

注 3：其他防治设施中包括无组织等防治设施。

注 4：废水污染防治设施运行费用主要为药剂、电等的消耗费用，不包括人工、绿化、设备折旧和财务费用等；废气污染防治设施运行费用主要为脱硫/脱硝剂等物料及水、电等的消耗费用，不包括人工、绿化、设备折旧和财务费用等。

表 G.2 污染防治设施异常情况汇总表

污染防治设施编号	时段		故障设施	故障原因	各排放因子浓度/（mg/m^3）		采取的应对措施
	开始时间	结束时间			（自行填写）	……	
废气防治设施							
废水防治设施							
注 1：如废气防治设施异常，排放因子填写二氧化硫、氮氧化物、烟尘等。							
注 2：如废水防治设施异常，排放因子填写化学需氧量、氨氮等。							

表 G.3 有组织废气污染物排放浓度监测数据统计表

排放口编号	污染物种类	监测设施	有效监测数据（小时值）数量	许可排放浓度限值/（mg/m^3）	监测结果（折标，小时浓度）/（mg/m^3）			超标数据数量	超标率/%	备注
					最小值	最大值	平均值			
自动生成	自动生成	自动生成		自动生成						
	……	……		……						
……										
注 1：若采用手工监测，有效监测数据数量为报告周期内的监测次数。										
注 2：若采用自动和手工联合监测，有效监测数据数量为两者有效数据数量的总和。										
注 3：超标率是指超标的监测数据个数占总有效监测数据个数的比例。										
注 4：监测要求与排污许可证不一致的原因以及污染物浓度超标原因等可在“备注”中进行说明。										

表 G.4 有组织废气污染物排放速率监测数据统计表

排放口编号/设施编号	污染物种类	排放速率有效监测数据数量	许可排放速率/（kg/h）	实际排放速率/（kg/h）			超标数据数量	超标率/%	超标原因	备注
				最小值	最大值	平均值				
自动生成	自动生成									如排污许可证未许可排放速率，可不填
	……									
……										
注：超标率是指超标的监测数据个数占总有效监测数据个数的比例。										

表 G.5 无组织废气污染物排放浓度监测数据统计表

序号	监测点位/设施	生产设施/无组织排放编号	监测时间	污染物种类	许可排放浓度限值/（mg/m^3）	浓度监测结果（折标，小时浓度）/（mg/m^3）	是否超标及超标原因	备注
1	自动生成	自动生成		自动生成	自动生成			如排污许可证无无组织废气监测要求，可不填
		……		……	……			
……	……							

表 G.6 废水污染物排放浓度监测数据统计表

排放口编号	污染物种类	监测设施	有效监测数据（日均值）数量	许可排放浓度限值/（mg/L）	浓度监测结果（日均浓度）/（mg/L）			超标数据数量	超标率/%	备注
					最小值	最大值	平均值			
自动生成	自动生成	自动生成		自动生成						
	……	……		……						
……										

注 1：若采用手工监测，有效监测数据数量为报告周期内的监测次数。
注 2：若采用自动和手工联合监测，有效监测数据数量为两者有效数据数量的总和。
注 3：超标率是指超标的监测数据个数占总有效监测数据个数的比例。
注 4：监测要求与排污许可证不一致的原因以及污染物浓度超标原因等可在“备注”中进行说明。

表 G.7 非正常工况有组织废气污染物监测数据统计表

起止时间	排放口编号	污染物种类	有效监测数据（小时值）数量	许可排放浓度限值/（mg/m^3）	浓度监测结果（折标，小时浓度）/（mg/m^3）			超标数据数量	超标率/%	备注
					最小值	最大值	平均值			
	自动生成	自动生成		自动生成						
		……		……						
	……									

注 1：若采用手工监测，有效监测数据数量为报告周期内的监测次数。
注 2：若采用自动和手工联合监测，有效监测数据数量为两者有效数据数量的总和。
注 3：超标率是指超标的监测数据个数占总有效监测数据个数的比例。
注 4：监测要求与排污许可证不一致的原因以及污染物浓度超标原因等可在“备注”中进行说明。

表 G.8 非正常工况无组织废气污染物浓度监测数据统计表

起止时间	生产设施/无组织排放编号	监测时间	污染物种类	监测次数	许可排放浓度限值/（mg/m^3）	浓度监测结果（折标，小时浓度）/（mg/m^3）	是否超标及超标原因	备注
	自动生成		自动生成		自动生成			如排污许可证无无组织废气监测要求，可不填
	……		……		……			

表 G.9 特殊时段有组织废气污染物监测数据统计表

记录日期	排放口编号	污染物种类	监测设施	有效监测数据（小时值）数量	许可排放浓度限值/（mg/m^3）	监测结果（折标，小时浓度）/（mg/m^3）			超标数据数量	超标率/%	备注
						最小值	最大值	平均值			
	自动生成	自动生成	自动生成		自动生成						
		……	……		……						
	……										

注 1：若采用手工监测，有效监测数据数量为报告周期内的监测次数。
注 2：若采用自动和手工联合监测，有效监测数据数量为两者有效数据数量的总和。
注 3：超标率是指超标的监测数据个数占总有效监测数据个数的比例。
注 4：监测要求等与排污许可证不一致的，或超标原因等可在“备注”中进行说明。

表 G.10 台账管理情况表

序号	记录内容	是否完整	说明
	自动生成	□是 □否	
	……	□是 □否	
	……	□是 □否	

表 G.11 废气污染物实际排放量报表（季度报告）

	月份	污染物种类	许可排放量/t	实际排放量/t	是否超标及超标原因	备注
全厂合计		自动生成				如排污许可证未许可排放量，可不填
		……				
		自动生成				
		……				
		自动生成				
		……				
	季度合计	自动生成				
		……				

表 G.12　废水污染物实际排放量报表（季度报告）

<table>
<tr><td rowspan="9">全厂合计</td><td>月份</td><td>污染物种类</td><td>许可排放量/t</td><td>实际排放量/t</td><td>是否超标及超标原因</td><td>备注</td></tr>
<tr><td rowspan="2"></td><td>自动生成</td><td></td><td></td><td></td><td rowspan="8">如排污许可证未许可排放量，可不填</td></tr>
<tr><td>……</td><td></td><td></td><td></td></tr>
<tr><td rowspan="2"></td><td>自动生成</td><td></td><td></td><td></td></tr>
<tr><td>……</td><td></td><td></td><td></td></tr>
<tr><td rowspan="2"></td><td>自动生成</td><td></td><td></td><td></td></tr>
<tr><td>……</td><td></td><td></td><td></td></tr>
<tr><td rowspan="2">季度合计</td><td>自动生成</td><td></td><td></td><td></td></tr>
<tr><td>……</td><td></td><td></td><td></td></tr>
</table>

表 G.13　废气污染物实际排放量报表（年度报告）

<table>
<tr><td rowspan="11">全厂合计</td><td>季度</td><td>污染物种类</td><td>许可排放量/t</td><td>实际排放量/t</td><td>是否超标及超标原因</td><td>备注</td></tr>
<tr><td rowspan="2">第一季度</td><td>自动生成</td><td></td><td></td><td></td><td rowspan="10">如排污许可证未许可排放量，可不填</td></tr>
<tr><td>……</td><td></td><td></td><td></td></tr>
<tr><td rowspan="2">第二季度</td><td>自动生成</td><td></td><td></td><td></td></tr>
<tr><td>……</td><td></td><td></td><td></td></tr>
<tr><td rowspan="2">第三季度</td><td>自动生成</td><td></td><td></td><td></td></tr>
<tr><td>……</td><td></td><td></td><td></td></tr>
<tr><td rowspan="2">第四季度</td><td>自动生成</td><td></td><td></td><td></td></tr>
<tr><td>……</td><td></td><td></td><td></td></tr>
<tr><td rowspan="2">年度合计</td><td>自动生成</td><td></td><td></td><td></td></tr>
<tr><td>……</td><td></td><td></td><td></td></tr>
</table>

表 G.14　废水污染物实际排放量报表（年度报告）

<table>
<tr><td rowspan="11">全厂合计</td><td>季度</td><td>污染物种类</td><td>许可排放量/t</td><td>实际排放量/t</td><td>是否超标及超标原因</td><td>备注</td></tr>
<tr><td rowspan="2">第一季度</td><td>自动生成</td><td></td><td></td><td></td><td rowspan="10">如排污许可证未许可排放量，可不填</td></tr>
<tr><td>……</td><td></td><td></td><td></td></tr>
<tr><td rowspan="2">第二季度</td><td>自动生成</td><td></td><td></td><td></td></tr>
<tr><td>……</td><td></td><td></td><td></td></tr>
<tr><td rowspan="2">第三季度</td><td>自动生成</td><td></td><td></td><td></td></tr>
<tr><td>……</td><td></td><td></td><td></td></tr>
<tr><td rowspan="2">第四季度</td><td>自动生成</td><td></td><td></td><td></td></tr>
<tr><td>……</td><td></td><td></td><td></td></tr>
<tr><td rowspan="2">年度合计</td><td>自动生成</td><td></td><td></td><td></td></tr>
<tr><td>……</td><td></td><td></td><td></td></tr>
</table>

表 G.15 特殊时段废气污染物实际排放量报表

<table>
<tr><td colspan="7">重污染天气应急预警期间等特殊时段</td></tr>
<tr><td>日期</td><td>废气类型</td><td>污染物种类</td><td>许可日排放量/kg</td><td>实际日排放量/kg</td><td>是否超标及超标原因</td><td>备注</td></tr>
<tr><td></td><td rowspan="2">全厂合计</td><td>自动生成</td><td></td><td></td><td></td><td rowspan="2">如排污许可证未许可特殊时段排放量，可不填</td></tr>
<tr><td></td><td>……</td><td></td><td></td><td></td></tr>
<tr><td colspan="7">冬防等特殊时段</td></tr>
<tr><td>月份</td><td>废气类型</td><td>污染物种类</td><td>许可月排放量/t</td><td>实际月排放量/t</td><td>是否超标及超标原因</td><td>备注</td></tr>
<tr><td></td><td rowspan="2">全厂合计</td><td>自动生成</td><td></td><td></td><td></td><td rowspan="2">如排污许可证未许可特殊时段排放量，可不填</td></tr>
<tr><td></td><td>……</td><td></td><td></td><td></td></tr>
</table>

表 G.16 废气污染物超标时段小时均值报表

日期	时间	生产设施编号	排放口编号	超标污染物种类	实际排放浓度（折标）/（mg/m^3）	超标原因说明

表 G.17 废水污染物超标时段日均值报表

日期	时间	排放口编号	超标污染物种类	实际排放浓度/（mg/m^3）	超标原因说明

第二篇 案例分析

第一章 电镀工业企业排污许可证填报案例分析

一、电镀工业企业排污许可证管理要求

（一）涵盖行业

电镀工业排污单位涉及金属制品业及通用工序——表面处理，涉及的行业类别较多，以金属表面处理及热处理加工（C336）行业居多，另外其他行业的表面处理工序也存在电镀工序。

（二）分类管理

电镀工业企业排污许可管理分重点管理、简化管理和登记管理三种类型。

其中纳入重点排污单位目录的、专业电镀企业（含电镀园区中电镀企业）、专门处理电镀废水的集中处理设施、有电镀工序的、有含铬钝化工序的申请排污许可管理为重点管理；除重点管理以外的汽车整车制造（C361），除重点管理以外的有酸洗、抛光（电解抛光和化学抛光）、热浸镀（溶剂法）、淬火或者无铬钝化等工序的，年使用 10 t 及以上有机溶剂的，申请排污许可管理为简化管理；其余为登记管理。详见表 1。

表 1 固定污染源排污许可分类管理名录（电镀工业）

序号	行业类别	分类管理		
		重点管理	简化管理	登记管理
81	金属表面处理及热处理加工（C336）	纳入重点排污单位名录的、专业电镀企业（含电镀园区中电镀企业）、专门处理电镀废水的集中处理设施、有电镀工序的、有含铬钝化工序的	除重点管理以外的汽车整车制造（C361），除重点管理以外的有酸洗、抛光（电解抛光和化学抛光）、热浸镀（溶剂法）、淬火或者无铬钝化等工序的、年使用 10 t 及以上有机溶剂的	其他

（三）不予发证的情况

排污单位存在下列情况之一时，不予核发排污许可证。

（1）位于法律法规规定禁止建设区域内的。如饮用水水源保护区、自然保护区、风景名胜区等。

（2）属于国务院经济综合宏观调控部门会同国务院有关部门发布的产业政策目录中明令淘汰或者立即淘汰的落后生产工艺装备、落后产品的。

（3）法律法规规定不予许可的其他情形。

二、电镀工业企业排污许可证填报案例分析

（一）基本要求

（1）申请排污许可证电镀工业企业的生产工艺和产品不属于国家或地方政府明确规定予以淘汰或取缔的；

（2）电镀工业企业申请的生产场所不位于法律法规明确规定禁止建设区域内；

（3）电镀工业企业具备符合国家或地方要求的污染防治设施或污染物处理能力；

（4）电镀工业企业的污染物排放应符合国家或地方规定的相关标准和要求；

（5）电镀工业企业的排污口等设置应符合国家或地方的要求；

（6）电镀工业企业提交的书面申请材料应真实、合法、准确、完整。

（二）填报要点分析

（1）排污单位基本信息表

某电镀生产企业基本信息表见表 2。

表 2　排污单位基本信息表

单位名称	天津×××××有限公司	注册地址	天津市××区××街××号
生产经营场所地址	天津市××区××街××号	邮政编码	300000
行业类别	金属表面处理及热处理加工	是否投产	是
投产日期	2014-08-08	—	—
生产经营场所中心经度	××°××′××″	生产经营场所中心纬度	××°××′××″
组织机构代码	—	统一社会信用代码	××××××
技术负责人	××	联系电话	××

所在地是否属于大气重点控制区	是	所在地是否属于总磷控制区	否
所在地是否属于总氮控制区	是	所在地是否属于重金属污染特别排放限值实施区域	是
是否位于工业园区	是	所属工业园区名称	天津×××区
是否有环评审批文件	是	环境影响评价审批文件文号或备案编号	津环保许可函〔2010〕××号
			津环保许可函〔2011〕×××号
			津环保许可函〔2015〕××号
是否有地方政府对违规项目的认定或备案文件	否	认定或备案文件文号	
是否需要改正	否	排污许可证管理类别	重点管理
是否有主要污染物总量分配计划文件	否	总量分配计划文件文号	

根据上表可知，表的前部分为企业的基本信息，企业按照实际情况填写或选取即可，后部分在选填过程中应关注如下几个方面：

1）重点区域的填写，应结合环保部相关公告和政府规划等。主要在后续填报执行标准中关于特别排放限值及特征污染因子许可量方面有相关要求。

2）企业环评批复文件填报时要全面，环评批复文件应填写排污单位的全部环评批复文件文号或备案编号。

3）对于属于经地方政府依法处理、整顿规范并符合认可或备案要求的项目，排污单位要填写证明符合认可或备案要求的相关文件名和文号。

注意：排污许可申请企业原则上应具备环评批复或认定备案文件，若两者全无，但企业是在《建设项目环境保护管理条例》（国务院令 第253号，1998年11月29日）之前已建成，并且至今建设内容一直未变更的，也符合，且该项选否，不用填写。除此之外，申请许可证的排污单位需要完成整改。

（2）主要产品及产能信息表

某电镀生产企业主要产品及产能信息表样表如下：

表 3　主要产品及产能信息表

序号	主要生产单元编号	主要生产单元名称	主要工艺名称	生产设施名称	生产设施编号	设施参数				其他设施信息	产品名称	生产能力	计量单位	设计年生产时间/h	其他产品信息	其他工艺信息
						参数名称	设计值	计量单位	其他设施参数信息							
1	电镀线	镀铬生产线	前处理	除油槽	MF0001	有效容积	3.92	m^3	除油槽							
				粗化槽	MF0003	有效容积	7.28	m^3	粗化槽							
				活化槽	MF0005	有效容积	3.92	m^3	活化槽							
				解胶槽	MF1117	有效容积	3.92	m^3	解胶槽							
				敏化槽	MF0004	有效容积	3.92	m^3	敏化槽							
				水洗槽	MF0159	有效容积	3.92	m^3	水洗槽							
				预浸槽	MF0007	有效容积	3.92	m^3	预浸槽							
				中和槽	MF0006	有效容积	3.92	m^3	中和槽							
	电镀线	镀铬生产线	镀覆处理	镀槽	MF0008	有效容积	7.28	m^3	化学镍		电镀面积	552 500	m^2	7 200	产能 300 万台	
				镀槽	MF0009	有效容积	5.04	m^3	打底镍							
				镀槽	MF0010	有效容积	11.76	m^3	硫酸铜							
				镀槽	MF0011	有效容积	5.88	m^3	半光镍							
				镀槽	MF0012	有效容积	5.88	m^3	全光镍							
				镀槽	MF0013	有效容积	5.88	m^3	微孔镍							
				镀槽	MF0014	有效容积	6.16	m^3	三价铬							
				镀槽	MF0015	有效容积	5.88	m^3	六价铬							
				回收槽	MF0018	有效容积	3.92	m^3	回收槽							
				酸洗槽	MF0016	有效容积	3.92	m^3	酸洗槽							
	电镀线	镀铬生产线	后处理	烘干槽	MF0021	有效容积	3.92	m^3	烘干槽							
				水洗槽	MF0189	有效容积	3.92	m^3	水洗槽							
				退镀槽	MF0019	有效容积	5.04	m^3	铬剥离槽							
				退镀槽	MF0020	有效容积	7.28	m^3	铜镍剥离							

序号	主要生产单元编号	主要生产单元名称	主要工艺名称	生产设施名称	生产设施编号	设施参数				其他设施信息	产品名称	生产能力	计量单位	设计年生产时间/h	其他产品信息	其他工艺信息
						参数名称	设计值	计量单位	其他设施参数信息							
1	电镀线	公用单元	污水处理	电镀镍废水处理设施	TW003	处理能力	240	t/d								
				含铬废水处理设施	TW004	处理能力	105	t/d								
				化学镍废水处理设施	TW002	处理能力	155	t/d								
				六价铬废水处理设施	TW001	处理能力	240	t/d								
				综合废水处理设施	TW005	处理能力	70	t/d								
	电镀线	镀铬生产线	后处理	烘干设备	MF0023	功率	40	kW								

注：上表内容选取了某电镀企业的部分内容为例。

根据上表可知，排污申报单位在填写过程中，需要注意的内容如下：

1）主要生产单元名称填写电镀生产线（如果多条线，可以分为一线、二线等）、公用单元的名称等。

2）电镀生产线的主要工艺名称填写“前处理”“镀覆处理”“后处理”和“辅助设施”等。

3）生产设施名称主要填写与产排污相关的设施设备名称；生产设施编号填写企业内部设施编号。不同编号的相同生产设施分行填报，不可采用备注数量的形式；相同的设施可以分别标号表示，如水洗槽 1、水洗槽 2、水洗槽 3 等。

4）同类型的设施设备，其设施参数的计量单位应统一，如电镀槽，不能有的填写“m^3”，有的填写“L”；应如表中所示均为“m^3”。

5）“生产能力”为环评批复的产能或地方政府认可或备案的产能。生产能力与环评批复或地方政府认可或备案的产能不相符时，应提供合法说明材料。

（3）主要原辅材料及燃料信息表

表 4　主要原辅材料及燃料信息表

序号	主要生产单元编号	主要生产单元名称	种类	名称	年设计使用量	计量单位	主要原料利用率/%	有毒有害物质	成分占比/%	其他信息
原料及辅料										
1	电镀线	镀铬生产线	辅料	氨水	11.5	t	100			
			辅料	铬剥离剂	7.5	t	99			
			辅料	化学除油	5	t	99			
			辅料	化学镍助剂	27	t	99			
			辅料	硫酸	37.5	t	99.9			
			辅料	硫酸镍	37.5	t	100	镍元素	98	
			辅料	硫酸铜	11.5	t	100			
			辅料	氯化镍	15	t	100	镍元素	98	
			辅料	硼酸	15	t	100			
			辅料	氢氧化钠	0.37	t	100			
			辅料	铜镍剥离剂	7.5	t	99			
			辅料	盐酸	33	t	100			
			辅料	预粗化助剂	7.5	t	99			
			原料	铬酸酐	34	t	99.9	铬元素	98	
			原料	磷铜球	22.5	t	100			
			原料	镍	52.5	t	99	镍元素	99	
			原料	三价铬盐	11	t	99	铬元素	99	

处理药剂							
序号	药剂类型	名称	年设计使用量	计量单位	有毒有害物质	成分占比/%	其他信息
1	废水处理药剂	氢氧化钠	150	t			
2	废水处理药剂	液碱	1 200	t			
3	废水处理药剂	双氧水	22	t			
4	废水处理药剂	PAM	2	t			
5	废水处理药剂	硫酸亚铁	180	t			
6	废水处理药剂	硫酸	90	t			
7	废气处理药剂	片碱	100	t			
8	废水处理药剂	PAC	100	t			
9	废水处理药剂	盐酸	3	t			
燃料							
序号	燃料名称	灰分/%	硫分/%	挥发分/%	热值/（MJ/kg、MJ/m^3）	年设计使用量/（万 t/a、万 m^3/a）	其他信息
	/	/	/	/	/	/	

注：上表内容选取了某电镀企业的部分内容为例。

如上表所示，申报单位在填写排污许可申请表时：

1）应填写正确的“有毒有害成分占比”，即有毒有害物质在总原料或辅料中的成分占比。

2）“燃料”信息，燃煤要填写灰分、硫分、挥发分、热值和年最大使用量；燃油要填写硫分、热值和年最大使用量；天然气只填写热值和年最大使用量。

3）不需要填写的栏内，划斜杠“/”，不能填 0。

(4）废气产排污环节、污染物及污染治理设施信息表

表 5 废气产排污环节、污染物及污染治理设施信息表

序号	产污设施编号	产污设施名称	对应产污环节名称	污染物种类	排放形式	污染防治设施					有组织排放口编号	有组织排放口名称	排放口设置是否符合要求	排放口类型	其他信息
						污染防治设施编号	污染防治设施名称	污染防治设施工艺	是否为可行技术	污染防治设施其他信息					
1	MF0020	退镀槽	退镀	硫酸雾	有组织	TA002	酸碱废气净化设施	喷淋塔中和工艺	是		DA002	退镀排放口	是	一般排放口	
2	MF0020	退镀槽	退镀	氯化氢	有组织	TA002	酸碱废气净化设施	喷淋塔中和工艺	是		DA002	退镀排放口	是	一般排放口	
3	MF0019	退镀槽	退镀	硫酸雾	有组织	TA002	酸碱废气净化设施	喷淋塔中和工艺	是		DA002	退镀排放口	是	一般排放口	
4	MF0019	退镀槽	退镀	氯化氢	有组织	TA002	酸碱废气净化设施	喷淋塔中和工艺	是		DA002	退镀排放口	是	一般排放口	
5	MF0003	粗化槽	粗化	铬酸雾	有组织	TA001	酸碱废气净化设施	喷淋塔中和工艺	是		DA001	粗化排放口	是	一般排放口	
6	MF0003	粗化槽	粗化	硫酸雾	有组织	TA001	酸碱废气净化设施	喷淋塔中和工艺	是		DA001	粗化排放口	是	一般排放口	
7	MF0007	预浸槽	预浸	氯化氢	有组织	TA004	酸碱废气净化设施	喷淋塔中和工艺	是		DA004	铜系排放口	是	一般排放口	
8	MF0005	活化槽	活化	氯化氢	有组织	TA004	酸碱废气净化设施	喷淋塔中和工艺	是		DA004	铜系排放口	是	一般排放口	
9	MF0006	中和槽	中和	氯化氢	有组织	TA004	酸碱废气净化设施	喷淋塔中和工艺	是		DA004	铜系排放口	是	一般排放口	
10	MF0008	镀槽	镀覆处理	硫酸雾	有组织	TA005	酸碱废气净化设施	喷淋塔中和工艺	是		DA005	镍系排放口	是	一般排放口	

序号	产污设施编号	产污设施名称	对应产污环节名称	污染物种类	排放形式	污染防治设施					有组织排放口编号	有组织排放口名称	排放口设置是否符合要求	排放口类型	其他信息
						污染防治设施编号	污染防治设施名称	污染防治设施工艺	是否为可行技术	污染防治设施其他信息					
11	MF0009	镀槽	镀覆处理	硫酸雾	有组织	TA005	酸碱废气净化设施	喷淋塔中和工艺	是		DA005	镍系排放口	是	一般排放口	
12	MF0010	镀槽	镀覆处理	硫酸雾	有组织	TA004	酸碱废气净化设施	喷淋塔中和工艺	是		DA004	铜系排放口	是	一般排放口	
13	MF0011	镀槽	镀覆处理	硫酸雾	有组织	TA005	酸碱废气净化设施	喷淋塔中和工艺	是		DA005	镍系排放口	是	一般排放口	
14	MF0012	镀槽	镀覆处理	硫酸雾	有组织	TA005	酸碱废气净化设施	喷淋塔中和工艺	是		DA005	镍系排放口	是	一般排放口	
15	MF0013	镀槽	镀覆处理	硫酸雾	有组织	TA005	酸碱废气净化设施	喷淋塔中和工艺	是		DA005	镍系排放口	是	一般排放口	
16	MF0014	镀槽	镀覆处理	硫酸雾	有组织	TA003	酸碱废气净化设施	喷淋塔中和工艺	是		DA003	铬系排放口	是	一般排放口	
17	MF0014	镀槽	镀覆处理	铬酸雾	有组织	TA003	酸碱废气净化设施	喷淋塔中和工艺	是		DA003	铬系排放口	是	一般排放口	
18	MF0015	镀槽	镀覆处理	硫酸雾	有组织	TA003	酸碱废气净化设施	喷淋塔中和工艺	是		DA003	铬系排放口	是	一般排放口	
19	MF0015	镀槽	镀覆处理	铬酸雾	有组织	TA003	酸碱废气净化设施	喷淋塔中和工艺	是		DA003	铬系排放口	是	一般排放口	
20	MF0014	镀槽	镀覆处理	铬酸雾	有组织	TA003	酸碱废气净化设施	喷淋塔中和工艺	是		DA003	铬系排放口	是	一般排放口	
21	MF0014	镀槽	镀覆处理	硫酸雾	有组织	TA003	酸碱废气净化设施	喷淋塔中和工艺	是		DA003	铬系排放口	是	一般排放口	
22	MF0011	镀槽	镀覆处理	氯化氢	有组织	TA005	酸碱废气净化设施	喷淋塔中和工艺	是		DA005	镍系排放口	是	一般排放口	

序号	产污设施编号	产污设施名称	对应产污环节名称	污染物种类	排放形式	污染防治设施					有组织排放口编号	有组织排放口名称	排放口设置是否符合要求	排放口类型	其他信息
						污染防治设施编号	污染防治设施名称	污染防治设施工艺	是否为可行技术	污染防治设施其他信息					
23	MF0004	敏化槽	敏化	氯化氢	有组织	TA004	酸碱废气净化设施	喷淋塔中和工艺	是		DA004	铜系排放口	是	一般排放口	
24	MF1117	解胶槽	解胶槽	硫酸雾	有组织	TA004	酸碱废气净化设施	喷淋塔中和工艺	是		DA004	铜系排放口	是	一般排放口	
25	TW001	六价铬废水处理设施	处理六价铬废水	硫酸雾	有组织	TA010	酸碱废气净化设施	喷淋塔中和工艺	是		DA010	废水处理排放口	是	一般排放口	
26	TW001	六价铬废水处理设施	处理六价铬废水	氯化氢	有组织	TA010	酸碱废气净化设施	喷淋塔中和工艺	是		DA010	废水处理排放口	是	一般排放口	

注：上表内容选取了某电镀企业的部分内容为例。

结合上表可知，排污申报单位在填报过程中：

1）应按照技术规范将产排污环节填写完整。电镀企业废气产排污环节包括对应的生产设施和相应排放口，生产设施主要包括锅炉、电镀前处理、镀覆处理、后处理等，排放口主要包括上述生产设施对应的烟囱或排气筒。

2）“污染物种类”应依据《电镀污染物排放标准》（GB 21900）、《锅炉大气污染物排放标准》（GB 13271）和地方污染物排放标准，不能漏项。

3）“可行技术”应为推荐的可行技术，若未采用推荐的可行技术，应提供相关证明材料（如验收监测材料等）。

针对如锅炉废气中汞及其化合物、林格曼黑度采用的是协同治理措施的，其污染治理设施编号应填“无”或“/”，并在“污染治理设施其他信息”中备注“协同处理”。该申报单位未设锅炉，未填写该方面内容。

4）“排放口编号”应与环境保护主管部门备案的废气排放口编号一致，若未编号的，排污单位可自行编号。

5）“排放口设置是否符合要求”，若不符合，则制定整改措施，并填入信息平台申报系统中“改正措施”一栏，对应材料作为附件上传。

6）“排放口类型”，除锅炉烟囱为主要排放口，电镀废气等排气筒列为一般排放口。

（5）废水类别、污染物及污染治理设施信息表

表 6 废水类别、污染物及污染治理设施信息表

序号	废水类别	污染物种类	污染防治设施					排放去向	排放方式	排放规律	排放口编号	排放口名称	排放口设置是否符合要求	排放口类型	其他信息
			污染防治设施编号	污染防治设施名称	污染防治设施工艺	是否为可行技术	污染防治设施其他信息								
1	有机废水	化学需氧量、悬浮物、五日生化需氧量、pH、石油类、氨氮（NH_3-N）、总氮（以 N 计）、总磷（以 P 计）、流量	TW006	有机废水处理设施	化学处理-氧化还原	是	70 t/d 有机废水	进入城市污水处理厂	间接排放	间断排放，排放期间流量稳定	DW001	总排口	是	主要排放口-总排口	除油槽产生的废碱液和水洗废水、预粗化槽产生的有机废液和水洗废水
2	生活污水、纯水制备排浓水、软水设备再生水	化学需氧量、悬浮物、五日生化需氧量、阴离子表面活性剂、石油类、氨氮（NH_3-N）、总氮（以 N 计）、总磷（以 P 计）、流量	/					进入城市污水处理厂	间接排放	间断排放，排放期间流量稳定	DW001	总排口	是	主要排放口-总排口	

序号	废水类别	污染物种类	污染防治设施					排放去向	排放方式	排放规律	排放口编号	排放口名称	排放口设置是否符合要求	排放口类型	其他信息
			污染防治设施编号	污染防治设施名称	污染防治设施工艺	是否为可行技术	污染防治设施其他信息								
3	膜分离废水	化学需氧量、悬浮物、五日生化需氧量、pH、石油类、氨氮（NH_3-N）、总氮（以N计）、总磷（以P计）、流量	TW007	RO软水	物理化学处理-反渗透	是	200t/d	进入城市污水处理厂	间接排放	间断排放，排放期间流量稳定	DW001	总排口	是	主要排放口-总排口	
4	重金属废水-含镍废水	总镍、流量	TW002	化学镍废水处理设施	化学处理-化学沉淀	是	混凝絮凝工艺，处理量155 t/d	排至厂内综合污水处理站	直接排放	间断排放，排放期间流量稳定	DW002	车间排放口（化学镍）	是	主要排放口-车间或生产设施排放口	
5	重金属废水-含镍废水	总镍、流量	TW003	电镀镍废水处理设施	化学处理-化学沉淀	是	混凝絮凝工艺，处理量240 t/d	排至厂内综合污水处理站	直接排放	间断排放，排放期间流量稳定	DW003	车间排放口（电镀镍）	是	主要排放口-车间或生产设施排放口	
6	含六价铬废水	六价铬、总铬、流量	TW001	六价铬废水处理设施	物理化学处理-混凝	是	240 t/d	不外排	无						

序号	废水类别	污染物种类	污染防治设施					排放去向	排放方式	排放规律	排放口编号	排放口名称	排放口设置是否符合要求	排放口类型	其他信息
			污染防治设施编号	污染防治设施名称	污染防治设施工艺	是否为可行技术	污染防治设施其他信息								
7	综合废水	化学需氧量、氨氮（NH_3-N）、总氮（以N计）、总磷（以P计）、悬浮物、pH、五日生化需氧量、流量、总铜	TW005	综合废水处理设施	物理化学处理-混凝	是	70 t/d 混排废水	进入城市污水处理厂	间接排放	间断排放，排放期间流量稳定	DW001	总排口	是	主要排放口-总排口	包括前处理工序的废酸液和水洗废水、酸洗槽的含铜废酸液和水洗废水、硫酸雾及盐酸雾废气吸收塔废水
8	含铬废水	总铬、流量	TW004	含铬废水处理设施	化学处理-化学沉淀	是	混凝絮凝工艺，处理量 105 t/d 炭过滤-过滤-多段RO-回用	排至厂内综合污水处理站	直接排放	间断排放，排放期间流量稳定	DW004	车间排放口（铬系）	是	主要排放口-车间或生产设施排放口	

注：上表内容选取了某电镀企业的部分内容为例。表中“流量”虽不属于污染物种类，但在填报及表的生成中是必须项，余同。

根据上表所示，电镀类排污申报单位在填报该表时，应结合企业废水产生情况，填报过程中，重点关注如下几个方面：

1）应将酸碱废水、含氰废水（本申报单位不适用）、含铬废水、含重金属废水、电镀混合废水、综合废水等按废水类别分开填报；

2）“污染物种类”应依据《电镀污染物排放标准》（GB 21900）和地方排放标准确定，污染因子不可有遗漏；

3）电镀废水处理工艺应为推荐的可行技术，若未采用推荐的可行技术，应提供技术可行的证明材料；

4）废水排放口编号应与环境保护主管部门现有编号一致，应根据《固定污染源（水、大气）编码规则（试行）》进行编号；

5）“排放口设置是否符合要求”，若不符合，则制定整改措施，并填入信息平台申报系统中“改正措施”一栏，对应材料作为附件上传；

6）“排放口类型”，电镀排污单位的车间或处理设施废水排放口、专业电镀企业总排放口均为主要排放口；专门处理电镀废水的集中式污水处理厂的废水总排放口为主要排放口，分质处理单元出水口视同车间排放口，为主要排放口。单独排放到城镇污水处理厂的生活污水排放口和雨水排放口为一般排放口。

（6）大气排放口基本情况表

表 7　大气排放口基本情况表

序号	排放口编号	排放口名称	污染物种类	排放口地理坐标		排气筒高度/m	排气筒出口内径/m	排气温度/℃	其他信息
				经度	纬度				
1	DA001	粗化排放口	铬酸雾、硫酸雾	××°××′××″	××°××′××″	15	1	常温	
2	DA002	退镀排放口	硫酸雾、氯化氢	××°××′××″	××°××′××″	15	0.7	常温	
3	DA003	铬系排放口	铬酸雾、硫酸雾	××°××′××″	××°××′××″	15	1	常温	
4	DA004	铜系排放口	硫酸雾、氯化氢	××°××′××″	××°××′××″	15	1.2	常温	
5	DA005	镍系排放口	氯化氢、硫酸雾	××°××′××″	××°××′××″	15	1.2	常温	

序号	排放口编号	排放口名称	污染物种类	排放口地理坐标		排气筒高度/m	排气筒出口内径/m	排气温度/℃	其他信息
				经度	纬度				
6	DA010	废水处理排放口	氯化氢、硫酸雾	××°××′××″	××°××′××″	15	0.8	常温	

注：上表内容选取了某电镀企业的部分内容为例。

如上表所示，排污申报单位填写过程中，要选填的污染因子数量应满足技术规范要求；对于环境影响评价批复有明确要求的应进行填写；该申报单位无环评批复明确要求。另外申报单位应将排气筒参数填写全面，包括排气筒高度、出口内径等。

（7）废气污染物排放执行标准表

表 8 废气污染物排放执行标准表

序号	排放口编号	排放口名称	污染物种类	国家或地方污染物排放标准			环境影响评价批复要求（标态）/（mg/m^3）	承诺更加严格排放限值（标态）/（mg/m^3）	其他信息
				名称	浓度限值（标态）/（mg/m^3）	速率限值/（kg/h）			
1	DA001	粗化排放口	硫酸雾	《电镀污染物排放标准》（GB 21900—2008）	30	/	30	/	
2	DA001	粗化排放口	铬酸雾	《电镀污染物排放标准》（GB 21900—2008）	0.05	/	0.05	/	
3	DA002	退镀排放口	氯化氢	《电镀污染物排放标准》（GB 21900—2008）	30	/	30	/	
4	DA002	退镀排放口	硫酸雾	《电镀污染物排放标准》（GB 21900—2008）	30	/	30	/	
5	DA003	铬系排放口	硫酸雾	《电镀污染物排放标准》（GB 21900—2008）	30	/	30	/	
6	DA003	铬系排放口	铬酸雾	《电镀污染物排放标准》（GB 21900—2008）	0.05	/	0.05	/	

序号	排放口编号	排放口名称	污染物种类	国家或地方污染物排放标准			环境影响评价批复要求（标态）/（mg/m^3）	承诺更加严格排放限值（标态）/（mg/m^3）	其他信息
				名称	浓度限值（标态）/（mg/m^3）	速率限值/（kg/h）			
7	DA004	铜系排放口	硫酸雾	《电镀污染物排放标准》（GB 21900—2008）	30	/	30	/	
8	DA004	铜系排放口	氯化氢	《电镀污染物排放标准》（GB 21900—2008）	30	/	30	/	
9	DA005	镍系排放口	氯化氢	《电镀污染物排放标准》（GB 21900—2008）	30	/	30	/	
10	DA005	镍系排放口	硫酸雾	《电镀污染物排放标准》（GB 21900—2008）	30	/	30	/	
11	DA010	废水处理排放口	硫酸雾	《大气污染物综合排放标准》（GB 16297—1996）	45	0.75	45	/	未高于周边 200 m 建筑 5 m 以上，污染物排放速率标准严格 50%执行
12	DA010	废水处理排放口	氯化氢	《大气污染物综合排放标准》（GB 16297—1996）	100	0.13	100	/	

注：上表内容选取了某电镀企业的部分内容为例。

如上表所示，电镀类排污申报单位填写过程中，应将选填的污染物种类与排放口编号对应准确，选填执行的污染物排放标准名称、标准号和浓度限值应准确；例如“排气筒高度不能满足周围 200 m 范围内建筑高度关系的相关要求，相应排放限值应严格 50%执行等”。

如果新增污染源，应按环境影响评价批复要求及承诺的更加严格排放限值执行。

（8）大气污染物有组织排放表

表 9　大气污染物有组织排放表

序号	排放口编号	排放口名称	污染物种类	申请许可排放浓度限值（标态）/（mg/m³）	申请许可排放速率限值/（kg/h）	申请年许可排放量限值/（t/a）					申请特殊排放浓度限值（标态）/（mg/m³）	申请特殊时段许可排放量限值/（t/a）
						第一年	第二年	第三年	第四年	第五年		
主要排放口												
主要排放口合计			颗粒物			/	/	/	/	/	/	/
			SO_2			/	/	/	/	/	/	/
			NO_x			/	/	/	/	/	/	/
			铬酸雾			/	/	/	/	/	/	/
一般排放口												
1	DA001	粗化排放口	硫酸雾	30	/	/	/	/	/	/	/	/
2	DA001	粗化排放口	铬酸雾	0.05	/	0.000 195	0.000 195	0.000 195	0.000 195	0.000 195	/	/
3	DA002	退镀排放口	硫酸雾	30	/	/	/	/	/	/	/	/
4	DA002	退镀排放口	氯化氢	30	/	/	/	/	/	/	/	/
5	DA003	铬系排放口	铬酸雾	0.05	/	0.000 195	0.000 195	0.000 195	0.000 195	0.000 195	/	/
6	DA003	铬系排放口	硫酸雾	30	/	/	/	/	/	/	/	/
7	DA004	铜系排放口	硫酸雾	30	/	/	/	/	/	/	/	/

序号	排放口编号	排放口名称	污染物种类	申请许可排放浓度限值（标态）/（mg/m^3）	申请许可排放速率限值/（kg/h）	申请年许可排放量限值/（t/a）					申请特殊排放浓度限值（标态）/（mg/m^3）	申请特殊时段许可排放量限值/（t/a）
						第一年	第二年	第三年	第四年	第五年		
8	DA004	铜系排放口	氯化氢	30	/	/	/	/	/	/	/	/
9	DA005	镍系排放口	硫酸雾	30	/	/	/	/	/	/	/	/
10	DA005	镍系排放口	氯化氢	30	/	/	/	/	/	/	/	/
11	DA010	废水处理排放口	氯化氢	100	0.13	/	/	/	/	/	/	/
12	DA010	废水处理排放口	硫酸雾	45	0.75	/	/	/	/	/	/	/
一般排放口合计				SO_2		/	/	/	/	/	/	/
				NO_x		/	/	/	/	/	/	/
				铬酸雾		0.000 390	0.000 390	0.000 390	0.000 390	0.000 39	/	/
全厂有组织排放总计												
全厂有组织排放总计				SO_2		/	/	/	/	/	/	/
				NO_x		/	/	/	/	/	/	/
				铬酸雾		0.000 390	0.000 390	0.000 390	0.000 390	0.000 39	/	/

注：上表内容选取了某电镀企业的部分内容为例。

根据上表可知，该排污申报单位不设锅炉，对排污单位若使用燃煤锅炉的申报单位，其废气中汞及其化合物只需申请许可排放浓度，无须申请许可排放量；林格曼黑度不申请许可排放浓度和许可排放量；随着大气污染防治工作的推进，燃煤锅炉将逐步被燃气等清洁能源燃料锅炉替代。

该申报单位废气排口均为一般排放口，由表所示，只填报许可排放浓度限值即可。若申报单位存在锅炉废气等，其主要排放口污染物许可排放量应与计算过程结果保持一致；许可排放量的计算方法、计算公式、参数选取过程及计算结果的计算过程说明内容应作为附件上传。

（9）大气污染物无组织排放表

表 10 大气污染物无组织排放表

序号	生产设施编号/无组织排放编号	产污环节	污染物种类	主要污染防治措施	国家或地方污染物排放标准		其他信息	年许可排放量限值/（t/a）					申请特殊时段许可排放量限值/（t/a）
					名称	浓度限值（标态）/（mg/m^3）		第一年	第二年	第三年	第四年	第五年	
1	厂界	/	硫酸雾	无	《大气污染物综合排放标准》（GB 16297—1996）	1.2	/	/	/	/	/	/	/
2	厂界	/	臭气浓度	无	《恶臭污染物排放标准》（DB 12/059—2018）	20（量纲一）	/	/	/	/	/	/	/
3	厂界	/	铬酸雾	无	《大气污染物综合排放标准》（GB 16297—1996）	0.006	/	/	/	/	/	/	/
4	厂界	/	氯化氢	无	《大气污染物综合排放标准》（GB 16297—1996）	0.2	/	/	/	/	/	/	/

序号	生产设施编号/无组织排放编号	产污环节	污染物种类	主要污染防治措施	国家或地方污染物排放标准		其他信息	年许可排放量限值/（t/a）					申请特殊时段许可排放量限值/（t/a）
					名称	浓度限值（标态）/（mg/m^3）		第一年	第二年	第三年	第四年	第五年	
全厂无组织排放总计													
全厂无组织排放总计			颗粒物					/	/	/	/	/	/
			SO_2					/	/	/	/	/	/
			NO_x					/	/	/	/	/	/
			VOCs					/	/	/	/	/	/
			铬酸雾					/	/	/	/	/	/

注：上表内容选取了某电镀企业的部分内容为例。

排污申报单位在填写上表时，无组织排放源的污染治理措施填写应符合企业实际情况；由于行业排放标准《电镀污染物排放标准》（GB 21900—2008）对无组织产排放环节无具体的要求，暂应根据《大气污染物综合排放标准》（GB 16297）管理要求落实；若地方生态环境管理行政主管部门有要求的，应按地方管理要求来填写该表。

（10）排污单位大气排放总许可量

表 11　企业大气排放总许可量

单位：t/a

序号	污染物种类	第一年	第二年	第三年	第四年	第五年
1	颗粒物	/	/	/	/	/
2	SO_2	/	/	/	/	/
3	NO_x	/	/	/	/	/
4	铬酸雾	0.000 39	0.000 39	0.000 39	0.000 39	0.000 39

注：上表内容选取了某电镀企业的部分内容为例。

大气排放总许可量指的是全厂有组织排放总计数据，应与环评批复的全厂总量控制指标数据进行比较，两者取严。

（11）废水直接排放口基本情况表

表 12 废水直接排放口基本情况表

序号	排放口编号	排放口名称	排放口地理坐标		排放去向	排放规律	间歇排放时段	受纳自然水体信息		汇入受纳自然水体处地理坐标		其他信息
			经度	纬度				名称	受纳水体功能目标	经度	纬度	
1	DW002	车间排放口（化学镍）	××°××′××″	××°××′××″	排至厂内综合污水处理站	间断排放，排放期间流量稳定	工作时段	/	/	××°××′××″	××°××′××″	
2	DW003	车间排放口（电镀镍）	××°××′××″	××°××′××″	排至厂内综合污水处理站	间断排放，排放期间流量稳定	工作时段	/	/	××°××′××″	××°××′××″	
3	DW004	车间排放口（铬系）	××°××′××″	××°××′××″	排至厂内综合污水处理站	间断排放，排放期间流量稳定	工作时段	/	/	××°××′××″	××°××′××″	

注：上表内容选取了某电镀企业的部分内容为例。

表 12-1 入河排污口信息表

序号	排放口编号	排放口名称	入河排污口			其他信息
			名称	编号	批复文号	

表 12-2 雨水排放口基本情况表

序号	排放口编号	排放口名称	排放口地理坐标		排放去向	排放规律	间歇排放时段	受纳自然水体信息		汇入受纳自然水体处地理坐标		其他信息
			经度	纬度				名称	受纳水体功能目标	经度	纬度	
1	YS001	雨水排放口	××°××′××″	××°××′××″	进入城市下水道（再入江河、湖、库）	间断排放，排放期间流量不稳定，属于冲击型排放	降雨	某河道	V类	××°××′××″	××°××′××″	某河道

注：上表内容选取了某电镀企业的部分内容为例。

根据上表所示，该电镀工业排污申报单位不属于直排企业，所以不设入江河等直接排口，其排水进城镇污水处理厂集中处理，为间接排放类型。根据企业生产特点，企业排放废水为间歇排放，按照生产过程中产生，填写明确了间歇排放时段“工作时段”。

该申报单位排放雨水经市政雨水管网排入某河道，申报单位应填写受纳自然水体名称和功能目标、汇入受纳自然水体处地理坐标等相关内容。

（12）废水间接排放口基本情况表

表 13　废水间接排放口基本情况表

序号	排放口编号	排放口名称	排放口地理坐标		排放去向	排放规律	间歇排放时段	受纳污水处理厂信息			
			经度	纬度				名称	污染物种类	排水协议规定的浓度限值/（mg/L）	国家或地方污染物排放标准浓度限值/（mg/L）
1	DW001	总排口	××°××′××″	××°××′××″	进入城市污水处理厂	间断排放，排放期间流量稳定	工作时段	天津某污水处理有限公司	氨氮（NH_3-N）	/	1.5
									总磷（以P计）	/	0.3
									化学需氧量	/	30
									阴离子表面活性剂	/	0.3
									五日生化需氧量	/	6
									悬浮物	/	5
									pH	/	6～9（量纲一）
									总氮（以N计）	/	10
									石油类	/	0.5

根据上表所示，该排污申报企业排放废水去向为城镇污水处理厂，其排水为间歇排放，明确了间歇排放时段；申报单位在填写该表时，应填写受纳污水处理厂的排放标准浓度限值，若申报单位与污水处理厂有协商排放浓度要求的，应填写协商浓度。该申报单位执行的是国家及地方标准，无协商排放浓度要求。

（13）废水污染物排放执行标准表

表 14　废水污染物排放执行标准表

单位：mg/L（pH 除外）

序号	排放口编号	排放口名称	污染物种类	国家或地方污染物排放标准		排水协议规定的浓度限值	环境影响评价批复要求	承诺更加严格排放限值	其他信息
				名称	浓度限值				
1	DW001	总排口	悬浮物	《污水综合排放标准》（DB 12/ 356—2018）	400	/	/	/	/
2	DW001	总排口	五日生化需氧量	《污水综合排放标准》（DB 12/ 356—2018）	300	/	/	/	/
3	DW001	总排口	化学需氧量	《污水综合排放标准》（DB 12/ 356—2018）	500	/	/	/	/
4	DW001	总排口	总铜	《污水综合排放标准》（DB 12/ 356—2018）	2	/	/	/	/
5	DW001	总排口	石油类	《污水综合排放标准》（DB 12/ 356—2018）	15	/	/	/	/
6	DW001	总排口	流量	/	/	/	/	/	/
7	DW001	总排口	pH	《污水综合排放标准》（DB 12/ 356—2018）	6～9（量纲一）	/	/	/	/
8	DW001	总排口	阴离子表面活性剂	《污水综合排放标准》（DB 12/ 356—2018）	20	/	/	/	/
9	DW001	总排口	氨氮（NH_3-N）	《污水综合排放标准》（DB 12/ 356—2018）	45	/	35	/	/
10	DW001	总排口	总磷（以 P 计）	《污水综合排放标准》（DB 12/ 356—2018）	8	/	3	/	/

序号	排放口编号	排放口名称	污染物种类	国家或地方污染物排放标准		排水协议规定的浓度限值	环境影响评价批复要求	承诺更加严格排放限值	其他信息
				名称	浓度限值				
11	DW001	总排口	总氮（以N计）	《污水综合排放标准》（DB 12/ 356—2018）	70	/	/	/	/
12	DW002	车间排放口（化学镍）	流量	/	/	/	/	/	/
13	DW002	车间排放口（化学镍）	总镍	《电镀污染物排放标准》（GB 21900—2008）	0.5	/	0.5	/	/
14	DW003	车间排放口（电镀镍）	流量	/	/	/	/	/	/
15	DW003	车间排放口（电镀镍）	总镍	《电镀污染物排放标准》（GB 21900—2008）	0.5	/	0.5	/	/
16	DW004	车间排放口（铬系）	流量	/	/	/	/	/	/
17	DW004	车间排放口（铬系）	总铬	《电镀污染物排放标准》（GB 21900—2008）	1.0	/	1.0	/	/

注：上表内容选取了某电镀企业的部分内容为例。此处“流量”虽不属于污染物种类，但在填报及表的生成中是必须项。

该电镀类排污单位其车间排口作为一类污染物排口，均执行《电镀污染物排放标准》（GB 21900）标准浓度限值要求；该企业排水进污水处理厂处理，其排放废水中，除一类污染物外，其他污染物应填写地方要求执行的排放标准名称和排放浓度限值。排污申报单位在填写该表时，应根据地方管理要求和自身污染物种类等情况，准确填写。

（14）废水污染物排放

表 15 废水污染物排放

序号	排放口编号	排放口名称	污染物种类	申请排放浓度限值/（mg/L）	申请年排放量限值/（t/a）					申请特殊时段排放量限值/（t/a）
					第一年	第二年	第三年	第四年	第五年	
主要排放口										
1	DW001	总排口	悬浮物	400	/	/	/	/	/	/
2	DW001	总排口	阴离子表面活性剂	20	/	/	/	/	/	/
3	DW001	总排口	总铜	2	0.13	0.13	0.13	0.13	0.13	/
4	DW001	总排口	石油类	15	/	/	/	/	/	/
5	DW001	总排口	pH	6～9（量纲一）	/	/	/	/	/	/
6	DW001	总排口	氨氮（NH_3-N）	45	2.410	2.410	2.410	2.410	2.410	/
7	DW001	总排口	流量	/	/	/	/	/	/	/
8	DW001	总排口	化学需氧量	500	41.45	41.45	41.45	41.45	41.45	/
9	DW001	总排口	五日生化需氧量	300	/	/	/	/	/	/
10	DW001	总排口	总氮（以 N 计）	70	18.462	18.462	18.462	18.462	18.462	/
11	DW001	总排口	总磷（以 P 计）	8	2.110	2.110	2.110	2.110	2.110	/
12	DW002	车间排放口（化学镍）	流量	/	/	/	/	/	/	/
13	DW002	车间排放口（化学镍）	总镍	0.5	0.031 500	0.031 500	0.031 500	0.031 500	0.031 500	/
14	DW003	车间排放口（电镀镍）	总镍	0.5	0.031 500	0.031 500	0.031 500	0.031 500	0.031 500	/
15	DW003	车间排放口（电镀镍）	流量	/	/	/	/	/	/	/
16	DW004	车间排放口（铬系）	流量	/	/	/	/	/	/	/
17	DW004	车间排放口（铬系）	总铬	1.0	0.009 750	0.009 750	0.009 750	0.009 750	0.009 750	/

序号	排放口编号	排放口名称	污染物种类	申请排放浓度限值/（mg/L）	申请年排放量限值/（t/a）					申请特殊时段排放量限值/（t/a）
					第一年	第二年	第三年	第四年	第五年	
		主要排放口合计	COD_{Cr}		41.450 000	41.450 000	41.450 000	41.450 000	41.450 000	/
			氨氮		2.410 000	2.410 000	2.410 000	2.410 000	2.410 000	/
			总镍		0.063 000	0.063 000	0.063 000	0.063 000	0.063 000	/
			总氮（以N计）		18.462 000	18.462 000	18.462 000	18.462 000	18.462 000	/
			总磷（以P计）		2.110 000	2.110 000	2.110 000	2.110 000	2.110 000	/
			总铜		0.130 000	0.130 000	0.130 000	0.130 000	0.130 000	/
			总铬		0.009 750	0.009 750	0.009 750	0.009 750	0.009 750	/
一般排放口										
		一般排放口合计	COD_{Cr}		/	/	/	/	/	/
			氨氮		/	/	/	/	/	/
			总镍		/	/	/	/	/	/
			总氮（以N计）		/	/	/	/	/	/
			总磷（以P计）		/	/	/	/	/	/
			总铜		/	/	/	/	/	/
			总铬		/	/	/	/	/	/
全厂排放口										
		全厂排放口合计	COD_{Cr}		41.450 000	41.450 000	41.450 000	41.450 000	41.450 000	/
			氨氮		2.410 000	2.410 000	2.410 000	2.410 000	2.410 000	/
			总镍		0.063 000	0.063 000	0.063 000	0.063 000	0.063 000	/
			总氮（以N计）		18.462 000	18.462 000	18.462 000	18.462 000	18.462 000	/
			总磷（以P计）		2.110 000	2.110 000	2.110 000	2.110 000	2.110 000	/
			总铜		0.130 000	0.130 000	0.130 000	0.130 000	0.130 000	/
			总铬		0.009 750	0.009 750	0.009 750	0.009 750	0.009 750	/

注：上表内容选取了某电镀企业的部分内容为例。此处“流量”虽不属于污染物种类，但在填报及表的生成中是必须项。

排污申报单位在填报时：

1）申报单位应将排放口编号，逐一对应填写主要排放口（废水总排放口和设施或车间排放口）污染物排放浓度限值、年排放量限值，特殊时段排放量限值；

2）若生活污水单独排入区域污水集中处理设施的生活污水排放口和雨水排放口，可不申请许可排放量限值；

若单独排放的生活污水不是排入城镇污水处理设施，而是直接排放到自然水体，则其排口应申请主要污染物许可排放浓度限值，可不申请许可排放量，地方管理及申请单位环评文件另有要求的，按地方管理和环评文件要求执行；

3）申报单位应按每个主要排放口逐年计算污染物申请年排放量限值、合计年排放量限值、全厂排放口总计的年排放量限值和特殊时段污染物申请排放量限值；

4）申报单位应将计算方法、计算公式、参数选取过程以及计算结果的计算过程描述等内容作为附件提交系统。

（15）自行监测及记录信息表

表 16 自行监测及记录信息表

序号	污染源类别	排放口编号	排放口名称	监测内容	污染物名称	监测设施	自动监测是否联网	自动监测仪器名称	自动监测设施安装位置	自动监测设施是否符合安装、运行、维护等管理要求	手工监测采样方法及个数	手工监测频次	手工测定方法	其他信息
1	废水	DW001	总排口	流量	化学需氧量	自动	是	COD 在线检测仪	总排口	是	/	/	/	/
2		DW001	总排口	流量	总铜	手工					混合采样至少 3 个混合样	1 次/日	《水质 铜的测定 2,9-二甲基-1,10-菲啰啉分光光度法》(HJ 486—2009 代替 GB 7473—87)	等时间间隔采样，结果取平均值，以一个结果出具监测结果

序号	污染源类别	排放口编号	排放口名称	监测内容	污染物名称	监测设施	自动监测是否联网	自动监测仪器名称	自动监测设施安装位置	自动监测设施是否符合安装、运行、维护等管理要求	手工监测采样方法及个数	手工监测频次	手工测定方法	其他信息
3	废水	DW001	总排口	流量	总氮（以N计）	手工					混合采样至少3个混合样	1次/日	《水质 总氮的测定 碱性过硫酸钾消解紫外分光光度法》（HJ 636—2012）	等时间间隔采样，结果取平均值，以一个结果出具监测结果
4		DW001	总排口	流量	流量	自动	是	流量自动监测装置	总排口	是	/	/	/	
5		DW001	总排口	流量	pH	自动	是	pH自动在线装置	总排口	是	/	/	/	/
6		DW001	总排口	流量	五日生化需氧量	手工					混合采样至少3个混合样	1次/月	《水质 五日生化需氧量（BOD_5）的测定 稀释与接种法》（HJ 505—2009）	等时间间隔采样，结果取平均值，以一个结果出具监测结果
7		DW001	总排口	流量	悬浮物	手工					混合采样至少3个混合样	1次/月	《水质 悬浮物的测定 重量法》（GB 11901—1989）	等时间间隔采样，结果取平均值，以一个结果出具监测结果

序号	污染源类别	排放口编号	排放口名称	监测内容	污染物名称	监测设施	自动监测是否联网	自动监测仪器名称	自动监测设施安装位置	自动监测设施是否符合安装、运行、维护等管理要求	手工监测采样方法及个数	手工监测频次	手工测定方法	其他信息
8	废水	DW001	总排口	流量	石油类	手工					混合采样至少3个混合样	1次/月	《水质 石油类和动植物油类的测定 红外分光光度法》（HJ 737—2018）	等时间间隔采样，结果取平均值，以一个结果出具监测结果
9		DW001	总排口	流量	总磷（以P计）	自动	是	总磷在线检测仪	总排口	是	/	/	/	/
10		DW001	总排口	流量	氨氮（NH_3-N）	自动	是	氨氮在线检测仪	总排口	是	/	/	/	/
11		DW001	总排口	流量	阴离子表面活性剂	手工					混合采样至少3个混合样	1次/月	《水质 阴离子表面活性剂的测定 亚甲蓝分光光度法》（GB/T 7494—1987）	等时间间隔采样，结果取平均值，以一个结果出具监测结果
12		DW002	车间排放口（化学镍）	流量	总镍	自动	是	总镍在线检测仪	车间排放口（化学镍）	是	/	/	/	
13		DW002	车间排放口（化学镍）	流量	流量	自动	是	流量自动监测装置	车间排放口（化学镍）	是	/	/	/	

序号	污染源类别	排放口编号	排放口名称	监测内容	污染物名称	监测设施	自动监测是否联网	自动监测仪器名称	自动监测设施安装位置	自动监测设施是否符合安装、运行、维护等管理要求	手工监测采样方法及个数	手工监测频次	手工测定方法	其他信息
14	废水	DW003	车间排放口（电镀镍）	流量	总镍	自动	是	总镍在线检测仪	车间排放口（电镀镍）	是	/	/	/	
15		DW003	车间排放口（电镀镍）	流量	流量	自动	是	流量自动监测装置	车间排放口（电镀镍）	是	/	/	/	
16		DW004	车间排放口（铬系）	流量	流量	自动	是	流量在线监测装置	车间排放口（铬系）	是	/	/	/	
17		DW004	车间排放口（铬系）	流量	总铬	自动	是	总铬在线检测仪	车间排放口（铬系）	是	/	/	/	
18		YS001	雨水排放口	流量	化学需氧量	手工					瞬时采样至少3个瞬时样	降雨时测，1次/日，若监测一年无异常情况，每季度第一次有流动水排放时开展按日监测	《水质　化学需氧量的测定　重铬酸盐法》（HJ 828—2017）	等时间间隔采样，结果取平均值，以一个结果出具监测结果

序号	污染源类别	排放口编号	排放口名称	监测内容	污染物名称	监测设施	自动监测是否联网	自动监测仪器名称	自动监测设施安装位置	自动监测设施是否符合安装、运行、维护等管理要求	手工监测采样方法及个数	手工监测频次	手工测定方法	其他信息
19	废水	YS001	雨水排放口	流量	悬浮物	手工					瞬时采样至少3个瞬时样	降雨时测，1次/日，若监测一年无异常情况，每季度第一次有流动水排放时开展按日监测	《水质 悬浮物的测定 重量法》（GB 11901—1989）	等时间间隔采样，结果取平均值，以一个结果出具监测结果
20		YS001	雨水排放口	流量	pH	手工					瞬时采样至少3个瞬时样	降雨时测，1次/日	《水质 pH值的测定 玻璃电极法》（GB 6920—1986）	等时间间隔采样，结果取平均值，以一个结果出具监测结果
21	废气	DA001	粗化排放口	烟气量	硫酸雾	手工					连续采样	1次/半年	《固定污染源废气 硫酸雾的测定 离子色谱法》（HJ 544—2016）	
22		DA001	粗化排放口	烟气量	铬酸雾	手工					连续采样	1次/半年	《固定污染源排气中铬酸雾的测定 二苯基碳酰二肼分光光度法》（HJ/T 29—1999）	

序号	污染源类别	排放口编号	排放口名称	监测内容	污染物名称	监测设施	自动监测是否联网	自动监测仪器名称	自动监测设施安装位置	自动监测设施是否符合安装、运行、维护等管理要求	手工监测采样方法及个数	手工监测频次	手工测定方法	其他信息
23	废气	DA002	退镀排放口	烟气量	氯化氢	手工					连续采样	1次/半年	《环境空气和废气氯化氢的测定离子色谱法》（HJ 549—2016代替HJ 549—2009）	
24		DA002	退镀排放口	烟气量	硫酸雾	手工					连续采样	1次/半年	《固定污染源废气硫酸雾的测定离子色谱法》（HJ 544—2016）	
25		DA003	铬系排放口	烟气量	铬酸雾	手工					连续采样	1次/半年	《固定污染源排气中铬酸雾的测定二苯基碳酰二肼分光光度法》（HJ/T 29—1999）	
26		DA003	铬系排放口	烟气量	硫酸雾	手工					连续采样	1次/半年	《固定污染源废气硫酸雾的测定离子色谱法》（HJ 544—2016）	
27		DA004	铜系排放口	烟气量	氯化氢	手工					连续采样	1次/半年	《固定污染源废气氯化氢的测定硝酸银容量法》（HJ 548—2016代替HJ 548—2009）	
28		DA004	铜系排放口	烟气量	硫酸雾	手工					连续采样	1次/半年	《固定污染源废气硫酸雾的测定离子色谱法》（HJ 544—2016）	

序号	污染源类别	排放口编号	排放口名称	监测内容	污染物名称	监测设施	自动监测是否联网	自动监测仪器名称	自动监测设施安装位置	自动监测设施是否符合安装、运行、维护等管理要求	手工监测采样方法及个数	手工监测频次	手工测定方法	其他信息
29	废气	DA005	镍系排放口	烟气量	硫酸雾	手工					连续采样	1 次/半年	《固定污染源废气 硫酸雾的测定 离子色谱法》（HJ 544—2016）	
30		DA005	镍系排放口	烟气量	氯化氢	手工					连续采样	1 次/半年	《固定污染源废气 氯化氢的测定 硝酸银容量法》（HJ 548—2016 代替 HJ 548—2009）	
31		DA010	废水处理排放口	烟气量	硫酸雾	手工					连续采样	1 次/半年	《固定污染源废气 硫酸雾的测定 离子色谱法》（HJ 544—2016）	
32		DA010	废水处理排放口	烟气量	氯化氢	手工					连续采样	1 次/半年	《环境空气和废气 氯化氢的测定 离子色谱法》（HJ 549—2016 代替 HJ 549—2009）	
33		厂界		烟气量	臭气浓度	手工					非连续采样、至少1个	1 次/年	《空气质量 恶臭的测定 三点比较式臭袋法》（GB/T 14675—1993）	
34		厂界		烟气量	氯化氢	手工					连续采样	1 次/年	《环境空气和废气 氯化氢的测定 离子色谱法》（HJ 549—2016 代替 HJ 549—2009）	

序号	污染源类别	排放口编号	排放口名称	监测内容	污染物名称	监测设施	自动监测是否联网	自动监测仪器名称	自动监测设施安装位置	自动监测设施是否符合安装、运行、维护等管理要求	手工监测采样方法及个数	手工监测频次	手工测定方法	其他信息
35	废气	厂界		烟气量	硫酸雾	手工					连续采样	1 次/年	《固定污染源废气 硫酸雾测定 离子色谱法》（HJ 544—2016）	
36		厂界		烟气量	铬酸雾	手工					连续采样	1 次/年	《固定污染源排气中铬酸雾的测定 二苯基碳酰二肼分光光度法》（HJ/T 29—1999）	

注：上表内容选取了某电镀企业的部分内容为例。此表中“污染物名称”列中“流量”虽不属于污染物，但在填报及表的生成中是必须项。

申报单位在填报上表时，应根据技术规范及自行监测技术指南要求填写，具体从如下几个方面来考虑。

1）申报单位选取监测因子数量及监测频次应符合技术规范及排污单位自行监测技术指南的要求；

2）申报单位在选择手工监测方法时，应选用排放标准中确定的标准监测分析方法；

3）对于电镀集中区内的排污企业，废水污染因子由园区污水处理厂负责监测的，企业除自行监测废水流量外，可不填写自行监测的相关信息，但应说明废水污染因子监测的实施单位及要求；

4）企业生活污水单独排放到自然水体的，应按照环评批复要求，填写主要污染物的监测设施、监测频次与监测方法。

（16）环境管理台账信息表

表 17　环境管理台账信息表

序号	类别	记录内容	记录频次	记录形式	其他信息
1	基本信息	包括企业名称、生产经营场所地址、行业类别、法定代表人、统一社会信用代码、产品名称、生产工艺、生产规模、环保投资、环境影响评价审批意见及排污许可证编号等	未发生变化的基本信息：1次/a；发生变化的基本信息，在发生变化时记录	电子台账+纸质台账	电子台账和纸质台账至少保存5年
2	监测记录信息	（1）手工监测的记录：应当定期记录开展手工监测的日期、时间、污染物排放口和监测点位、监测方法、监测频次、监测仪器及型号、采样方法、监测结果等。 （2）自动监测运维记录：包括自动监测系统运行状况、系统辅助设备运行状况、系统校准、校验工作等；仪器说明书及相关标准规范中规定的其他检查项目；校准、维护保养、维修记录等	监测数据的记录频次与自行监测方案规定的废气、废水监测频次一致	电子台账+纸质台账	电子台账和纸质台账至少保存5年
3	其他环境管理信息	排污单位应记录无组织废气污染治理措施运行、维护、管理相关的信息。排污单位在特殊时段应记录管理要求、执行情况（包括特殊时段生产设施运行管理信息和污染防治设施运行管理信息）。固体废物收集处置信息等	采取无组织废气污染控制措施的：不低于1次/d； 重污染天气应对期间等特殊时段的：与正常生产记录频次一致，涉及特殊时段停产的，对起始和结束当天进行1次记录	电子台账+纸质台账	电子台账和纸质台账至少保存5年
4	生产设施运行管理信息	包括生产设施、公用单元和全厂运行情况，重点记录排污许可证中相关信息的实际情况及与污染治理、排放相关的主要运行参数。 正常工况各生产单元主要生产设施的累计生产时间，生产实际负荷，主要产品产量，原辅材料及燃料使用情况等数据	a）正常工况：1次/班。 b）异常情况：1次/异常情况期	电子台账+纸质台账	电子台账和纸质台账至少保存5年

序号	类别	记录内容	记录频次	记录形式	其他信息
5	污染治理措施运行管理信息	a）正常情况：污染防治设施运行信息应按照设施类别分别记录设施的实际运行相关参数和维护记录。 1）有组织废气治理设施记录设施运行时间、运行参数等。 2）废水处理设施包括预处理设施、生化处理设施、深度处理设施及回用设施四部分，分别记录每日进水水量、出水水量、药剂名称及使用量、投放频次、电耗、污泥产生量及污泥处理处置去向等。 3）固体废物污染治理设施记录污泥产生量及含水率、处理方式、处理后污泥量及含水率、厂内暂存量、综合利用量、自行处置量、委托转移量、委托单位等信息。 b）异常情况：污染治理设施异常信息按工况记录，每工况期记录一次，内容应记录起止时段设施名称、编号、非正常起始时刻、非正常恢复时刻、污染物排放量、排放浓度、事件原因、是否报告、应对措施等	污染防治设施运行状况：1次/班。 异常情况：1 次/异常情况期	电子台账+纸质台账	电子台账和纸质台账至少保存5年

排污申报单位应按照技术规范要求填报环境管理台账记录内容和频次等要求，上表可作为参照。其中，管理台账信息内容主要包括：

1）生产设施运行管理信息

正常工况各电镀生产线的累计生产时间、生产负荷、主要产品产量、原辅料及燃料使用情况等数据；原辅料、燃料使用情况指种类、名称、用量、有毒有害元素成分及占比；原辅料、燃料采购信息。

2）污染治理设施运行管理信息

正常工况：明确记录各治理设施作用的生产环节、治理工艺，分系统记录所有环保设施的运行情况、污染物排放情况、主要药剂添加情况等。

非正常工况：污染治理设施应记录设施名称、编号、设施非正常（停运）时刻、恢复（启动）时刻、污染物排放量、排放浓度、事件原因、是否报告等。

3）监测记录信息

包括自动监测及辅助设备运行状况、系统校准、校验记录、定期比对监测记录、维护保养记录、是否故障、故障维修记录、巡检日期等信息。对于无自动监测的大气污染物和水污染物指标，电镀工业排污单位应当按照排污许可证中监测方案所确定的监测频次要求，记录开展手工监测的日期、时间、污染物排放口和监测点位、监测方法、监测频次、监测仪器及型号、采样方法等，并建立台账记录报告。

4）其他环境管理信息

应记录污染治理设施运行、维护、管理等相关信息，包括设施名称、运行时间、检查维护次数、管理人员情况等；应记录厂区降尘洒水、清扫频次，原料或产品场地封闭、遮盖方式，日常检查维护频次及情况等；应记录非正常工况和特殊时段的环境管理信息，电镀工业排污单位根据环境管理要求，记录其他信息。

（三）附图、附件

（1）附图

1）申报单位提供的生产工艺流程图、污水处理工艺流程图和厂区平面布置图等图件均要清晰准确、图例明确；

2）申报单位的生产工艺流程图应包括主要电镀生产设施（设备）、主要原辅料的流向、电镀生产工艺流程等相关内容；

3）申报单位的污水处理工艺流程图应包括主要处理单元、主要处理构筑物、污水走向、污水管线布置、排放口和排放去向等内容；

4）申报单位生产厂区平面布置图应包括主要生产线、厂房、设备位置关系，注明厂区雨水、污水的收集走向、排放口位置等内容；

5）专门处理电镀废水的集中式污水处理厂除了提供污水处理工艺流程图和厂区平面布置图，还应提供纳污范围、纳污企业名单和纳污企业纳管废水量等。

（2）附件

1）守法承诺书；

2）信息公开情况说明表；

3）环评批复文件、备案文件等相关文件的影印件；

4）总量计划分配文件影印件；

5）其他必要的说明材料，例如：

未采用可行技术但具备达标排放能力的证明材料；

许可排放量计算过程及许可排放量指标按相关管理要求取严的过程说明；

申报单位自愿采取更加严格的排放限值作为申请许可排放浓度和许可排放量依据的材料；

申报单位排污口规范化设置情况说明材料；

申报单位现有不符合环境管理要求的整改措施材料等。

第二章　汽车制造业企业排污许可证填报案例分析

一、汽车制造业排污许可证管理要求

（一）涵盖行业

汽车制造业涵盖的行业类别：汽车整车制造（C361），汽车用发动机制造（C362），改装汽车制造（C363），低速汽车制造（C364），电车制造（C365），汽车车身、挂车制造（C366），汽车零部件及配件制造（C367）。

（二）分类管理

汽车制造业排污许可管理分重点管理、简化管理和登记管理三种类型。

其中纳入重点排污单位名录的企业，申请排污许可管理为重点管理；除重点管理以外的汽车整车制造（C361），除重点管理以外的年使用 10 t 及以上溶剂型涂料或者胶黏剂（含稀释剂、固化剂、清洗溶剂）的汽车用发动机制造（C362），改装汽车制造（C363），低速汽车制造（C364），电车制造（C365），汽车车身、挂车制造（C366），汽车零部件及配件制造（C367），申请排污许可管理为简化管理；其余为登记管理。详见表 1。

表 1　固定污染源排污许可分类管理名录（汽车制造业）

序号	行业类别	分类管理		
		重点管理	简化管理	登记管理
85	汽车制造业（C36）汽车整车制造（C361），汽车用发动机制造（C362），改装汽车制造（C363），低速汽车制造（C364），电车制造（C365），汽车车身、挂车制造（C366），汽车零部件及配件制造（C367）	纳入重点排污单位名录的	除重点管理以外的汽车整车制造（C361），除重点管理以外的年使用 10 t 及以上溶剂型涂料或者胶黏剂（含稀释剂、固化剂、清洗溶剂）的汽车用发动机制造（C362），改装汽车制造（C363），低速汽车制造（C364），电车制造（C365），汽车车身、挂车制造（C366），汽车零部件及配件制造（C367）	其他

（三）不予发证的情况

汽车制造业企业排污申报单位存在下列情况之一时，不予核发排污许可证。

（1）位于法律法规规定禁止建设区域内的，如饮用水水源保护区、自然保护区、风景名胜区等；

（2）属于国务院经济综合宏观调控部门会同国务院有关部门发布的产业政策目录中明令淘汰的落后生产工艺装备、落后产品的；

（3）国家或地方政府明确规定予以淘汰或取缔的，例如，《国务院关于发布政府核准的投资项目目录（2016 年本）的通知》（国发〔2016〕72 号）规定：严格控制新建传统燃油汽车生产企业的传统燃油汽车生产线；《工业和信息化部关于开展低速货车生产企业及产品升级并轨工作的通知》（工信部产业〔2014〕473 号）规定：自 2017 年 1 月 1 日起，在《车辆生产企业及产品公告》管理中取消低速货车产品类别，相关企业应停止生产、销售低速货车产品。

（4）法律法规规定不予核发排污许可证的其他情形。

二、汽车制造业企业排污许可证填报案例分析

（一）基本要求

（1）汽车制造业企业申请排污许可证的生产工艺和产品不属于国家或地方政府明确规定予以淘汰或取缔的；

（2）汽车制造业企业申请排污许可证的生产场所不位于法律法规明确规定禁止建设区域内；

（3）汽车制造业企业申请排污许可证单位具备符合国家或地方要求的污染防治设施或污染物处理能力；

（4）汽车制造业企业申请排污许可证单位的污染物排放应符合国家或地方规定的相关标准和要求；

（5）汽车制造业企业申请排污许可证单位的排污口等设置应符合国家或地方的要求；

（6）汽车制造业企业申请排污许可证单位提交的书面申请材料应真实、合法、准确、完整。

（二）填报要点分析

（1）排污单位基本信息表

表 2　排污单位基本信息表

单位名称	天津××汽车制造公司	注册地址	天津市×××××
生产经营场所地址	天津市×××××	邮政编码	300000
行业类别	汽车整车制造，热力生产和供应	是否投产	是
投产日期	2015-08-08	—	—
生产经营场所中心经度	××°××′××″	生产经营场所中心纬度	××°××′××″
组织机构代码		统一社会信用代码	
技术负责人	××	联系电话	××
所在地是否属于大气重点控制区	是	所在地是否属于总磷控制区	否
所在地是否属于总氮控制区	是	所在地是否属于重金属污染特别排放限值实施区域	是
是否位于工业园区	是	所属工业园区名称	天津××区
是否有环评审批文件	是	环境影响评价审批文件文号或备案编号	津环保许可函〔2016〕××号 津环保许可函〔2013〕××号
是否有地方政府对违规项目的认定或备案文件	否	认定或备案文件文号	
是否需要改正	否	排污许可证管理类别	重点管理
是否有主要污染物总量分配计划文件	否	总量分配计划文件文号	

1）该排污申报单位申请的生产场所位于天津市，根据《关于执行大气污染物特别排放限值的公告》（环境保护部公告　2013 年第 14 号）、《关于执行大气污染物特别排放限值有关问题的复函》（环办大气函〔2016〕1087 号）、《关于京津冀大气污染传输通道城市执行大气污染物特别排放限值的公告》（环境保护部公告　2018 年第 9 号）等，天津市属于大气重点控制区域，所以该生产场所属于大气重点控制区域。

根据《“十三五”生态环境保护规划》（国发〔2016〕65 号），天津市为总氮的控制区，所以该生产场所执行总氮控制区的要求。

2）该申报单位生产场所为 2013 年的新建项目，并在 2016 年进行了扩建改造，已将该生产经营场所全部项目的环评审批文号填写。

该申报单位没有违规项目，所以不需要填写认定或备案文件文号。

3）填报的投产时间是以排污单位投入运行的时间为准，若分期投运的，投产日期则以最早投运的时间为准，该单位以最早投运时间 2015 年为投产时间。

4）该申报单位没有已核定的污染物控制指标，所以不用填写。

5）该行业排污申报单位可以根据上述情况，结合企业排污特点和地方管理要求，填写该表，填写内容要准确、规范。

（2）主要产品及产能信息表

表 3　主要产品及产能信息表

序号	生产线类型	生产线编号	产品类型	计量单位	生产能力	设计年生产时间/h	近 3 年实际产量			产品设计参数				其他信息
							第一年	第二年	第三年	参数名称	计量单位	设计值	其他参数信息	
1	汽柴油车整车生产线	SCX001	汽柴油车整车	台	250 000	5 250	/	/	/	车身或工件设计数模面积	m^2	10	外车身面积	

表 3-1　主要产品及产能信息补充表

序号	生产线类型	生产线编号	主要生产单元名称	主要工艺名称	生产设施名称	生产设施编号	设施参数				其他设施信息	其他工艺信息
							参数名称	计量单位	设计值	其他设施参数信息		
1	汽柴油车整车生产线	SCX001	焊装	焊接	焊接工段	SH-001	持续负载率	%	100			
					焊接工段	SH-002	持续负载率	%	100			
			废气净化工业炉窑	加热装置	废气净化系统燃气加热装置	SH-011	加热功率	kW	534			
			涂装	涂胶	底部涂胶室	ST-002	设备室体尺寸（*L*×*B*）	m	—	4.5×5.8×33		
							排风量	m^3/h	25 500			
					焊缝密封涂胶室	ST-001	排风量	m^3/h	39 900			
							设备室体尺寸（*L*×*B*）	m	—	6×3×63		

序号	生产线类型	生产线编号	主要生产单元名称	主要工艺名称	生产设施名称	生产设施编号	设施参数				其他设施信息	其他工艺信息
							参数名称	计量单位	设计值	其他设施参数信息		
1	汽柴油车整车生产线	SCX001	涂装	中涂喷涂	机器自动喷漆室	ST-006	排风量	m^3/h	158 760			
							设备室体尺寸（$L×B$）	m	—	6×4×21		
							断面风速	m/s	0.35			
					流平段	ST-008	设备室体尺寸（$L×B$）	m	—	6×3×17		
							排风量	m^3/h	9 420			
			涂装	基础漆喷涂	机器自动喷漆室	ST-011	设备室体尺寸（$L×B$）	m	—	6×4×15		
							排风量	m^3/h	113 400			
							断面风速	m/s	0.35			
					闪干段	ST-014	排风量	m^3/h	43 680			
							设备室体尺寸	m	—	4.1×5.1×9		
			涂装	罩光漆喷涂	机器自动喷漆室	ST-016	排风量	m^3/h	90 720			
							设备室体尺寸（$L×B$）	m	—	6×4×12		
							断面风速	m/s	0.35			
					流平段	ST-018	设备室体尺寸（$L×B$）	m	—	6×3×17		
							排风量	m^3/h	9 240			
			涂装	中涂烘干	间接热风烘干室	ST-019	出口排风量	m^3/h	23 100			
							烘干室温度	℃	160			
							烘干室有效体积	m^3	1 469			
					流平区	ST-020	设备室体尺寸	m	—	6×4×9.8		
							排风量	m^3/h	66 000			

序号	生产线类型	生产线编号	主要生产单元名称	主要工艺名称	生产设施名称	生产设施编号	设施参数				其他设施信息	其他工艺信息
							参数名称	计量单位	设计值	其他设施参数信息		
1	汽柴油车整车生产线	SCX001	涂装	打蜡	打蜡室	ST-025	排风量	m^3/h	11 700			
							设备室体尺寸	m	—	5.5×3.5×12		
			废气净化工业炉窑	加热装置	废气净化系统燃气加热装置	ST-026	设计出力	MW	1.48			
			废气净化工业炉窑	工业炉窑	燃气工业炉窑	ST-028	设计出力	MW	1.23			
			装配	总装	整车总装线	SZ-011	生产节拍	台/h	55			
			检测试验	检测	轮毂检测线	SZ-002	生产节拍	台/h	55			
					汽车尾气检测线	SZ-0011	排风量	m^3/h	3 600			
							生产节拍	台/h	10			
					整车淋雨试验间	SZ-004	水池容积	m^3	36			
							淋雨室面积	m^2	80			
					整车下线检测工位	SZ-005	下线处排风量	m^3/h	21 600			
							生产节拍	台/h	64			
			装配	总装	整车总装线	EZ-003	生产节拍	台/h	55			
			公用单元	压缩空气系统	空气压缩机	EG-001	容量	m^3/min	784			
			公用单元	供水系统	供水设施	EG-002	生产能力	m^3/h	200			
					冷冻水生产与供应设施	EG-003	生产能力	m^3/h	—	7 500 Rt		

序号	生产线类型	生产线编号	主要生产单元名称	主要工艺名称	生产设施名称	生产设施编号	设施参数				其他设施信息	其他工艺信息
							参数名称	计量单位	设计值	其他设施参数信息		
1	汽柴油车整车生产线	SCX001	公用单元	供配电系统	变压器	EG-004	变压器容量	kVA	128 800			
			公用单元	污水处理系统	生产废水处理设施	EG-005	设计处理能力	m^3/h	150			
			公用单元	危险废物暂存	危废暂存库	EG-006	贮存面积	m^2	400			
			涂装	电泳底漆	电泳槽	ET031	排风量	m^3/h	5 900			
			涂装	喷涂准备	调漆间	ET-0051	/	/	/			

注：上表内容选取了某汽车制造企业的部分内容为例。

根据上表可知，排污申报单位填写该表时，应根据企业具体情况，并重点填写如下内容：

1）排污申报单位生产能力，可参照该单位设计文件或环评文件来确定；比如，该申报单位环评批复生产能力为 25 万辆/年，该生产能力即为申报生产能力。核实有无国家或地方政府予以淘汰或取缔的产能，该申报单位没有。若申报单位没有设计产能数据等上述情况时，可以以近 3 年实际产量的均值作为申报生产能力。

2）申报单位在填报设施设计值时应填报完整。如上表所示，汽车车身填写设计数模面积等，若填报单位无设计数模面积的以工件外表面积计算；发动机、变速箱、车桥及其他总成件应填写工件底漆喷涂面积；以机加工为主的工件应填写铸件、锻件毛坯质量或半成品质量和成品质量。

3）生产设施名称应填写与产排污相关的设施设备名称；生产设施编号可填写企业内部设施编号。不同编号的相同生产设施需分行填报。

4）该申报单位为实行重点管理的排污单位，其生产设施按“生产设施”逐一填报。若为实行简化管理的排污单位，可按“生产线”方式进行简化填报。

（3）主要原辅材料及燃料信息表

表 4　主要原辅材料及燃料信息表

序号	生产线类型	生产线编号	主要生产单元	主要工艺名称	种类	名称	年最大使用量	近三年使用量			计量单位	有毒有害成分	有毒有害成分占比/%	其他信息
								第一年	第二年	第三年				
原料及辅料														
1	汽柴油轿车整车生产线	SCX001	涂装	罩光漆喷涂	辅料	罩光漆	850	/	/	/	t	二甲苯	5	
												挥发性有机污染物	50	
			焊接	氩弧焊	辅料	焊接材料-二氧化碳	75	/	/	/	t			
					辅料	外协冲压件	51 133	/	/	/	t			
			预处理	化学预处理	辅料	磷化剂	30	/	/	/	t	总镍	0.5	
			下料	卷材下料	原料	金属板材	70 000	/	/	/	t			

燃料

序号	名称	年最大使用量	近三年使用量			计量单位	有毒有害成分	有毒有害成分占比/%	其他信息
			第一年	第二年	第三年				
1	天然气	10 000 000	/	/	/	m^3	/	/	低位发热值约为 34.33 MJ/m^3，总硫含量约为 1.33%

注：上表内容选取了某汽车制造企业的部分内容为例。

根据上表可知，排污申报单位在填写该表时，应根据企业生产场所的实际情况，重点填报如下内容：

1）申报单位应按照技术规范要求填写，原辅材料应结合生产工艺进行统计，该填报单位使用的原辅材料主要包括焊接用辅料、涂装用表面处理剂、涂料、各类油品、污染治理辅料等辅料类别。年最大使用量为全厂同类原辅料的总计，可依据设计文件或环评文件确定。

2）应填写正确的“有毒有害成分占比”，即有毒有害物质在其原料或辅料中的成分占比。

根据上表可知，该申请表中辅料的有毒有害成分，主要为含镍磷化剂，应填报总镍，涂料类辅料应在“其他信息”一栏中标注甲苯、二甲苯、挥发性有机物的含量，如上表所示。随产品出厂的加注液体（如汽油、柴油、发动机油等）与汽车、发动机试验用汽油、柴油，应分别填报。

3）“燃料”信息，燃煤要填写灰分、硫分、挥发分、热值和年最大使用量；燃油要填写硫分、热值和年最大使用量；天然气只填写热值和年最大使用量即可。

该申报单位无燃煤、燃油设施，均不必填写，其主要燃料为天然气，填写热值和年最大使用量即可。

4）该表中不需要填写的栏内，可划斜杠“/”。

（4）废气产排污环节、污染物及污染治理设施信息表

表 5 废气产排污环节、污染物及污染治理设施信息表

序号	产污设施编号	产污设施名称	对应产污环节名称	污染物种类	排放形式	污染治理设施				有组织排放口编号	有组织排放口名称	排放口设置是否符合要求	排放口类型	其他信息
						污染治理设施编号	污染治理设施名称	是否为可行技术	污染治理设施其他信息					
1	ET-025	打蜡室	打蜡	挥发性有机物	有组织	TA004	过滤吸附装置	是		DA004	涂装车间打蜡排气筒	是	主要排放口	
			打蜡	非甲烷总烃	有组织	TA004	过滤吸附装置	是		DA004	涂装车间打蜡排气筒	是	主要排放口	
			打蜡	甲苯	有组织	TA004	过滤吸附装置	是		DA004	涂装车间打蜡排气筒	是	主要排放口	
			打蜡	二甲苯	有组织	TA004	过滤吸附装置	是		DA004	涂装车间打蜡排气筒	是	主要排放口	

序号	产污设施编号	产污设施名称	对应产污环节名称	污染物种类	排放形式	污染治理设施				有组织排放口编号	有组织排放口名称	排放口设置是否符合要求	排放口类型	其他信息
						污染治理设施编号	污染治理设施名称	是否为可行技术	污染治理设施其他信息					
2	ET-003	焊缝密封涂胶室	涂胶	挥发性有机物	有组织	TA005	过滤吸附装置	是		DA005	涂装车间密封漆喷漆室排气筒	是	主要排放口	
			涂胶	非甲烷总烃	有组织	TA005	过滤吸附装置	是		DA005	涂装车间密封漆喷漆室排气筒	是	主要排放口	
			涂胶	甲苯	有组织	TA005	过滤吸附装置	是		DA005	涂装车间密封漆喷漆室排气筒	是	主要排放口	
			涂胶	二甲苯	有组织	TA005	过滤吸附装置	是		DA005	涂装车间密封漆喷漆室排气筒	是	主要排放口	
3	ET-027	废气净化系统燃气加热装置	浓缩转轮+RT	二氧化硫	有组织	TA006	浓缩+热力焚烧	是		DA006	涂装车间中上涂浓缩转轮+RTO排气筒	是	主要排放口	
			浓缩转轮+RT	氮氧化物	有组织	TA006	浓缩+热力焚烧	是		DA006	涂装车间中上涂浓缩转轮+RTO排气筒	是	主要排放口	
			浓缩转轮+RT	颗粒物	有组织	TA006	浓缩+热力焚烧	是		DA006	涂装车间中上涂浓缩转轮+RTO排气筒	是	主要排放口	
			浓缩转轮+RT	挥发性有机物	有组织	TA006	浓缩+热力焚烧	是		DA006	涂装车间中上涂浓缩转轮+RTO排气筒	是	主要排放口	

序号	产污设施编号	产污设施名称	对应产污环节名称	污染物种类	排放形式	污染治理设施				有组织排放口编号	有组织排放口名称	排放口设置是否符合要求	排放口类型	其他信息
						污染治理设施编号	污染治理设施名称	是否为可行技术	污染治理设施其他信息					
4	ET-027	废气净化系统燃气加热装置	浓缩转轮+RT	非甲烷总烃	有组织	TA006	浓缩+热力焚烧	是		DA006	涂装车间中上涂浓缩转轮+RTO排气筒	是	主要排放口	
			浓缩转轮+RT	甲苯	有组织	TA006	浓缩+热力焚烧	是		DA006	涂装车间中上涂浓缩转轮+RTO排气筒	是	主要排放口	
			浓缩转轮+RT	二甲苯	有组织	TA006	浓缩+热力焚烧	是		DA006	涂装车间中上涂浓缩转轮+RTO排气筒	是	主要排放口	
5	ET-019	间接热风烘干室	中涂漆烘干	二氧化硫	有组织	TA007	热力焚烧	是		DA007	涂装车间烘干燃烧炉排气筒	是	主要排放口	
			中涂漆烘干	氮氧化物	有组织	TA007	热力焚烧	是		DA007	涂装车间烘干燃烧炉排气筒	是	主要排放口	
			中涂漆烘干	挥发性有机物	有组织	TA007	两室RTO热力焚烧	是		DA007	涂装车间烘干燃烧炉排气筒	是	主要排放口	
			中涂漆烘干	甲苯	有组织	TA007	两室RTO热力焚烧	是		DA007	涂装车间烘干燃烧炉排气筒	是	主要排放口	
			中涂漆烘干	二甲苯	有组织	TA007	两室RTO热力焚烧	是		DA007	涂装车间烘干燃烧炉排气筒	是	主要排放口	

序号	产污设施编号	产污设施名称	对应产污环节名称	污染物种类	排放形式	污染治理设施				有组织排放口编号	有组织排放口名称	排放口设置是否符合要求	排放口类型	其他信息
						污染治理设施编号	污染治理设施名称	是否为可行技术	污染治理设施其他信息					
6	ET031	电泳槽	电泳	挥发性有机物	有组织	TA008	过滤吸附装置	是		DA008	涂装车间电泳排气筒	是	一般排放口	
			电泳	非甲烷总烃	有组织	TA008	过滤吸附装置	是		DA008	涂装车间电泳排气筒	是	一般排放口	
7	ET-0051	调漆间	调漆	挥发性有机物	有组织	TA009	过滤吸附装置	是		DA009	涂装车间调漆间排气筒	是	一般排放口	
			调漆	非甲烷总烃	有组织	TA009	过滤吸附装置	是		DA009	涂装车间调漆间排气筒	是	一般排放口	
8	SH-001	焊接工段	焊接	颗粒物	有组织	TA032	除尘装置	是		DA032	装焊车间焊接排气筒 1	是	一般排放口	
9	SH-002	焊接工段	焊接	颗粒物	有组织	TA033	除尘装置	是		DA033	装焊车间焊接排气筒 2	是	一般排放口	
10	SH-011	废气净化系统燃气加热装置	电泳废气处理	二氧化硫	有组织	TA042	热力焚烧	是		DA042	装焊车间电泳废气排气筒	是	主要排放口	
11	ST-001	焊缝密封涂胶室	涂胶	挥发性有机物	有组织	TA043	过滤吸附装置	是		DA043	涂装车间打胶排气筒	是	主要排放口	
			涂胶	非甲烷总烃	有组织	TA043	过滤吸附装置	是		DA043	涂装车间打胶排气筒	是	主要排放口	
12	ST-011	机器自动喷漆室	电泳	挥发性有机物	有组织	TA044	过滤吸附装置	是		DA044	涂装车间电泳排气筒	是	一般排放口	
			电泳	非甲烷总烃	有组织	TA044	过滤吸附装置	是		DA044	涂装车间电泳排气筒	是	一般排放口	
13	ST-019	间接热风烘干室	中涂漆烘干	二氧化硫	有组织	TA046	热力焚烧	是		DA046	涂装车间中上涂浓缩转轮+RTO 排气筒	是	主要排放口	

序号	产污设施编号	产污设施名称	对应产污环节名称	污染物种类	排放形式	污染治理设施				有组织排放口编号	有组织排放口名称	排放口设置是否符合要求	排放口类型	其他信息
						污染治理设施编号	污染治理设施名称	是否为可行技术	污染治理设施其他信息					
14	ST-025	打蜡室	涂黑打蜡	挥发性有机物	有组织	TA047	过滤吸附装置	是		DA047	涂装车间涂黑打蜡排气筒	是	主要排放口	
			涂黑打蜡	非甲烷总烃	有组织	TA047	过滤吸附装置	是		DA047	涂装车间涂黑打蜡排气筒	是	主要排放口	
15	ST-026	废气净化系统燃气加热装置	废气燃烧处理	二氧化硫	有组织	TA045	热力焚烧	是		DA045	涂装车间烘干燃烧炉排气筒	是	主要排放口	
16	SZ-0011	汽车尾气检测线	检测	颗粒物	有组织	TA051	尾气处理装置	是	车辆自带三元催化器	DA051	总装车间汽车尾气排气筒	是	一般排放口	
17	SZ-003	点补室	点补	颗粒物	有组织	TA057	过滤吸附装置	是		DA057	修补漆排气筒	是	一般排放口	
18	ET-0051	调漆间	调漆	甲苯	有组织	TA009	过滤吸附装置	是		DA009	涂装车间调漆间排气筒	是	一般排放口	
19	SH-011	废气净化系统燃气加热装置	电泳废气脱臭	氮氧化物	有组织	TA042	热力焚烧	是		DA042	装焊车间电泳废气排气筒	是	主要排放口	
20	ST-001	焊缝密封涂胶室	涂胶	甲苯	有组织	TA043	过滤吸附装置	是		DA043	涂装车间打胶排气筒	是	主要排放口	
21	ST-019	间接热风烘干室	中涂漆烘干	氮氧化物	有组织	TA046	热力焚烧	是		DA046	涂装车间中上涂浓缩转轮+RTO 排气筒	是	主要排放口	

序号	产污设施编号	产污设施名称	对应产污环节名称	污染物种类	排放形式	污染治理设施				有组织排放口编号	有组织排放口名称	排放口设置是否符合要求	排放口类型	其他信息
						污染治理设施编号	污染治理设施名称	是否为可行技术	污染治理设施其他信息					
22	ST-025	打蜡室	涂黑打蜡	甲苯	有组织	TA047	过滤吸附装置	是		DA047	涂装车间涂黑打蜡排气筒	是	主要排放口	
23	ST-026	废气净化系统燃气加热装置	废气燃烧处理	氮氧化物	有组织	TA045	热力焚烧	是		DA045	涂装车间烘干燃烧炉排气筒	是	主要排放口	
24	SZ-0011	汽车尾气检测线	检测	氮氧化物	有组织	TA051	尾气处理装置	是	车辆自带三元催化器	DA051	总装车间汽车尾气排气筒	是	一般排放口	
25	ET-0051	调漆间	调漆	二甲苯	有组织	TA009	过滤吸附装置	是		DA009	涂装车间调漆间排气筒	是	一般排放口	
26	SH-011	废气净化系统燃气加热装置	电泳废气	颗粒物	有组织	TA042	热力焚烧	是		DA042	装焊车间电泳废气排气筒	是	主要排放口	
27	ST-001	焊缝密封涂胶室	涂胶	二甲苯	有组织	TA043	过滤吸附装置	是		DA043	涂装车间打胶排气筒	是	主要排放口	
28	ST-019	间接热风烘干室	中涂漆烘干	挥发性有机物	有组织	TA046	两室 RTO 热力焚烧	是		DA046	涂装车间中上涂浓缩转轮+RTO 排气筒	是	主要排放口	
			中涂漆烘干	非甲烷总烃	有组织	TA046	两室 RTO 热力焚烧	是		DA046	涂装车间中上涂浓缩转轮+RTO 排气筒	是	主要排放口	

序号	产污设施编号	产污设施名称	对应产污环节名称	污染物种类	排放形式	污染治理设施				有组织排放口编号	有组织排放口名称	排放口设置是否符合要求	排放口类型	其他信息
						污染治理设施编号	污染治理设施名称	是否为可行技术	污染治理设施其他信息					
29	ST-025	打蜡室	涂黑打蜡	二甲苯	有组织	TA047	过滤吸附装置	是		DA047	涂装车间涂黑打蜡排气筒	是	主要排放口	
30	ST-026	废气净化系统燃气加热装置	废气燃烧处理	颗粒物	有组织	TA045	热力焚烧	是		DA045	涂装车间烘干燃烧炉排气筒	是	主要排放口	
31	SZ-0011	汽车尾气检测线	检测	挥发性有机物	有组织	TA051	尾气处理装置	是	车辆自带三元催化器	DA051	总装车间汽车尾气排气筒	是	一般排放口	
32	SH-011	废气净化系统燃气加热装置	电泳废气脱臭	挥发性有机物	有组织	TA042	热力焚烧	是		DA042	装焊车间电泳废气排气筒	是	主要排放口	
			电泳废气脱臭	非甲烷总烃	有组织	TA042	热力焚烧	是		DA042	装焊车间电泳废气排气筒	是	主要排放口	
33	ST-019	间接热风烘干室	中涂漆烘干	甲苯	有组织	TA046	两室 RTO 热力焚烧	是		DA046	涂装车间中上涂浓缩转轮+RTO 排气筒	是	主要排放口	
34	ST-026	废气净化系统燃气加热装置	废气燃烧处理	挥发性有机物	有组织	TA045	热力焚烧	是		DA045	涂装车间烘干燃烧炉排气筒	是	主要排放口	
			废气燃烧处理	非甲烷总烃	有组织	TA045	热力焚烧	是		DA045	涂装车间烘干燃烧炉排气筒	是	主要排放口	
35	SH-011	废气净化系统燃气加热装置	电泳废气	甲苯	有组织	TA042	热力焚烧	是		DA042	装焊车间电泳废气排气筒	是	主要排放口	

序号	产污设施编号	产污设施名称	对应产污环节名称	污染物种类	排放形式	污染治理设施				有组织排放口编号	有组织排放口名称	排放口设置是否符合要求	排放口类型	其他信息
						污染治理设施编号	污染治理设施名称	是否为可行技术	污染治理设施其他信息					
36	ST-019	间接热风烘干室	中涂漆烘干	二甲苯	有组织	TA046	两室 RTO 热力焚烧	是		DA046	涂装车间中上涂浓缩转轮+RTO 排气筒	是	主要排放口	
37	ST-026	废气净化系统燃气加热装置	废气燃烧处理	甲苯	有组织	TA045	热力焚烧	是		DA045	涂装车间烘干燃烧炉排气筒	是	主要排放口	
38	SH-011	废气净化系统燃气加热装置	电泳废气	二甲苯	有组织	TA042	热力焚烧	是		DA042	装焊车间电泳废气排气筒	是	主要排放口	
39	ST-019	间接热风烘干室	中涂漆烘干	颗粒物	有组织	TA046	热力焚烧	是		DA046	涂装车间中上涂浓缩转轮+RTO 排气筒 1	是	主要排放口	
40	ST-026	废气净化系统燃气加热装置	废气燃烧处理	二甲苯	有组织	TA045	热力焚烧	是		DA045	涂装车间烘干燃烧炉排气筒	是	主要排放口	

注：上表内容选取了某汽车制造企业的部分内容为例。

根据上表可知，申报单位在填报过程中应根据企业生产场所的各产污设施情况、废气排放情况，核实准确、完整，据实填写。在填报过程中应重点填写如下内容。

1）该表在填报污染物种类时，应根据技术规范要求，填写准确，不能遗漏。

2）填报污染治理设施编号时，要准确规范，应与当地环境保护主管部门备案的废气排放口编号对应，若未编号的，可自行编号；

污染治理设施与污染物种类应对应准确。

3）污染物排放口应按规范要求填报完整，根据上表可知，填报内容应包括产污环节名称、污染物种类、排放形式、污染治理设施、有组织排放口编号、有组织排放口名称、排放口设置是否符合要求、排放口类型等。排放口设置若不符合要求，则制定整改措施，并填入信息平台申报系统中“改正措施”一栏，对应整改方案材料作为附件上传。“排放口类型”，应根据技术规范判断主要排放口或一般排放口。具体为：

汽车整车制造、汽车用发动机生产排污单位的喷漆（含溶剂擦洗、喷涂、流平、热流平）废气有组织排放口及烘干（含电泳、胶、中涂、面漆烘干）废气有组织排放口为主要排放口。

其他汽车制造业中年用油性漆（含稀释剂）量 10 t 及以上的排污单位喷漆（含溶剂擦洗、喷涂、流平、热流平）废气有组织排放口及烘干（含电泳、涂胶、中涂漆、面漆烘干）废气有组织排放口为主要排放口。

若有柴油（燃气）发动机出厂热态检测试验及产品研发性能试验的，其废气有组织排放口应为主要排放口。

燃煤（油）工业炉窑烟气有组织排放口均为主要排放口。

单台出力 7 MW 及以上的燃气工业炉窑烟气有组织排放口为主要排放口。

其他废气有组织排放口均为一般排放口。

根据上表可知，该案例企业主要排放口为电泳、中涂漆、烘干及废气燃烧处理等对应的有组织排放口。焊接废气排口等为一般排放口。

4）采取污染治理措施的无组织排放生产单元，应填报内容包括：产污环节名称、污染物种类、排放形式、污染治理设施。

5）申请表内的可行技术应为推荐的可行技术，如“×××技术”不是推荐的可行技术，应提供相关证明材料（如验收监测材料等，治理效率应不低于可行技术）；若设燃气锅炉，锅炉废气中林格曼黑度采用的是协同治理措施的，其污染治理设施编号填“无”或“/”，并在“污染治理设施其他信息”中备注“协同处理”。新建、改建、扩建项目排污单位采用环境影响评价审批意见要求的污染治理技术的，应在“污染治理设施其他信息”中注明为“环评审批要求技术”。既未采用可行技术，新建、改建、扩建项目也未采用环评审批要求技术的，应提供相关证明材料，证明可达到与污染防治可行技术相当的处理能力。确无污染治理设施的，相关信息划“/”。该申报单位不涉及该部分内容。

（5）废水类别、污染物及污染治理设施信息表

表 6　废水类别、污染物及污染治理设施信息表

序号	废水类别	污染物种类	污染治理设施					排放去向	排放方式	排放规律	排放口编号	排放口名称	排放口设置是否符合要求	排放口类型	其他信息
			污染治理设施编号	污染治理设施名称	污染治理设施工艺	是否为可行技术	污染治理设施其他信息								
1	生产废水、循环冷却水	化学需氧量、氨氮（NH_3-N）、总磷（以P计）、悬浮物、总锌、石油类	TW001	废水处理站	一级处理-过滤，一级处理-沉淀，一级处理设施-气浮	是		排至厂内综合污水处理站	无	间断排放，排放期间流量稳定					
2	生活污水、生产废水	化学需氧量、氨氮（NH_3-N）、总磷（以P计）、pH、悬浮物、总锌、石油类、动植物油、五日生化需氧量	TW002	废水处理站	一级处理-过滤，一级处理-沉淀，二级处理-活性污泥法，深度处理-超滤，深度处理-反渗透，一级处理设施-气浮	是		排至厂内综合污水处理站	无	间断排放，排放期间流量稳定					
3	综合废水	化学需氧量、氨氮（NH_3-N）、总磷（以P计）、pH、悬浮物、总镍、总锌、石油类、动植物油、五日生化需氧量、总氮（以N计）	TW003	深度处理站	二级处理-活性污泥法，深度处理-超滤，深度处理-反渗透	是		进入城市污水处理厂	间接排放	连续排放，流量不稳定，但有周期性规律	DW001	总排放口	是	主要排放口-总排口	

序号	废水类别	污染物种类	污染治理设施					排放去向	排放方式	排放规律	排放口编号	排放口名称	排放口设置是否符合要求	排放口类型	其他信息
			污染治理设施编号	污染治理设施名称	污染治理设施工艺	是否为可行技术	污染治理设施其他信息								
4	涂装车间含镍废水	总镍	TW004	含镍废水预处理装置	化学沉淀-压滤	是		排至厂内综合污水处理站	无	间断排放，排放期间流量稳定					

注：上表内容选取了某汽车制造企业的部分内容为例。

根据上表可知，排污申报单位应按废水来源等分别填报，具体要求如下：

1）申报单位填报时，应将涂装车间表面（含镍等）处理生产废水、小部件加工表面处理生产废水、机加生产单元废切削液和废清洗液、其他生产单元的生产废液、涂装车间其他生产废水、其他车间生产废水、公用单元（循环水系统、纯水制备系统、软化水制备系统等）排水及排污单位各废液、废水预处理设施的排水、综合废水等按废水类别分别进行填写；上表中主要涉及表面处理生产废水、涂装车间废水及其他生产车间废水、公用单位废水、生活污水等。

2）申报单位应按上表，将废水类别及对应污染物种类填写完整，不可有漏填。“污染物种类”应依据排放标准确定，污染因子不可有遗漏。

3）污染治理设施编号应规范，污染治理设施与污染物种类对应。废水排放口编号应与生态环境主管部门现有编号一致，应根据《固定污染源（水、大气）编码规则（试行）》进行编号。

4）废水排放口分废水总排放口、生活污水单独排放口和车间或生产设施废水排放口。其中涂装车间表面（含镍等）处理生产设施废水排放口，电镀车间或生产设施废水排放口，汽车整车制造排污单位、汽车用发动机生产排污单位及其他含喷涂工序的汽车制造业排污单位废水总排放口为主要排放口。

该案例企业申报的申请表中涂装车间表面处理生产设施废水排放口（纳入日常监控管理）和全厂总排放口为主要排放口。

5）排放口设置要满足国家和地方的标准要求、排污口规范化等文件的要求。“排放口设置是否符合要求”，若不符合，则制定整改措施，并填入信息平台申报系统中“改正措施”一栏，对应整改方案等材料作为附件上传。

6）合理区分排放去向和排放方式。间接排放时，排放口按出排污单位厂界的排放口进行填报。

7）应填报污染治理设施相关信息，包括编号、名称和工艺，判断明确是否为可行技术。对于未采用技术规范中推荐的可行技术的，应填写“否”。新建、改建、扩建项目排污单位采用环境影响评价审批意见要求的污染治理技术的，应在“污染治理设施其他信息”中注明为“环评审批要求技术”。既未采用可行技术，新建、改建、扩建项目也未采用环评审批要求技术的，应提供相关证明材料，证明可达到与污染防治可行技术相当的处理能力。确无污染治理设施的，相关信息划“/”。

（6）大气排放口基本情况表

表 7　大气排放口基本情况表

序号	排放口编号	排放口名称	污染物种类	排放口地理坐标		排气筒高度/m	排气筒出口内径/m	排气温度/℃	其他信息
				经度	纬度				
1	DA004	涂装车间涂黑、打蜡排气筒	甲苯与二甲苯合计、挥发性有机物、非甲烷总烃	××°××′××″	××°××′××″	20	1.7	常温	
2	DA005	涂装车间密封漆喷漆室排气筒	甲苯与二甲苯合计、挥发性有机物、非甲烷总烃	××°××′××″	××°××′××″	20	1.3	常温	
3	DA006	涂装车间中上涂浓缩转轮+RTO 排气筒	氮氧化物、颗粒物、甲苯与二甲苯合计、二氧化硫、挥发性有机物、非甲烷总烃	××°××′××″	××°××′××″	55	5.2	常温	
4	DA007	涂装车间烘干燃烧炉排气筒	氮氧化物、甲苯与二甲苯合计、挥发性有机物、非甲烷总烃、二氧化硫	××°××′××″	××°××′××″	20	0.8	120	
5	DA008	涂装车间电泳排气筒	挥发性有机物、非甲烷总烃	××°××′××″	××°××′××″	20	1.1	常温	
6	DA009	涂装车间调漆间排气筒	甲苯与二甲苯合计、挥发性有机物、非甲烷总烃	××°××′××″	××°××′××″	20	0.65	常温	
7	DA032	装焊车间焊接排气筒 1	颗粒物	××°××′××″	××°××′××″	15	0.7	常温	

序号	排放口编号	排放口名称	污染物种类	排放口地理坐标		排气筒高度/m	排气筒出口内径/m	排气温度/℃	其他信息
				经度	纬度				
8	DA033	装焊车间焊接排气筒 2	颗粒物	××°××′××″	××°××′××″	15	0.7	常温	
9	DA042	装焊车间小部件电泳废气排气筒	挥发性有机物、非甲烷总烃、甲苯与二甲苯合计、颗粒物、二氧化硫、氮氧化物	××°××′××″	××°××′××″	15	1.0	120	
10	DA043	涂装车间打胶排气筒	挥发性有机物、非甲烷总烃、甲苯与二甲苯合计	××°××′××″	××°××′××″	20	1.0	常温	
11	DA044	涂装车间电泳排气筒	挥发性有机物、非甲烷总烃	××°××′××″	××°××′××″	20	0.8	常温	
12	DA045	涂装车间烘干燃烧炉排气筒 1	氮氧化物、二氧化硫、颗粒物、甲苯与二甲苯合计、挥发性有机物、非甲烷总烃	××°××′××″	××°××′××″	20	1.5	120	
13	DA046	涂装车间中上涂浓缩转轮+RTO 排气筒	甲苯与二甲苯合计、颗粒物、挥发性有机物、非甲烷总烃、二氧化硫、氮氧化物	××°××′××″	××°××′××″	50	3.7	常温	
14	DA047	涂装车间涂黑打蜡排气筒	甲苯与二甲苯合计、挥发性有机物、非甲烷总烃	××°××′××″	××°××′××″	25	1.5	常温	
15	DA051	总装车间汽车尾气排气筒	颗粒物、挥发性有机物、氮氧化物	××°××′××″	××°××′××″	15	1.0	常温	
16	DA057	补漆排气筒	颗粒物、挥发性有机物、非甲烷总烃	××°××′××″	××°××′××″	15	1.0	常温	

注：上表内容选取了某汽车制造企业的部分内容为例。

根据上表可知，申报单位在填报废气有组织排放的相关信息时，结合申报单位实际情况进行填报，同时，还应注意如下内容：

1）污染物种类应根据技术规范填写；对于环境影响评价批复有要求的，按要求执行。

2）根据上表可知，各排气筒参数应填写全面，包括排气筒高度、出口内径等。

（7）废气污染物排放执行标准表

表 8　废气污染物排放执行标准表

序号	排放口编号	排放口名称	污染物种类	国家或地方污染物排放标准			环境影响评价批复要求（标态）/（mg/m^3）	承诺更加严格排放限值（标态）/（mg/m^3）	其他信息
				名称	质量浓度限值（标态）/（mg/m^3）	速率限值/（kg/h）			
1	DA004	涂装车间涂黑、打蜡排气筒	甲苯与二甲苯（合计）	《工业企业挥发性有机物排放控制标准》（DB 12/524—2020）	20	1.7	20	/	周围 200 m 最高建筑物为厂区内涂装车间，高度 25 m
2	DA004	涂装车间涂黑、打蜡排气筒	挥发性有机物	《工业企业挥发性有机物排放控制标准》（DB 12/524—2020）	40	3.4	40	/	周围 200 m 最高建筑物为厂区内涂装车间，高度 25 m
3	DA004	涂装车间涂黑、打蜡排气筒	非甲烷总烃	《工业企业挥发性有机物排放控制标准》（DB 12/524—2020）	30	2.6	30	/	周围 200 m 最高建筑物为厂区内涂装车间，高度 25 m
4	DA005	涂装车间密封漆喷漆室排气筒	甲苯与二甲苯（合计）	《工业企业挥发性有机物排放控制标准》（DB 12/524—2020）	20	1.7	20	/	周围 200 m 最高建筑物为厂区内涂装车间，高度 25 m
5	DA005	涂装车间密封漆喷漆室排气筒	非甲烷总烃	《工业企业挥发性有机物排放控制标准》（DB 12/524—2020）	30	2.6	30	/	周围 200 m 最高建筑物为厂区内涂装车间，高度 25 m
6	DA005	涂装车间密封漆喷漆室排气筒	挥发性有机物	《工业企业挥发性有机物排放控制标准》（DB 12/524—2020）	40	3.4	40	/	周围 200 m 最高建筑物为厂区内涂装车间，高度 25 m

序号	排放口编号	排放口名称	污染物种类	国家或地方污染物排放标准			环境影响评价批复要求（标态）/（mg/m³）	承诺更加严格排放限值（标态）/（mg/m³）	其他信息
				名称	质量浓度限值（标态）/（mg/m³）	速率限值/（kg/h）			
7	DA006	涂装车间中上涂浓缩转轮+RTO 排气筒	二氧化硫	《工业炉窑大气污染物排放标准》（DB 12/556—2015）	40	66	40	/	周围 200 m 最高建筑物为厂区内涂装车间，高度 25 m
8	DA006	涂装车间中上涂浓缩转轮+RTO 排气筒	甲苯与二甲苯（合计）	《工业企业挥发性有机物排放控制标准》（DB 12/524—2020）	20	20.4	20	/	周围 200 m 最高建筑物为厂区内涂装车间，高度 25 m
9	DA006	涂装车间中上涂浓缩转轮+RTO 排气筒	颗粒物	《工业炉窑大气污染物排放标准》（DB 12/556—2015）	20	100	20	/	周围 200 m 最高建筑物为厂区内涂装车间，高度 25 m
10	DA006	涂装车间中上涂浓缩转轮+RTO 排气筒	非甲烷总烃	《工业企业挥发性有机物排放控制标准》（DB 12/524—2020）	30	29.3	10	/	周围 200 m 最高建筑物为厂区内涂装车间，高度 25 m
11	DA006	涂装车间中上涂浓缩转轮+RTO 排气筒	氮氧化物	《工业炉窑大气污染物排放标准》（DB 12/556—2015）	300	19.5	300	/	周围 200 m 最高建筑物为厂区内涂装车间，高度 25 m
12	DA006	涂装车间中上涂浓缩转轮+RTO 排气筒	挥发性有机物	《工业企业挥发性有机物排放控制标准》（DB 12/524—2020）	40	39.1	40	/	周围 200 m 最高建筑物为厂区内涂装车间，高度 25 m
13	DA007	涂装车间烘干燃烧炉排气筒	氮氧化物	《工业炉窑大气污染物排放标准》（DB 12/556—2015）	150	0.65	150	/	周围 200 m 最高建筑物为厂区内涂装车间，高度 25 m

序号	排放口编号	排放口名称	污染物种类	国家或地方污染物排放标准			环境影响评价批复要求（标态）/（mg/m^3）	承诺更加严格排放限值（标态）/（mg/m^3）	其他信息
				名称	质量浓度限值（标态）/（mg/m^3）	速率限值/（kg/h）			
14	DA007	涂装车间烘干燃烧炉排气筒	甲苯与二甲苯（合计）	《工业企业挥发性有机物排放控制标准》（DB 12/524—2020）	20	1.7	20	/	周围 200 m 最高建筑物为厂区内涂装车间，高度 25 m
15	DA007	涂装车间烘干燃烧炉排气筒	二氧化硫	《工业炉窑大气污染物排放标准》（DB 12/556—2015）	25	2.15	25	/	周围 200 m 最高建筑物为厂区内涂装车间，高度 25 m
16	DA007	涂装车间烘干燃烧炉排气筒	非甲烷总烃	《工业企业挥发性有机物排放控制标准》（DB 12/524—2020）	30	2.6	30	/	周围 200 m 最高建筑物为厂区内涂装车间，高度 25 m
17	DA007	涂装车间烘干燃烧炉排气筒	挥发性有机物	《工业企业挥发性有机物排放控制标准》（DB 12/524—2020）	40	3.4	40	/	周围 200 m 最高建筑物为厂区内涂装车间，高度 25 m
18	DA008	涂装车间电泳排气筒	挥发性有机物	《工业企业挥发性有机物排放控制标准》（DB 12/524—2020）	40	3.4	40	/	周围 200 m 最高建筑物为厂区内涂装车间，高度 25 m
19	DA009	涂装车间调漆间排气筒 1	甲苯与二甲苯（合计）	《工业企业挥发性有机物排放控制标准》（DB 12/524—2020）	20	1.7	20	/	周围 200 m 最高建筑物为厂区内涂装车间，高度 25 m
20	DA009	涂装车间调漆间排气筒 1	非甲烷总烃	《工业企业挥发性有机物排放控制标准》（DB 12/524—2020）	30	2.6	30	/	周围 200 m 最高建筑物为厂区内涂装车间，高度 25 m
21	DA009	涂装车间调漆间排气筒 1	挥发性有机物	《工业企业挥发性有机物排放控制标准》（DB 12/524—2020）	40	3.4	40	/	周围 200 m 最高建筑物为厂区内涂装车间，高度 25 m
22	DA032	装焊车间焊接排气筒 1	颗粒物	《大气污染物综合排放标准》（GB 16297—1996）	120	1.75	120	/	周围 200 m 最高建筑物为厂区内涂装车间，高度 25 m

序号	排放口编号	排放口名称	污染物种类	国家或地方污染物排放标准			环境影响评价批复要求（标态）/（mg/m³）	承诺更加严格排放限值（标态）/（mg/m³）	其他信息
				名称	质量浓度限值（标态）/（mg/m³）	速率限值/（kg/h）			
23	DA033	装焊车间焊接排气筒 2	颗粒物	《大气污染物综合排放标准》（GB 16297—1996）	120	1.75	120	/	周围 200 m 最高建筑物为厂区内涂装车间，高度 25 m
24	DA042	装焊车间电泳废气排气筒	甲苯与二甲苯（合计）	《工业企业挥发性有机物排放控制标准》（DB 12/524—2020）	20	1.7	10	/	周围 200 m 最高建筑物为厂区内涂装车间，高度 25 m
25	DA042	装焊车间电泳废气排气筒	氮氧化物	《工业炉窑大气污染物排放标准》（DB 12/556—2015）	150	0.385	150	/	周围 200 m 最高建筑物为厂区内涂装车间，高度 25 m
26	DA042	装焊车间电泳废气排气筒	挥发性有机物	《工业企业挥发性有机物排放控制标准》（DB 12/524—2020）	40	3.4	40	/	周围 200 m 最高建筑物为厂区内涂装车间，高度 25 m
27	DA042	装焊车间电泳废气排气筒	二氧化硫	《工业炉窑大气污染物排放标准》（DB 12/556—2015）	25	1.3	25	/	周围 200 m 最高建筑物为厂区内涂装车间，高度 25 m
28	DA042	装焊车间电泳废气排气筒	非甲烷总烃	《工业企业挥发性有机物排放控制标准》（DB 12/524—2020）	30	2.6	30	/	周围 200 m 最高建筑物为厂区内涂装车间，高度 25 m
29	DA042	装焊车间电泳废气排气筒	颗粒物	《工业炉窑大气污染物排放标准》（DB 12/556—2015）	10	1.75	10	/	周围 200 m 最高建筑物为厂区内涂装车间，高度 25 m
30	DA043	涂装车间打胶排气筒	挥发性有机物	《工业企业挥发性有机物排放控制标准》（DB 12/524—2020）	40	3.4	40	/	周围 200 m 最高建筑物为厂区内涂装车间，高度 25 m
31	DA043	涂装车间打胶排气筒	甲苯与二甲苯（合计）	《工业企业挥发性有机物排放控制标准》（DB 12/524—2020）	20	1.7	20	/	周围 200 m 最高建筑物为厂区内涂装车间，高度 25 m

序号	排放口编号	排放口名称	污染物种类	国家或地方污染物排放标准			环境影响评价批复要求（标态）/（mg/m³）	承诺更加严格排放限值（标态）/（mg/m³）	其他信息
				名称	质量浓度限值（标态）/（mg/m³）	速率限值/（kg/h）			
32	DA043	涂装车间打胶排气筒	非甲烷总烃	《工业企业挥发性有机物排放控制标准》（DB 12/524—2020）	30	2.6	30	/	周围 200 m 最高建筑物为厂区内涂装车间，高度 25 m
33	DA044	涂装车间电泳排气筒 1	挥发性有机物	《工业企业挥发性有机物排放控制标准》（DB 12/524—2020）	40	3.4	40	/	周围 200 m 最高建筑物为厂区内涂装车间，高度 25 m
34	DA045	涂装车间烘干脱臭炉排气筒	挥发性有机物	《工业企业挥发性有机物排放控制标准》（DB 12/524—2020）	40	3.4	40	/	周围 200 m 最高建筑物为厂区内涂装车间，高度 25 m
35	DA045	涂装车间烘干燃烧炉排气筒	甲苯与二甲苯（合计）	《工业企业挥发性有机物排放控制标准》（DB 12/524—2020）	20	1.7	20	/	周围 200 m 最高建筑物为厂区内涂装车间，高度 25 m
36	DA045	涂装车间烘干燃烧炉排气筒	非甲烷总烃	《工业企业挥发性有机物排放控制标准》（DB 12/524—2020）	30	2.6	30	/	周围 200 m 最高建筑物为厂区内涂装车间，高度 25 m
37	DA045	涂装车间烘干燃烧炉排气筒	颗粒物	《工业炉窑大气污染物排放标准》（DB 12/556—2015）	10	2.95	10	/	周围 200 m 最高建筑物为厂区内涂装车间，高度 25 m
38	DA045	涂装车间烘干燃烧炉排气筒	二氧化硫	《工业炉窑大气污染物排放标准》（DB 12/556—2015）	25	2.15	25	/	周围 200 m 最高建筑物为厂区内涂装车间，高度 25 m
39	DA045	涂装车间烘干燃烧炉排气筒	氮氧化物	《工业炉窑大气污染物排放标准》（DB 12/556—2015）	150	0.65	150	/	周围 200 m 最高建筑物为厂区内涂装车间，高度 25 m

序号	排放口编号	排放口名称	污染物种类	国家或地方污染物排放标准			环境影响评价批复要求（标态）/（mg/m^3）	承诺更加严格排放限值（标态）/（mg/m^3）	其他信息
				名称	质量浓度限值（标态）/（mg/m^3）	速率限值/（kg/h）			
40	DA046	涂装车间中上涂浓缩转轮+RTO 排气筒	二氧化硫	《工业炉窑大气污染物排放标准》（DB 12/556—2015）	50	47	50	/	周围 200 m 最高建筑物为厂区内涂装车间，高度 25 m
41	DA046	涂装车间中上涂浓缩转轮+RTO 排气筒	甲苯与二甲苯（合计）	《工业企业挥发性有机物排放控制标准》（DB 12/524—2020）	20	1.7	20	/	周围 200 m 最高建筑物为厂区内涂装车间，高度 25 m
42	DA046	涂装车间中上涂浓缩转轮+RTO 排气筒	挥发性有机物	《工业企业挥发性有机物排放控制标准》（DB 12/524—2020）	40	32.3	40	/	周围 200 m 最高建筑物为厂区内涂装车间，高度 25 m
43	DA046	涂装车间中上涂浓缩转轮+RTO 排气筒	氮氧化物	《工业炉窑大气污染物排放标准》（DB 12/556—2015）	300	14	300	/	周围 200 m 最高建筑物为厂区内涂装车间，高度 25 m
44	DA046	涂装车间中上涂浓缩转轮+RTO 排气筒	非甲烷总烃	《工业企业挥发性有机物排放控制标准》（DB 12/524—2020）	30	24.2	10	/	周围 200 m 最高建筑物为厂区内涂装车间，高度 25 m
45	DA046	涂装车间中上涂浓缩转轮+RTO 排气筒	颗粒物	《工业炉窑大气污染物排放标准》（DB 12/556—2015）	20	0.75	20	/	周围 200 m 最高建筑物为厂区内涂装车间，高度 25 m
46	DA047	涂装车间涂黑打蜡排气筒	挥发性有机物	《工业企业挥发性有机物排放控制标准》（DB 12/524—2020）	40	3.4	40	/	周围 200 m 最高建筑物为厂区内涂装车间，高度 25 m

序号	排放口编号	排放口名称	污染物种类	国家或地方污染物排放标准			环境影响评价批复要求（标态）/（mg/m^3）	承诺更加严格排放限值（标态）/（mg/m^3）	其他信息
				名称	质量浓度限值（标态）/（mg/m^3）	速率限值/（kg/h）			
47	DA047	涂装车间涂黑打蜡排气筒	甲苯与二甲苯（合计）	《工业企业挥发性有机物排放控制标准》（DB 12/524—2020）	20	1.7	20	/	周围 200 m 最高建筑物为厂区内涂装车间，高度 25 m
48	DA047	涂装车间涂黑打蜡排气筒	非甲烷总烃	《工业企业挥发性有机物排放控制标准》（DB 12/524—2020）	30	2.6	30	/	周围 200 m 最高建筑物为厂区内涂装车间，高度 25 m
49	DA051	总装车间汽车尾气排气筒 31	颗粒物	《大气污染物综合排放标准》（GB 16297—1996）	120	1.75	120	/	周围 200 m 最高建筑物为厂区内涂装车间，高度 25 m
50	DA051	总装车间汽车尾气排气筒 31	挥发性有机物	《工业企业挥发性有机物排放控制标准》（DB 12/524—2020）	60	1.8	60	/	周围 200 m 最高建筑物为厂区内涂装车间，高度 25 m
51	DA051	总装车间汽车尾气排气筒 31	氮氧化物	《大气污染物综合排放标准》（GB 16297—1996）	240	0.385	240	/	周围 200 m 最高建筑物为厂区内涂装车间，高度 25 m
52	DA057	修补漆排气筒	挥发性有机物	《工业企业挥发性有机物排放控制标准》（DB 12/524—2020）	40	3.4	40	/	周围 200 m 最高建筑物为厂区内涂装车间，高度 25 m
53	DA057	修补漆排气筒	非甲烷总烃	《工业企业挥发性有机物排放控制标准》（DB 12/524—2020）	30	1.1	30	/	周围 200 m 最高建筑物为厂区内涂装车间，高度 25 m
54	DA057	修补漆排气筒	颗粒物	《大气污染物综合排放标准》（GB 16297—1996）	120	1.75	120	/	周围 200 m 最高建筑物为厂区内涂装车间，高度 25 m

注：上表内容选取了某汽车制造企业的部分内容为例。

根据上表可知，排污申报单位在填写废气有组织排放执行标准情况时，应准确，在填写该表时，主要注意如下内容：

1）污染物种类应与排放口编号对应准确，执行的污染物排放标准名称、标准号和浓度限值应准确；地方有更严格排放标准的，应按地方标准填报。上述申报单位特征污染物执行的是地方标准。执行限值还应根据排污场所实际情况和执行的排放标准等有关要求，根据有组织排放高度核实排放限值是否取严。

新增污染源应按环境影响评价批复要求及承诺执行更加严格的排放限值。对于 2015 年 1 月 1 日及之后取得环境影响评价审批文件的，应将审批文件中的要求（若有）填入“环境影响评价批复要求”一栏。

2）执行排放标准存在不同时间段执行不同排放控制要求的，且其中两个及以上的时间段与排污单位本次持证的有效期相重叠，填报时排放浓度限值或速率限值应按照执行标准填全，具体情况可以在“其他信息”中说明。

该排污申报单位不涉及该项内容，因此不做填报。

（8）大气污染物有组织排放表

表 9　大气污染物有组织排放表

序号	排放口编号	排放口名称	污染物种类	申请许可排放质量浓度限值（标态）/（mg/m^3）	申请许可排放速率限值/（kg/h）	申请年许可排放量限值/（t/a）					申请许可排放质量浓度限值（标态）/（mg/m^3）	申请特殊时段许可排放量限值/（t/a）
						第一年	第二年	第三年	第四年	第五年		
主要排放口												
1	DA004	涂装车间涂黑、打蜡排气筒	甲苯与二甲苯（合计）	20	1.7	1.08	1.08	1.08	1.08	1.08	/	/
2	DA004	涂装车间涂黑、打蜡排气筒	非甲烷总烃	30	2.6	11.368	11.368	11.368	11.368	11.368	/	/
3	DA004	涂装车间涂黑、打蜡排气筒	挥发性有机物	40	3.4	11.368	11.368	11.368	11.368	11.368	/	/

序号	排放口编号	排放口名称	污染物种类	申请许可排放质量浓度限值（标态）/（mg/m^3）	申请许可排放速率限值/（kg/h）	申请年许可排放量限值/（t/a）					申请许可排放质量浓度限值（标态）/（mg/m^3）	申请特殊时段许可排放量限值/（t/a）
						第一年	第二年	第三年	第四年	第五年		
4	DA005	涂装车间密封漆喷漆室排气筒	甲苯与二甲苯（合计）	20	1.7	1.16	1.16	1.16	1.16	1.16	/	/
5	DA005	涂装车间密封漆喷漆室排气筒	挥发性有机物	40	3.4	15.263	15.263	15.263	15.263	15.263	/	/
6	DA005	涂装车间密封漆喷漆室排气筒	非甲烷总烃	30	2.6	15.263	15.263	15.263	15.263	15.263	/	/
7	DA006	涂装车间中上涂浓缩转轮+RTO排气筒	二氧化硫	40	66	28.5	28.5	28.5	28.5	28.5	/	/
8	DA006	涂装车间中上涂浓缩转轮+RTO排气筒	甲苯与二甲苯（合计）	20	20.4	19	19	19	19	19	/	/
9	DA006	涂装车间中上涂浓缩转轮+RTO排气筒	颗粒物	20	100	45.6	45.6	45.6	45.6	45.6	/	/
10	DA006	涂装车间中上涂浓缩转轮+RTO排气筒	氮氧化物	300	19.5	218.382	218.382	218.382	218.382	218.382	/	/
11	DA006	涂装车间中上涂浓缩转轮+RTO排气筒	挥发性有机物	40	39.1	199.997	199.997	199.997	199.997	199.997	/	/
12	DA006	涂装车间中上涂浓缩转轮+RTO排气筒	非甲烷总烃	30	29.3	199.997	199.997	199.997	199.997	199.997	/	/

序号	排放口编号	排放口名称	污染物种类	申请许可排放质量浓度限值（标态）/（mg/m^3）	申请许可排放速率限值/（kg/h）	申请年许可排放量限值/（t/a）					申请许可排放质量浓度限值（标态）/（mg/m^3）	申请特殊时段许可排放量限值/（t/a）
						第一年	第二年	第三年	第四年	第五年		
13	DA007	涂装车间烘干燃烧炉排气筒	甲苯与二甲苯（合计）	20	1.7	0.9	0.9	0.9	0.9	0.9	/	/
14	DA007	涂装车间烘干燃烧炉排气筒	挥发性有机物	40	3.4	9.474	9.474	9.474	9.474	9.474	/	/
15	DA007	涂装车间烘干燃烧炉排气筒	氮氧化物	150	0.65	10.344	10.344	10.344	10.344	10.344	/	/
16	DA007	涂装车间烘干燃烧炉排气筒	二氧化硫	25	2.15	1.35	1.35	1.35	1.35	1.35	/	/
17	DA007	涂装车间烘干燃烧炉排气筒	非甲烷总烃	30	2.6	9.474	9.474	9.474	9.474	9.474	/	/
18	DA042	装焊车间电泳废气排气筒	二氧化硫	25	1.3	0.18	0.18	0.18	0.18	0.18	/	/
19	DA042	装焊车间电泳废气排气筒	氮氧化物	150	0.385	1.379	1.379	1.379	1.379	1.379	/	/
20	DA042	装焊车间电泳废气排气筒	甲苯与二甲苯（合计）	20	1.7	0.12	0.12	0.12	0.12	0.12	/	/
21	DA042	装焊车间电泳废气排气筒	颗粒物	10	1.75	0.288	0.288	0.288	0.288	0.288	/	/
22	DA042	装焊车间电泳废气排气筒	挥发性有机物	40	3.4	1.263	1.263	1.263	1.263	1.263	/	/
23	DA042	装焊车间电泳废气排气筒	非甲烷总烃	30	2.6	1.263	1.263	1.263	1.263	1.263	/	/
24	DA043	涂装车间打胶排气筒	甲苯与二甲苯（合计）	20	1.7	1.068	1.068	1.068	1.068	1.068	/	/

序号	排放口编号	排放口名称	污染物种类	申请许可排放质量浓度限值（标态）/（mg/m³）	申请许可排放速率限值/（kg/h）	申请年许可排放量限值/（t/a）					申请许可排放质量浓度限值（标态）/（mg/m³）	申请特殊时段许可排放量限值/（t/a）
						第一年	第二年	第三年	第四年	第五年		
25	DA043	涂装车间打胶排气筒	挥发性有机物	40	3.4	14.052	14.052	14.052	14.052	14.052	/	/
26	DA043	涂装车间打胶排气筒	非甲烷总烃	30	2.6	14.052	14.052	14.052	14.052	14.052	/	/
27	DA045	涂装车间烘干燃烧炉排气筒	颗粒物	10	2.95	0.72	0.72	0.72	0.72	0.72	/	/
28	DA045	涂装车间烘干燃烧炉排气筒	甲苯与二甲苯（合计）	20	1.7	0.3	0.3	0.3	0.3	0.3	/	/
29	DA045	涂装车间烘干燃烧炉排气筒	挥发性有机物	40	3.4	3.158	3.158	3.158	3.158	3.158	/	/
30	DA045	涂装车间烘干燃烧炉排气筒	非甲烷总烃	30	2.6	3.158	3.158	3.158	3.158	3.158	/	/
31	DA045	涂装车间烘干燃烧炉排气筒	二氧化硫	25	2.15	0.45	0.45	0.45	0.45	0.45	/	/
32	DA045	涂装车间烘干燃烧炉排气筒	氮氧化物	150	0.65	3.448	3.448	3.448	3.448	3.448	/	/
33	DA046	涂装车间中上涂浓缩转轮+RTO排气筒	挥发性有机物	40	32.3	391.572	391.572	391.572	391.572	391.572	/	/
34	DA046	涂装车间中上涂浓缩转轮+RTO排气筒	氮氧化物	300	14	427.57	427.57	427.57	427.57	427.57	/	/
35	DA046	涂装车间中上涂浓缩转轮+RTO排气筒	甲苯与二甲苯（合计）	20	1.7	37.2	37.2	37.2	37.2	37.2	/	/

序号	排放口编号	排放口名称	污染物种类	申请许可排放质量浓度限值（标态）/（mg/m³）	申请许可排放速率限值/（kg/h）	申请年许可排放量限值/（t/a）					申请许可排放质量浓度限值（标态）/（mg/m³）	申请特殊时段许可排放量限值/（t/a）
						第一年	第二年	第三年	第四年	第五年		
36	DA046	涂装车间中上涂浓缩转轮+RTO排气筒	二氧化硫	50	47	55.8	55.8	55.8	55.8	55.8	/	/
37	DA046	涂装车间中上涂浓缩转轮+RTO排气筒	颗粒物	20	0.75	89.28	89.28	89.28	89.28	89.28	/	/
38	DA046	涂装车间中上涂浓缩转轮+RTO排气筒	非甲烷总烃	30	24.2	391.572	391.572	391.572	391.572	391.572	/	/
39	DA047	涂装车间涂黑打蜡排气筒	甲苯与二甲苯（合计）	20	1.7	1	1	1	1	1	/	/
40	DA047	涂装车间涂黑打蜡排气筒	非甲烷总烃	30	2.6	13.158	13.158	13.158	13.158	13.158	/	/
41	DA047	涂装车间涂黑打蜡排气筒	挥发性有机物	40	3.4	13.158	13.158	13.158	13.158	13.158	/	/
主要排放口合计			颗粒物			135.888 00	135.888 00	135.888 00	135.888 00	135.888 00	/	/
			SO_2			86.28	86.28	86.28	86.28	86.28	/	/
			NO_x			661.123	661.123	661.123	661.123	661.123	/	/
			VOCs			659.305	659.305	659.305	659.305	659.305	/	/
一般排放口												
42	DA008	涂装车间电泳排气筒	挥发性有机物	40	3.4	/	/	/	/	/	/	/
43	DA009	涂装车间调漆间排气筒 1	甲苯与二甲苯（合计）	20	1.7	/	/	/	/	/	/	/

序号	排放口编号	排放口名称	污染物种类	申请许可排放质量浓度限值（标态）/（mg/m³）	申请许可排放速率限值/（kg/h）	申请年许可排放量限值/（t/a）					申请许可排放质量浓度限值（标态）/（mg/m³）	申请特殊时段许可排放量限值/（t/a）
						第一年	第二年	第三年	第四年	第五年		
44	DA009	涂装车间调漆间排气筒 1	非甲烷总烃	30	2.6	/	/	/	/	/	/	/
45	DA009	涂装车间调漆间排气筒 1	挥发性有机物	40	3.4	/	/	/	/	/	/	/
46	DA032	装焊车间焊接排气筒 1	颗粒物	120	1.75	/	/	/	/	/	/	/
47	DA033	装焊车间焊接排气筒 2	颗粒物	120	1.75	/	/	/	/	/	/	/
48	DA044	涂装车间电泳排气筒 1	挥发性有机物	40	3.4	/	/	/	/	/	/	/
49	DA051	总装车间汽车尾气排气筒 31	氮氧化物	240	0.385	/	/	/	/	/	/	/
50	DA051	总装车间汽车尾气排气筒 31	挥发性有机物	60	1.8	/	/	/	/	/	/	/
51	DA051	总装车间汽车尾气排气筒 31	颗粒物	120	1.75	/	/	/	/	/	/	/
52	DA057	修补漆排气筒	挥发性有机物	40	3.4	/	/	/	/	/	/	/
53	DA057	修补漆排气筒	颗粒物	120	1.75	/	/	/	/	/	/	/
一般排放口总计			颗粒物			/	/	/	/	/	/	/
			SO_2			/	/	/	/	/	/	/
			NO_x			/	/	/	/	/	/	/
			VOCs			/	/	/	/	/	/	/

序号	排放口编号	排放口名称	污染物种类	申请许可排放质量浓度限值（标态）/（mg/m^3）	申请许可排放速率限值/（kg/h）	申请年许可排放量限值/（t/a）					申请许可排放质量浓度限值（标态）/（mg/m^3）	申请特殊时段许可排放量限值/（t/a）
						第一年	第二年	第三年	第四年	第五年		
全厂有组织排放总计												
全厂有组织排放总计			颗粒物			135.888 00	135.888 00	135.888 00	135.888 00	135.888 00	/	/
			SO_2			86.28	86.28	86.28	86.28	86.28	/	/
			NO_x			661.123	661.123	661.123	661.123	661.123	/	/
			VOCs			659.305	659.305	659.305	659.305	659.305	/	/

注：上表内容选取了某汽车制造企业的部分内容为例。

根据上表可知，该排污许可申报单位主要排放口不仅许可了排放质量浓度限值，而且许可了排放量限值，一般排放口主要许可了质量浓度限值。排污许可申报单位在填写该表时，还应注意如下内容。

1）有组织排放口应依据国家和地方标准许可污染物排放质量浓度。依据行业技术规范中规定的许可排放量核算方法和分解落实到排污单位各主要排放口的重点污染物排放总量控制指标，从严确定许可排放量。2015 年 1 月 1 日（含）及以后取得环境影响评价审批意见的排污单位，许可排放量还应同时满足环境影响评价文件和审批意见确定的排放量的要求。如上表所示。该表根据工业挥发性有机物地方标准要求进行了填报。

2）主要排放口挥发性有机物按生产单元许可排放量分别核算，将统计结果纳入 VOCs 填报量中，其他污染物不许可排放量；其他生产单元按主要排放口许可污染物排放量，一般排放口不许可排放量，只填报许可排放质量浓度限值，地方有更严格要求的从其规定。申请的许可排放量应与计算过程文件保持一致，从严确定许可排放量；如上表所示。

3）排放量计算需符合规范要求。特殊时段排放量限值由核发部门结合重污染天气应急预案及上一年的环统数据填写日许可排放量和管控要求。对于有错峰生产要求的排污单位，重点审查是否填报错峰生产月许可排放量。计算月许可排放量时，应充分考虑自然月的天数，应填报计算过程。

4）有关许可排放量的计算方法、计算公式、参数选取过程及计算结果的计算过程的说明内容应作为附件上传。

（9）大气污染物无组织排放表

表 10　大气污染物无组织排放表

序号	生产设施编号/无组织排放编号	产污环节	污染物种类	主要污染防治措施	国家或地方污染物排放标准		其他信息	年许可排放量限值/（t/a）					申请特殊时段许可排放量限值/（t/a）
					名称	质量浓度限值（标态）/（mg/m^3）		第一年	第二年	第三年	第四年	第五年	
1	在厂房外	/	非甲烷总烃	/	《工业企业挥发性有机物排放控制标准》（DB 12/524—2020）	2.0		/	/	/	/	/	/
2	厂界	/	颗粒物	/	《大气污染物综合排放标准》（GB 16297—1996）	1.0		/	/	/	/	/	/
3	厂界	/	臭气浓度	/	《恶臭污染物排放标准》（DB 12/059—2018）	20（量纲一）		/	/	/	/	/	/
全厂无组织排放总计													
全厂无组织排放总计				颗粒物				/	/	/	/	/	/
				SO_2				/	/	/	/	/	/
				NO_x				/	/	/	/	/	/

注：上表内容选取了某汽车制造企业的部分内容为例。

无组织排放编号指产生无组织排放生产单元的主要生产设施编号，应与上述填报（如填写无组织排放）保持一致。为便于管理，可通过增加表格行数等方式，增加厂界或厂房外等监控点位管理要求，以便于后续自行监测方案生成对应的监测管理内容。对应自动生成设施编号的，可在“其他信息”一列，可填写排放标准质量浓度限值对应的监测点位，如“厂界”。

（10）排污单位大气排放总许可量

大气排放总许可量指的是全厂有组织排放总计数据，应与环评批复的全厂总量控制指标等数据比较，两者取严。

（11）废水直接排放口基本情况表

表 11 废水直接排放口基本情况表

序号	排放口编号	排放口名称	排放口地理坐标		排放去向	排放规律	间歇排放时段	受纳自然水体信息		汇入受纳自然水体处地理坐标		其他信息
			经度	纬度				名称	受纳水体功能目标	经度	纬度	

表 11-1 入河排污口信息表

序号	排放口编号	排放口名称	入河排污口			其他信息
			名称	编号	批复文号	

表 11-2 雨水排放口基本情况表

序号	排放口编号	排放口名称	排放口地理坐标		排放去向	排放规律	间歇排放时段	受纳自然水体信息		汇入受纳自然水体处地理坐标		其他信息
			经度	纬度				名称	受纳水体功能目标	经度	纬度	
1	YS001	雨水排放口	××°××′××″	××°××′××″	进入城市下水道（再入江河、湖、库）	间断排放，排放期间流量不稳定且无规律，但不属于冲击型排放	降雨时监测	××河	V类	××°××′××″	××°××′××″	生产期间且有流动水排放时监测

注：上表内容选取了某汽车制造企业的部分内容为例。

该申报单位没有废水直接排放口，只有雨水排放口。其他申报单位若有，则在填写该表时，应该注意如下内容：

1）若企业排放废水为间歇排放，应填写间歇排放时段。

2）应填写受纳自然水体名称和功能目标、汇入受纳自然水体处地理坐标等相关内容。地理坐标应填写正确，总排放口坐标指废水排出厂界处坐标，车间或生产设施排放口坐标指废水排出车间或车间处理设施边界处坐标。

3）雨水排放口编号应规范，填报排污单位内部编号，如无内部编号，则采用“YS+三位流水号数字”（如：YS001）进行编号并填报。有多个雨水排放口的都要填报。

（12）废水间接排放口基本情况表

表 12　废水间接排放口基本情况表

序号	排放口编号	排放口名称	排放口地理坐标		排放去向	排放规律	间歇排放时段	受纳污水处理厂信息			
			经度	纬度				名称	污染物种类	排水协议规定的质量浓度限值/（mg/L）	国家或地方污染物排放标准质量浓度限值/（mg/L）
1	DW001	涂装车间表面处理产生废水排放口	××°××′××″	××°××′××″	排至厂内综合污水处理站	间断排放，排放期间流量不稳定且无规律，但不属于冲击型排放	生产时排放				
2	DW002	总排放口	××°××′××″	××°××′××″	进入城市污水处理厂	间断排放，排放期间流量稳定	生产时排放	天津××水务有限公司	氨氮（NH_3-N）	/	1.5
									总磷（以 P 计）	/	0.3
									化学需氧量	/	30
									阴离子表面活性剂	/	0.3
									五日生化需氧量	/	6
									悬浮物	/	5
									pH	/	6～9（量纲一）
									总氮（以 N 计）	/	10
									石油类	/	0.5

1）申报单位若排放废水为间歇排放的，应填写间歇排放时段。

2）应填写受纳污水处理厂不同污染物执行的排放标准浓度限值。

3）排放口地理坐标应填写正确，总排放口坐标指废水排出厂界处坐标；车间或生产设施排放口坐标指废水排出车间或车间处理设施边界处坐标。

4）受纳污水处理厂信息应包括名称、污染物种类和执行排放标准中的浓度限值；污染物种类与前述表 6 中填报的污染物种类应一致；排放质量浓度限值应填写正确，为污水处理厂废水排放执行的排放标准质量浓度限值。

（13）废水污染物排放执行标准表

表 13　废水污染物排放执行标准表

单位：mg/L（pH 除外）

序号	排放口编号	排放口名称	污染物种类	国家或地方污染物排放标准		排水协议规定的浓度限值	环境影响评价批复要求	承诺更加严格排放限值	其他信息
				名称	质量浓度限值				
1	DW002	总排放口	悬浮物	《污水综合排放标准》（DB 12/356—2018）	400	/	/	/	
2	DW002	总排放口	五日生化需氧量	《污水综合排放标准》（DB 12/356—2018）	300	/	/	/	
3	DW002	总排放口	化学需氧量	《污水综合排放标准》（DB 12/356—2018）	500	/	/	/	
4	DW002	总排放口	石油类	《污水综合排放标准》（DB 12/356—2018）	15	/	/	/	
5	DW002	总排放口	流量	/	/	/	/	/	
6	DW002	总排放口	pH	《污水综合排放标准》（DB 12/356—2018）	6～9	/	/	/	
7	DW002	总排放口	阴离子表面活性剂	《污水综合排放标准》（DB 12/356—2018）	20	/	/	/	

序号	排放口编号	排放口名称	污染物种类	国家或地方污染物排放标准		排水协议规定的浓度限值	环境影响评价批复要求	承诺更加严格排放限值	其他信息
				名称	质量浓度限值				
8	DW002	总排放口	氨氮（NH_3-N）	《污水综合排放标准》（DB 12/356—2018）	45	/	35	/	
9	DW002	总排放口	总磷（以P计）	《污水综合排放标准》（DB 12/356—2018）	8	/	3	/	
10	DW002	总排放口	总氮（以N计）	《污水综合排放标准》（DB 12/356—2018）	70	/	/	/	
11	DW001	涂装车间表面处理废水排放口	流量	/	/	/	/	/	
12	DW001	涂装车间表面处理废水排放口	总镍	《污水综合排放标准》（DB 12/356—2018）	1.0	/	0.5	/	

注：表中“流量”虽非污染物种类，但是在填报和表的生成中是必须项。

1）排污单位一类污染物必须填写；废水经预处理后排放到工业废水集中处理设施的，除一类污染物外，其他污染物应填写工业废水集中处理设施执行的排放标准名称和排放质量浓度限值。

2）执行国家水污染物排放标准的，标准名称及污染物种类等应符合技术规范要求。地方有更严格排放标准的，应填报地方标准。

3）执行排放标准存在不同时间段执行不同排放控制要求的，且其中两个及以上的时间段与排污单位本次持证的有效期相重叠的，填报时排放质量浓度限值或速率限值应按照执行标准填全，具体情况可以在“其他信息”中说明。

4）雨水排放口的污染物种类填写化学需氧量和悬浮物，但无须填报执行标准名称和质量浓度限值信息，填报“/”。地方有更严格控制要求的，按地方要求执行。

（14）废水污染物排放

表 14 废水污染物排放

序号	排放口编号	排放口名称	污染物种类	申请排放质量浓度限值/（mg/L）	申请年排放量限值/（t/a）					申请特殊时段排放量限值/（t/a）
					第一年	第二年	第三年	第四年	第五年	
主要排放口										
1	DW001	涂装车间表面处理废水排放口	流量	/	/	/	/	/	/	/
2	DW001	涂装车间表面处理废水排放口	总镍	1.0	0.16	0.16	0.16	0.16	0.16	/
3	DW002	总排放口	动植物油	100	/	/	/	/	/	/
4	DW002	总排放口	氨氮（NH_3-N）	45	3.2	3.2	3.2	3.2	3.2	/
5	DW002	总排放口	总锌	5.0	4.9	4.9	4.9	4.9	4.9	/
6	DW002	总排放口	总氮（以 N 计）	70	9.4	9.4	9.4	9.4	9.4	/
7	DW002	总排放口	总磷（以 P 计）	8	3.7	3.7	3.7	3.7	3.7	/
8	DW002	总排放口	化学需氧量	500	141	141	141	141	141	/
9	DW002	总排放口	悬浮物	400	18.3	18.3	18.3	18.3	18.3	/
10	DW002	总排放口	流量	/	/	/	/	/	/	/
11	DW002	总排放口	pH	6～9（量纲一）	/	/	/	/	/	/
12	DW002	总排放口	五日生化需氧量	300	/	/	/	/	/	/
13	DW002	总排放口	石油类	15	/	/	/			
主要排放口合计			COD_{Cr}		141	141	141	141	141	/
			氨氮		3.2	3.2	3.2	3.2	3.2	/
			总氮（以 N 计）		9.4	9.4	9.4	9.4	9.4	/
			总磷（以 P 计）		3.7	3.7	3.7	3.7	3.7	/
			总镍		0.16	0.16	0.16	0.16	0.16	/

序号	排放口编号	排放口名称	污染物种类	申请排放质量浓度限值/（mg/L）	申请年排放量限值/（t/a）					申请特殊时段排放量限值/（t/a）
					第一年	第二年	第三年	第四年	第五年	
一般排放口										
一般排放口合计			COD_{Cr}							
			氨氮							
			总氮（以N计）							
全厂排放口										
全厂排放口合计			COD_{Cr}		141	141	141	141	141	/
			氨氮		3.2	3.2	3.2	3.2	3.2	/
			总氮（以N计）		9.4	9.4	9.4	9.4	9.4	/
			总磷（以P计）		3.7	3.7	3.7	3.7	3.7	/
			总镍		0.16	0.16	0.16	0.16	0.16	/

注：表中“流量”虽非污染物种类，但是在填报和表的生成中是必须项。

1）排污申报单位应按排放口编号，逐一对应填写主要排放口（废水总排放口和设施或车间排放口）污染物排放质量浓度限值、年排放量限值、特殊时段排放量限值。

2）污染物种类应填报完整。依据国家和地方标准许可污染物排放质量浓度。依据行业技术规范中规定的许可排放量核算方法和依法分解落实到排污单位的重点污染物排放总量控制指标，从严确定许可排放量；对于2015年1月1日（含）及之后的年份取得环评文件批复的排污单位，许可排放量还应同时满足环境影响评价文件和审批意见确定的排放量的要求。规范中未许可排放量的因子，如有地方要求，应按地方要求执行。

3）如果地方生态环境主管部门要求按月进行细化的，应按地方要求执行；提交的申请年排放量的计算过程文件中，计算过程应正确，单位使用合理。

4）总量控制指标包括地方政府或生态环境主管部门发文确定的排污单位总量控制指标、环境影响评价文件批复中确定的总量控制指标、现有排污许可证中载明的总量控制指标、通过排污权有偿使用和交易确定的总量控制指标等地方政府或生态环境主管部门与排污许可证申领排污单位以一定形式确认的总量控制指标。污染物总量控制要求应具体到污染物类型及其指标量，应与后续许可量计算过程及许可量申请数据进行对比，按技术规范要求，从严确定许可量。

（15）自行监测及记录信息表

表 15 自行监测及记录信息表

序号	污染源类别	排放口编号	排放口名称	监测内容	污染物名称	监测设施	自动监测是否联网	自动监测仪器名称	自动监测设施安装位置	自动监测设施是否符合安装、运行、维护等管理要求	手工监测采样方法及个数	手工监测频次	手工测定方法	其他信息
1	废水	DW002	总排放口	流量	石油类	手工					瞬时采样至少 3 个瞬时样	1 次/月	《水质 石油类和动植物油类的测定 红外分光光度法》（HJ 637—2018）	
2		DW002	总排放口	流量	总氮（以 N 计）	手工					瞬时采样至少 3 个瞬时样	1 次/季	《水质 总氮的测定 气相分子吸收光谱法》（HJ/T 199—2005）	
3		DW002	总排放口	流量	五日生化需氧量	手工					瞬时采样至少 3 个瞬时样	1 次/月	《水质 五日生化需氧量（BOD_5）的测定 稀释与接种法》（HJ 505—2009）	
4		DW002	总排放口	流量	氨氮（NH_3-N）	自动	是	氨氮在线分析仪	厂区总排放口	是	瞬时采样至少 3 个瞬时样	1 次/月	《水质 氨氮的测定 水杨酸分光光度法》（HJ 536—2009）	
5		DW002	总排放口	流量	悬浮物	手工					瞬时采样至少 3 个瞬时样	1 次/月	《水质 悬浮物的测定 重量法》（GB 11901—1989）	

序号	污染源类别	排放口编号	排放口名称	监测内容	污染物名称	监测设施	自动监测是否联网	自动监测仪器名称	自动监测设施安装位置	自动监测设施是否符合安装、运行、维护等管理要求	手工监测采样方法及个数	手工监测频次	手工测定方法	其他信息
6	废水	DW002	总排放口	流量	动植物油	手工					瞬时采样至少3个瞬时样	1次/月	《水质　石油类和动植物油类的测定　红外分光光度法》（HJ 637—2018）	
7	废水	DW002	总排放口	流量	pH	手工					瞬时采样至少3个瞬时样	1次/月	《水质　pH值的测定　玻璃电极法》（GB 6920—1986）	
8	废水	DW002	总排放口	流量	总锌	手工					瞬时采样至少3个瞬时样	1次/月	《水质　铜、锌、铅、镉的测定　原子吸收分光光度法》（GB 7475—1987）	
9	废水	DW002	总排放口	流量	化学需氧量	自动	是	化学需氧量在线监测仪	厂区总排放口	是	瞬时采样至少3个瞬时样	1次/月	《水质　化学需氧量的测定　重铬酸盐法》（HJ 828—2017）	
10	废水	DW002	总排放口	流量	总磷（以P计）	手工					瞬时采样至少3个瞬时样	1次/月	《水质　总磷的测定　钼酸铵分光光度法》（GB 11893—1989）	
11	废水	DW001	涂装车间表面处理废水处理设施排放口	流量	总镍	自动	是	总镍在线装置	车间排放口	是				

序号	污染源类别	排放口编号	排放口名称	监测内容	污染物名称	监测设施	自动监测是否联网	自动监测仪器名称	自动监测设施安装位置	自动监测设施是否符合安装、运行、维护等管理要求	手工监测采样方法及个数	手工监测频次	手工测定方法	其他信息
12	废水	DW001	涂装车间表面处理废水处理设施排放口	流量	流量	自动	是	自动流量计	车间排口	是				
13	废气	DA004	涂装车间打蜡排气筒	烟气压力、烟气含湿量	挥发性有机物	手工					非连续采样至少3个	1次/月	《固定污染源废气　挥发性有机物的测定　固相吸附热脱附/气相色谱-质谱法》（HJ 734—2014）	
14		DA004	涂装车间打蜡排气筒	烟气压力、烟气含湿量	二甲苯	手工					非连续采样至少3个	1次/季	《环境空气　苯系物的测定　活性炭吸附/二硫化碳解吸-气相色谱法》（HJ 584—2010 代替 GB/T 14670—93）	
15		DA004	涂装车间打蜡排气筒	烟气压力、烟气含湿量	甲苯	手工					非连续采样至少3个	1次/季	《环境空气　苯系物的测定　活性炭吸附/二硫化碳解吸-气相色谱法》（HJ 584—2010 代替 GB/T 14670—93）	

序号	污染源类别	排放口编号	排放口名称	监测内容	污染物名称	监测设施	自动监测是否联网	自动监测仪器名称	自动监测设施安装位置	自动监测设施是否符合安装、运行、维护等管理要求	手工监测采样方法及个数	手工监测频次	手工测定方法	其他信息
16	废气	DA005	涂装车间密封漆喷漆室排气筒	烟气压力、烟气含湿量	挥发性有机物	手工					非连续采样至少3个	1次/月	《固定污染源废气 挥发性有机物的测定 固相吸附热脱附/气相色谱-质谱法》（HJ 734—2014）	
17		DA005	涂装车间密封漆喷漆室排气筒	烟气压力、烟气含湿量	甲苯	手工					非连续采样至少3个	1次/季	《环境空气 苯系物的测定 活性炭吸附/二硫化碳解吸-气相色谱法》（HJ 584—2010代替GB/T 14670—93）	
18		DA005	涂装车间密封漆喷漆室排气筒	烟气压力、烟气含湿量	二甲苯	手工					非连续采样至少3个	1次/季	《环境空气 苯系物的测定 活性炭吸附/二硫化碳解吸-气相色谱法》（HJ 584—2010代替GB/T 14670—93）	
19		DA006	涂装车间中上涂浓缩转轮+RTO排气筒	烟气压力、烟气含湿量	二甲苯	手工					非连续采样至少3个	1次/季	《环境空气 苯系物的测定 活性炭吸附/二硫化碳解吸-气相色谱法》（HJ 584—2010代替GB/T 14670—93）	

序号	污染源类别	排放口编号	排放口名称	监测内容	污染物名称	监测设施	自动监测是否联网	自动监测仪器名称	自动监测设施安装位置	自动监测设施是否符合安装、运行、维护等管理要求	手工监测采样方法及个数	手工监测频次	手工测定方法	其他信息
20	废气	DA006	涂装车间中上涂浓缩转轮+RTO排气筒	烟气压力、烟气含湿量	氮氧化物	手工					非连续采样至少3个	1次/季	《固定污染源废气 氮氧化物的测定 定电位电解法》（HJ 693—2014）	
21		DA006	涂装车间中上涂浓缩转轮+RTO排气筒	烟气压力、烟气含湿量	颗粒物	手工					非连续采样至少3个	1次/年	《固定污染源排气中颗粒物测定与气态污染物采样方法》（GB/T 16157—1996）	
22		DA006	涂装车间中上涂浓缩转轮+RTO排气筒	烟气压力、烟气含湿量	二氧化硫	手工					非连续采样至少3个	1次/季	《固定污染源废气 二氧化硫的测定 非分散红外吸收法》（HJ 629—2011）	
23		DA006	涂装车间中上涂浓缩转轮+RTO排气筒	烟气压力、烟气含湿量	挥发性有机物	手工					非连续采样至少3个	1次/月	《固定污染源废气 挥发性有机物的测定 固相吸附-热脱附/气相色谱-质谱法》（HJ 734—2014）	

序号	污染源类别	排放口编号	排放口名称	监测内容	污染物名称	监测设施	自动监测是否联网	自动监测仪器名称	自动监测设施安装位置	自动监测设施是否符合安装、运行、维护等管理要求	手工监测采样方法及个数	手工监测频次	手工测定方法	其他信息
24	废气	DA006	涂装车间中上涂浓缩转轮+RTO排气筒	烟气压力、烟气含湿量	甲苯	手工					非连续采样至少3个	1次/季	《环境空气 苯系物的测定 活性炭吸附/二硫化碳解吸-气相色谱法》（HJ 584—2010代替GB/T 14670—93）	
25		DA007	涂装车间烘干燃烧炉排气筒	烟气压力、烟气含湿量	挥发性有机物	手工					非连续采样至少3个	1次/月	《固定污染源废气 挥发性有机物的测定 固相吸附热脱附/气相色谱-质谱法》（HJ 734—2014）	
26		DA007	涂装车间烘干燃烧炉排气筒	烟气压力、烟气含湿量	二氧化硫	手工					非连续采样至少3个	1次/季	《固定污染源废气 二氧化硫的测定 非分散红外吸收法》（HJ 629—2011）	
27		DA007	涂装车间烘干燃烧炉排气筒	烟气压力、烟气含湿量	二甲苯	手工					非连续采样至少3个	1次/季	《环境空气 苯系物的测定 活性炭吸附/二硫化碳解吸-气相色谱法》（HJ 584—2010代替GB/T 14670—93）	

序号	污染源类别	排放口编号	排放口名称	监测内容	污染物名称	监测设施	自动监测是否联网	自动监测仪器名称	自动监测设施安装位置	自动监测设施是否符合安装、运行、维护等管理要求	手工监测采样方法及个数	手工监测频次	手工测定方法	其他信息
28	废气	DA007	涂装车间烘干燃烧炉排气筒	烟气压力、烟气含湿量	氮氧化物	手工					非连续采样至少3个	1次/季	《固定污染源废气 氮氧化物的测定 定电位电解法》（HJ 693—2014）	
29		DA007	涂装车间烘干燃烧炉排气筒	烟气压力、烟气含湿量	甲苯	手工					非连续采样至少3个	1次/季	《环境空气 苯系物的测定 活性炭吸附/二硫化碳解吸-气相色谱法》（HJ 584—2010 代替 GB/T 14670—93）	
30		DA008	涂装车间电泳排气筒	烟气含湿量、烟气压力	挥发性有机物	手工					非连续采样至少3个	1次/半年	《固定污染源废气 挥发性有机物的测定 固相吸附热脱附/气相色谱-质谱法》（HJ 734—2014）	
31		DA009	涂装车间调漆间排气筒	烟气含湿量、烟气压力	二甲苯	手工					非连续采样至少3个	1次/半年	《环境空气 苯系物的测定 固体吸附/热脱附-气相色谱法》（HJ 583—2010 代替 GB/T 14677—93）	

序号	污染源类别	排放口编号	排放口名称	监测内容	污染物名称	监测设施	自动监测是否联网	自动监测仪器名称	自动监测设施安装位置	自动监测设施是否符合安装、运行、维护等管理要求	手工监测采样方法及个数	手工监测频次	手工测定方法	其他信息
32	废气	DA009	涂装车间调漆间排气筒	烟气含湿量、烟气压力	甲苯	手工					非连续采样至少3个	1次/年	《环境空气　苯系物的测定　固体吸附/热脱附-气相色谱法》（HJ 583—2010 代替 GB/T 14677—93）	
33		DA009	涂装车间调漆间排气筒	烟气含湿量、烟气压力	挥发性有机物	手工					非连续采样至少3个	1次/半年	《固定污染源废气　挥发性有机物的测定　固相吸附热脱附/气相色谱-质谱法》（HJ 734—2014）	
34		DA032	装焊车间焊接排气筒1	烟气含湿量、烟气压力	颗粒物	手工					非连续采样至少3个	1次/年	《固定污染源排气中颗粒物测定与气态污染物采样方法》（GB/T 16157—1996）	
35		DA033	装焊车间焊接排气筒2	烟气含湿量、烟气压力	颗粒物	手工					非连续采样至少3个	1次/年	《固定污染源排气中颗粒物测定与气态污染物采样方法》（GB/T 16157—1996）	

序号	污染源类别	排放口编号	排放口名称	监测内容	污染物名称	监测设施	自动监测是否联网	自动监测仪器名称	自动监测设施安装位置	自动监测设施是否符合安装、运行、维护等管理要求	手工监测采样方法及个数	手工监测频次	手工测定方法	其他信息
36	废气	DA042	装焊车间电泳废气排气筒	烟气压力、烟气含湿量	甲苯	手工					非连续采样至少3个	1次/季	《环境空气　苯系物的测定　活性炭吸附/二硫化碳解吸-气相色谱法》（HJ 584—2010代替GB/T 14670—93）	
37		DA042	装焊车间电泳废气排气筒	烟气压力、烟气含湿量	二甲苯	手工					非连续采样至少3个	1次/季	《环境空气　苯系物的测定　活性炭吸附/二硫化碳解吸-气相色谱法》（HJ 584—2010代替GB/T 14670—93）	
38		DA042	装焊车间电泳废气排气筒	烟气压力、烟气含湿量	挥发性有机物	手工					非连续采样至少3个	1次/月	《固定污染源废气　挥发性有机物的测定　固相吸附热脱附/气相色谱-质谱法》（HJ 734—2014）	
39		DA042	装焊车间电泳废气排气筒	烟气压力、烟气含湿量	颗粒物	手工					非连续采样至少3个	1次/年	《固定污染源排气中颗粒物测定与气态污染物采样方法》（GB/T 16157—1996）	

序号	污染源类别	排放口编号	排放口名称	监测内容	污染物名称	监测设施	自动监测是否联网	自动监测仪器名称	自动监测设施安装位置	自动监测设施是否符合安装、运行、维护等管理要求	手工监测采样方法及个数	手工监测频次	手工测定方法	其他信息
40	废气	DA042	装焊车间电泳废气排气筒	烟气压力、烟气含湿量	氮氧化物	手工					非连续采样至少3个	1次/季	《固定污染源废气氮氧化物的测定定电位电解法》（HJ 693—2014）	
41		DA042	装焊车间电泳废气排气筒	烟气压力、烟气含湿量	二氧化硫	手工					非连续采样至少3个	1次/季	《固定污染源废气二氧化硫的测定非分散红外吸收法》（HJ 629—2011）	
42		DA043	涂装车间打胶排气筒	烟气压力、烟气含湿量	二甲苯	手工					非连续采样至少3个	1次/季	《环境空气 苯系物的测定 活性炭吸附/二硫化碳解吸-气相色谱法》（HJ 584—2010代替GB/T 14670—93）	
43		DA043	涂装车间打胶排气筒	烟气压力、烟气含湿量	甲苯	手工					非连续采样至少3个	1次/季	《环境空气 苯系物的测定 活性炭吸附/二硫化碳解吸-气相色谱法》（HJ 584—2010代替GB/T 14670—93）	

序号	污染源类别	排放口编号	排放口名称	监测内容	污染物名称	监测设施	自动监测是否联网	自动监测仪器名称	自动监测设施安装位置	自动监测设施是否符合安装、运行、维护等管理要求	手工监测采样方法及个数	手工监测频次	手工测定方法	其他信息
44	废气	DA043	涂装车间打胶排气筒	烟气压力、烟气含湿量	挥发性有机物	手工					非连续采样至少3个	1次/月	《固定污染源废气 挥发性有机物的测定 固相吸附热脱附/气相色谱-质谱法》（HJ 734—2014）	
45		DA044	涂装车间电泳排气筒	烟气含湿量、烟气压力	挥发性有机物	手工					非连续采样至少3个	1次/半年	《固定污染源废气 挥发性有机物的测定 固相吸附热脱附/气相色谱-质谱法》（HJ 734—2014）	
46		DA045	涂装车间烘干燃烧炉排气筒	烟气压力、烟气含湿量	二氧化硫	手工					非连续采样至少3个	1次/季	《固定污染源废气 二氧化硫的测定 非分散红外吸收法》（HJ 629—2011）	
47		DA045	涂装车间烘干燃烧炉排气筒	烟气压力、烟气含湿量	甲苯	手工					非连续采样至少3个	1次/季	《环境空气 苯系物的测定 活性炭吸附/二硫化碳解吸-气相色谱法》（HJ 584—2010 代替 GB/T 14670—93）	

序号	污染源类别	排放口编号	排放口名称	监测内容	污染物名称	监测设施	自动监测是否联网	自动监测仪器名称	自动监测设施安装位置	自动监测设施是否符合安装、运行、维护等管理要求	手工监测采样方法及个数	手工监测频次	手工测定方法	其他信息
48	废气	DA045	涂装车间烘干燃烧炉排气筒	烟气压力、烟气含湿量	氮氧化物	手工					非连续采样至少3个	1次/季	《固定污染源废气 氮氧化物的测定 定电位电解法》（HJ 693—2014）	
49	废气	DA045	涂装车间烘干燃烧炉排气筒	烟气压力、烟气含湿量	挥发性有机物	手工					非连续采样至少3个	1次/月	《固定污染源废气 挥发性有机物的测定 固相吸附热脱附/气相色谱-质谱法》（HJ 734—2014）	
50	废气	DA045	涂装车间烘干燃烧炉排气筒	烟气压力、烟气含湿量	颗粒物	手工					非连续采样至少3个	1次/年	《固定污染源排气中颗粒物测定与气态污染物采样方法》（GB/T 16157—1996）	
51	废气	DA045	涂装车间烘干燃烧炉排气筒	烟气压力、烟气含湿量	二甲苯	手工					非连续采样至少3个	1次/季	《环境空气 苯系物的测定 活性炭吸附/二硫化碳解吸-气相色谱法》（HJ 584—2010代替GB/T 14670—93）	

序号	污染源类别	排放口编号	排放口名称	监测内容	污染物名称	监测设施	自动监测是否联网	自动监测仪器名称	自动监测设施安装位置	自动监测设施是否符合安装、运行、维护等管理要求	手工监测采样方法及个数	手工监测频次	手工测定方法	其他信息
52	废气	DA046	涂装车间中上涂浓缩转轮+RTO 排气筒	烟气压力、烟气含湿量	二甲苯	手工					非连续采样至少3个	1次/季	《环境空气　苯系物的测定　活性炭吸附/二硫化碳解吸-气相色谱法》（HJ 584—2010 代替 GB/T 14670—93）	
53	废气	DA046	涂装车间中上涂浓缩转轮+RTO 排气筒	烟气压力、烟气含湿量	氮氧化物	手工					非连续采样至少3个	1次/季	《固定污染源废气　氮氧化物的测定　定电位电解法》（HJ 693—2014）	
54	废气	DA046	涂装车间中上涂浓缩转轮+RTO 排气筒	烟气压力、烟气含湿量	颗粒物	手工					非连续采样至少3个	1次/年	《固定污染源排气中颗粒物测定与气态污染物采样方法》（GB/T 16157—1996）	
55	废气	DA046	涂装车间中上涂浓缩转轮+RTO 排气筒	烟气压力、烟气含湿量	二氧化硫	手工					非连续采样至少3个	1次/季	《固定污染源废气　二氧化硫的测定　非分散红外吸收法》（HJ 629—2011）	

序号	污染源类别	排放口编号	排放口名称	监测内容	污染物名称	监测设施	自动监测是否联网	自动监测仪器名称	自动监测设施安装位置	自动监测设施是否符合安装、运行、维护等管理要求	手工监测采样方法及个数	手工监测频次	手工测定方法	其他信息
56	废气	DA046	涂装车间中上涂浓缩转轮+RTO排气筒	烟气压力、烟气含湿量	甲苯	手工					非连续采样至少3个	1次/季	《环境空气　苯系物的测定　活性炭吸附/二硫化碳解吸-气相色谱法》（HJ 584—2010代替GB/T 14670—93）	
57		DA046	涂装车间中上涂浓缩转轮+RTO排气筒	烟气压力、烟气含湿量	挥发性有机物	手工					非连续采样至少3个	1次/月	《固定污染源废气　挥发性有机物的测定　固相吸附热脱附/气相色谱-质谱法》（HJ 734—2014）	
58		DA047	涂装车间涂黑打蜡排气筒	烟气压力、烟气含湿量	甲苯	手工					非连续采样至少3个	1次/季	《环境空气　苯系物的测定　活性炭吸附/二硫化碳解吸-气相色谱法》（HJ 584—2010代替GB/T 14670—93）	

序号	污染源类别	排放口编号	排放口名称	监测内容	污染物名称	监测设施	自动监测是否联网	自动监测仪器名称	自动监测设施安装位置	自动监测设施是否符合安装、运行、维护等管理要求	手工监测采样方法及个数	手工监测频次	手工测定方法	其他信息
59	废气	DA047	涂装车间涂黑打蜡排气筒	烟气压力、烟气含湿量	二甲苯	手工					非连续采样至少3个	1次/季	《环境空气　苯系物的测定　活性炭吸附/二硫化碳解吸-气相色谱法》（HJ 584—2010 代替 GB/T 14670—93）	
60		DA047	涂装车间涂黑打蜡排气筒	烟气压力、烟气含湿量	挥发性有机物	手工					非连续采样至少3个	1次/月	《固定污染源废气　挥发性有机物的测定　固相吸附热脱附/气相色谱-质谱法》（HJ 734—2014）	
61		DA051	总装车间汽车尾气排气筒	烟气含湿量、烟气压力	氮氧化物	手工					非连续采样至少3个	1次/年	《固定污染源废气　氮氧化物的测定　定电位电解法》（HJ 693—2014）	
		DA051	总装车间汽车尾气排气筒	烟气含湿量、烟气压力	颗粒物	手工					非连续采样至少3个	1次/年	《固定污染源排气中颗粒物测定与气态污染物采样方法》（GB/T 16157—1996）	

序号	污染源类别	排放口编号	排放口名称	监测内容	污染物名称	监测设施	自动监测是否联网	自动监测仪器名称	自动监测设施安装位置	自动监测设施是否符合安装、运行、维护等管理要求	手工监测采样方法及个数	手工监测频次	手工测定方法	其他信息
62	废气	DA051	总装车间汽车尾气排气筒	烟气含湿量、烟气压力	挥发性有机物	手工					非连续采样至少3个	1次/半年	《固定污染源废气 挥发性有机物的测定 固相吸附热脱附/气相色谱-质谱法》（HJ 734—2014）	
63		DA057	修补漆排气筒	烟气含湿量、烟气压力	颗粒物	手工					非连续采样至少3个	1次/年	《固定污染源排气中颗粒物测定与气态污染物采样方法》（GB/T 16157—1996）	
64		DA057	修补漆排气筒	烟气含湿量、烟气压力	挥发性有机物	手工					非连续采样至少3个	1次/半年	《固定污染源废气 挥发性有机物的测定 固相吸附热脱附/气相色谱-质谱法》（HJ 734—2014）	

注：上表内容选取了某汽车制造企业的部分内容为例。表中“流量”等虽非污染物，但在填报及表的生成中是必须项。

1）排污申报单位填报监测因子数量及监测频次应符合行业技术规范及排污单位自行监测技术指南的要求；

2）排污申报单位在选择手工监测方法时，应选用排放标准中确定的标准监测分析方法。

（16）环境管理台账信息表

表 16　环境管理台账信息表

序号	类别	记录内容	记录频次	记录形式	其他信息
1	基本信息	企业名称、生产经营场所地址、行业类别、法定代表人、统一社会信用代码、产品名称、生产工艺、生产规模、环保投资、环境影响评价审批意见、排污许可证编号	对于未发生变化的基本信息，按年记录，1 次/a；对于发生变化的基本信息，在发生 变化时记录	电子台账+纸质台账	台账保存期限不少于 5 年
2	监测记录信息	记录采样时间、排放口编码、污染物项目、监测设施、监测结果、是否超标、数据来源、异常情况	监测期间	电子台账+纸质台账	台账保存期限不少于 5 年
3	其他环境管理信息	固体废物记收集日期、来源、名称、产生量、是否属于危废录、处理方式、厂内暂存量、综合利用量、自行处置量、委托处置量、委托单位等信息	每班记录 1 次	电子台账+纸质台账	台账保存期限不少于 5 年
4	生产设施运行管理信息	主要生产单元名称、生产设施名称、生产设施编码、累计生产时间、生产负荷、主要产品产量、单位、原材料、燃料使用情况指种类、名称、用量、有毒有害元素成分及占比	1）正常工况： ①运行状态：按照各生产单元生产班制记录，每班记录 1 次。 ②生产负荷：按照各生产单元生产班制记录，每班记录 1 次。 ③产品产量：按照各生产单元生产班制记录，每班记录 1 次。 ④原辅料：按照各生产单元生产班制记录，每班记录 1 次。 ⑤燃料：每月记录 1 次。 2）异常情况期： 按照异常情况期记录，1 次/异常情况期	电子台账+纸质台账	台账保存期限不少于 5 年

序号	类别	记录内容	记录频次	记录形式	其他信息
5	污染防治设施运行管理信息	1）正常情况：污染防治设施运行信息应按照设施类别分别记录设施的实际运行相关参数和维护记录。 ①有组织废气治理设施记录设施运行时间、运行参数等。 ②废水处理设施包括预处理设施、生化处理设施、深度处理设施及回用设施四部分，分别记录每日进水水量、出水水量、药剂名称及使用量、投放频次、电耗、污泥产生量等。 2）异常情况：污染治理设施异常信息按工况记录，每工况期记录一次，内容应记录起止时段设施名称、编号、非正常起始时刻、非正常恢复时刻、污染物排放量、排放浓度、事件原因、是否报告、应对措施等	1）正常情况：污染防治设施运行状况：按照污染治理设施管理单位班制记录，每班记录1次。 2）异常情况：按照异常情况期记录，1次/异常情况期	电子台账+纸质台账	台账保存期限不少于5年

1）生产设施运行管理信息

正常工况各生产线的累计生产时间、生产负荷、主要产品产量、原辅料及燃料使用情况等数据；原辅料、燃料使用情况指种类、名称、用量、有毒有害元素成分及占比；原辅料、燃料采购信息。

2）污染治理设施运行管理信息

正常工况：明确记录各治理设施作用的生产环节、治理工艺，分系统记录所有环保设施的运行情况、污染物排放情况、主要药剂添加情况等。

非正常工况：污染治理设施应记录设施名称、编号、设施非正常（停运）时刻、恢复（启动）时刻、污染物排放量、排放浓度、事件原因、是否报告等。

3）监测记录信息

包括自动监测及辅助设备运行状况、系统校准、校验记录、定期比对监测记录、维护保养记录、是否故障、故障维修记录、巡检日期等信息。对于无自动监测的大气污染物和水污染物指标，电镀工业排污单位应当按照排污许可证中监测方案所确定的监测频次要求，记录开展手工监测的日期、时间、污染物排放口和监测点位、监测方法、监测频次、监测仪器及型号、采样方法等，并建立台账记录报告。

4）其他环境管理信息

应记录污染治理设施运行、维护、管理等相关信息，包括设施名称、运行时间、检查维护次数、管理人员情况等；应记录厂区降尘洒水、清扫频次，原料或产品场地封闭、遮盖方式，日常检查维护频次及情况等；应记录非正常工况和特殊时段的环境管理信息及排污单位根据环境管理要求，记录其他信息。

（三）附图、附件

（1）附图

1）排污申报单位提供的生产工艺流程图、污水处理工艺流程图和厂区总平面布置图等要清晰准确、图例明确；

2）排污申报单位提供的生产工艺流程图应包括主要生产设施（设备）、主要原辅料的流向、生产工艺流程等内容；

3）排污申报单位提供的污水处理工艺流程图中应明确主要处理单元、主要处理构筑物、污水走向、污水管线布置、排放口和排放去向等内容；

4）排污申报单位的生产厂区总平面布置图应包括主要生产线、厂房、设备位置关系，注明厂区雨水、污水的收集走向、排放口位置等内容；

5）排污申报单位提供的监测布点图，应明确监测点位，并标注要求。

（2）附件

1）提供守法承诺书；

2）提供信息公开情况说明表；

3）提供环评批复文件影印件；

4）提供总量计划分配文件影印件；

5）提供其他必要的说明材料，例如：

未采用可行技术但具备达标排放能力的证明材料；

许可排放量计算过程及与总量控制要求取严的过程说明；

申报单位采取更加严格的排放限值作为申请许可排放浓度和许可排放量依据的材料；

申报单位排污口规范化设置情况说明材料；

申报单位不符合环境管理要求的整改措施材料。

第三章　水处理行业排污许可证填报案例分析

一、水处理行业排污许可证管理要求

（一）涵盖行业

水处理行业涵盖的行业类别包括：自来水生产和供应（国民经济行业代码 D4610），污水处理及其再生利用（国民经济行业代码 D4620），海水淡化处理（国民经济行业代码 D4630）或其他水的处理、利用与分配（国民经济行业代码 D4690）。涉及多个行业类别的，应填写齐全，例如，既有自来水生产又有海水淡化的，应该填报两个行业类别。

（二）分类管理

水处理企业排污许可管理分重点管理、简化管理和登记管理三种类型。

其中纳入重点排污单位目录的申请排污许可管理为重点管理；除纳入重点排污单位名录的，日处理能力 2 万 t 以上的水处理设施的，申请排污许可管理为简化管理；除纳入重点排污单位名录的，日处理能力 500 t 及以上 2 万 t 以下的水处理设施为登记管理。详见表 1。

表 1　固定污染源排污许可分类管理名录（水处理行业）

序号	行业类别	分类管理		
		重点管理	简化管理	登记管理
112	水处理	纳入重点排污单位名录的	除纳入重点排污单位名录的，日处理能力 2 万 t 及以上的水处理设施	除纳入重点排污单位名录的，日处理能力 500 t 及以上 2 万 t 以下的水处理设施

（三）不予发证的情况

排污申报单位存在下列情况之一时，不予核发排污许可证。

（1）申报单位的生产场所位于法律法规规定禁止建设区域内的。如饮用水水源保护区、自然保护区、风景名胜区等。

（2）申报内容属于国务院经济综合宏观调控部门会同国务院有关部门发布的产业政策目录中明令淘汰或者立即淘汰的落后生产工艺装备、落后产品的。

（3）法律法规规定不予许可的其他情形。

二、水处理行业排污许可证填报案例分析

（一）基本要求

（1）申请排污许可证的生产工艺和产品不属于国家或地方政府明确规定予以淘汰或取缔的；

（2）申报单位的生产场所不位于法律法规明确规定禁止建设区域内；

（3）具备符合国家或地方要求的污染防治设施或污染物处理能力；

（4）污染物排放应符合国家或地方规定的相关标准和要求；

（5）排污口等设置应符合国家或地方的要求；

（6）提交的书面申请材料应真实、合法、准确、完整。

（二）填报要点分析

（1）排污单位基本信息表

表 2　排污单位基本信息表

<table>
<tr><td>单位名称</td><td colspan="2">天津××水务有限公司</td><td colspan="2">注册地址</td><td colspan="2">天津××区××路××号</td></tr>
<tr><td>运营商名称</td><td colspan="2">天津××水务有限公司</td><td colspan="2">污水处理厂名称</td><td colspan="2">天津××污水处理厂</td></tr>
<tr><td>生产经营场所地址</td><td colspan="2">天津××区××路××号</td><td colspan="2">邮政编码</td><td colspan="2">300000</td></tr>
<tr><td>行业类别</td><td colspan="2">污水处理及其再生利用</td><td colspan="2">是否投产</td><td colspan="2">是</td></tr>
<tr><td>投产日期</td><td colspan="2">2001-07-15</td><td colspan="2">—</td><td colspan="2">—</td></tr>
<tr><td>生产经营场所中心经度</td><td colspan="2">××°××′××″</td><td colspan="2">生产经营场所中心纬度</td><td colspan="2">××°××′××″</td></tr>
<tr><td>组织机构代码</td><td colspan="2">/</td><td colspan="2">统一社会信用代码</td><td colspan="2"></td></tr>
<tr><td>技术负责人</td><td colspan="2"></td><td colspan="2">联系电话</td><td colspan="2"></td></tr>
<tr><td colspan="2">所在地是否属于大气重点控制区</td><td>是</td><td colspan="3">所在地是否属于总磷控制区</td><td>否</td></tr>
<tr><td colspan="2">所在地是否属于总氮控制区</td><td>是</td><td colspan="3">所在地是否属于重金属污染特别排放限值实施区域</td><td>是</td></tr>
<tr><td colspan="2">是否位于工业园区</td><td>是</td><td colspan="2">所属工业园区名称</td><td colspan="2">天津××区</td></tr>
<tr><td>污水处理厂类型</td><td colspan="2">城镇污水处理厂</td><td colspan="3">是否属于工业园区配套污水处理设施</td><td>是</td></tr>
<tr><td colspan="2" rowspan="2">是否有环评审批文件</td><td rowspan="2">是</td><td rowspan="2">环境影响评价审批文件文号或备案编号</td><td colspan="3">津环保滨许可函〔2010〕××号</td></tr>
<tr><td colspan="3">津环保管字〔1998〕第××号</td></tr>
<tr><td colspan="2">是否有地方政府对违规项目的认定或备案文件</td><td>否</td><td colspan="2">认定或备案文件文号</td><td colspan="2"></td></tr>
<tr><td colspan="2">是否需要改正</td><td>否</td><td colspan="2">排污许可证管理类别</td><td colspan="2">重点管理</td></tr>
<tr><td colspan="2">是否有主要污染物总量分配计划文件</td><td>否</td><td colspan="2">总量分配计划文件文号</td><td colspan="2"></td></tr>
</table>

上表作为申报单位基本情况表，水处理行业同其他行业类似，分两部分，一部分为企业基本信息，另一部分为企业经营场所地相关信息。申报单位在填报过程中需重点关注的填报内容有如下几点：

1）重点区域的填写，应结合主管部门相关公告和政府规划等，明确是否执行特别排放限值；根据企业生产场所地选择是否属于大气重点控制区、总氮和总磷控制区、重金属污染特别排放限值实施区域等。案例排污单位属于大气重点控制区，总氮控制区和重金属污染特别排放限值实施区域。

2）申报单位提供的环评批复文件要全面，应填写申报单位排污场所的全部环评批复文件文号或备案编号，包括：新建、改扩建项目及技术改造项目的环评批复文件及登记管理文件等。

3）对于经地方政府依法处理、整顿规范并符合认可或备案要求的项目，要填写证明符合认可或备案要求的相关文件名和文号；若申报单位不涉及，则填“否”。

注意：企业原则上应具备环评批复或认定备案文件，若两者全无，但企业是在《建设项目环境保护管理条例》（国务院令　第253号，1998年11月29日）之前已建成，并且至今建设内容一直未变更的，也符合，且该项选否，不用填写。除此之外，企业环保手续不具备合法性。

4）填写污水处理厂类型时，应根据行业技术规范明确污水处理厂类型，由于城镇污水处理厂、其他生活污水处理厂和工业废水集中处理厂执行不同的管理要求。该申报企业污水处理厂类型为城镇污水处理厂。

5）污染物总量控制要求应根据最新的对企业的总量控制指标相关文件要求，具体到污染物类型及其指标。水主要污染物为化学需氧量、氨氮、总氮、总磷。大气污染物为颗粒物、二氧化硫、氮氧化物，涉及锅炉或焚烧炉的，也需填写。

（2）水处理行业生产线信息

表 3 排污单位生产线基本情况表

序号	生产线类别	生产线名称或编号	设计处理能力	年运行时间/h	厂外进水类别	其他信息	工艺单元	污染治理设施名称	污染治理设施编号	是否可行技术	污染治理设施其他信息
1	废水处理工程	SCX-001	100 000 m^3/d	8 760	厂外生活污水，厂外工业废水		预处理	沉砂池	MF0003	是	旋流沉砂池 2 座
								格栅	MF0001	是	粗格栅 2 台，栅条间隙 15 mm
								格栅	MF0002	是	细格栅 2 台，栅条间隙 6 mm
							生化处理	序批式活性污泥池（SBR）	MF0004	是	/
							深度处理及回用	反硝化滤池	MF0005	是	/
								高级氧化设施	MF0006	是	臭氧催化氧化接触池
								消毒设施	MF0007	是	紫外消毒池
2	固体废物处理工程	SCX-002	38 000 t/a	8 760	/		/	浓缩池	MF0008	是	2 座
								离心机	MF0009	是	3 台

表 4 生活污水进水信息

序号	收水四至范围				服务人口数量/万人	服务范围所属行政区域	进水水量/（m^3/d）	管网属性	管网所有权单位	备注
	东至	西至	南至	北至						
1	××路	××路	××路	××街	50	天津××区	100 000	生活污水与工业废水合流	×××	

表 5 工业废水进水信息

序号	排污单位名称	排放口编号	排污许可证编号	统一社会信用代码	组织机构代码	所属行业	所在地	协议情况		管网属性（分流/合流）	管网所有权单位	接入管网坐标		备注
								进水水量/（m^3/d）	进水水质与行业排放标准质量浓度限值/（mg/L）			经度	纬度	
1	A 公司	DW001	××××××	××××××		汽柴油车整车制造	×××号	2 775	总磷（以 P 计）：/，8；总氮（以 N 计）：/，70；化学需氧量：/，500；氨氮（NH_3-N）：/，45	生活污水与工业废水合流	×××	×××	×××	

序号	排污单位名称	排放口编号	排污许可证编号	统一社会信用代码	组织机构代码	所属行业	所在地	协议情况		管网属性（分流/合流）	管网所有权单位	接入管网坐标		备注
								进水水量/（m^3/d）	进水水质与行业排放标准质量浓度限值/（mg/L）			经度	纬度	
2	B 公司	DW002	××××××	××××××		其他调味品、发酵制品制造	×××号	2 363	总氮（以 N 计）：/，70；氨氮（NH_3-N）：/，45；化学需氧量：/，500；总磷（以 P 计）：/，8	生活污水与工业废水合流	×××	×××	×××	
3	C 公司	DW003	××××××	××××××		茶饮料及其他饮料制造	×××号	1 225	总氮（以 N 计）：/，70；氨氮（NH_3-N）：/，45；化学需氧量：/，500；总磷（以 P 计）：/，8	生活污水与工业废水合流	×××	×××	×××	
4	D 公司	DW004	××××××	××××××		碳酸饮料制造	×××号	1 210	化学需氧量：/，500；总磷（以 P 计）：/，8；氨氮（NH_3-N）：/，45；总氮（以 N 计）：/，70	生活污水与工业废水合流	×××	×××	×××	
5	E 公司	DW005	××××××	××××××		热电联产	×××号	960	氨氮（NH_3-N）：/，45；总磷（以 P 计）：/，8；总氮（以 N 计）：/，70；化学需氧量：/，500	生活污水与工业废水合流	×××	×××	×××	
进水量合计/（m^3/d）				8 533（仅取部分企业数据）										

注：上表内容选取了某水处理行业企业的部分内容为例。

1）排污申报单位应将污水处理生产线和污泥处理生产线分开填报。

2）在填报中，生产线编号优先填写企业内部编号，若无内部编号，则采用“SCX+三位流水号数字”（如 SCX001）进行编号并填报。

3）设计处理能力和年运行时间是根据环境影响评价文件及其批复、地方政府对违规项目的认定或备案文件确定的处理能力和年生产小时数来确定，进行填报。

4）厂外进水类别需要与后续进水信息表对应，如进水包括工业废水时，后续需在工业废水进水信息表中填写详细信息；如果收水区域属于雨污合流管网（涉及到暴雨期的合规判定），则需在进水信息中增加厂外雨水。

5）废水污染治理设施需要与厂内实际情况相符，如下拉菜单中不包括，可采用自定义的方式。污染治理设施详细信息需填写名称、编号、设计水质、设施参数、药剂使用情况等必填内容，其余内容可作为选填内容。

6）污泥处理生产线应包括脱水等污泥处理设施，“厂外进水类别和工艺单元”可不填写。

（3）生活污水进水信息

申报单位填报该表时，应将生活污水进水信息明确。如上表，明确填写收水四至范围（“××路”），也对应填写地理名称，如“××区”等，服务范围所属行政区域精确到区县和乡镇。

（4）工业废水进水信息

排污申报单位填报该表时，应将工业废水进水信息明确。如上表，逐一填写接纳的所有工业废水的排水单位名称（A 公司、B 公司等）、所在地、所属行业、协议的水量及水质、排污许可证情况、管网情况，这也与确定工业废水集中处理厂许可内容相关。由于该污水处理厂处理废水以城镇居民生活污水为主，所以其污水处理厂类型为城镇污水处理厂。

（5）主要原辅材料及燃料信息表

表 6　主要原辅材料及燃料信息表

序号	种类	名称	年最大使用量	计量单位	硫元素占比/%	有毒有害成分及占比	其他信息
原料及辅料							
1	辅料	液氧	2 000	t/a	/	/	/
2	辅料	聚丙烯酰胺	11	t/a	/	/	PAM
3	辅料	乙酸	1 000	t/a	/	/	99.8%
4	辅料	聚合氯化铝	2 500	t/a	/	/	10%液态 PAC
燃料							
序号	燃料名称	灰分/%	硫分/%	挥发分/%	热值/（MJ/kg、MJ/m^3）	年最大使用量/（万 t/a、万 m^3/a）	其他信息

注：上表内容选取了某水处理行业企业的部分内容为例。

申报单位主要原辅材料为废水处理过程中药剂等，填报辅材的使用情况，比如：其年最大使用量等。其他信息，申报单位在填报设计年使用量时，应填写最大年使用量。由于该申报单位不设锅炉，不使用燃料，不进行填报。若涉及锅炉、焚烧炉等设施，需填报燃料信息等。

燃料若为煤，则其硫分、灰分、挥发分、汞含量和低位热值均为必填项，其他燃料中硫分为必填项，其余为选填项。年使用量可参照设计值或上一年的实际使用情况。

（6）废气产排污节点、污染物及污染治理设施信息表

表 7　废气产排污节点、污染物及污染治理设施信息表

序号	产污设施编号	产污设施名称	对应产污环节名称	污染物种类	排放形式	污染治理设施									有组织排放口编号	有组织排放口名称	排放口设置是否符合要求	排放口类型	其他信息
						污染治理设施编号	污染治理设施名称	污染治理设施工艺	治理设施参数名称	设计值	计量单位	其他污染治理设施参数信息	是否为可行技术	污染治理设施其他信息					
1	MF0008	浓缩池	污泥处理过程中产生的恶臭气体	臭气浓度、氨（氨气）、硫化氢	有组织	TA001	恶臭气体处理	生物过滤	废气排放量	6 700	m^3/h		是		DA001		是	一般排放口	
2	MF0001	格栅	污水处理过程中产生的恶臭气体	臭气浓度、氨（氨气）、硫化氢	有组织	TA001	恶臭气体处理	生物过滤	废气排放量	136	m^3/h		是	/	DA001	恶臭气体排放口	是	一般排放口	无厌氧产污环节，无甲烷产生
3	MF0002	格栅	污水处理过程中产生的恶臭气体	臭气浓度、氨（氨气）、硫化氢	有组织	TA001	恶臭气体处理	生物过滤	废气排放量	3.34	m^3/h		是	/	DA001	恶臭气体排放口	是	一般排放口	无厌氧产污环节，无甲烷产生

注：上表内容选取了某水处理行业企业的部分内容为例。

污水处理厂从泵房、格栅到污泥间各个工段都可能产生恶臭特征气体。排污单位在填写时，应明确恶臭气体的产污单元，该类废气

管控因子主要为硫化氢、氨和臭气浓度。如果排污单位采取了密封或者加盖等措施将气体收集处理后经不低于 15 m 高的排气筒排放，则排放形式选择“有组织”，否则选择无组织排放。该排污单位排放形式为有组织排放，相应的管控因子填报完整。

焚烧炉、恶臭污染治理设施（主要收集污水预处理区和污泥处理设施产生的恶臭气体）有组织排放废气需填报污染治理设施及排放口等相关信息。若污染治理设施不属于可行技术，需提供相关的证明文件。焚烧炉为主要排放口，恶臭处理设施排放口为一般排放口。该申报单位无焚烧炉，所以不必填报该项。

污染治理设施编号应规范（应填报地方生态环境主管部门现有编号或排污单位内部编号；若无，则根据 HJ 608 进行编号后填报，应按照顺序进行编码，便于直接反映出排放口总数），污染治理设施与污染物种类应对应准确。

核实排放口设置是否符合国家和地方的排放标准、排污口规范化等文件的要求。排污申报单位各排放口均应满足规范化要求。

（7）废水类别、污染物及污染治理设施信息表

表 8 废水类别、污染物及污染治理设施信息表

序号	来源	废水类别	污染物种类	生产线编号或名称	污染治理设施			
					污染治理设施编号	污染治理设施名称	是否为可行技术	污染治理设施其他信息
1	厂外	厂外生活污水、厂外工业废水	化学需氧量、阴离子表面活性剂、粪大肠菌群数/（MPN/L）、总铬、流量、总铅、总汞、五日生化需氧量、色度、pH、悬浮物、总氮（以 N 计）、总磷（以 P 计）、总砷、石油类、动植物油、六价铬、烷基汞、总镉、氨氮（NH_3-N）	SCX-001	/	/	/	/
2	厂内	厂内生活污水、反冲洗废水、污泥处理系统排水	化学需氧量、pH、总氮（以 N 计）、总磷（以 P 计）、动植物油、氨氮（NH_3-N）	SCX-001	MF0005	反硝化滤池	是	
					MF0007	消毒设施	是	
					MF0006	高级氧化设施	是	
					MF0004	序批式活性污泥池（SBR）	是	
					MF0001	格栅	是	
					MF0003	沉砂池	是	
					MF0002	格栅	是	

序号	污染物种类	生产线编号或名称	排放去向	排放方式	排放规律	排放口编号	排放口名称	排放口设置是否符合要求	排放口类型	其他信息
3	化学需氧量、阴离子表面活性剂、粪大肠菌群数/（MPN/L）、总铬、流量、总铅、总汞、五日生化需氧量、色度、pH、悬浮物、总氮（以N计）、总磷（以P计）、总砷、石油类、动植物油、六价铬、烷基汞、总镉、氨氮（NH_3-N）	SCX-001	直接进入海域	直接排放	连续排放，流量稳定	KFQ-023（水）	污水排放口	是	主要排放口-总排口	
4	化学需氧量、pH、总氮（以N计）、总磷（以P计）、动植物油、氨氮（NH_3-N）	SCX-001	排至厂内综合污水处理站	间接排放	间断排放，排放期间流量不稳定且无规律，但不属于冲击型排放	/				包括厂区雨水

注：上表内容选取了某水处理行业企业的部分内容为例。表中“色度”“流量”等虽非污染物种类，但在填报及表的生成中为必须项。

水处理行业排污单位申报时，由于其行业特点，废水包括厂内废水和厂外废水两类，不能遗漏，尤其是不能遗漏厂内产生的废水。

污染物种类的确定应根据污水处理厂类型，并结合收水特点进行确定。例如，该排污申报单位为城镇污水处理厂，其申请表里需填报 GB 18918 中表 1 和表 2 相关污染物项目，由于该申报单位同时接纳工业废水和城镇生活污水，其污染物项目在表 1 和表 2 的基础上，还要选取表 3 中包括的污染物项目，具体由生态环境主管部门根据排污单位接纳的工业废水适用排放标准中规定的污染物类别确定。若排污单位为工业废水集中处理厂，对于处理单一行业工业废水的，应根据行业废水排放标准确定污染物项目；对于处理工业废水来源非单一的，应结合进水信息表，根据进水中包含的纳管企业执行的排放标准中规定的污染物来确定污染物项目。

污染治理设施编号应规范填写（应填报地方生态环境主管部门现有编号或排污单位内部编号；若无，则根据 HJ 608 进行编号后填报，应按照顺序进行编码，便于直接反映出排放口总数），污染治理设施与污染物种类应对应准确。

核实排放口设置是应满足国家和地方的排放标准、排污口规范化等文件的要求。

（8）污泥污染治理设施信息表

表 9 污泥污染治理设施信息表

序号	污泥产污设施	污染治理设施									去向	其他信息
		污染治理设施编号和名称	污染治理设施工艺	设施参数	设计值	计量单位	处理前含水率/%	处理后含水率/%	是否为可行技术	污染治理设施其他信息		
1	序批式活性污泥池（SBR）MF0004、反硝化滤池 MF0005	浓缩池 MF0008	重力				/	/	是		进入离心机处理	
		离心机 MF0009					/	/	是		外委	

注：上表内容选取了某水处理行业企业的部分内容为例。

排污申报单位的产污设施名称、设施参数（污泥处理前后的含水率）应填写完整。若不属于可行技术，排污单位需提供可以满足许可证要求的证明文件。

（9）大气排放口基本情况表

表 10 大气排放口基本情况表

序号	排放口编号	排放口名称	污染物种类	排放口地理坐标		排气筒高度/m	排气筒出口内径/m	排气温度/℃	其他信息
				经度	纬度				
1	DA001	恶臭气体排放口	臭气浓度、氨（氨气）、硫化氢	××°××′××	××°××′××	15	0.4	常温	

注：上表内容选取了某水处理行业企业的部分内容为例。

排污申报单位为集中式废水处理厂的，其废气排放口一般比较单一，申报单位若设置了锅炉、焚烧炉或恶臭处理设施等有组织排放口的，企业需要填写完整。排气筒的高度应满足相应排放标准和规范管理要求。

（10）废气污染物排放执行标准表

表 11　废气污染物排放执行标准表

序号	排放口编号	排放口名称	污染物种类	国家或地方污染物排放标准			环境影响评价批复要求	承诺更加严格排放限值	其他信息
				名称	质量浓度限值（标态）/（mg/m^3）	速率限值/（kg/h）			
1	DA001	恶臭气体排放口	臭气浓度	《恶臭污染物排放标准》（DB 12/059—2018）	1 000	/	/	/	
2	DA001	恶臭气体排放口	硫化氢	《恶臭污染物排放标准》（DB 12/059—2018）	0.15	/	/	/	
3	DA001	恶臭气体排放口	氨（氨气）	《恶臭污染物排放标准》（DB 12/059—2018）	3.42	/	/	/	

注：上表内容选取了某水处理行业企业的部分内容为例。

排污申报单位在填写该表时，应注意该表每个排放口对应的污染物，根据每种排放污染物填报相应的执行标准情况，该表为有组织废气污染物的情况表，若污水厂只有无组织废气排放则不需要填写该表。

排污单位的每个排放口对应污染物种类、所执行的排放标准以及浓度限值填报应符合技术规范要求。

另外，排污单位应根据其执行地方和国家执行标准的情况，若执行《恶臭污染物排放标准》（GB 14554）等时，还应根据具体情况填报排放速率限值等。

（11）大气污染物有组织排放表

表 12　大气污染物有组织排放表

序号	排放口编号	排放口名称	污染物种类	申请许可排放质量浓度限值/（mg/m^3）	申请许可排放速率限值/（kg/h）	申请年许可排放量限值/（t/a）					申请特殊排放质量浓度限值（标态）/（mg/m^3）	申请特殊时段许可排放量限值/（t/a）
						第一年	第二年	第三年	第四年	第五年		
主要排放口												
主要排放口合计			颗粒物								/	/
			SO_2								/	/
			NO_x								/	/
			VOCs								/	/

序号	排放口编号	排放口名称	污染物种类	申请许可排放质量浓度限值/（mg/m^3）	申请许可排放速率限值/（kg/h）	申请年许可排放量限值/（t/a）					申请特殊排放质量浓度限值（标态）/（mg/m^3）	申请特殊时段许可排放量限值/（t/a）
						第一年	第二年	第三年	第四年	第五年		
一般排放口												
1	DA001	恶臭气体排放口	硫化氢	0.15	/	/	/	/	/	/	/	/
2	DA001	恶臭气体排放口	氨（氨气）	3.42	/	/	/	/	/	/	/	/
3	DA001	恶臭气体排放口	臭气浓度	1 000	/	/	/	/	/	/	/	/
一般排放口合计			颗粒物			/	/	/	/	/	/	/
			SO_2			/	/	/	/	/	/	/
			NO_x			/	/	/	/	/	/	/
			VOCs			/	/	/	/	/	/	/
全厂有组织排放总计												
全厂有组织排放总计			颗粒物								/	/
			SO_2								/	/
			NO_x								/	/
			VOCs								/	/

该申报单位废气排放口均为一般排放口，不申请许可量限值，但应申请许可排放质量浓度限值，且应满足相应排放标准要求。

若申报企业有焚烧炉、锅炉等设施时，其主要排放口，颗粒物、二氧化硫、氮氧化物的年许可排放量为必填项，如果地方有加严要求，可以增加其他污染物的许可。填报许可排放量时，同时需要将详细计算过程作为附件上传。

若申报单位有总量指标文件，填写的“全厂有组织排放总计”数据不可大于相应污染物的总量指标。若该企业是 2015 年 1 月 1 日及以后取得环评批复的建设项目，则还需考虑环评及批复中的总量，三者取其严。

若地方政府在“重污染天气应对期”有要求的，明确申报单位需申请特殊时段许可排放量限值的，应填报具体的许可量。特殊时段的许可排放量为重污染应对期日许可排放量，与排污单位以往污染物排放统计数据相结合，将有组织排放源中的颗粒物、二氧化硫、氮氧化物三种污染因子前一年的环统排放量折算到日均值，并根据削减比例确定日许可排放量。

（12）大气污染物无组织排放表

该申报单位无组织排放污染物种类主要为臭气浓度、氨、硫化氢，对应填写了厂界管控的污染因子及其排放标准、污染防治措施等。该无组织排放可不许可排放量。

（13）企业大气排放总许可量

表 13　企业大气排放总许可量

单位：t/a

序号	污染物种类	第一年	第二年	第三年	第四年	第五年
1	颗粒物	/	/	/	/	/
2	SO_2	/	/	/	/	/
3	NO_x	/	/	/	/	/
4	VOCs	/	/	/	/	/

由于该申报企业没有主要排放口，可不许可排放总量指标，其他该行业企业在申报排污许可时；若申请单位存在主要排放口时，则排放各污染物的总许可量为主要排放口许可排放量之和。

（14）废水直接排放口基本情况表

表 14　大气污染物无组织排放表

序号	生产设施编号/无组织排放编号	产污环节	污染物种类	主要污染防治措施	国家或地方污染物排放标准		其他信息	年许可排放量限值/（t/a）					申请特殊时段许可排放量限值/（t/a）
					名称	质量浓度限值（标态）/（mg/m^3）		第一年	第二年	第三年	第四年	第五年	
1	厂界	/	臭气浓度	无	《恶臭污染物排放标准》（DB 12/059—2018）	20		/	/	/	/	/	/
2	厂界	/	氨（氨气）	无	《恶臭污染物排放标准》（DB 12/059—2018）	1.0		/	/	/	/	/	/

序号	生产设施编号/无组织排放编号	产污环节	污染物种类	主要污染防治措施	国家或地方污染物排放标准		其他信息	年许可排放量限值/（t/a）					申请特殊时段许可排放量限值/（t/a）
					名称	质量浓度限值（标态）/（mg/m³）		第一年	第二年	第三年	第四年	第五年	
3	厂界	/	硫化氢	无	《恶臭污染物排放标准》（DB 12/059—2018）	0.03		/	/	/	/	/	/
4	厂区体积浓度最高处	沉砂池	甲烷	无	《恶臭污染物排放标准》（DB 12/059—2018）			/	/	/	/	/	/
全厂无组织排放总计													
全厂无组织排放总计					颗粒物			/	/	/	/	/	/
					SO_2			/	/	/	/	/	/
					NO_x			/	/	/	/	/	/
					VOCs			/	/	/	/	/	/

表 15　废水直接排放口基本情况表

序号	排放口编号	排放口名称	排放口地理坐标		排放去向	排放规律	间歇排放时段	受纳自然水体信息		汇入受纳自然水体处地理坐标		其他信息
			经度	纬度				名称	受纳水体功能目标	经度	纬度	
1	KFQ-001（水）	污水排放口	××°××′××″	××°××′××″	直接进入海域	连续排放，流量稳定	/	××湾	第四类	××°××′××″	××°××′××″	

表 15-1　入河排污口信息表

序号	排放口编号	排放口名称	入河排污口			其他信息
			名称	编号	批复文号	
1	KFQ-001（水）	污水排放口	××泵站排污口	01	津××〔××〕××号	

表 15-2 雨水排放口基本情况表

序号	排放口编号	排放口名称	排放口地理坐标		排放去向	排放规律	间歇排放时段	受纳自然水体信息		汇入受纳自然水体处地理坐标		其他信息
			经度	纬度				名称	受纳水体功能目标	经度	纬度	

申报单位总排放口应填写排放口名称及编号、排放口经纬度、排放去向、排放规律、受纳自然水体信息整。若申报单位还存在其他合法的排放口，也应填写全面。

其中总排放口坐标是指废水排出厂界处坐标；车间或生产设施排放口坐标指废水排出车间或车间处理设施边界处坐标。排放废水受纳水体的名称、水体功能目标填报应准确。汇入受纳自然水体处地理坐标填写应准确。各排放口对应的入河排污口名称、编号以及批复文号等相关信息应准确。

由于该申报单位不设雨水排放口，厂区内雨水经雨水管网收集进污水处理设施处理，所以不需填该表。其他申报单位若存在雨水排放口，则雨水排放口编号应规范，填报排污单位内部编号，如无内部编号，则采用“YS+三位流水号数字”（如：YS001）进行编号并填报。

（15）废水间接排放口基本情况表

表 16 废水间接排放口基本情况表

序号	排放口编号	排放口名称	排放口地理坐标		排放去向	排放规律	间歇排放时段	受纳污水处理厂信息			
			经度	纬度				名称	污染物种类	排水协议规定的质量浓度限值/（mg/L）	国家或地方污染物排放标准质量浓度限值/（mg/L）

该类排污单位大都为废水集中式处理厂或设施，一般没有废水间接排放口。若有该情况的排污单位应填报上表。

（16）废水污染物排放执行标准表

申报单位废水污染物排放执行标准情况见表 17，申报单位在填写该表时，应做到污染物种类、执行标准名称、浓度限值填报完整准确。并且执行标准应根据国家和地方要求，填写相应的标准名称。

表 17 废水污染物排放执行标准表

单位：mg/L（pH、粪大肠菌群除外）

序号	排放口编号	排放口名称	污染物种类	国家或地方污染物排放标准		排水协议规定的质量浓度限值	环境影响评价批复要求	承诺更加严格排放限值	其他信息
				名称	质量浓度限值				
1	KFQ-001（水）	污水排放口	粪大肠菌群数/（MPN/L）	《城镇污水处理厂污染物排放标准》（DB 12/599—2015）	1 000 个/L	/（个/L）	1 000 个/L	/（个/L）	
2	KFQ-001（水）	污水排放口	总氮（以 N 计）	《城镇污水处理厂污染物排放标准》（DB 12/599—2015）	10	/	10	/	
3	KFQ-001（水）	污水排放口	总磷（以 P 计）	《城镇污水处理厂污染物排放标准》（DB 12/599—2015）	0.3	/	0.3	/	
4	KFQ-001（水）	污水排放口	总铅	《城镇污水处理厂污染物排放标准》（DB 12/599—2015）	0.05	/	0.05	/	
5	KFQ-001（水）	污水排放口	五日生化需氧量	《城镇污水处理厂污染物排放标准》（DB 12/599—2015）	6	/	6	/	
6	KFQ-001（水）	污水排放口	动植物油	《城镇污水处理厂污染物排放标准》（DB 12/599—2015）	1	/	1	/	
7	KFQ-001（水）	污水排放口	氨氮（NH_3-N）	《城镇污水处理厂污染物排放标准》（DB 12/599—2015）	1.5	/	1.5	/	每年 11 月 1 日至次年 3 月 31 日执行 3.0 排放限值
8	KFQ-001（水）	污水排放口	石油类	《城镇污水处理厂污染物排放标准》（DB 12/599—2015）	0.5	/	0.5	/	
9	KFQ-001（水）	污水排放口	总铬	《城镇污水处理厂污染物排放标准》（DB 12/599—2015）	0.1	/	0.1	/	
10	KFQ-001（水）	污水排放口	总砷	《城镇污水处理厂污染物排放标准》（DB 12/599—2015）	0.05	/	0.05	/	

序号	排放口编号	排放口名称	污染物种类	国家或地方污染物排放标准		排水协议规定的质量浓度限值	环境影响评价批复要求	承诺更加严格排放限值	其他信息
				名称	质量浓度限值				
11	KFQ-001（水）	污水排放口	悬浮物	《城镇污水处理厂污染物排放标准》（DB 12/599—2015）	5	/	5	/	
12	KFQ-001（水）	污水排放口	总汞	《城镇污水处理厂污染物排放标准》（DB 12/599—2015）	0.001	/	0.001	/	
13	KFQ-001（水）	污水排放口	六价铬	《城镇污水处理厂污染物排放标准》（DB 12/599—2015）	0.05	/	0.05	/	
14	KFQ-001（水）	污水排放口	化学需氧量	《城镇污水处理厂污染物排放标准》（DB 12/599—2015）	30	/	30	/	
15	KFQ-001（水）	污水排放口	阴离子表面活性剂	《城镇污水处理厂污染物排放标准》（DB 12/599—2015）	0.3	/	0.3	/	
16	KFQ-001（水）	污水排放口	pH	《城镇污水处理厂污染物排放标准》（DB 12/599—2015）	6～9	/	6～9	/	
17	KFQ-001（水）	污水排放口	烷基汞	《城镇污水处理厂污染物排放标准》（DB 12/599—2015）	/	/	/	/	不得检出
18	KFQ-001（水）	污水排放口	总镉	《城镇污水处理厂污染物排放标准》（DB 12/599—2015）	0.005	/	0.005	/	
19	KFQ-001（水）	污水排放口	色度	《城镇污水处理厂污染物排放标准》（DB 12/599—2015）	15	/	15	/	
20	KFQ-001（水）	污水排放口	流量	《城镇污水处理厂污染物排放标准》（DB 12/599—2015）	/	/	/	/	

注：表中“色度”“流量”等虽非污染物种类，但在填报及表的生成中为必须项。

（17）废水污染物排放

表 18 废水污染物排放

序号	排放口编号	排放口名称	污染物种类	申请排放质量浓度限值/（mg/L）	申请年排放量限值/（t/a）					申请特殊时段排放量限值/（t/a）
					第一年	第二年	第三年	第四年	第五年	
主要排放口										
1	KFQ-001（水）	污水排放口	悬浮物	5	/	/	/	/	/	/
2	KFQ-001（水）	污水排放口	色度	15	/	/	/	/	/	/
3	KFQ-001（水）	污水排放口	粪大肠菌群数/（MPN/L）	1 000	/	/	/	/	/	/
4	KFQ-001（水）	污水排放口	总磷（以 P 计）	0.3	10.95	10.95	10.95	10.95	10.95	/
5	KFQ-001（水）	污水排放口	石油类	0.5	/	/	/	/	/	/
6	KFQ-001（水）	污水排放口	五日生化需氧量	6	/	/	/	/	/	/
7	KFQ-001（水）	污水排放口	总砷	0.05	/	/	/	/	/	/
8	KFQ-001（水）	污水排放口	化学需氧量	30	1 095	1 095	1 095	1 095	1 095	/
9	KFQ-001（水）	污水排放口	阴离子表面活性剂	0.3	/	/	/	/	/	/
10	KFQ-001（水）	污水排放口	流量	/	/	/	/	/	/	/
11	KFQ-001（水）	污水排放口	动植物油	1	/	/	/	/	/	/
12	KFQ-001（水）	污水排放口	总汞	0.001	/	/	/	/	/	/
13	KFQ-001（水）	污水排放口	总氮（以 N 计）	10	365	365	365	365	365	/
14	KFQ-001（水）	污水排放口	烷基汞	/	/	/	/	/	/	/
15	KFQ-001（水）	污水排放口	六价铬	0.05	/	/	/	/	/	/
16	KFQ-001（水）	污水排放口	氨氮（NH_3-N）	1.5	77.4	77.4	77.4	77.4	77.4	/
17	KFQ-001（水）	污水排放口	pH	6～9（量纲一）	/	/	/	/	/	/
18	KFQ-001（水）	污水排放口	总铬	0.1	/	/	/	/	/	/
19	KFQ-001（水）	污水排放口	总铅	0.05	/	/	/	/	/	/
20	KFQ-001（水）	污水排放口	总镉	0.005	/	/	/	/	/	/
主要排放口合计			COD_{Cr}		1 095	1 095	1 095	1 095	1 095	/
			氨氮		77.4000 00	77.400 000	77.400 000	77.400 000	77.400 000	/
			总氮（以 N 计）		365	365	365	365	365	/
			总磷（以 P 计）		10.950 000	10.950 000	10.950 000	10.950 000	10.950 000	/

序号	排放口编号	排放口名称	污染物种类	申请排放质量浓度限值/（mg/L）	申请年排放量限值/（t/a）					申请特殊时段排放量限值/（t/a）
					第一年	第二年	第三年	第四年	第五年	
一般排放口										
一般排放口合计			COD_{Cr}		/	/	/	/	/	/
			氨氮		/	/	/	/	/	/
			总氮（以N计）		/	/	/	/	/	/
			总磷（以P计）		/	/	/	/	/	/
全厂排放口总计										
全厂排放口总计			COD_{Cr}		1 095	1 095	1 095	1 095	1 095	/
			氨氮		77.4000 00	77.4000 00	77.4000 00	77.4000 00	77.4000 00	/
			总氮（以N计）		365	365	365	365	365	/
			总磷（以P计）		10.950 000	10.950 000	10.950 000	10.950 000	10.950 000	/

注：表中“色度”“流量”等虽非污染物种类，但在填报及表的生成中为必须项。

排污申报单位在填写该表时，应重点关注如下几个方面。

1）排污申报单位废水总排口的污染物种类、排放质量浓度限值应填报完整、准确。城镇污水处理厂出水中污染物许可排放质量浓度依据 GB 18918 及其修改单确定，包括处理后废水进行再生利用和景观用水。其他生活污水处理厂出水中污染物许可排放浓度参照 GB 18918 及其修改单确定。处理单一行业工业废水的工业废水集中处理厂出水中水污染物许可排放质量浓度限值依据相应行业水污染物排放标准确定，没有行业排放标准的依据 GB 8978 确定。该表中废水排放有地方管理要求的要遵守地方管理要求。处理混合废水的工业废水集中处理厂，出水中水污染物许可排放质量浓度限值结合进水信息，依据技术规范中加权平均确定。

2）管控许可排放量的污染因子包括 COD、氨氮、总磷、总氮，还应根据地方管理要求确定是否增加其他控制因子。

3）废水许可排放量应根据规范要求和企业提供的计算过程，核实许可排放量的准确性。申请年排放量不得大于已有的总量控制指标；2015 年 1 月 1 日（含）后取得环评批复的企业，申请排放量不得大于环评及批复的总量。

4）废水许可排放量核算通过排水量和许可排放浓度来核定。对于水量的取值，现有企业可依据过去 3 年平均处理水量计算，运行不满 3 年的则从投产之日开始折算，新建企业按照设计水量。考虑到污水处理厂的公共属性，鼓励其尽可能多的处理污水，如果企业提出合理的预期水量会比过去 3 年有显著增加，并经地方生态环境主管部门同意，可以按照预期水量许可，但原则不超过设计水量。

5）上述内容中有地方管理要求的，要遵守地方管理要求。

（18）噪声排放信息

排污申报单位，噪声排放信息表根据具体情况填写。地方有相关环境管理要求的，应按地方要求执行。

（19）固体废物排放信息

表 19　固体废物排放信息

固体废物来源	固体废物名称	固体废物种类	固体废物类别	固体废物描述	固体废物产生量/（t/a）	固体废物处理方式	固体废物综合利用处理量/（t/a）	固体废物处置量/（t/a）	固体废物贮存量/（t/a）	固体废物排放量/（t/a）	备注
SCX-001	砂渣	砂渣	一般Ⅰ类固体废物	砂水分离器产生的砂渣	120	处置	/	120	/	/	/
SCX-001	栅渣	栅渣	一般Ⅰ类固体废物	细格栅产生的栅渣	24	处置	/	24	/	/	/
SCX-001	栅渣	栅渣	一般Ⅰ类固体废物	粗格栅产生的栅渣	48	处置	/	48	/	/	/
SCX-002	活性污泥	泥饼	一般Ⅰ类固体废物	脱水后生化污泥	105.94	处置	/	105.94	/	/	/

表 19-1　固体废物排放信息补充表

序号	固体废物名称	自行处置量/（t/a）	委托处置量/（t/a）	外委处置单位名称	危险废物处置单位名称	危险废物处置单位经营许可证编号
1	活性污泥	0	105.94	××有限公司	/	/
2	砂渣	0	120	××服务公司	/	/
3	栅渣	0	24	××服务公司	/	/
4	栅渣	0	48	××服务公司	/	/

1）注意污水处理厂的生活垃圾不算在许可范围之内。

2）管控的重点是污泥，其产生量填写干化污泥的产生量，数值等于处置利用贮存量之和。污泥的排放量应该为 0。

（20）自行监测及记录信息表

表 20 自行监测及记录信息表

序号	污染源类别	排放口编号	排放口名称	监测内容	污染物名称	监测设施	自动监测是否联网	自动监测仪器名称	自动监测设施安装位置	自动监测设施是否符合安装、运行、维护等管理要求	手工监测采样方法及个数	手工监测频次	手工测定方法	其他信息
1	废水	KFQ-001（水）	污水排放口	流量、水温	色度	手工					瞬时采样，至少 1 个瞬时样	1 次/月	《水质 色度的测定》（GB 11903—89）	
2		KFQ-001（水）	污水排放口	流量、水温	六价铬	手工					瞬时采样，至少 1 个瞬时样	1 次/季	《水质 六价铬的测定 二苯碳酰二肼分光光度法》（GB 7467—87）	
3		KFQ-001（水）	污水排放口	流量、水温	总汞	手工					瞬时采样，至少 1 个瞬时样	1 次/季	《水质 汞、砷、硒、铋和锑的测定 原子荧光法》（HJ 694—2014）	
4		KFQ-001（水）	污水排放口	流量、水温	总铅	手工					瞬时采样，至少 1 个瞬时样	1 次/季	石墨炉原子吸收法［《水和废水监测分析方法》（第四版增补版）国家环境保护总局（2002 年）］	

序号	污染源类别	排放口编号	排放口名称	监测内容	污染物名称	监测设施	自动监测是否联网	自动监测仪器名称	自动监测设施安装位置	自动监测设施是否符合安装、运行、维护等管理要求	手工监测采样方法及个数	手工监测频次	手工测定方法	其他信息
5	废水	KFQ-001（水）	污水排放口	流量、水温	氨氮（NH_3-N）	自动	是	氨氮自动分析仪	污水排放口	是	瞬时采样，至少1个瞬时样	4次/日	《水质　氨氮的测定　纳氏试剂分光光度法》（HJ 535—2009）	设备故障时采用手工检测
6		KFQ-001（水）	污水排放口	流量、水温	石油类	手工					瞬时采样，至少1个瞬时样	1次/月	《水质　石油类和动物油类的测定　红外分光光度法》（HJ 637—2012）	
7		KFQ-001（水）	污水排放口	流量、水温	化学需氧量	自动	是	COD在线监测	污水排放口	是	瞬时采样，至少1个瞬时样	4次/日	《水质　化学需氧量的测定　重铬酸盐法》（HJ 828—2017	设备故障时采用手工检测
8		KFQ-001（水）	污水排放口	流量、水温	pH	自动	是	PH水质自动分析仪	污水排放口	是	瞬时采样，至少1个瞬时样	4次/日	《水质　pH值的测定　玻璃电极法》（GB 6920—1986）	设备故障时采用手工检测
9		KFQ-001（水）	污水排放口	流量、水温	总镉	手工					瞬时采样，至少1个瞬时样	1次/季	石墨炉原子吸收法［《水和废水监测分析方法》（第四版增补版）国家环境保护总局（2002年）］	
10		KFQ-001（水）	污水排放口	流量、水温	总氮（以N计）	自动	是	总磷总氮自动分析仪	污水排放口	是	瞬时采样，至少1个瞬时样	4次/日	《水质　总氮的测定　碱性过硫酸钾消解紫外分光光度法》（HJ 636—2012	设备故障时采用手工检测

序号	污染源类别	排放口编号	排放口名称	监测内容	污染物名称	监测设施	自动监测是否联网	自动监测仪器名称	自动监测设施安装位置	自动监测设施是否符合安装、运行、维护等管理要求	手工监测采样方法及个数	手工监测频次	手工测定方法	其他信息
11	废水	KFQ-001（水）	污水排放口	流量、水温	总磷（以P计）	自动	是	总磷总氮自动分析仪	污水排放口	是	瞬时采样，至少1个瞬时样	4次/日	《水质 总磷的测定 钼酸铵分光光度法》（GB 11893—1989）	设备故障时采用手工检测
12		KFQ-001（水）	污水排放口	流量、水温	流量	自动	是	流量计	污水排放口	是			/	
13		KFQ-001（水）	污水排放口	流量、水温	烷基汞	手工					瞬时采样，至少1个瞬时样	1次/半年	《水质 烷基汞的测定 气相色谱法》（GB/T 14204—1993）	
14		KFQ-001（水）	污水排放口	流量、水温	粪大肠菌群数/（MPN/L）	手工					瞬时采样，至少1个瞬时样	1次/月	《水质 粪大肠菌群的测定 多管发酵法滤膜法》（HJ/T 347—2007）	
15		KFQ-001（水）	污水排放口	流量、水温	阴离子表面活性剂	手工					瞬时采样，至少1个瞬时样	1次/月	《水质 阴离子表面活性剂的测定 亚甲蓝分光光度法》（GB/T 7494—1987）	
16		KFQ-001（水）	污水排放口	流量、水温	五日生化需氧量	手工					瞬时采样，至少1个瞬时样	1次/月	《水质 五日生化需氧量（BOD_5）的测定 稀释与接种法》（HJ 505—2009）	

序号	污染源类别	排放口编号	排放口名称	监测内容	污染物名称	监测设施	自动监测是否联网	自动监测仪器名称	自动监测设施安装位置	自动监测设施是否符合安装、运行、维护等管理要求	手工监测采样方法及个数	手工监测频次	手工测定方法	其他信息
17	废水	KFQ-001（水）	污水排放口	流量、水温	悬浮物	手工					瞬时采样，至少1个瞬时样	1次/月	《水质　悬浮物的测定　重量法》（GB 11901—1989	
18		KFQ-001（水）	污水排放口	流量、水温	总铬	手工					瞬时采样，至少1个瞬时样	1次/季	《水质　总铬的测定　高锰酸钾氧化-二苯碳酰二肼分光光度法》（GB/T 7466—1987）	
19		KFQ-001（水）	污水排放口	流量、水温	总砷	手工					瞬时采样，至少1个瞬时样	1次/季	《水质　汞、砷、硒、铋和锑的测定原子荧光法》（HJ 694—2014）	
20		KFQ-001（水）	污水排放口	流量、水温	动植物油	手工					瞬时采样，至少1个瞬时样	1次/月	《水质　石油类和动物油类的测定红外分光光度法》（HJ 637—2012）	
21	废气	DA001	恶臭气体排放口	烟气量	氨（氨气）	手工					非连续采样，至少1个	1次/半年	《空气和废气　氨的测定　纳氏试剂分光光度法》（HJ 533—2009）	
22		DA001	恶臭气体排放口	烟气量	臭气浓度	手工					非连续采样，至少1个	1次/半年	《空气质量　恶臭的测定　三点比较式臭袋法》（GB T 14675—1993）	

序号	污染源类别	排放口编号	排放口名称	监测内容	污染物名称	监测设施	自动监测是否联网	自动监测仪器名称	自动监测设施安装位置	自动监测设施是否符合安装、运行、维护等管理要求	手工监测采样方法及个数	手工监测频次	手工测定方法	其他信息
23	废气	DA001	恶臭气体排放口	烟气量	硫化氢	手工					非连续采样，至少1个	1次/半年	《空气质量　硫化氢 甲硫醇 甲硫醚 二甲二硫的测定　气相色谱法》（GB/T 14678—1993）	
24		厂界		风速、风向	氨（氨气）	手工					非连续采样，至少1个	1次/半年	《空气和废气　氨的测定　纳氏试剂分光光度法》（HJ 533—2009）	
25		厂界		风速、风向	硫化氢	手工					非连续采样，至少1个	1次/半年	《空气质量　硫化氢 甲硫醇 甲硫醚 二甲二硫的测定　气相色谱法》（GB/T 14678—1993）	
26		厂界		风速、风向	臭气浓度	手工					非连续采样，至少1个	1次/半年	《空气质量　恶臭的测定　三点比较式臭袋法》（GB T 14675—1993）	
27		厂区体积浓度最高处		甲烷	甲烷	手工					非连续采样，至少1个样	1次/半年	/	

注：上表内容选取了某水处理行业企业的部分内容为例。表中“色度”“流量”等虽非污染物种类，但在填报及表的生成中为必须项。

1）采用自动监测的 COD、氨氮、总磷、总氮须填报除“其他信息”外的所有信息。填报手工监测频次和方法，是为了在自动监测设施出现故障时，根据规范要求采用的手工监测要求。

2）规定采用手工监测的项目可不填报自动监测相关信息和“其他信息”，其余的内容均需填报。

3）监测内容填写流量、水温、风速、风向等需要监测的物理指标；污染物名称分栏填写需要监测的各类污染物。

4）污染物监测方式、监测频次、测定方法应按照规范中自行监测管理要求填写。

5）厂界监测信息，监测项目应该包括氨、硫化氢和臭气浓度。执行 GB 18918 的排污单位废气监测项目中应该包括甲烷，监测点位为厂内。

6）如排污单位有雨水排放口，需进行监测，填报相关监测信息。

（21）进水自行监测信息表

表 21　进水自行监测信息表

序号	污染源类别	进水口编号	进水口名称	监测内容	污染物名称	监测设施	自动监测是否联网	自动监测仪器名称	自动监测设施安装位置	自动监测设施是否符合安装、运行、维护等管理要求	手工监测采样方法及个数	手工监测频次	手工测定方法	其他信息
1	废水	JSK001	进水口	流量	化学需氧量	自动	是	/	进水口	是				和地方管理部门联网
2		JSK001	进水口	流量	总氮（以 N 计）	手工					瞬时采样，至少 1 个样	1 次/日	《水质　总氮的测定　碱性过硫酸钾消解紫外分光光度法》（HJ 636—2012）、《水质　总氮的测定　碱性过硫酸钾消解紫外分光光度法》（HJ 636—2012）	

序号	污染源类别	进水口编号	进水口名称	监测内容	污染物名称	监测设施	自动监测是否联网	自动监测仪器名称	自动监测设施安装位置	自动监测设施是否符合安装、运行、维护等管理要求	手工监测采样方法及个数	手工监测频次	手工测定方法	其他信息
3	废水	JSK001	进水口	流量	氨氮（NH_3-N）	自动	是	/	进水口	是				和地方管理部门联网
4		JSK001	进水口	流量	总磷（以P计）	手工					瞬时采样，至少1个样	1次/日	《水质　总磷的测定　钼酸铵分光光度法》（GB 11893—1989）、《水质　总磷的测定　钼酸铵分光光度法》（GB 11893—1989	
5		JSK001	进水口	流量	流量	自动	是	/	进水口	是				和地方管理部门联网

注：上表内容选取了某水处理行业企业的部分内容为例。

1）进水总管的监测内容包括流量和COD、氨氮、总磷、总氮。

2）COD和氨氮应采用自动监测，填报除“其他信息”外的所有信息。

3）工业废水集中处理厂除了进水总管，应填报工业废水混合前的监测信息。

（22）环境管理台账信息表

表 22　环境管理台账信息表

序号	类别	记录内容	记录频次	记录形式	其他信息
1	基本信息	基本信息主要包括企业名称、生产经营场所地址、行业类别、法定代表人、统一社会信用代码、产品名称、生产工艺、生产规模、环保投资、环境影响评价审批意见及排污许可证编等	对于未发生变化的基本信息，按年记录，1 次/a；对于发生变化的基本信息，在发生变化时记录	电子台账+纸质台账	保管时间不少于 5 年
2	生产设施运行管理信息	（1）手工监测的记录：应当定期记录开展手工监测的日期、时间、污染物排放口和监测点位、监测方法、监测频次、监测仪器及型号、采样方法、监测结果等，并建立台账记录报告。 （2）自动监测运维记录：包括自动监测系统运行状况、系统辅助设备运行状况、系统校准、校验工作等；仪器说明书及相关标准规范中规定的其他检查项目；校准、维护保养、维修记录等	a）正常工况： 1）运行状态：按照各生产单元生产班制记录，每班记录 1 次。 2）生产负荷：按照各生产单元生产班制记录，每班记录 1 次。 3）产品产量：按照各生产单元生产班制记录，每班记录 1 次。 4）原辅料：按照各生产单元生产班制记录，每班记录 1 次。 5）燃料：每班记录 1 次。 b）异常情况：按照异常情况期记录，1 次/异常情况期	电子台账+纸质台账	保管时间不少于 5 年
3	污染防治设施运行管理信息	a）正常情况：污染防治设施运行信息应按照设施类别分别记录设施的实际运行相关参数和维护记录。 1）有组织废气治理设施记录设施运行时间、运行参数等； 2）无组织废气排放控制记录措施执行情况。 3）废水处理设施包括预处理设施、生化处理设施、深度处理设施及回用设施四部分，分	污染防治设施运行状况：按照污染治理设施管理单位班制记录，每班记录 1 次。 无组织废气污染治理措运行、维护、管理相关的信息记录频次原则上不低于 1 次/d。 异常情况：按照异常情况期记录，1 次/异常情况期	电子台账+纸质台账	保管时间不少于 5 年

序号	类别	记录内容	记录频次	记录形式	其他信息
3	污染防治设施运行管理信息	别记录每日进水水量、出水水量、药剂名称及使用量、投放频次、电耗、污泥产生量及污泥处理处置去向等。 4)固体废物污染治理设施记录污泥产生量及含水率、处理方式、处理后污泥量及含水率、厂内暂存量、综合利用量、自行处置量、委托转移量、委托单位等信息。固体废物记录信息。 b）异常情况：污染治理设施异常信息按工况记录，每工况期记录一次，内容应记录起止时段设施名称、编号、非正常起始时刻、非正常恢复时刻、污染物排放量、排放浓度、事件原因、是否报告、应对措施等			
4	监测记录信息	（1）手工监测的记录：应当定期记录开展手工监测的日期、时间、污染物排放口和监测点位、监测方法、监测频次、监测仪器及型号、采样方法、监测结果等，并建立台账记录报告。 （2）自动监测运维记录：包括自动监测系统运行状况、系统辅助设备运行状况、系统校准、校验工作等；仪器说明书及相关标准规范中规定的其他检查项目；校准、维护保养、维修记录等	与申请表监测频次一致	电子台账+纸质台账	保管时间不少于 5 年
5	其他环境管理信息	无组织废气污染治理措施运行、维护、管理相关的信息。排污单位在特殊时段应记录管理要求、执行情况（包括特殊时段生产设施运行管理信息和污染防治设施运行管理信息）；固体废物收集处置信息等。	重污染天气应对期间等特殊时段的台账记录频次原则上与正常生产记录频次一致，涉及特殊时段停产的排污单位或生产工序，该期间原则 上仅对起始和结束当天进行 1 次记录，地方生态环境主管部门有特殊要求的，从其规定。对固体废物收集处置信息进行记录，1 次/d	电子台账+纸质台账	保管时间不少于 5 年

1）应按照技术规范要求填报环境管理台账记录内容和频次等，完整列明污染治理设施运行管理信息、监测记录信息、其他环境管理信息。

2）记录频次应满足技术规范要求，与记录内容对应。

3）记录形式应为“电子台账+纸质台账”；其他信息中写明台账保存期限为“至少保存 5 年”。

（三）相关附图、附件审核

（1）附图

1）排污申报单位的生产工艺流程图、厂区总平面布置图和监测点位示意图等。

2）排污申报单位的图件要清晰准确、图例明确。

3）排污申报单位生产工艺流程图应包括主要生产设施（设备）、主要原燃料的流向、主要生产工艺流程和产排污节点等内容。

4）排污申报单位厂区总平面布置图应包括主体设施、公辅设施、环保设施等内容；应注明废气主要排放口、一般排放口和无组织排放的生产单元；应注明厂区雨水和污水排放口位置等。

（2）附录

排污申报单位污水处理设施信息应完整准确，主要包括污染治理设施名称、设施编号、设计水质、设计参数、药剂使用情况等。

（3）附件

排污申报单位应提供承诺书、信息公开情况说明表及其他必要的说明材料。许可排放量计算过程应详细、准确，计算方法及参数选取符合规范要求。

（四）其他重点内容

对于排污许可证副本，除申请书中相应内容外，还应注意按技术规范填写执行（守法）报告、信息公开、其他控制及管理要求等。

（1）排污申报单位应按技术规范填写执行报告内容、频次等要求。年度执行报告内容应包括：基本生产信息、污染防治设施运行情况、自行监测情况、台账管理情况、实际排放情况及合规判定分析、信息公开情况、排污单位内部环境管理体系建设与运行情况、其他排污许可证规定的内容执行情况、其他需要说明的问题、结论、附图附件等内容。

（2）信息公开表应按照《企业事业单位环境信息公开办法》和《排污许可管理办法（试行）》等现行文件要求，填报公开的方式、时间、内容以及其他信息。公开的方式包括两种：

1）需在国家排污许可信息公开系统中公开；

2）需满足依法规范的其他便于公众知晓的方式。时间节点应按照《企业事业单位环境信息公开办法》的要求执行。

公开的内容包括：

1）基础信息，包括单位名称、统一社会信用代码等；

2）排污信息，包括排放污染物的名称、排放方式、排放口数量、排放质量浓度和总量等信息；

3）防治污染设施的建设和运行情况；

4）其他应当公开的环境信息。其他信息需按照《企业事业单位环境信息公开办法》和《排污许可管理办法（试行）》执行。

（3）对于排污单位环境管理现状无法满足技术规范要求的，需要承诺改正措施及完成时限；地方生态环境主管部门可将对企业现行废气、废水管理要求，以及法律法规、技术规范中明确的污染防治措施运行维护管理要求写入“其他环境管理要求”部分中；如果地方法律法规和环评批复中对枯水期、农灌期等时段排放量有所要求，则需要在“其他环境管理要求”中规定该时段许可排放量要求；地方有法规对噪声、固体废物、环境风险等方面有管理要求，可纳入“其他许可内容”。

第四章　专用化学产品制造企业排污许可证填报案例分析

一、专用化学产品制造排污许可证管理要求

（一）涵盖行业

专用化学产品制造业涵盖的行业类别：专用化学产品制造（C266）中化学试剂和助剂制造（C2661）、专项化学用品制造（C2662）、林产化学产品制造（C2663）、文化用信息化学品制造（C2664）、医学生产用信息化学品制造（C2665）、环境污染处理专用药剂材料制造（C2666）、动物胶制造（C2667）及其他专用化学产品制造（C2669）。

以上述物质作为副产品的其他生产排污单位排放的大气污染物、水污染物的排污许可管理执行相应行业的排污许可证申请与核发技术规范；林产化学产品中的以林产品为原料的水解酒精制造、水解木糖醇适用于本标准。化学试剂及催化剂中涉及无机酸、无机碱、无机盐等原料制造适用《排污许可证申请与核发技术规范　无机化学工业》（HJ 1035），调制黏合剂企业中涉及合成树脂生产及改性的生产装置适用《排污许可证申请与核发技术规范　石化工业》（HJ 853），催化剂中陶瓷类载体制造适用《排污许可证申请与技术核发规范　陶瓷砖瓦工业》（HJ 954）。

（二）分类管理

专用化学产品制造业排污许可管理分重点管理、简化管理和登记管理三种类型。

其中纳入重点排污单位目录的企业，申请排污许可管理为重点管理；除重点管理以外的化学试剂和助剂制造（C2661）、专项化学用品制造（C2662）、林产化学产品制造（C2663）（有热解或者水解工艺的），以上均不含单纯混合或者分装的，除重点管理以外的林产化学产品制造（C2663）（无热解或者水解工艺的）、文化用信息化学品制造（C2664）、医学生产用信息化学品制造（C2665）、环境污染处理专用药剂材料制造（C2666）、动物胶制造（C2667）、其他专用化学产品制造（C2669），以上均不含单纯混合或者分装的，申请排污许可管理为简化管理；单纯混合或者分装的为登记管理。详见表 1。

表 1　固定污染源排污许可分类管理名录（专用化学产品制造）

序号	行业类别	分类管理		
		重点管理	简化管理	登记管理
50	专用化学产品制造（C266）	化学试剂和助剂制造（C2661）、专项化学用品制造（C2662）、林产化学产品制造（C2663）（有热解或者水解工艺的），以上均不含单纯混合或者分装的	林产化学产品制造（C2663）（无热解或者水解工艺的）、文化用信息化学品制造（C2664）、医学生产用信息化学品制造（C2665）、环境污染处理专用药剂材料制造（C2666）、动物胶制造（C2667）、其他专用化学产品制造（C2669），以上均不含单纯混合或者分装的	单纯混合或者分装的

（三）不予发证的情况

专用化学产品制造企业排污单位存在下列情况之一时，不予核发排污许可证。

（1）位于法律法规规定禁止建设区域内的。如饮用水水源保护区、自然保护区、风景名胜区等；

（2）属于国务院经济综合宏观调控部门会同国务院有关部门发布的产业政策目录中明令淘汰或者立即淘汰的落后生产工艺装备、落后产品的；

（3）国家或地方政府明确规定予以淘汰或取缔的等；

（4）法律法规规定不予核发排污许可证的其他情形。

二、专用化学产品制造企业排污许可证填报案例分析

（一）基本要求

（1）专用化学产品制造企业申请排污许可证单位的生产工艺和产品不属于国家或地方政府明确规定予以淘汰或取缔的；

（2）专用化学产品制造企业申请排污许可证单位的生产场所不位于法律法规明确规定禁止建设区域内；

（3）专用化学产品制造企业申请排污许可证单位具备符合国家或地方要求的污染防治设施或污染物处理能力；

（4）专用化学产品制造企业申请排污许可证单位的污染物排放应符合国家或地方规定的相关标准和要求；

（5）专用化学产品制造企业申请排污许可证单位的排污口等设置应符合国家或地方的

要求；

（6）专用化学产品制造企业申请排污许可证单位提交的书面申请材料应真实、合法、准确、完整。

（二）填报要点分析

（1）排污单位基本信息表

表 2 排污单位基本信息表

单位名称	天津××××××有限公司	注册地址	天津××××××号
生产经营场所地址	天津××××××号	邮政编码	300000
行业类别	化学试剂和助剂制造	是否投产	是
投产日期	2008-08-08	—	—
生产经营场所中心经度	××°××′××″	生产经营场所中心纬度	××°××′××″
组织机构代码		统一社会信用代码	
技术负责人		联系电话	
所在地是否属于大气重点控制区	是	所在地是否属于总磷控制区	否
所在地是否属于总氮控制区	是	所在地是否属于重金属污染特别排放限值实施区域	是
是否位于工业园区	是	所属工业园区名称	天津×××区
是否有环评审批文件	是	环境影响评价审批文件文号或备案编号	津环保许可函〔2007〕××号 津环保许可函〔2009〕××号 津环保许可函〔2012〕××号 津环保许可函〔2015〕××号
是否有地方政府对违规项目的认定或备案文件	否	认定或备案文件文号	
是否需要改正	否	排污许可证管理类别	重点管理
是否有主要污染物总量分配计划文件	否	总量分配计划文件文号	

1）根据上表可知，该排污申报单位的生产场所位于天津市，根据《关于执行大气污染物特别排放限值的公告》（环境保护部公告 2013 年第 14 号）、《关于执行大气污染物特别排放限值有关问题的复函》（环办大气函〔2016〕1087 号）、《关于京津冀大气污染传输通道城市执行大气污染物特别排放限值的公告》（环境保护部公告 2018 年第 9 号）等。天津市属于大气重点控制区域，所以该生产场所属于大气重点控制区域。

根据《“十三五”生态环境保护规划》（国发〔2016〕65 号），天津市为总氮的控制区，所以该生产场所执行总氮控制区。

2）该申报单位生产场所从 2007 年起，先后进行了扩建改造，需将该生产经营场所全部项目的环评审批文号填写完全。

该申报单位没有违规项目，所以不需要填写认定或备案文件文号。

3）填报的投产时间是以排污单位投入运行的时间为准，若分期投运的，投产日期则以最早投运的时间为准，该单位以最早投运时间 2008 年作为投产时间。

4）该申报单位没有已定的污染物控制指标，所以不填写。

（2）主要产品及产能信息表

表 3　主要产品及产能信息表

<table>
<tr><th>序号</th><th>生产线名称</th><th>生产线编号</th><th>产品种类</th><th>产品名称</th><th>设计值</th><th>计量单位</th><th>设计年生产时间/d</th><th>其他产品信息</th></tr>
<tr><td>1</td><td>橡胶助剂生产线</td><td>SCX-1</td><td>橡胶助剂-橡胶防老剂</td><td>聚合物助剂造粒</td><td>3 500</td><td>t/a</td><td>300</td><td>高分子抗老化助剂</td></tr>
<tr><td rowspan="2">2</td><td rowspan="2">橡胶助剂生产线</td><td rowspan="2">SCX-2</td><td rowspan="2">橡胶助剂-橡胶防老剂</td><td>抗氧剂 1520/1726</td><td>2 000</td><td>t/a</td><td>300</td><td>高分子抗老化助剂</td></tr>
<tr><td>防水材料</td><td>2 500</td><td>t/a</td><td>300</td><td>高分子抗老化助剂</td></tr>
<tr><td rowspan="2">3</td><td rowspan="2">橡胶助剂生产线</td><td rowspan="2">SCX-3</td><td rowspan="2">橡胶助剂-橡胶防老剂</td><td>光稳定剂 UV292</td><td>1 000</td><td>t/a</td><td>300</td><td>高分子抗老化助剂</td></tr>
<tr><td>抗氧剂 1135</td><td>1 000</td><td>t/a</td><td>300</td><td>高分子抗老化助剂</td></tr>
</table>

表 3-1　主要产品及产能信息补充表

<table>
<tr><th rowspan="2">序号</th><th rowspan="2">生产线名称</th><th rowspan="2">生产线编号</th><th rowspan="2">主要生产单元名称</th><th rowspan="2">主要工艺名称</th><th rowspan="2">生产设施名称</th><th rowspan="2">生产设施编号</th><th colspan="4">设施参数</th><th rowspan="2">其他设施信息</th><th rowspan="2">其他工艺信息</th></tr>
<tr><th>参数名称</th><th>计量单位</th><th>设计值</th><th>其他设施参数信息</th></tr>
<tr><td rowspan="5">1</td><td rowspan="5">橡胶助剂生产线</td><td rowspan="5">SCX-1</td><td>输送</td><td>输送</td><td>输送绞龙</td><td>M201</td><td>功率</td><td>kW</td><td>1.5</td><td>304</td><td></td><td></td></tr>
<tr><td>混配</td><td>混配</td><td>混料罐</td><td>M301-6ZL</td><td>容积</td><td>L</td><td>4 000</td><td>304</td><td></td><td></td></tr>
<tr><td>造粒</td><td>造粒</td><td>辊压造粒机</td><td>M304</td><td>功率</td><td>kW</td><td>25</td><td>304</td><td></td><td></td></tr>
<tr><td>过筛</td><td>过筛</td><td>旋振筛</td><td>M306</td><td>目数</td><td>目</td><td>16</td><td>304</td><td></td><td></td></tr>
<tr><td>除尘</td><td>除尘</td><td>除尘引风机</td><td>M001</td><td>流量</td><td>m^3/h</td><td>16 118～19 717</td><td>CS</td><td></td><td></td></tr>
<tr><td rowspan="9">2</td><td rowspan="9">橡胶助剂生产线</td><td rowspan="9">SCX-2</td><td rowspan="5">生产/反应单元</td><td rowspan="5">酯化</td><td>NOM 高位槽</td><td>V101</td><td>容积</td><td>L</td><td>2 500</td><td>SS304</td><td></td><td rowspan="9"></td></tr>
<tr><td>二甲胺水溶液中间罐</td><td>V102</td><td>容积</td><td>L</td><td>12 000</td><td>C.S 衬 304</td><td></td></tr>
<tr><td>合成反应釜 A/B/C</td><td>R102A/B/C</td><td>容积</td><td>L</td><td>5 000</td><td>SS304</td><td></td></tr>
<tr><td>回收助剂计量罐</td><td>V106</td><td>容积</td><td>L</td><td>500</td><td>SS304</td><td></td></tr>
<tr><td>邻甲酚计量罐</td><td>V105</td><td>容积</td><td>L</td><td>1 000</td><td>SS304</td><td></td></tr>
<tr><td rowspan="4">分离精制单元</td><td>水洗</td><td>水洗釜</td><td>R103A</td><td>容积</td><td>L</td><td>5 000</td><td>搪玻璃+Q235B</td><td></td></tr>
<tr><td rowspan="3">汽提</td><td>汽提塔</td><td>T108</td><td>容积</td><td>L</td><td>4 520</td><td>SS304</td><td></td></tr>
<tr><td>汽提液中间罐</td><td>V148</td><td>容积</td><td>L</td><td>5 000</td><td>SS304</td><td></td></tr>
<tr><td>水洗液中间釜</td><td>R103B</td><td>容积</td><td>L</td><td>5 000</td><td>SS304</td><td></td></tr>
</table>

序号	生产线名称	生产线编号	主要生产单元名称	主要工艺名称	生产设施名称	生产设施编号	设施参数				其他设施信息	其他工艺信息
							参数名称	计量单位	设计值	其他设施参数信息		
2	橡胶助剂生产线	SCX-2	分离精制单元	蒸馏	邻甲酚接液罐 A/B	V103A/B	容积	L	2 000	搪瓷玻璃+C.S		
					邻甲酚前馏罐	V104	容积	L	500	SS305		
					邻甲酚蒸馏釜	R101	容积	L	3 000	SS304		
					邻甲酚蒸馏真空泵	P120	抽气量	L/s	100	CS		
			分离精制单元	废水处理	废水处理釜 A/B	R109A/B	容积	L	5 000	搪瓷玻璃+C.S		
					废水中间罐	V107/V108	容积	L	25 000	SS304		
					高浓度废水中间罐	V115	容积	L	5 000	搪瓷玻璃+C.S		
			分离精制单元	蒸馏	反应母液过渡罐	V110	容积	L	5 000	搪瓷玻璃+C.S		
					回收助剂平衡罐	V111	容积	L	2 500	SS304		
					母液精馏回收釜	R108	容积	L	5 000	搪玻璃+Q235B		
			成品单元	后处理	成品中间釜	R106	容积	L	3 000	搪玻璃+Q235B		
					粗品二级过滤器	F102-121	容积	L	150	SS304+C.S		
					粗品过滤器	F101-121	过滤面积	m^2	7	SS304+C.S		
					后处理釜 A/B	R104A/B	容积	L	5 000	搪玻璃+Q235B		
					后处理脱气真空泵	P121	抽气量	L/s	100	CS		

序号	生产线名称	生产线编号	主要生产单元名称	主要工艺名称	生产设施名称	生产设施编号	设施参数				其他设施信息	其他工艺信息
							参数名称	计量单位	设计值	其他设施参数信息		
3	其他	GF-QMSYS	检测液配制	配制	磁力搅拌器 A/B/C	M7201A/B/C	转速	r/min	0～2 000	四头加热式		
					多功能搅拌机	M7203	转速	r/min	8 000			
					气动搅拌器	M7202	转速	r/min	50～2 600	升降式		
			喷涂	喷涂	换气风机	B7201	风量	m^3/h	4 200	离心式		
					空气过滤器	F7201	过滤精度	Lim	0.1			
					空气压缩机	C7201	流量	L/min	920			
					喷涂风机 A	B7202A	风量	m^3/h	7 000	离心式		
					喷涂风机 B	B7202B	风量	m^3/h	6 000	离心式		
			烘干	烘干	1#烘箱	H7201	功率	kW	10			
					2#烘箱	H7202	功率	kW	3			
4	橡胶助剂生产线	SCX-3	生产/反应单元	酯化	备用罐	V201-123	容积	L	6 000	C.S 衬 304		
					醋酸高位槽	V115-123	容积	L	200	304		
					反应馏分计量罐	V105-123	容积	L	5 000	304		
					反应真空泵机组 A/B	P201A/B	功率	kW	24.5	C.S		
					轻组分计量罐	V104-123	容积	L	3 000	304		
					溶剂油高位槽	V103-123	容积	L	1 500	304		
					溶剂油中间罐	V101-123	容积	L	12 000	C.S		
					缩合反应釜 A/B	R102A/B-123	容积	L	5 000	SS304+C.S		
			分离精制单元	蒸馏	减压蒸馏釜	R104-123	容积	L	8 000	SS304+C.S		
					接液罐 A/B/C	V110A/B/C	容积	L	2 000	304		
					接液罐 D	V110D	容积	L	1 000	304		
					蒸馏真空泵组	P202	功率	kW	24.5	C.S		
			成品单元	后处理	板式密闭过滤机	F106	过滤面积	m^2	7	C.S		
					成品处理釜	R103A-123	容积	L	10 000	SS304+C.S		
					粗品二级过滤器	F104	过滤面积	m^2	0.5	304		
					袋式过滤器	F105	过滤面积	m^2	0.5	304		
					后处理釜	R103B-123	容积	L	10 000	SS304+C.S		
					压滤包	F102-123	过滤面积	m^2	1.5	304		

序号	生产线名称	生产线编号	主要生产单元名称	主要工艺名称	生产设施名称	生产设施编号	设施参数				其他设施信息	其他工艺信息
							参数名称	计量单位	设计值	其他设施参数信息		
5	其他	GF-WSCLZ	污水生化处理	生化	IC 反应器	V601	容积	m^3	1 500			
			污水生化处理	生化	隔膜式压滤机	M301-WS	功率	kW	12.5			
			污水生化处理	生化	1/2#脱硫塔	T101A/B	容积	m^3	3.8			
			污水生化处理	生化	污泥浓缩罐 1/2	V103B/C	容积	m^3	35			
			污水生化处理	生化	污泥储罐 A	V162A	容积	m^3	30			

注：上表内容选取了某专用化学产品企业的部分内容为例。

根据上表可知，专用化学产品制造业企业填报该表时，应根据企业具体情况，并据实填写如下内容：

1）申报单位生产能力可参照环评文件或设计文件生产能力，该案例的环评文件批复生产能力为 1 万 t/a，即为申报生产能力，该单位无国家或地方政府予以淘汰或取缔的产能。若申报单位没有设计产能数据时，可以以近 3 年实际产量均值来填写。

2）申报单位在填报产品设计参数时应填报完整。

3）生产设施名称应填写与产排污相关的设施设备名称；生产设施编号可填写企业内部设施编号。不同编号的相同生产设施需分行填报。

4）该申报单位为实行重点管理的排污单位，其生产设施按“生产设施”逐一填报。若实行简化管理的排污单位，可按“生产线”方式进行简化填报。

（3）主要原辅材料及燃料信息表

表 4　主要原辅材料及燃料信息表

序号	种类	类型	名称	设计年使用量	计量单位	有毒有害成分	成分占比/%	其他信息
原料及辅料								
1	原辅料	其他	1161 粗品	1 200	t/a			
	原辅料	其他	2-甲基-6-叔丁基苯酚	2 600	t/a			
	原辅料	其他	326 粗品	2 200	t/a			
	原辅料	其他	328 粗品	1 600	t/a			
	原辅料	其他	6-叔丁基邻甲酚	8 200	t/a			
	原辅料	其他	EC8	2 200	t/a			
	原辅料	其他	丙酮	72.0	t/a			
	原辅料	其他	丙烯酸甲酯	4 700	t/a			
	原辅料	其他	草酸二乙酯	300	t/a			
	原辅料	其他	多聚甲醛	1 500	t/a			

燃料

序号	燃料名称	设计年使用量	计量单位	灰分/%	硫分/%	挥发分/%	低位发热量/（kJ/kg）	有毒有害物质	成分占比/%	其他信息
	/	/	/	/	/	/	/	/	/	

注：上表内容选取了某专用化学产品企业的部分内容为例。

根据上表可知，排污申报企业在填写该表时，应根据企业生产的实际情况，并重点填写如下内容：

1）填报单位应根据行业技术规范要求填写，原辅材料应结合各生产线进行统计，该填报单位使用的原辅材料主要包括生产专用化学品的原材料及辅助材料、污染治理辅料等类别。设计年使用量为全厂同类原辅料的总计，可根据设计文件或环评文件来确定。

2）应填写正确的“有毒有害成分占比”，即有毒有害物质在其原料或辅料中的成分占比，主要原辅材料的硫元素、重金属等占比、主要有毒有害物质成分及占比。

3）“燃料”信息，燃煤要填写灰分、硫分、挥发分、热值和年最大使用量等；燃油等要填写硫分、热值和年最大使用量等；天然气可只填写热值和年最大使用量。

该申报单位无燃煤、燃油等设施，均不必填写。

4）该表中不需要填写的栏内，划斜杠“/”。

（4）废气产排污环节、污染物及污染治理设施信息表

表 5　废气产排污节点、污染物及污染治理设施信息表

序号	生产线名称及编号	主要生产单元	产污设施编号	产污设施名称	对应产污环节名称	污染物种类	排放形式	污染治理设施						有组织排放口编号	有组织排放口名称	排放口设置是否符合要求	排放口类型	其他信息
								污染治理设施编号	污染治理设施名称	污染治理设施工艺	设计处理效率/%	是否为可行技术	污染治理设施其他信息					
1	橡胶助剂生产线，SCX-1	混配	M301-6ZL	混料罐	混配	颗粒物	有组织	F001/T0601001	旋风除尘器+布袋除尘器+水喷淋吸收塔	旋风除尘+布袋除尘+水喷淋吸收	/	是		DA004	车间排气筒	是	一般排放口	
2	橡胶助剂生产线，SCX-1	造粒	M304	辊压造粒机	造粒	颗粒物	有组织	F001/T0601001	旋风除尘器+布袋除尘器+水喷淋吸收塔	旋风除尘+布袋除尘+水喷淋吸收	/	是		DA004	车间排气筒	是	一般排放口	
3	橡胶助剂生产线，SCX-1	过筛	M306	旋振筛	过筛	颗粒物	有组织	F001/T0601001	旋风除尘器+布袋除尘器+水喷淋吸收塔	旋风除尘+布袋除尘+水喷淋吸收	/	是		DA004	车间排气筒	是	一般排放口	
4	橡胶助剂生产线，SCX-1	除尘	M001	除尘引风机	除尘	颗粒物	有组织	F001/T0601001	旋风除尘器+布袋除尘器+水喷淋吸收塔	旋风除尘+布袋除尘+水喷淋吸收	/	是		DA004	车间排气筒	是	一般排放口	

序号	生产线名称及编号	主要生产单元	产污设施编号	产污设施名称	对应产污环节名称	污染物种类	排放形式	污染治理设施						有组织排放口编号	有组织排放口名称	排放口设置是否符合要求	排放口类型	其他信息
								污染治理设施编号	污染治理设施名称	污染治理设施工艺	设计处理效率/%	是否为可行技术	污染治理设施其他信息					
5	橡胶助剂生产线，SCX-1	输送	M201	输送绞龙	输送	颗粒物	有组织	F001/T0601001	旋风除尘器+布袋除尘器+水喷淋吸收塔	旋风除尘+布袋除尘+水喷淋吸收	/	是		DA004	车间排气筒	是	一般排放口	
6	橡胶助剂生产线，SCX-2	分离精制单元	V107/V108	水中间罐	水处理	挥发性有机物	有组织	E112/T103A/T103B/T105/M401/V301	冷凝捕集器/喷淋吸收塔/RTO/活性炭吸附装置/碱喷淋吸收	冷凝器捕集水喷淋吸收蓄热氧化活性炭吸附碱喷淋吸收	90	是		DA001	RTO排气筒	是	一般排放口	
					水处理	甲醛	有组织	E112/T103A/T103B/T105/M401/V301	冷凝捕集器/喷淋吸收塔/RTO/活性炭吸附装置/碱喷淋吸收	冷凝器捕集水喷淋吸收蓄热氧化活性炭吸附碱喷淋吸收	90	是		DA001	RTO排气筒	是	一般排放口	
					水处理	臭气浓度	有组织	E112/T103A/T103B/T105/M401/V301	冷凝捕集器/喷淋吸收塔/RTO/活性炭吸附装置/碱喷淋吸收	冷凝器捕集水喷淋吸收蓄热氧化活性炭吸附碱喷淋吸收	/	是		DA001	RTO排气筒	是	一般排放口	
7	橡胶助剂生产线，SCX-2	分离精制单元	V115	高浓度废水中间罐	水处理	挥发性有机物	有组织	E112/T103A/T103B/T105/M401/V301	冷凝捕集器/喷淋吸收塔/RTO/活性炭吸附装置/碱喷淋吸收	冷凝器捕集水喷淋吸收蓄热氧化活性炭吸附碱喷淋吸收	90	是		DA001	RTO排气筒	是	一般排放口	

序号	生产线名称及编号	主要生产单元	产污设施编号	产污设施名称	对应产污环节名称	污染物种类	排放形式	污染治理设施						有组织排放口编号	有组织排放口名称	排放口设置是否符合要求	排放口类型	其他信息
								污染治理设施编号	污染治理设施名称	污染治理设施工艺	设计处理效率/%	是否为可行技术	污染治理设施其他信息					
					水处理	甲醛	有组织	E112/T103A/T103B/T105/M401/V301	冷凝捕集器/喷淋吸收塔/RTO/活性炭吸附装置/碱喷淋吸收	冷凝器捕集水喷淋吸收蓄热氧化活性炭吸附碱喷淋吸收	90	是		DA001	RTO排气筒	是	一般排放口	
					水处理	臭气浓度	有组织	E112/T103A/T103B/T105/M401/V301	冷凝捕集器/喷淋吸收塔/RTO/活性炭吸附装置/碱喷淋吸收	冷凝器捕集水喷淋吸收蓄热氧化活性炭吸附碱喷淋吸收	/	是		DA001	RTO排气筒	是	一般排放口	
8	橡胶助剂生产线，SCX-2	分离精制单元	R109A/B	水处理釜A/B	水处理	挥发性有机物	有组织	E112/T103A/T103B/T105/M401/V301	冷凝捕集器/喷淋吸收塔/RTO/活性炭吸附装置/碱喷淋吸收	冷凝器捕集水喷淋吸收蓄热氧化活性炭吸附碱喷淋吸收	90	是		DA001	RTO排气筒	是	一般排放口	
					水处理	甲醛	有组织	E112/T103A/T103B/T105/M401/V301	冷凝捕集器/喷淋吸收塔/RTO/活性炭吸附装置/碱喷淋吸收	冷凝器捕集水喷淋吸收蓄热氧化活性炭吸附碱喷淋吸收	90	是		DA001	RTO排气筒	是	一般排放口	
					废水处理	臭气浓度	有组织	E112/T103A/T103B/T105/M401/V301	冷凝捕集器/喷淋吸收塔/RTO/活性炭吸附装置/碱喷淋吸收	冷凝器捕集水喷淋吸收蓄热氧化活性炭吸附碱喷淋吸收	/	是		DA001	RTO排气筒	是	一般排放口	

序号	生产线名称及编号	主要生产单元	产污设施编号	产污设施名称	对应产污环节名称	污染物种类	排放形式	污染治理设施						有组织排放口编号	有组织排放口名称	排放口设置是否符合要求	排放口类型	其他信息
								污染治理设施编号	污染治理设施名称	污染治理设施工艺	设计处理效率/%	是否为可行技术	污染治理设施其他信息					
9	橡胶助剂生产线，SCX-2	生产/反应单元	V106	回收助剂计量罐	酯化	挥发性有机物	有组织	E112/T103A/T103B/T105/M401/V301	冷凝捕集器/喷淋吸收塔/RTO/活性炭吸附装置/碱喷淋吸收	冷凝器捕集水喷淋吸收蓄热氧化活性炭吸附碱喷淋吸收	90	是		DA001	RTO排气筒	是	一般排放口	
					酯化	甲醛	有组织	E112/T103A/T103B/T105/M401/V301	冷凝捕集器/喷淋吸收塔/RTO/活性炭吸附装置/碱喷淋吸收	冷凝器捕集水喷淋吸收蓄热氧化活性炭吸附碱喷淋吸收	90	是		DA001	RTO排气筒	是	一般排放口	
					酯化	臭气浓度	有组织	E112/T103A/T103B/T105/M401/V301	冷凝捕集器/喷淋吸收塔/RTO/活性炭吸附装置/碱喷淋吸收	冷凝器捕集水喷淋吸收蓄热氧化活性炭吸附碱喷淋吸收	/	是		DA001	RTO排气筒	是	一般排放口	
10	橡胶助剂生产线，SCX-2	生产/反应单元	V105	邻甲酚计量罐	酯化	挥发性有机物	有组织	E112/T103A/T103B/T105/M401/V301	冷凝捕集器/喷淋吸收塔/RTO/活性炭吸附装置/碱喷淋吸收	冷凝器捕集+水喷淋吸收+蓄热氧化+活性炭吸附+碱喷淋吸收	90	是		DA001	RTO排气筒	是	一般排放口	

序号	生产线名称及编号	主要生产单元	产污设施编号	产污设施名称	对应产污环节名称	污染物种类	排放形式	污染治理设施						有组织排放口编号	有组织排放口名称	排放口设置是否符合要求	排放口类型	其他信息
								污染治理设施编号	污染治理设施名称	污染治理设施工艺	设计处理效率/%	是否为可行技术	污染治理设施其他信息					
					酯化	甲醛	有组织	E112/T103A/T103B/T105/M401/V301	冷凝捕集器/喷淋吸收塔/RTO/活性炭吸附装置/碱喷淋吸收	冷凝器捕集+水喷淋吸收+蓄热氧化+活性炭吸附+碱喷淋吸收	90	是		DA001	RTO排气筒	是	一般排放口	
					酯化	臭气浓度	有组织	E112/T103A/T103B/T105/M401/V301	冷凝捕集器/喷淋吸收塔/RTO/活性炭吸附装置/碱喷淋吸收	冷凝捕集器/喷淋吸收塔/RTO/活性炭吸附装置/碱喷淋吸收	/	是		DA001	RTO排气筒	是	一般排放口	
11	橡胶助剂生产线，SCX-2	生产/反应单元	V102	二甲胺水溶液中间罐	酯化	挥发性有机物	有组织	E112/T103A/T103B/T105/M401/V301	冷凝捕集器/喷淋吸收塔/RTO/活性炭吸附装置/碱喷淋吸收	冷凝器捕集+水喷淋吸收+蓄热氧化+活性炭吸附+碱喷淋吸收	90	是		DA001	RTO排气筒	是	一般排放口	
					酯化	甲醛	有组织	E112/T103A/T103B/T105/M401/V301	冷凝捕集器/喷淋吸收塔/RTO/活性炭吸附装置/碱喷淋吸收	冷凝器捕集+水喷淋吸收+蓄热氧化+活性炭吸附+碱喷淋吸收	90	是		DA001	RTO排气筒	是	一般排放口	

序号	生产线名称及编号	主要生产单元	产污设施编号	产污设施名称	对应产污环节名称	污染物种类	排放形式	污染治理设施						有组织排放口编号	有组织排放口名称	排放口设置是否符合要求	排放口类型	其他信息
								污染治理设施编号	污染治理设施名称	污染治理设施工艺	设计处理效率/%	是否为可行技术	污染治理设施其他信息					
12	橡胶助剂生产线，SCX-2	生产/反应单元	V101	NOM高位槽	酯化	臭气浓度	有组织	E112/T103A/T103B/T105/M401/V301	冷凝捕集器/喷淋吸收塔/RTO/活性炭吸附装置/碱喷淋吸收	冷凝器捕集+水喷淋吸收+蓄热氧化+活性炭吸附+碱喷淋吸收	/	是		DA001	RTO排气筒	是	一般排放口	
					酯化	挥发性有机物	有组织	E112/T103A/T103B/T105/M401/V301	冷凝捕集器/喷淋吸收塔/RTO/活性炭吸附装置/碱喷淋吸收	冷凝器捕集+水喷淋吸收+蓄热氧化+活性炭吸附+碱喷淋吸收	90	是		DA001	RTO排气筒	是	一般排放口	
					酯化	甲醛	有组织	E112/T103A/T103B/T105/M401/V301	冷凝捕集器/喷淋吸收塔/RTO/活性炭吸附装置/碱喷淋吸收	冷凝器捕集+水喷淋吸收+蓄热氧化+活性炭吸附+碱喷淋吸收	90	是		DA001	RTO排气筒	是	一般排放口	
					酯化	臭气浓度	有组织	E112/T103A/T103B/T105/M401/V301	冷凝捕集器/喷淋吸收塔/RTO/活性炭吸附装置/碱喷淋吸收	冷凝器捕集+水喷淋吸收+蓄热氧化+活性炭吸附+碱喷淋吸收	/	是		DA001	RTO排气筒	是	一般排放口	

序号	生产线名称及编号	主要生产单元	产污设施编号	产污设施名称	对应产污环节名称	污染物种类	排放形式	污染治理设施						有组织排放口编号	有组织排放口名称	排放口设置是否符合要求	排放口类型	其他信息
								污染治理设施编号	污染治理设施名称	污染治理设施工艺	设计处理效率/%	是否为可行技术	污染治理设施其他信息					
13	橡胶助剂生产线，SCX-2	生产/反应单元	R102A/B/C	合成反应釜A/B/C	酯化	挥发性有机物	有组织	E112/T103A/T103B/T105/M401/V301	冷凝捕集器/喷淋吸收塔/RTO/活性炭吸附装置/碱喷淋吸收	冷凝器捕集+水喷淋吸收+蓄热氧化+活性炭吸附+碱喷淋吸收	90	是		DA001	RTO排气筒	是	一般排放口	
					酯化	甲醛	有组织	E112/T103A/T103B/T105/M401/V301	冷凝捕集器/喷淋吸收塔/RTO/活性炭吸附装置/碱喷淋吸收	冷凝器捕集+水喷淋吸收+蓄热氧化+活性炭吸附+碱喷淋吸收	90	是		DA001	RTO排气筒	是	一般排放口	
					酯化	臭气浓度	有组织	E112/T103A/T103B/T105/M401/V301	冷凝捕集器/喷淋吸收塔/RTO/活性炭吸附装置/碱喷淋吸收	冷凝器捕集+水喷淋吸收+蓄热氧化+活性炭吸附+碱喷淋吸收	/	是		DA001	RTO排气筒	是	一般排放口	
14	橡胶助剂生产线，SCX-2	分离精制单元	T108	汽提塔	汽提	挥发性有机物	有组织	E112/T103A/T103B/T105/M401/V301	冷凝捕集器/喷淋吸收塔/RTO/活性炭吸附装置/碱喷淋吸收	冷凝器捕集+水喷淋吸收+蓄热氧化+活性炭吸附+碱喷淋吸收	90	是		DA001	RTO排气筒	是	一般排放口	

序号	生产线名称及编号	主要生产单元	产污设施编号	产污设施名称	对应产污环节名称	污染物种类	排放形式	污染治理设施						有组织排放口编号	有组织排放口名称	排放口设置是否符合要求	排放口类型	其他信息
								污染治理设施编号	污染治理设施名称	污染治理设施工艺	设计处理效率/%	是否为可行技术	污染治理设施其他信息					
15	橡胶助剂生产线，SCX-2	分离精制单元	R103B	水洗液中间釜	汽提	甲醛	有组织	E112/T103A/T103B/T105/M401/V301	冷凝捕集器/喷淋吸收塔/RTO/活性炭吸附装置/碱喷淋吸收	冷凝器捕集+水喷淋吸收+蓄热氧化+活性炭吸附+碱喷淋吸收	90	是		DA001	RTO排气筒	是	一般排放口	
					汽提	臭气浓度	有组织	E112/T103A/T103B/T105/M401/V301	冷凝捕集器/喷淋吸收塔/RTO/活性炭吸附装置/碱喷淋吸收	冷凝器捕集+水喷淋吸收+蓄热氧化+活性炭吸附+碱喷淋吸收	/	是		DA001	RTO排气筒	是	一般排放口	
					汽提	挥发性有机物	有组织	E112/T103A/T103B/T105/M401/V301	冷凝捕集器/喷淋吸收塔/RTO/活性炭吸附装置/碱喷淋吸收	冷凝器捕集+水喷淋吸收+蓄热氧化+活性炭吸附+碱喷淋吸收	90	是		DA001	RTO排气筒	是	一般排放口	
					汽提	甲醛	有组织	E112/T103A/T103B/T105/M401/V301	冷凝捕集器/喷淋吸收塔/RTO/活性炭吸附装置/碱喷淋吸收	冷凝器捕集+水喷淋吸收+蓄热氧化+活性炭吸附+碱喷淋吸收	90	是		DA001	RTO排气筒	是	一般排放口	

序号	生产线名称及编号	主要生产单元	产污设施编号	产污设施名称	对应产污环节名称	污染物种类	排放形式	污染治理设施						有组织排放口编号	有组织排放口名称	排放口设置是否符合要求	排放口类型	其他信息
								污染治理设施编号	污染治理设施名称	污染治理设施工艺	设计处理效率/%	是否为可行技术	污染治理设施其他信息					
16	橡胶助剂生产线，SCX-2	分离精制单元	V148	汽提液中间罐	汽提	臭气浓度	有组织	E112/T103A/T103B/T105/M401/V301	冷凝捕集器/喷淋吸收塔/RTO/活性炭吸附装置/碱喷淋吸收	冷凝器捕集+水喷淋吸收+蓄热氧化+活性炭吸附+碱喷淋吸收	/	是		DA001	RTO排气筒	是	一般排放口	
					汽提	挥发性有机物	有组织	E112/T103A/T103B/T105/M401/V301	冷凝捕集器/喷淋吸收塔/RTO/活性炭吸附装置/碱喷淋吸收	冷凝器捕集+水喷淋吸收+蓄热氧化+活性炭吸附+碱喷淋吸收	90	是		DA001	RTO排气筒	是	一般排放口	
					汽提	甲醛	有组织	E112/T103A/T103B/T105/M401/V301	冷凝捕集器/喷淋吸收塔/RTO/活性炭吸附装置/碱喷淋吸收	冷凝器捕集+水喷淋吸收+蓄热氧化+活性炭吸附+碱喷淋吸收	90	是		DA001	RTO排气筒	是	一般排放口	
					汽提	臭气浓度	有组织	E112/T103A/T103B/T105/M401/V301	冷凝捕集器/喷淋吸收塔/RTO/活性炭吸附装置/碱喷淋吸收	冷凝器捕集+水喷淋吸收+蓄热氧化+活性炭吸附+碱喷淋吸收	/	是		DA001	RTO排气筒	是	一般排放口	

序号	生产线名称及编号	主要生产单元	产污设施编号	产污设施名称	对应产污环节名称	污染物种类	排放形式	污染治理设施						有组织排放口编号	有组织排放口名称	排放口设置是否符合要求	排放口类型	其他信息
								污染治理设施编号	污染治理设施名称	污染治理设施工艺	设计处理效率/%	是否为可行技术	污染治理设施其他信息					
17	橡胶助剂生产线，SCX-2	分离精制单元	V111	回收助剂平衡罐	蒸馏	挥发性有机物	有组织	E112/T103A/T103B/T105/M401/V301	冷凝捕集器/喷淋吸收塔/RTO/活性炭吸附装置/碱喷淋吸收	冷凝器捕集+水喷淋吸收+蓄热氧化+活性炭吸附+碱喷淋吸收	90	是		DA001	RTO排气筒	是	一般排放口	
					蒸馏	甲醛	有组织	E112/T103A/T103B/T105/M401/V301	冷凝捕集器/喷淋吸收塔/RTO/活性炭吸附装置/碱喷淋吸收	冷凝器捕集+水喷淋吸收+蓄热氧化+活性炭吸附+碱喷淋吸收	90	是		DA001	RTO排气筒	是	一般排放口	
					蒸馏	臭气浓度	有组织	E112/T103A/T103B/T105/M401/V301	冷凝捕集器/喷淋吸收塔/RTO/活性炭吸附装置/碱喷淋吸收	冷凝器捕集+水喷淋吸收+蓄热氧化+活性炭吸附+碱喷淋吸收	/	是		DA001	RTO排气筒	是	一般排放口	
18	橡胶助剂生产线，SCX-2	分离精制单元	R108	母液精馏回收釜	蒸馏	挥发性有机物	有组织	E112/T103A/T103B/T105/M401/V301	冷凝捕集器/喷淋吸收塔/RTO/活性炭吸附装置/碱喷淋吸收	冷凝器捕集+水喷淋吸收+蓄热氧化+活性炭吸附+碱喷淋吸收	90	是		DA001	RTO排气筒	是	一般排放口	

序号	生产线名称及编号	主要生产单元	产污设施编号	产污设施名称	对应产污环节名称	污染物种类	排放形式	污染治理设施						有组织排放口编号	有组织排放口名称	排放口设置是否符合要求	排放口类型	其他信息
								污染治理设施编号	污染治理设施名称	污染治理设施工艺	设计处理效率/%	是否为可行技术	污染治理设施其他信息					
19	橡胶助剂生产线，SCX-2	分离精制单元	V110	反应母液过渡罐	蒸馏	甲醛	有组织	E112/T103A/T103B/T105/M401/V301	冷凝捕集器/喷淋吸收塔/RTO/活性炭吸附装置/碱喷淋吸收	冷凝器捕集+水喷淋吸收+蓄热氧化+活性炭吸附+碱喷淋吸收	90	是		DA001	RTO排气筒	是	一般排放口	
					蒸馏	臭气浓度	有组织	E112/T103A/T103B/T105/M401/V301	冷凝捕集器/喷淋吸收塔/RTO/活性炭吸附装置/碱喷淋吸收	冷凝器捕集+水喷淋吸收+蓄热氧化+活性炭吸附+碱喷淋吸收	/	是		DA001	RTO排气筒	是	一般排放口	
					蒸馏	挥发性有机物	有组织	E112/T103A/T103B/T105/M401/V301	冷凝捕集器/喷淋吸收塔/RTO/活性炭吸附装置/碱喷淋吸收	冷凝器捕集+水喷淋吸收+蓄热氧化+活性炭吸附+碱喷淋吸收	90	是		DA001	RTO排气筒	是	一般排放口	
					蒸馏	甲醛	有组织	E112/T103A/T103B/T105/M401/V301	冷凝捕集器/喷淋吸收塔/RTO/活性炭吸附装置/碱喷淋吸收	冷凝器捕集+水喷淋吸收+蓄热氧化+活性炭吸附+碱喷淋吸收	90	是		DA001	RTO排气筒	是	一般排放口	

序号	生产线名称及编号	主要生产单元	产污设施编号	产污设施名称	对应产污环节名称	污染物种类	排放形式	污染治理设施						有组织排放口编号	有组织排放口名称	排放口设置是否符合要求	排放口类型	其他信息
								污染治理设施编号	污染治理设施名称	污染治理设施工艺	设计处理效率/%	是否为可行技术	污染治理设施其他信息					
20	橡胶助剂生产线，SCX-2	成品单元	P121	后处理脱气真空泵	蒸馏	臭气浓度	有组织	E112/T103A/T103B/T105/M401/V301	冷凝捕集器/喷淋吸收塔/RTO/活性炭吸附装置/碱喷淋吸收	冷凝器捕集+水喷淋吸收+蓄热氧化+活性炭吸附+碱喷淋吸收	/	是		DA001	RTO排气筒	是	一般排放口	
					后处理	挥发性有机物	有组织	E112/T103A/T103B/T105/M401/V301	冷凝捕集器/喷淋吸收塔/RTO/活性炭吸附装置/碱喷淋吸收	冷凝器捕集+水喷淋吸收+蓄热氧化+活性炭吸附+碱喷淋吸收	90	是		DA001	RTO排气筒	是	一般排放口	
					后处理	臭气浓度	有组织	E112/T103A/T103B/T105/M401/V301	冷凝捕集器/喷淋吸收塔/RTO/活性炭吸附装置/碱喷淋吸收	冷凝器捕集+水喷淋吸收+蓄热氧化+活性炭吸附+碱喷淋吸收	/	是		DA001	RTO排气筒	是	一般排放口	
					后处理	甲醛	有组织	E112/T103A/T103B/T105/M401/V301	冷凝捕集器/喷淋吸收塔/RTO/活性炭吸附装置/碱喷淋吸收	冷凝器捕集+水喷淋吸收+蓄热氧化+活性炭吸附+碱喷淋吸收	90	是		DA001	RTO排气筒	是	一般排放口	

序号	生产线名称及编号	主要生产单元	产污设施编号	产污设施名称	对应产污环节名称	污染物种类	排放形式	污染治理设施						有组织排放口编号	有组织排放口名称	排放口设置是否符合要求	排放口类型	其他信息
								污染治理设施编号	污染治理设施名称	污染治理设施工艺	设计处理效率/%	是否为可行技术	污染治理设施其他信息					
21	橡胶助剂生产线，SCX-2	成品单元	R106	成品中间釜	后处理	挥发性有机物	有组织	E112/T103A/T103B/T105/M401/V301	冷凝捕集器/喷淋吸收塔/RTO/活性炭吸附装置/碱喷淋吸收	冷凝器捕集+水喷淋吸收+蓄热氧化+活性炭吸附+碱喷淋吸收	90	是		DA001	RTO排气筒	是	一般排放口	
					后处理	甲醛	有组织	E112/T103A/T103B/T105/M401/V301	冷凝捕集器/喷淋吸收塔/RTO/活性炭吸附装置/碱喷淋吸收	冷凝器捕集+水喷淋吸收+蓄热氧化+活性炭吸附+碱喷淋吸收	90	是		DA001	RTO排气筒	是	一般排放口	
					后处理	臭气浓度	有组织	E112/T103A/T103B/T105/M401/V301	冷凝捕集器/喷淋吸收塔/RTO/活性炭吸附装置/碱喷淋吸收	冷凝器捕集+水喷淋吸收+蓄热氧化+活性炭吸附+碱喷淋吸收	/	是		DA001	RTO排气筒	是	一般排放口	
22	橡胶助剂生产线，SCX-2	成品单元	R104A/B	后处理釜A/B	后处理	挥发性有机物	有组织	E112/T103A/T103B/T105/M401/V301	冷凝捕集器/喷淋吸收塔/RTO/活性炭吸附装置/碱喷淋吸收	冷凝器捕集+水喷淋吸收+蓄热氧化+活性炭吸附+碱喷淋吸收	90	是		DA001	RTO排气筒	是	一般排放口	

序号	生产线名称及编号	主要生产单元	产污设施编号	产污设施名称	对应产污环节名称	污染物种类	排放形式	污染治理设施						有组织排放口编号	有组织排放口名称	排放口设置是否符合要求	排放口类型	其他信息
								污染治理设施编号	污染治理设施名称	污染治理设施工艺	设计处理效率/%	是否为可行技术	污染治理设施其他信息					
					后处理	臭气浓度	有组织	E112/T103A/T103B/T105/M401/V301	冷凝捕集器/喷淋吸收塔/RTO/活性炭吸附装置/碱喷淋吸收	冷凝器捕集+水喷淋吸收+蓄热氧化+活性炭吸附+碱喷淋吸收	/	是		DA001	RTO排气筒	是	一般排放口	
					后处理	甲醛	有组织	E112/T103A/T103B/T105/M401/V301	冷凝捕集器/喷淋吸收塔/RTO/活性炭吸附装置/碱喷淋吸收	冷凝器捕集+水喷淋吸收+蓄热氧化+活性炭吸附+碱喷淋吸收	90	是		DA001	RTO排气筒	是	一般排放口	
23	橡胶助剂生产线，SCX-2	分离精制单元	R101	邻甲酚蒸馏釜	蒸馏	挥发性有机物	有组织	E112/T103A/T103B/T105/M401/V301	冷凝捕集器/喷淋吸收塔/RTO/活性炭吸附装置/碱喷淋吸收	冷凝器捕集+水喷淋吸收+蓄热氧化+活性炭吸附+碱喷淋吸收	90	是		DA001	RTO排气筒	是	一般排放口	
					蒸馏	臭气浓度	有组织	E112/T103A/T103B/T105/M401/V301	冷凝捕集器/喷淋吸收塔/RTO/活性炭吸附装置/碱喷淋吸收	冷凝器捕集+水喷淋吸收+蓄热氧化+活性炭吸附+碱喷淋吸收	/	是		DA001	RTO排气筒	是	一般排放口	

序号	生产线名称及编号	主要生产单元	产污设施编号	产污设施名称	对应产污环节名称	污染物种类	排放形式	污染治理设施						有组织排放口编号	有组织排放口名称	排放口设置是否符合要求	排放口类型	其他信息
								污染治理设施编号	污染治理设施名称	污染治理设施工艺	设计处理效率/%	是否为可行技术	污染治理设施其他信息					
24	橡胶助剂生产线，SCX-2	分离精制单元	P120	邻甲酚蒸馏真空泵	蒸馏	甲醛	有组织	E112/T103A/T103B/T105/M401/V301	冷凝捕集器/喷淋吸收塔/RTO/活性炭吸附装置/碱喷淋吸收	冷凝器捕集+水喷淋吸收+蓄热氧化+活性炭吸附+碱喷淋吸收	90	是		DA001	RTO排气筒	是	一般排放口	
					蒸馏	挥发性有机物	有组织	E112/T103A/T103B/T105/M401/V301	冷凝捕集器/喷淋吸收塔/RTO/活性炭吸附装置/碱喷淋吸收	冷凝器捕集+水喷淋吸收+蓄热氧化+活性炭吸附+碱喷淋吸收	90	是		DA001	RTO排气筒	是	一般排放口	
					蒸馏	臭气浓度	有组织	E112/T103A/T103B/T105/M401/V301	冷凝捕集器/喷淋吸收塔/RTO/活性炭吸附装置/碱喷淋吸收	冷凝器捕集+水喷淋吸收+蓄热氧化+活性炭吸附+碱喷淋吸收	/	是		DA001	RTO排气筒	是	一般排放口	
					蒸馏	甲醛	有组织	E112/T103A/T103B/T105/M401/V301	冷凝捕集器/喷淋吸收塔/RTO/活性炭吸附装置/碱喷淋吸收	冷凝器捕集+水喷淋吸收+蓄热氧化+活性炭吸附+碱喷淋吸收	90	是		DA001	RTO排气筒	是	一般排放口	

序号	生产线名称及编号	主要生产单元	产污设施编号	产污设施名称	对应产污环节名称	污染物种类	排放形式	污染治理设施						有组织排放口编号	有组织排放口名称	排放口设置是否符合要求	排放口类型	其他信息
								污染治理设施编号	污染治理设施名称	污染治理设施工艺	设计处理效率/%	是否为可行技术	污染治理设施其他信息					
25	橡胶助剂生产线，SCX-2	分离精制单元	V104	邻甲酚前馏罐	蒸馏	挥发性有机物	有组织	E112/T103A/T103B/T105/M401/V301	冷凝捕集器/喷淋吸收塔/RTO/活性炭吸附装置/碱喷淋吸收	冷凝器捕集+水喷淋吸收+蓄热氧化+活性炭吸附+碱喷淋吸收	90	是		DA001	RTO排气筒	是	一般排放口	
					蒸馏	臭气浓度	有组织	E112/T103A/T103B/T105/M401/V301	冷凝捕集器/喷淋吸收塔/RTO/活性炭吸附装置/碱喷淋吸收	冷凝器捕集+水喷淋吸收+蓄热氧化+活性炭吸附+碱喷淋吸收	/	是		DA001	RTO排气筒	是	一般排放口	
					蒸馏	甲醛	有组织	E112/T103A/T103B/T105/M401/V301	冷凝捕集器/喷淋吸收塔/RTO/活性炭吸附装置/碱喷淋吸收	冷凝器捕集+水喷淋吸收+蓄热氧化+活性炭吸附+碱喷淋吸收	90	是		DA001	RTO排气筒	是	一般排放口	
26	橡胶助剂生产线，SCX-2	分离精制单元	V103A/B	邻甲酚接液罐A/B	蒸馏	挥发性有机物	有组织	E112/T103A/T103B/T105/M401/V301	冷凝捕集器/喷淋吸收塔/RTO/活性炭吸附装置/碱喷淋吸收	冷凝器捕集+水喷淋吸收+蓄热氧化+活性炭吸附+碱喷淋吸收	90	是		DA001	RTO排气筒	是	一般排放口	

序号	生产线名称及编号	主要生产单元	产污设施编号	产污设施名称	对应产污环节名称	污染物种类	排放形式	污染治理设施						有组织排放口编号	有组织排放口名称	排放口设置是否符合要求	排放口类型	其他信息
								污染治理设施编号	污染治理设施名称	污染治理设施工艺	设计处理效率/%	是否为可行技术	污染治理设施其他信息					
27	橡胶助剂生产线，SCX-2	分离精制单元	R103A	水洗釜	蒸馏	臭气浓度	有组织	E112/T103A/T103B/T105/M401/V301	冷凝捕集器/喷淋吸收塔/RTO/活性炭吸附装置/碱喷淋吸收	冷凝器捕集+水喷淋吸收+蓄热氧化+活性炭吸附+碱喷淋吸收	/	是		DA001	RTO排气筒	是	一般排放口	
					蒸馏	甲醛	有组织	E112/T103A/T103B/T105/M401/V301	冷凝捕集器/喷淋吸收塔/RTO/活性炭吸附装置/碱喷淋吸收	冷凝器捕集+水喷淋吸收+蓄热氧化+活性炭吸附+碱喷淋吸收	90	是		DA001	RTO排气筒	是	一般排放口	
					水洗	挥发性有机物	有组织	E112/T103A/T103B/T105/M401/V301	冷凝捕集器/喷淋吸收塔/RTO/活性炭吸附装置/碱喷淋吸收	冷凝器捕集+水喷淋吸收+蓄热氧化+活性炭吸附+碱喷淋吸收	90	是		DA001	RTO排气筒	是	一般排放口	
					水洗	甲醛	有组织	E112/T103A/T103B/T105/M401/V301	冷凝捕集器/喷淋吸收塔/RTO/活性炭吸附装置/碱喷淋吸收	冷凝器捕集+水喷淋吸收+蓄热氧化+活性炭吸附+碱喷淋吸收	90	是		DA001	RTO排气筒	是	一般排放口	

序号	生产线名称及编号	主要生产单元	产污设施编号	产污设施名称	对应产污环节名称	污染物种类	排放形式	污染治理设施						有组织排放口编号	有组织排放口名称	排放口设置是否符合要求	排放口类型	其他信息
								污染治理设施编号	污染治理设施名称	污染治理设施工艺	设计处理效率/%	是否为可行技术	污染治理设施其他信息					
					水洗	臭气浓度	有组织	E112/T103A/T103B/T105/M401/V301	冷凝捕集器/喷淋吸收塔/RTO/活性炭吸附装置/碱喷淋吸收	冷凝器捕集+水喷淋吸收+蓄热氧化+活性炭吸附+碱喷淋吸收	/	是		DA001	RTO排气筒	是	一般排放口	
28	其他，GF-WSCLZ	污水生化处理	V601	IC 反应器	生化	硫化氢	有组织	M601/V502/V506/V507	生物滴滤系统/UV 光催化/活性炭吸附装置	生物滴滤处理+UV 光催化处理+活性炭吸附	/	是		DA002	生物滴滤排气筒	是	一般排放口	
					生化	氨（氨气）	有组织	M601/V502/V506/V507	生物滴滤系统/UV 光催化/活性炭吸附装置	生物滴滤处理+UV 光催化处理+活性炭吸附	/	是		DA002	生物滴滤排气筒	是	一般排放口	
					生化	臭气浓度	有组织	M601/V502/V506/V507	生物滴滤系统/UV 光催化/活性炭吸附装置	生物滴滤处理+UV 光催化处理+活性炭吸附	/	是		DA002	生物滴滤排气筒	是	一般排放口	
29	橡胶助剂生产线，SCX-3	成品单元	R103A-123	成品处理釜	后处理	挥发性有机物	有组织	E109/E110/T501/M401/V301	冷凝捕集器/喷淋吸收塔/RTO/活性炭吸附装置/碱喷淋吸收	冷凝器捕集+水喷淋吸收+蓄热氧化+活性炭吸附+碱喷淋吸收	90	是		DA001	RTO排气筒	是	一般排放口	

序号	生产线名称及编号	主要生产单元	产污设施编号	产污设施名称	对应产污环节名称	污染物种类	排放形式	污染治理设施						有组织排放口编号	有组织排放口名称	排放口设置是否符合要求	排放口类型	其他信息
								污染治理设施编号	污染治理设施名称	污染治理设施工艺	设计处理效率/%	是否为可行技术	污染治理设施其他信息					
					后处理	甲醇	有组织	E109/E110/T501/M401/V301	冷凝捕集器/喷淋吸收塔/RTO/活性炭吸附装置/碱喷淋吸收	冷凝器捕集+水喷淋吸收+蓄热氧化+活性炭吸附+碱喷淋吸收	90	是		DA001	RTO排气筒	是	一般排放口	
					后处理	臭气浓度	有组织	E109/E110/T501/M401/V301	冷凝捕集器/喷淋吸收塔/RTO/活性炭吸附装置/碱喷淋吸收	冷凝捕集器/喷淋吸收塔/RTO/活性炭吸附装置/碱喷淋吸收	/	是		DA001	RTO排气筒	是	一般排放口	
30	橡胶助剂生产线，SCX-3	生产/反应单元	V201-123	备用罐	酯化	挥发性有机物	有组织	E109/E110/T501/M401/V301	冷凝捕集器/喷淋吸收塔/RTO/活性炭吸附装置/碱喷淋吸收	冷凝器捕集+水喷淋吸收+蓄热氧化+活性炭吸附+碱喷淋吸收	90	是		DA001	RTO排气筒	是	一般排放口	
					酯化	臭气浓度	有组织	E109/E110/T501/M401/V301	冷凝捕集器/喷淋吸收塔/RTO/活性炭吸附装置/碱喷淋吸收	冷凝捕集器/喷淋吸收塔/RTO/活性炭吸附装置/碱喷淋吸收	/	是		DA001	RTO排气筒	是	一般排放口	

序号	生产线名称及编号	主要生产单元	产污设施编号	产污设施名称	对应产污环节名称	污染物种类	排放形式	污染治理设施						有组织排放口编号	有组织排放口名称	排放口设置是否符合要求	排放口类型	其他信息
								污染治理设施编号	污染治理设施名称	污染治理设施工艺	设计处理效率/%	是否为可行技术	污染治理设施其他信息					
					酯化	甲醇	有组织	E109/E110/T501/M401/V301	冷凝捕集器/喷淋吸收塔/RTO/活性炭吸附装置/碱喷淋吸收	冷凝捕集器/喷淋吸收塔/RTO/活性炭吸附装置/碱喷淋吸收	90	是		DA001	RTO排气筒	是	一般排放口	
31	橡胶助剂生产线，SCX-3	生产/反应单元	V115-123	醋酸高位槽	酯化	挥发性有机物	有组织	E109/E110/T501/M401/V301	冷凝捕集器/喷淋吸收塔/RTO/活性炭吸附装置/碱喷淋吸收	冷凝器捕集+水喷淋吸收+蓄热氧化+活性炭吸附+碱喷淋吸收	90	是		DA001	RTO排气筒	是	一般排放口	
					酯化	甲醇	有组织	E109/E110/T501/M401/V301	冷凝捕集器/喷淋吸收塔/RTO/活性炭吸附装置/碱喷淋吸收	冷凝捕集器/喷淋吸收塔/RTO/活性炭吸附装置/碱喷淋吸收	90	是		DA001	RTO排气筒	是	一般排放口	
					酯化	臭气浓度	有组织	E109/E110/T501/M401/V301	冷凝捕集器/喷淋吸收塔/RTO/活性炭吸附装置/碱喷淋吸收	冷凝捕集器/喷淋吸收塔/RTO/活性炭吸附装置/碱喷淋吸收	/	是		DA001	RTO排气筒	是	一般排放口	

序号	生产线名称及编号	主要生产单元	产污设施编号	产污设施名称	对应产污环节名称	污染物种类	排放形式	污染治理设施						有组织排放口编号	有组织排放口名称	排放口设置是否符合要求	排放口类型	其他信息
								污染治理设施编号	污染治理设施名称	污染治理设施工艺	设计处理效率/%	是否为可行技术	污染治理设施其他信息					
32	橡胶助剂生产线，SCX-3	生产/反应单元	R102A/B-123	缩合反应釜A/B	酯化	挥发性有机物	有组织	E109/E110/T501/M401/V301	冷凝捕集器/喷淋吸收塔/RTO/活性炭吸附装置/碱喷淋吸收	冷凝器捕集+水喷淋吸收+蓄热氧化+活性炭吸附+碱喷淋吸收	90	是		DA001	RTO排气筒	是	一般排放口	
					酯化	臭气浓度	有组织	E109/E110/T501/M401/V301	冷凝捕集器/喷淋吸收塔/RTO/活性炭吸附装置/碱喷淋吸收	冷凝捕集器/喷淋吸收塔/RTO/活性炭吸附装置/碱喷淋吸收	/	是		DA001	RTO排气筒	是	一般排放口	
					酯化	甲醇	有组织	E109/E110/T501/M401/V301	冷凝捕集器/喷淋吸收塔/RTO/活性炭吸附装置/碱喷淋吸收	冷凝捕集器/喷淋吸收塔/RTO/活性炭吸附装置/碱喷淋吸收	90	是		DA001	RTO排气筒	是	一般排放口	
33	橡胶助剂生产线，SCX-3	生产/反应单元	P201A/B	反应真空泵机组 A/B	酯化	挥发性有机物	有组织	E109/E110/T501/M401/V301	冷凝捕集器/喷淋吸收塔/RTO/活性炭吸附装置/碱喷淋吸收	冷凝器捕集+水喷淋吸收+蓄热氧化+活性炭吸附+碱喷淋吸收	90	是		DA001	RTO排气筒	是	一般排放口	

序号	生产线名称及编号	主要生产单元	产污设施编号	产污设施名称	对应产污环节名称	污染物种类	排放形式	污染治理设施						有组织排放口编号	有组织排放口名称	排放口设置是否符合要求	排放口类型	其他信息
								污染治理设施编号	污染治理设施名称	污染治理设施工艺	设计处理效率/%	是否为可行技术	污染治理设施其他信息					
					酯化	臭气浓度	有组织	E109/E110/T501/M401/V301	冷凝捕集器/喷淋吸收塔/RTO/活性炭吸附装置/碱喷淋吸收	冷凝捕集器/喷淋吸收塔/RTO/活性炭吸附装置/碱喷淋吸收	/	是		DA001	RTO排气筒	是	一般排放口	
					酯化	甲醇	有组织	E109/E110/T501/M401/V301	冷凝捕集器/喷淋吸收塔/RTO/活性炭吸附装置/碱喷淋吸收	冷凝捕集器/喷淋吸收塔/RTO/活性炭吸附装置/碱喷淋吸收	90	是		DA001	RTO排气筒	是	一般排放口	
34	橡胶助剂生产线，SCX-3	分离精制单元	P202	蒸馏真空泵组	蒸馏	挥发性有机物	有组织	E109/E110/T501/M401/V301	冷凝捕集器/喷淋吸收塔/RTO/活性炭吸附装置/碱喷淋吸收	冷凝器捕集+水喷淋吸收+蓄热氧化+活性炭吸附+碱喷淋吸收	90	是		DA001	RTO排气筒	是	一般排放口	
					蒸馏	臭气浓度	有组织	E109/E110/T501/M401/V301	冷凝捕集器/喷淋吸收塔/RTO/活性炭吸附装置/碱喷淋吸收	冷凝捕集器/喷淋吸收塔/RTO/活性炭吸附装置/碱喷淋吸收	/	是		DA001	RTO排气筒	是	一般排放口	
					蒸馏	甲醇	有组织	E109/E110/T501/M401/V301	冷凝捕集器/喷淋吸收塔/RTO/活性炭吸附装置/碱喷淋吸收	冷凝捕集器/喷淋吸收塔/RTO/活性炭吸附装置/碱喷淋吸收	90	是		DA001	RTO排气筒	是	一般排放口	

序号	生产线名称及编号	主要生产单元	产污设施编号	产污设施名称	对应产污环节名称	污染物种类	排放形式	污染治理设施						有组织排放口编号	有组织排放口名称	排放口设置是否符合要求	排放口类型	其他信息
								污染治理设施编号	污染治理设施名称	污染治理设施工艺	设计处理效率/%	是否为可行技术	污染治理设施其他信息					
35	橡胶助剂生产线，SCX-3	分离精制单元	R104-123	减压蒸馏釜	蒸馏	挥发性有机物	有组织	E109/E110/T501/M401/V301	冷凝捕集器/喷淋吸收塔/RTO/活性炭吸附装置/碱喷淋吸收	冷凝器捕集+水喷淋吸收+蓄热氧化+活性炭吸附+碱喷淋吸收	90	是		DA001	RTO排气筒	是	一般排放口	
					蒸馏	臭气浓度	有组织	E109/E110/T501/M401/V301	冷凝捕集器/喷淋吸收塔/RTO/活性炭吸附装置/碱喷淋吸收	冷凝捕集器/喷淋吸收塔/RTO/活性炭吸附装置/碱喷淋吸收	/	是		DA001	RTO排气筒	是	一般排放口	
					蒸馏	甲醇	有组织	E109/E110/T501/M401/V301	冷凝捕集器/喷淋吸收塔/RTO/活性炭吸附装置/碱喷淋吸收	冷凝捕集器/喷淋吸收塔/RTO/活性炭吸附装置/碱喷淋吸收	90	是		DA001	RTO排气筒	是	一般排放口	
36	橡胶助剂生产线，SCX-3	生产/反应单元	V105-123	反应馏分计量罐	酯化	挥发性有机物	有组织	E109/E110/T501/M401/V301	冷凝捕集器/喷淋吸收塔/RTO/活性炭吸附装置/碱喷淋吸收	冷凝器捕集+水喷淋吸收+蓄热氧化+活性炭吸附+碱喷淋吸收	90	是		DA001	RTO排气筒	是	一般排放口	

序号	生产线名称及编号	主要生产单元	产污设施编号	产污设施名称	对应产污环节名称	污染物种类	排放形式	污染治理设施						有组织排放口编号	有组织排放口名称	排放口设置是否符合要求	排放口类型	其他信息
								污染治理设施编号	污染治理设施名称	污染治理设施工艺	设计处理效率/%	是否为可行技术	污染治理设施其他信息					
					酯化	臭气浓度	有组织	E109/E110/T501/M401/V301	冷凝捕集器/喷淋吸收塔/RTO/活性炭吸附装置/碱喷淋吸收	冷凝捕集器/喷淋吸收塔/RTO/活性炭吸附装置/碱喷淋吸收	/	是		DA001	RTO排气筒	是	一般排放口	
					酯化	甲醇	有组织	E109/E110/T501/M401/V301	冷凝捕集器/喷淋吸收塔/RTO/活性炭吸附装置/碱喷淋吸收	冷凝捕集器/喷淋吸收塔/RTO/活性炭吸附装置/碱喷淋吸收	90	是		DA001	RTO排气筒	是	一般排放口	
37	橡胶助剂生产线，SCX-3	生产/反应单元	V103-123	溶剂油高位槽	酯化	挥发性有机物	有组织	E109/E110/T501/M401/V301	冷凝捕集器/喷淋吸收塔/RTO/活性炭吸附装置/碱喷淋吸收	冷凝器捕集+水喷淋吸收+蓄热氧化+活性炭吸附+碱喷淋吸收	90	是		DA001	RTO排气筒	是	一般排放口	
					酯化	臭气浓度	有组织	E109/E110/T501/M401/V301	冷凝捕集器/喷淋吸收塔/RTO/活性炭吸附装置/碱喷淋吸收	冷凝捕集器/喷淋吸收塔/RTO/活性炭吸附装置/碱喷淋吸收	/	是		DA001	RTO排气筒	是	一般排放口	
					酯化	甲醇	有组织	E109/E110/T501/M401/V301	冷凝捕集器/喷淋吸收塔/RTO/活性炭吸附装置/碱喷淋吸收	冷凝捕集器/喷淋吸收塔/RTO/活性炭吸附装置/碱喷淋吸收	90	是		DA001	RTO排气筒	是	一般排放口	

序号	生产线名称及编号	主要生产单元	产污设施编号	产污设施名称	对应产污环节名称	污染物种类	排放形式	污染治理设施						有组织排放口编号	有组织排放口名称	排放口设置是否符合要求	排放口类型	其他信息
								污染治理设施编号	污染治理设施名称	污染治理设施工艺	设计处理效率/%	是否为可行技术	污染治理设施其他信息					
38	橡胶助剂生产线，SCX-3	成品单元	R103B-123	后处理釜	后处理	挥发性有机物	有组织	E109/E110/T501/M401/V301	冷凝捕集器/喷淋吸收塔/RTO/活性炭吸附装置/碱喷淋吸收	冷凝器捕集+水喷淋吸收+蓄热氧化+活性炭吸附+碱喷淋吸收	90	是		DA001	RTO排气筒	是	一般排放口	
					后处理	臭气浓度	有组织	E109/E110/T501/M401/V301	冷凝捕集器/喷淋吸收塔/RTO/活性炭吸附装置/碱喷淋吸收	冷凝捕集器/喷淋吸收塔/RTO/活性炭吸附装置/碱喷淋吸收	/	是		DA001	RTO排气筒	是	一般排放口	
					后处理	甲醇	有组织	E109/E110/T501/M401/V301	冷凝捕集器/喷淋吸收塔/RTO/活性炭吸附装置/碱喷淋吸收	冷凝捕集器/喷淋吸收塔/RTO/活性炭吸附装置/碱喷淋吸收	90	是		DA001	RTO排气筒	是	一般排放口	
39	橡胶助剂生产线，SCX-3	生产/反应单元	V101-123	溶剂油中间罐	酯化	挥发性有机物	有组织	E109/E110/T501/M401/V301	冷凝捕集器/喷淋吸收塔/RTO/活性炭吸附装置/碱喷淋吸收	冷凝器捕集+水喷淋吸收+蓄热氧化+活性炭吸附+碱喷淋吸收	90	是		DA001	RTO排气筒	是	一般排放口	

序号	生产线名称及编号	主要生产单元	产污设施编号	产污设施名称	对应产污环节名称	污染物种类	排放形式	污染治理设施						有组织排放口编号	有组织排放口名称	排放口设置是否符合要求	排放口类型	其他信息
								污染治理设施编号	污染治理设施名称	污染治理设施工艺	设计处理效率/%	是否为可行技术	污染治理设施其他信息					
					酯化	臭气浓度	有组织	E109/E110/T501/M401/V301	冷凝捕集器/喷淋吸收塔/RTO/活性炭吸附装置/碱喷淋吸收	冷凝捕集器/喷淋吸收塔/RTO/活性炭吸附装置/碱喷淋吸收	/	是		DA001	RTO排气筒	是	一般排放口	
					酯化	甲醇	有组织	E109/E110/T501/M401/V301	冷凝捕集器/喷淋吸收塔/RTO/活性炭吸附装置/碱喷淋吸收	冷凝捕集器/喷淋吸收塔/RTO/活性炭吸附装置/碱喷淋吸收	90	是		DA001	RTO排气筒	是	一般排放口	
40	橡胶助剂生产线，SCX-3	分离精制单元	V110D	接液罐D	蒸馏	挥发性有机物	有组织	E109/E110/T501/M401/V301	冷凝捕集器/喷淋吸收塔/RTO/活性炭吸附装置/碱喷淋吸收	冷凝器捕集+水喷淋吸收+蓄热氧化+活性炭吸附+碱喷淋吸收	90	是		DA001	RTO排气筒	是	一般排放口	
					蒸馏	臭气浓度	有组织	E109/E110/T501/M401/V301	冷凝捕集器/喷淋吸收塔/RTO/活性炭吸附装置/碱喷淋吸收	冷凝捕集器/喷淋吸收塔/RTO/活性炭吸附装置/碱喷淋吸收	/	是		DA001	RTO排气筒	是	一般排放口	
					蒸馏	甲醇	有组织	E109/E110/T501/M401/V301	冷凝捕集器/喷淋吸收塔/RTO/活性炭吸附装置/碱喷淋吸收	冷凝捕集器/喷淋吸收塔/RTO/活性炭吸附装置/碱喷淋吸收	90	是		DA001	RTO排气筒	是	一般排放口	

序号	生产线名称及编号	主要生产单元	产污设施编号	产污设施名称	对应产污环节名称	污染物种类	排放形式	污染治理设施						有组织排放口编号	有组织排放口名称	排放口设置是否符合要求	排放口类型	其他信息
								污染治理设施编号	污染治理设施名称	污染治理设施工艺	设计处理效率/%	是否为可行技术	污染治理设施其他信息					
41	橡胶助剂生产线，SCX-3	生产/反应单元	V104-123	轻组分计量罐	酯化	挥发性有机物	有组织	E109/E110/T501/M401/V301	冷凝捕集器/喷淋吸收塔/RTO/活性炭吸附装置/碱喷淋吸收	冷凝器捕集+水喷淋吸收+蓄热氧化+活性炭吸附+碱喷淋吸收	90	是		DA001	RTO排气筒	是	一般排放口	
					酯化	臭气浓度	有组织	E109/E110/T501/M401/V301	冷凝捕集器/喷淋吸收塔/RTO/活性炭吸附装置/碱喷淋吸收	冷凝捕集器/喷淋吸收塔/RTO/活性炭吸附装置/碱喷淋吸收	/	是		DA001	RTO排气筒	是	一般排放口	
					酯化	甲醇	有组织	E109/E110/T501/M401/V301	冷凝捕集器/喷淋吸收塔/RTO/活性炭吸附装置/碱喷淋吸收	冷凝捕集器/喷淋吸收塔/RTO/活性炭吸附装置/碱喷淋吸收	90	是		DA001	RTO排气筒	是	一般排放口	
42	橡胶助剂生产线，SCX-3	分离精制单元	V110A/B/C	接液罐A/B/C	蒸馏	挥发性有机物	有组织	E109/E110/T501/M401/V301	冷凝捕集器/喷淋吸收塔/RTO/活性炭吸附装置/碱喷淋吸收	冷凝器捕集+水喷淋吸收+蓄热氧化+活性炭吸附+碱喷淋吸收	90	是		DA001	RTO排气筒	是	一般排放口	

序号	生产线名称及编号	主要生产单元	产污设施编号	产污设施名称	对应产污环节名称	污染物种类	排放形式	污染治理设施						有组织排放口编号	有组织排放口名称	排放口设置是否符合要求	排放口类型	其他信息
								污染治理设施编号	污染治理设施名称	污染治理设施工艺	设计处理效率/%	是否为可行技术	污染治理设施其他信息					
					蒸馏	臭气浓度	有组织	E109/E110/T501/M401/V301	冷凝捕集器/喷淋吸收塔/RTO/活性炭吸附装置/碱喷淋吸收	冷凝捕集器/喷淋吸收塔/RTO/活性炭吸附装置/碱喷淋吸收	/	是		DA001	RTO排气筒	是	一般排放口	
					蒸馏	甲醇	有组织	E109/E110/T501/M401/V301	冷凝捕集器/喷淋吸收塔/RTO/活性炭吸附装置/碱喷淋吸收	冷凝捕集器/喷淋吸收塔/RTO/活性炭吸附装置/碱喷淋吸收	90	是		DA001	RTO排气筒	是	一般排放口	

注：上表内容选取了某专用化学产品企业的部分内容为例。

根据上表可知，排污申报单位在填报过程中应根据企业各产污设施情况、废气产生及排放情况，严格与企业生产场所现场实际情况核对准确，据实填写。在填报过程中应落实如下相关要求。

1）该表在填报污染物种类时，应根据行业技术规范要求，填写准确，不可遗漏。

2）填报污染治理设施编号时，要准确规范，可与当地环境保护主管部门备案的废气排放口编号对应，若排污单位未做编号的，可自行编号；污染治理设施与污染物种类应填写完整，对应准确。

3）污染物排放口应按行业技术规范要求填报完整，填报内容应包括：产污环节名称、污染物种类、排放形式、污染治理设施、有组织排放口编号、有组织排放口名称、排放口设置是否规范符合要求、排放口类型等。排放口设置若不符合相关要求，则制定整改措施，并填入信息平台申报系统中“改正措施”一栏，并将相应整改方案材料作为附件上传。“排放口类型”，应根据技术规范确定为主要排放口或一般排放口，进行填报。

本案例废气有组织排放口均为一般排放口。不同行业类别的废气有组织排放口类型不同，应根据技术规范进行核实。

4）采取污染治理措施的无组织排放生产单元，应填报对应产污环节名称、污染物种类、排放形式、污染治理设施。

5）申请表内的可行技术应为推荐的可行技术，如“××××技术”不是推荐的可行技术，应提供相关证明材料（如验收监测材料等，治理效率应不低于可行技术）；若设燃气锅炉，锅炉废气中林格曼黑度采用的是协同治理措施的，其污染治理设施编号填“无”或“/”，并在“污染治理设施其他信息”中备注“协同处理”。新建、改建、扩建建设项目排污单位采用环境影响评价审批意见要求的污染治理技术的，应在“污染治理设施其他信息”中注明为“环评审批要求技术”。既未采用可行技术，新改扩建项目也未采用环评审批要求技术的，应提供相关证明材料，证明可达到与污染防治可行技术相当的处理能力。确无污染治理设施的，相关信息划“/”。该案例排污单位不涉及该部分内容。

（5）废水类别、污染物及污染治理设施信息表

表 6　废水类别、污染物及污染治理设施信息表

序号	生产线类型及编号	废水类别	污染物种类	污染治理设施						排放去向	排放方式	排放规律	排放口编号	排放口名称	排放口设置是否符合要求	排放口类型	其他信息
				污染治理设施编号	污染治理设施名称	污染治理设施工艺	设计处理水量/（t/h）	是否为可行技术	污染治理设施其他信息								
1	橡胶助剂生产线，SCX-2	生产废水，生活废水，初期雨水	氨氮（NH_3-N）、动植物油、悬浮物、化学需氧量、总氮（以N计）、总磷（以P计）、色度、五日生化需氧量、甲醛、甲苯、石油类、pH	112	综合污水处理站	调节池+物化絮凝+一级酸化水解+IC厌氧反应+缺氧池+一级接触氧化+中间沉淀池+二级酸化水解+二级接触氧化+二次沉淀+MBR	40	是		废水集中处理厂	间接排放	连续排放，流量稳定	DW001	废水总排放口	是	一般排放口-总排口	生产废水主要包括工艺废水、车间地面冲洗水、真空系统排水、纯水制备排浓水、冷却循环排水

序号	生产线类型及编号	废水类别	污染物种类	污染治理设施						排放去向	排放方式	排放规律	排放口编号	排放口名称	排放口设置是否符合要求	排放口类型	其他信息
				污染治理设施编号	污染治理设施名称	污染治理设施工艺	设计处理水量/（t/h）	是否为可行技术	污染治理设施其他信息								
2	橡胶助剂生产线，SCX-3	生产废水，生活废水，初期雨水	氨氮（NH_3-N）、pH、动植物油、悬浮物、化学需氧量、总氮（以N计）、总磷（以P计）、色度、五日生化需氧量、甲醛、甲苯、石油类	112	综合污水处理站	调节池+物化絮凝+一级酸化水解+IC厌氧反应+缺氧池+一级接触氧化+中间沉淀池+二级酸化水解+二级接触氧化+二次沉淀+MBR	40	是		废水集中处理厂	间接排放	连续排放，流量稳定	DW001	废水总排放口	是	一般排放口-总排口	生产废水主要包括工艺废水、车间地面冲洗水、真空系统排水、纯水制备排浓水、冷却循环排水
3	橡胶助剂生产线，SCX-1	生产废水，生活废水，初期雨水	氨氮（NH_3-N）、pH、动植物油、悬浮物、化学需氧量、总氮（以N计）、总磷（以P计）	112	综合污水处理站	调节池+物化絮凝+一级酸化水解+IC厌氧反应+缺氧池+一级接触氧化+中间沉淀池+二级酸化水解+二级接触氧化+二次沉淀+MBR	40	是		废水集中处理厂	间接排放	连续排放，流量稳定	DW001	废水总排放口	是	一般排放口-总排口	生产废水主要包括工艺废水、车间地面冲洗水、真空系统排水、纯水制备排浓水、冷却循环排水

注：上表内容选取了某专用化学产品企业的部分内容为例。表中“色度”等虽非污染物种类，但在填报及表的生成中为必须项。

根据上表可知，该案例排污单位产生废水相对明确，针对该表，建议申报单位按产生废水来源等分类填报，具体要求如下：

1）申报单位应将生产废水及其他生产车间废水、公用单位废水、生活污水等分类填写。

2）申报单位应将废水类别及对应污染物种类应填写完整，不可有漏填。“污染物种类”应依据排放标准确定，污染因子不可有遗漏。

3）污染治理设施编号应规范，污染治理设施与污染物种类对应。废水排放口编号应与环境保护主管部门现有编号一致，若未编号的，则应根据《固定污染源（水、大气）编码规则（试行）》进行编号。

4）废水排放口分废水总排放口、生活污水单独排放口和车间或生产设施排放口。其中涉及生产设施废水排放口的，还有预处理排口等，该案例企业排口为一般排放口。

5）排放口设置要满足国家和地方的标准要求、排污口规范化等文件的要求。“排放口设置是否符合要求”，若不符合，则制定整改措施，并填入信息平台申报系统中“改正措施”一栏，对应整改方案等材料作为附件上传。

6）合理区分排放去向和排放方式。间接排放时，排放口为排污单位厂界的排放口。

7）应填报污染治理设施相关信息，包括编号、名称和工艺，判断明确是否为可行技术。对于未采用技术规范中推荐的可行技术的，应填写“否”。新建、改建、扩建建设项目排污单位采用环境影响评价审批意见要求的污染治理技术的，应在“污染治理设施其他信息”中注明为“环评审批要求技术”。既未采用可行技术，新改扩建项目也未采用环评审批要求技术的，应提供相关证明材料，证明可达到与污染防治可行技术相当的处理能力。确无污染治理设施的，相关信息划“/”。

（6）大气排放口基本情况表

表 7 大气排放口基本情况表

序号	排放口编号	排放口名称	污染物种类	排放口地理坐标		排气筒高度/m	排气筒出口内径/m	排气温度/℃	其他信息
				经度	纬度				
1	DA001	RTO 排气筒	甲苯与二甲苯合计、甲醇、臭气浓度、挥发性有机物、非甲烷总烃、颗粒物、甲醛	××°××′××″	××°××′××″	20	0.6	20	
2	DA002	生物滴滤排气筒	挥发性有机物、非甲烷总烃、臭气浓度、甲苯与二甲苯合计、氨（氨气）、硫化氢	××°××′××″	××°××′××″	15	0.7	22	
3	DA004	车间排气筒	甲苯与二甲苯合计、臭气浓度、挥发性有机物、非甲烷总烃、颗粒物	××°××′××″	××°××′××″	15	0.7	15	

注：上表内容选取了某专用化学产品企业的部分内容为例。

申报单位在填报上表时，应将废气有组织排放的相关信息，结合申报单位排污场所的实际情况进行填报，同时，还应注意如下内容：

1）污染因子应根据技术规范填写；对于环境影响评价批复有要求的，按要求执行。

2）排污申报单位在填写该表时，排气筒参数应填写全面，包括排气筒高度、出口内径等。

（7）废气污染物排放执行标准表

表 8　废气污染物排放执行标准表

序号	排放口编号	排放口名称	污染物种类	国家或地方污染物排放标准			环境影响评价批复要求（标态）/（mg/m³）	承诺更加严格排放限值（标态）/（mg/m³）	其他信息
				名称	质量浓度限值（标态）/（mg/m³）	速率限值/（kg/h）			
1	DA001	RTO 排气筒	甲醛	《大气污染物综合排放标准》（GB 16297—1996）	25	0.215	/	/	排气筒高度未高出周围 200 m 最高建筑 5 m，不满足《大气污染物综合排放标准》的要求，排放浓度严格 50%执行
2	DA001	RTO 排气筒	挥发性有机物	《工业企业挥发性有机物排放控制标准》（DB 12/524—2020）	60	2.05	/	/	排气筒高度未高出周围 200 m 最高建筑 5 m，不满足《工业企业挥发性有机物排放控制标准》的要求，排放速率严格 50%执行
3	DA001	RTO 排气筒	非甲烷总烃	《工业企业挥发性有机物排放控制标准》（DB 12/524—2020）	50	1.7	/	/	排气筒高度未高出周围 200 m 最高建筑 5 m，不满足《工业企业挥发性有机物排放控制标准》的要求，排放速率严格 50%执行
4	DA001	RTO 排气筒	臭气浓度	《恶臭污染物排放标准》（DB 12/059—2018）	/	1 000	/	/	环评批复速率限值 3 000，量纲一
5	DA001	RTO 排气筒	甲苯与二甲苯合计	《工业企业挥发性有机物排放控制标准》（DB 12/524—2020）	40	1.05	/	/	执行甲苯与二甲苯合计速率 排气筒高度未高出周围 200 m 最高建筑 5 m，不满足《工业企业挥发性有机物排放控制标准》的要求，排放速率严格 50%执行

序号	排放口编号	排放口名称	污染物种类	国家或地方污染物排放标准			环境影响评价批复要求（标态）/（mg/m^3）	承诺更加严格排放限值（标态）/（mg/m^3）	其他信息
				名称	质量浓度限值（标态）/（mg/m^3）	速率限值/（kg/h）			
6	DA001	RTO排气筒	甲醇	《大气污染物综合排放标准》（GB 16297—1996）	190	4.3	/	/	排气筒高度未高出周围 200 m 最高建筑 5 m，不满足《大气污染物综合排放标准》的要求，排放浓度严格 50%执行
7	DA001	RTO排气筒	颗粒物	《大气污染物综合排放标准》（GB 16297—1996）	120	2.95	/	/	排气筒高度未高出周围 200 m 最高建筑 5 m，不满足《大气污染物综合排放标准》的要求，排放浓度严格 50%执行
8	DA002	生物滴滤排气筒	臭气浓度	《恶臭污染物排放标准》（DB 12/059—2018）	/	1 000	/	/	环评批复速率限值 3 000，量纲一
9	DA002	生物滴滤排气筒	挥发性有机物	《工业企业挥发性有机物排放控制标准》（DB 12/524—2020）	60	0.9	/	/	排气筒高度未高出周围 200 m 最高建筑 5 m，不满足《工业企业挥发性有机物排放控制标准》的要求，排放浓度严格 50%执行
10	DA002	生物滴滤排气筒	非甲烷总烃	《工业企业挥发性有机物排放控制标准》（DB 12/524—2020）	50	0.75	/	/	排气筒高度未高出周围 200 m 最高建筑 5 m，不满足《工业企业挥发性有机物排放控制标准》的要求，排放浓度严格 50%执行
11	DA002	生物滴滤排气筒	硫化氢	《恶臭污染物排放标准》（DB 12/059—2018）	/	0.06	/	/	/
12	DA002	生物滴滤排气筒	甲苯与二甲苯合计	《工业企业挥发性有机物排放控制标准》（DB 12/524—2020）	40	0.5	/	/	执行甲苯与二甲苯合计速率 排气筒高度未高出周围 200 m 最高建筑 5 m，不满足《工业企业挥发性有机物排放控制标准》的要求，排放浓度严格 50%执行

序号	排放口编号	排放口名称	污染物种类	国家或地方污染物排放标准			环境影响评价批复要求（标态）/（mg/m^3）	承诺更加严格排放限值（标态）/（mg/m^3）	其他信息
				名称	质量浓度限值（标态）/（mg/m^3）	速率限值/（kg/h）			
13	DA002	生物滴滤排气筒	氨（氨气）	《恶臭污染物排放标准》（DB 12/059—2018）	/	0.6	/	/	/
14	DA004	车间排气筒	臭气浓度	《恶臭污染物排放标准》（DB 12/059—2018）	/	1 000	/	/	环评批复速率限值 3 000，量纲一
15	DA004	车间排气筒	挥发性有机物	《工业企业挥发性有机物排放控制标准》（DB 12/524—2020）	60	0.9	/	/	排气筒高度未高出周围 200 m 最高建筑 3 m，不满足《工业企业挥发性有机物排放控制标准》的要求，排放浓度严格 50%执行
16	DA004	车间排气筒	非甲烷总烃	《工业企业挥发性有机物排放控制标准》（DB 12/524—2020）	50	0.75	/	/	排气筒高度未高出周围 200 m 最高建筑 3 m，不满足《工业企业挥发性有机物排放控制标准》的要求，排放浓度严格 50%执行
17	DA004	车间排气筒	颗粒物	《大气污染物综合排放标准》（GB 16297—1996）	120	1.75	/	/	排气筒高度未高出周围 200 m 最高建筑 5 m，不满足《大气污染物综合排放标准》的要求，排放浓度严格 50%执行
18	DA004	车间排气筒	甲苯与二甲苯合计	《工业企业挥发性有机物排放控制标准》（DB 12/524—2020）	40	0.5	/	/	执行甲苯与二甲苯合计速率 排气筒高度未高出周围 200 m 最高建筑 3 m，不满足《工业企业挥发性有机物排放控制标准》的要求，排放浓度严格 50%执行

注：上表内容选取了某专用化学产品企业的部分内容为例。

该案例中排污单位已按要求填报了废气有组织排放执行标准情况。其他申报单位在填写该表时，需要注意内容如下：

1）污染物种类应与排放口编号对应准确，执行的污染物排放标准名称、文号和限值应对应准确；

2）地方规定中有更严格排放要求的，应按地方管理要求，并参照环评文件的批复要求执行。

新增污染源应按环境影响评价批复要求及承诺更加严格排放限值执行。对于 2015 年 1 月 1 日及之后取得环境影响评价审批文件的，应将审批文件中的要求（若有）填入“环境影响评价批复要求”一栏；排放限值填报以“数值+单位”的形式，不可填报文字。可参照上表。

3）执行排放标准存在不同时间段执行不同排放控制要求的，且其中两个及以上的时间段与排污单位本次持证的有效期相重叠，填报时排放限值应填写全面，需要说明的具体情况可以在“其他信息”中加以说明。

（8）大气污染物有组织排放表

表 9　大气污染物有组织排放表

序号	排放口编号	排放口名称	污染物种类	申请许可排放质量浓度限值（标态）/（mg/m³）	申请许可排放速率限值/（kg/h）	申请年许可排放量限值/（t/a）					申请特殊排放质量浓度限值（标态）/（mg/m³）	申请特殊时段许可排放量限值/（t/a）
						第一年	第二年	第三年	第四年	第五年		
主要排放口												
主要排放口合计			颗粒物			/	/	/	/	/	/	/
			SO_2			/	/	/	/	/	/	/
			NO_x			/	/	/	/	/	/	/
			VOCs			/	/	/	/	/	/	/
一般排放口												
1	DA001	RTO 排气筒	颗粒物	120	2.95	/	/	/	/	/	/	/
2	DA001	RTO 排气筒	臭气浓度	/（量纲一）	1 000	/	/	/	/	/	/（量纲一）	/
3	DA001	RTO 排气筒	挥发性有机物	60	1.9	/	/	/	/	/	/	/
4	DA001	RTO 排气筒	甲醇	190	4.3	/	/	/	/	/	/	/
5	DA001	RTO 排气筒	甲苯与二甲苯合计	40	1.0	/	/	/	/	/	/	/

序号	排放口编号	排放口名称	污染物种类	申请许可排放质量浓度限值（标态）/（mg/m^3）	申请许可排放速率限值/（kg/h）	申请年许可排放量限值/（t/a）					申请特殊排放质量浓度限值（标态）/（mg/m^3）	申请特殊时段许可排放量限值/（t/a）
						第一年	第二年	第三年	第四年	第五年		
6	DA001	RTO 排气筒	甲醛	25	0.215	/	/	/	/	/	/	/
7	DA002	生物滴滤排气筒	氨（氨气）	/	0.6	/	/	/	/	/	/	/
8	DA002	生物滴滤排气筒	臭气浓度	/（量纲一）	1 000	/	/	/	/	/	/（量纲一）	/
9	DA002	生物滴滤排气筒	甲苯与二甲苯合计	40	0.5	/	/	/	/	/	/	/
10	DA002	生物滴滤排气筒	硫化氢	/	0.06	/	/	/	/	/	/	/
11	DA002	生物滴滤排气筒	挥发性有机物	60	1.0	/	/	/	/	/	/	/
12	DA004	车间排气筒	臭气浓度	/（量纲一）	1 000	/	/	/	/	/	/（量纲一）	/
13	DA004	车间排气筒	挥发性有机物	60	1.0	/	/	/	/	/	/	/
14	DA004	车间排气筒	甲苯与二甲苯合计	40	0.5	/	/	/	/	/	/	/
15	DA004	车间排气筒	颗粒物	120	1.75	/	/	/	/	/	/	/
一般排放口合计			颗粒物			/	/	/	/	/	/	/
			SO_2			/	/	/	/	/	/	/
			NO_x			/	/	/	/	/	/	/
			VOCs			/	/	/	/	/	/	/
全厂有组织排放总计												
全厂有组织排放总计			颗粒物			/	/	/	/	/	/	/
			SO_2			/	/	/	/	/	/	/
			NO_x			/	/	/	/	/	/	/
			VOCs			/	/	/	/	/	/	/

注：上表内容选取了某专用化学产品企业的部分内容为例。

根据上表可知，该排污许可申报单位主要排放口不仅许可了排放浓度限值，也许可排放量限值，一般排放口主要许可了浓度限值。排污许可申报单位在填写该表时，还应考虑如下要求。

1）有组织排放口应按国家和地方排放标准要求，许可污染物排放浓度。按照对应的技术规范中规定的许可排放量核算方法和依法分解计算排污单位的重点污染物排放总量控制指标，并从严确定许可排放量。2015 年 1 月 1 日（含）及以后取得环境影响评价审批意见的排污单位，许可排放量还应同时满足环境影响评价文件和审批意见确定的排放量的要求。

2）由于该案例企业没有主要排放口，年许可排放量限值不做要求，有主要排放口的申报单位应将主要排放口一栏，填报年许可排放量限值；一般排放口不必填报年许可排放量限值，仅填报许可排放浓度限值即可，地方有更严格要求的，按地方要求执行。申请的年许可排放量限值应与计算过程文件保持一致，从严确定年许可排放量限值指标。

3）排放量计算需符合规范要求。特殊时段排放量限值由核发部门结合重污染天气应急预案及上一年的环统排放情况填写日许可排放量和管控要求。对于有错峰生产要求的排污单位，重点审查是否填报错峰生产月许可排放量限值。计算月许可排放量限值时，应充分考虑自然月的天数，并将计算过程作为申报材料之一。

4）许可排放量限值确认的计算方法、计算公式、参数选取过程及计算结果的计算过程说明内容应作为附件上传。

（9）大气污染物无组织排放表

表 10　大气污染物无组织排放表

序号	生产设施编号/无组织排放编号	产污环节	污染物种类	主要污染防治措施	国家或地方污染物排放标准		其他信息	年许可排放量限值/（t/a）					申请特殊时段许可排放量限值/(t/a)
					名称	质量浓度限值（标态）/（mg/m^3）		第一年	第二年	第三年	第四年	第五年	
1	厂界		臭气浓度	/	《恶臭污染物排放标准》（DB 12/059—2018）	20	/	/	/	/	/	/	/
2	厂房外		非甲烷总烃	/	《工业企业挥发性有机物排放控制标准》（DB 12/524—2020）	2.0		/	/	/	/	/	/

序号	生产设施编号/无组织排放编号	产污环节	污染物种类	主要污染防治措施	国家或地方污染物排放标准		其他信息	年许可排放量限值/（t/a）					申请特殊时段许可排放量限值/(t/a)
					名称	质量浓度限值（标态）/（mg/m^3）		第一年	第二年	第三年	第四年	第五年	
3	厂界		甲醛	/	《大气污染物综合排放标准》（GB 16297—1996）	0.2	/	/	/	/	/	/	/
4	厂界		颗粒物	/	《大气污染物综合排放标准》（GB 16297—1996）	1.0	/	/	/	/	/	/	/
5	厂界		甲醇	/	《大气污染物综合排放标准》（GB 16297—1996）	12.0	/	/	/	/	/	/	/
全厂无组织排放总计													
全厂无组织排放总计			颗粒物					/	/	/	/	/	/
			SO_2					/	/	/	/	/	/
			NO_x					/	/	/	/	/	/
			VOCs					/	/	/	/	/	/

注：上表内容选取了某专用化学产品企业的部分内容为例。

无组织排放编号指产生无组织排放生产单元的主要生产设施编号，应与上述填报（如填写无组织排放）保持一致。在“其他信息”一列，可填写排放标准质量浓度限值对应的监测点位，如“厂界”。

（10）排污单位大气排放总许可量

大气排放总许可排放量指的是全厂有组织排放总计数据，应与环评批复的全厂总量控制指标数据比较，两者取严。由于该企业不许可大气排放量，因为该案例不作要求。

（11）废水直接排放口基本情况表

表 11 废水直接排放口基本情况表

序号	排放口编号	排放口名称	排放口地理坐标		排放去向	排放规律	间歇排放时段	受纳自然水体信息		汇入受纳自然水体处地理坐标		其他信息
			经度	纬度				名称	受纳水体功能目标	经度	纬度	

表 11-1 入河排污口信息表

序号	排放口编号	排放口名称	入河排污口			其他信息
			名称	编号	批复文号	

表 11-2 雨水排放口基本情况表

序号	排放口编号	排放口名称	排放口地理坐标		排放去向	排放规律	间歇排放时段	受纳自然水体信息		汇入受纳自然水体处地理坐标		其他信息
			经度	纬度				名称	受纳水体功能目标	经度	纬度	
1	YS001	雨水排放口	××°××′××″	××°××′××″	进入城市下水道（再入江河、湖、库）	间断排放，排放期间流量不稳定且无规律，但不属于冲击型排放	降雨时监测	××河	V类	××°××′××″	××°××′××″	生产期间且有流动水排放时监测

注：上表内容选取了某专用化学产品企业的部分内容为例。

该申报单位没有废水直接排放口，只有雨水排放口。其他申报单位若有，则在填写该表时，应该注意如下内容：

1）若企业排放废水为间歇排放，应填写间歇排放时段。

2）应填写受纳自然水体名称和功能目标、汇入受纳自然水体处地理坐标等相关内容。地理坐标应填写正确规范，总排口坐标指废水排出厂界处的坐标，车间或生产设施排放口坐标指废水排出车间或车间处理设施边界处的坐标。

3）雨水排放口编号应规范，可填报排污单位内部编号，如无内部编号，则采用“YS+三位流水号数字”（如 YS001）进行编号并填报。有多个雨水排放口的均需填报。

（12）废水间接排放口基本情况表

表 12 废水间接排放口基本情况表

序号	排放口编号	排放口名称	排放口地理坐标		排放去向	排放规律	间歇排放时段	受纳污水处理厂信息			
			经度	纬度				名称	污染物种类	排水协议规定的质量浓度限值/（mg/L）	国家或地方污染物排放标准质量浓度限值/（mg/L）
1	DW001	废水总排放口	××°××′××″	××°××′××″	工业废水集中处理厂	连续排放，流量稳定	/	天津××水务有限公司	总磷（以 P 计）	/	0.3
									五日生化需氧量	/	6
									甲醛	/	0.9
									色度	/	15（量纲一）
									悬浮物	/	5
									总氮（以 N 计）	/	10
									pH	/	6～9（量纲一）
									化学需氧量	/	30
									动植物油	/	1.0
									甲苯	/	0.1
									氨氮（NH_3-N）	/	3.0
									氨氮（NH_3-N）	/	1.5
									石油类	/	0.5

1）申报单位若排放废水为间歇排放的，应填写间歇排放时段。

2）应填写受纳污水处理厂不同污染物执行的排放标准质量浓度限值。

3）排放口地理坐标应填写准确规范，总排放口坐标指废水排出厂界处坐标；车间或生产设施排放口坐标指废水排出车间或车间处理设施边界处坐标。

4）受纳污水处理厂信息应包括其名称、主要污染物种类和其执行排放标准的浓度限值；污染物种类与前述表 6 中填报的污染物种类应一致；排放浓度限值应填写正确，为污水处理厂废水排放执行的排放标准质量浓度限值。

（13）废水污染物排放执行标准表

表 13　废水污染物排放执行标准表

单位：mg/L（色度、pH 除外）

序号	排放口编号	排放口名称	污染物种类	国家或地方污染物排放标准		排水协议规定的质量浓度限值（如有）	环境影响评价批复要求	承诺更加严格排放限值	其他信息
				名称	质量浓度限值				
1	DW001	废水总排放口	化学需氧量	《污水综合排放标准》（DB 12/356—2018）	500	/	500	/	
2	DW001	废水总排放口	氨氮（NH_3-N）	《污水综合排放标准》（DB 12/356—2018）	45	/	35	/	
3	DW001	废水总排放口	总氮（以 N 计）	《污水综合排放标准》（DB 12/356—2018）	70	/	/	/	
4	DW001	废水总排放口	色度	《污水综合排放标准》（DB 12/356—2018）	64（量纲一）	/	/	/	
5	DW001	废水总排放口	甲苯	《污水综合排放标准》（DB 12/356—2018）	0.5	/	0.5	/	
6	DW001	废水总排放口	悬浮物	《污水综合排放标准》（DB 12/356—2018）	400	/	400	/	
7	DW001	废水总排放口	pH	《污水综合排放标准》（DB 12/356—2018）	6～9（量纲一）	/	6～9（量纲一）	/	
8	DW001	废水总排放口	总磷（以 P 计）	《污水综合排放标准》（DB 12/356—2018）	8	/	3	/	
9	DW001	废水总排放口	甲醛	《污水综合排放标准》（DB 12/356—2018）	5	/	5	/	
10	DW001	废水总排放口	石油类	《污水综合排放标准》（DB 12/356—2018）	15	/	20	/	

11	DW001	废水总排放口	动植物油	《污水综合排放标准》（DB 12/356—2018）	100	/	100	/	
12	DW001	废水总排放口	五日生化需氧量	《污水综合排放标准》（DB 12/356—2018）	300	/	300	/	

注：表中“色度”等虽非污染物种类，但在填报及表的生成中为必须项。

1）排污单位一类污染物必须填写；废水经预处理后排放到工业废水集中处理设施的，除一类污染物外，其他污染物应填写工业废水集中处理设施执行的排放标准名称和排放质量浓度限值。

2）执行国家水污染物排放标准的，标准名称及污染因子种类等应符合技术规范要求。地方有更严格排放标准的，应按地方管理要求执行。

3）执行排放标准若存在在不同时间段执行不同排放控制要求时，且其中两个及以上的时间段与排污单位本次申报后持证的有效期相重叠时，排放质量浓度限值或速率限值应按照执行标准相关要求填全，具体说明情况可在“其他信息”中补充。

4）雨水排放口的污染物种类填写化学需氧量和悬浮物，但无需填报执行标准名称和质量浓度限值信息，填报“/”。地方有更严格控制要求的，按地方要求执行。

（14）废水污染物排放

表 14　废水污染物排放

序号	排放口编号	排放口名称	污染物种类	申请排放质量浓度限值/（mg/L）	申请年排放量限值/（t/a）					申请特殊时段排放量限值/（t/a）
					第一年	第二年	第三年	第四年	第五年	
主要排放口										
主要排放口合计			COD_{Cr}							/
			氨氮							/
一般排放口										
1	DW001	废水总排放口	色度	64	/	/	/	/	/	/
2	DW001	废水总排放口	动植物油	100	/	/	/	/	/	/

序号	排放口编号	排放口名称	污染物种类	申请排放质量浓度限值/（mg/L）	申请年排放量限值/（t/a）					申请特殊时段排放量限值/（t/a）
					第一年	第二年	第三年	第四年	第五年	
3	DW001	废水总排放口	总氮（以N计）	70	/	/	/	/	/	/
4	DW001	废水总排放口	石油类	15	/	/	/	/	/	/
5	DW001	废水总排放口	氨氮（NH_3-N）	45	/	/	/	/	/	/
6	DW001	废水总排放口	pH	6～9（量纲一）	/	/	/	/	/	/
7	DW001	废水总排放口	总磷（以P计）	8	/	/	/	/	/	/
8	DW001	废水总排放口	悬浮物	400	/	/	/	/	/	/
9	DW001	废水总排放口	甲醛	5	/	/	/	/	/	/
10	DW001	废水总排放口	化学需氧量	500	/	/	/	/	/	/
11	DW001	废水总排放口	甲苯	0.5	/	/	/	/	/	/
12	DW001	废水总排放口	五日生化需氧量	300	/	/	/	/	/	/
一般排放口合计			COD_{Cr}							/
			氨氮							/
全厂排放口总计										
全厂排放口总计			COD_{Cr}		/	/	/	/	/	/
			氨氮		/	/	/	/	/	/

注：表中“色度”等虽非污染物种类，但在填报及表的生成中为必须项。

1）排污申报单位应对排放口编号，逐一对应填写主要排放口（废水总排放口和设施或车间排放口）污染物排放质量浓度限值、年排放量限值，特殊时段排放量限值。

2）污染物种类应填报完整、准确。依据国家和地方标准许可污染物排放质量浓度。依据技术规范中规定的许可排放量核算方法和依法分解落实到排污单位的重点污染物排放总量控制指标，从严确定许可排放量限值；对于 2015 年 1 月 1 日（含）及之后的年份取得环评文件批复的排污单位，许可排放量还应同时满足环境影响评价文件和审批意见确定的排放量的要求。规范中未许可排放量的因子，如有地方要求的，应按地方要求执行。

3）如果地方生态环境主管部门要求按月进行细化的，应按地方要求执行；提交申请年排放量的计算过程文件中，计算过程应正确，单位使用合理。

4）总量控制指标包括地方政府或生态环境主管部门发文确定的排污单位总量控制指标、环境影响评价文件批复中确定的总量控制指标、现有排污许可证中载明的总量控制指标、通过排污权有偿使用和交易确定的总量控制指标等地方政府或生态环境主管部门与排污许可证申领排污单位以一定形式确认的总量控制指标。污染物总量控制要求应具体到污染物类型及其指标量，应与后续许可量计算过程及许可量申请数据进行对比，按技术规范要求，从严确定许可量限值。

（15）自行监测及记录信息表

表 15 自行监测及记录信息表

序号	污染源类别/监测类别	排放口编号/监测点位	排放口名称/监测点位名称	监测内容	污染物名称	监测设施	自动监测是否联网	自动监测仪器名称	自动监测设施安装位置	自动监测设施是否符合安装、运行、维护等管理要求	手工监测采样方法及个数	手工监测频次	手工测定方法	其他信息
1	废气	DA001	RTO 排气筒	烟气温度，烟气量	臭气浓度	手工					非连续采样、至少 1 个	1 次/半年	《空气质量 恶臭的测定 三点比较式臭袋法》（GB/T 14675—1993）	多次采样取最大值

序号	污染源类别/监测类别	排放口编号/监测点位	排放口名称/监测点位名称	监测内容	污染物名称	监测设施	自动监测是否联网	自动监测仪器名称	自动监测设施安装位置	自动监测设施是否符合安装、运行、维护等管理要求	手工监测采样方法及个数	手工监测频次	手工测定方法	其他信息
2	废气	DA001	RTO 排气筒	烟气温度，烟气量	甲醇	手工					非连续采样、至少 3 个	1 次/半年	《固定污染源排气中甲醇的测定 气相色谱法》（HJ/T 33—1999）	等时间间隔采样，结果取平均值
3	废气	DA001	RTO 排气筒	烟气温度，烟气量	甲醛	手工					连续采样	1 次/半年	酚试剂分光光度法 《空气和废气监测分析方法》	采一个样
4	废气	DA001	RTO 排气筒	烟气温度，烟气量	挥发性有机物	手工					非连续采样、至少 3 个	1 次/半年	《固定污染源废气 挥发性有机物的测定 固相吸附-热脱附/气相色谱-质谱法》（HJ 734—2014）	等时间间隔采样，结果取平均值
5	废气	DA001	RTO 排气筒	烟气温度，烟气量	非甲烷总烃	手工					非连续采样、至少 3 个	1 次/半年	《固定污染源废气 总烃、甲烷和非甲烷总烃的测定 气相色谱法》（HJ 38）	等时间间隔采样，结果取平均值
6	废气	DA001	RTO 排气筒	烟气温度，烟气量	颗粒物	手工					连续采样	1 次/半年	《固定污染源废气 低浓度颗粒物的测定 重量法》（HJ 836—2017）	采一个样

序号	污染源类别/监测类别	排放口编号/监测点位	排放口名称/监测点位名称	监测内容	污染物名称	监测设施	自动监测是否联网	自动监测仪器名称	自动监测设施安装位置	自动监测设施是否符合安装、运行、维护等管理要求	手工监测采样方法及个数	手工监测频次	手工测定方法	其他信息
7	废气	DA001	RTO排气筒	烟气温度，烟气量	甲苯	手工					非连续采样、至少3个	1次/半年	《固定污染源废气 挥发性有机物的测定 固相吸附-热脱附/气相色谱-质谱法》（HJ 734—2014）	等时间间隔采样，结果取平均值
8	废气	DA001	RTO排气筒	烟气温度，烟气量	二甲苯	手工					非连续采样、至少3个	1次/半年	《固定污染源废气 挥发性有机物的测定 固相吸附-热脱附/气相色谱-质谱法》（HJ 734—2014）	等时间间隔采样，结果取平均值
9	废气	DA002	生物滴滤排气筒	烟气量	臭气浓度	手工					非连续采样、至少1个	1次/半年	《空气质量 恶臭的测定 三点比较式臭袋法》（GB/T 14675—1993）	多次采样取最大值
10	废气	DA002	生物滴滤排气筒	烟气量	氨（氨气）	手工					连续采样	1次/半年	《空气和废气 氨的测定 纳氏试剂分光光度法》（HJ 533—2009）	采一个样

序号	污染源类别/监测类别	排放口编号/监测点位	排放口名称/监测点位名称	监测内容	污染物名称	监测设施	自动监测是否联网	自动监测仪器名称	自动监测设施安装位置	自动监测设施是否符合安装、运行、维护等管理要求	手工监测采样方法及个数	手工监测频次	手工测定方法	其他信息
11	废气	DA002	生物滴滤排气筒	烟气量	硫化氢	手工					连续采样	1 次/半年	亚甲基蓝分光光度法《空气和废气监测分析方法》（第四版增补版）（国家环保总局 2003 年）	采一个样
12	废气	DA002	生物滴滤排气筒	烟气量	挥发性有机物	手工					非连续采样、至少 3 个	1 次/半年	《固定污染源废气 挥发性有机物的测定 固相吸附-热脱附/气相色谱-质谱法》（HJ 734—2014）	等时间间隔采样，结果取平均值
13	废气	DA002	生物滴滤排气筒	烟气量	非甲烷总烃	手工					非连续采样、至少 3 个	1 次/半年	《固定污染源废气 总烃、甲烷和非甲烷总烃的测定 气相色谱法》（HJ 38）	等时间间隔采样，结果取平均值
14	废气	DA002	生物滴滤排气筒	烟气量	甲苯	手工					非连续采样、至少 3 个	1 次/半年	《固定污染源废气 挥发性有机物的测定 固相吸附-热脱附/气相色谱-质谱法》（HJ 734—2014）	等时间间隔采样，结果取平均值

序号	污染源类别/监测类别	排放口编号/监测点位	排放口名称/监测点位名称	监测内容	污染物名称	监测设施	自动监测是否联网	自动监测仪器名称	自动监测设施安装位置	自动监测设施是否符合安装、运行、维护等管理要求	手工监测采样方法及个数	手工监测频次	手工测定方法	其他信息
15	废气	DA002	生物滴滤排气筒	烟气量	二甲苯	手工					非连续采样、至少3个	1次/半年	《固定污染源废气 挥发性有机物的测定 固相吸附-热脱附/气相色谱-质谱法》（HJ 734—2014）	等时间间隔采样，结果取平均值
16	废气	DA004	车间排气筒	烟气量	臭气浓度	手工					非连续采样、至少1个	1次/半年	《空气质量 恶臭的测定 三点比较式臭袋法》（GB/T 14675—1993）	多次采样取最大值
17	废气	DA004	车间排气筒	烟气量	挥发性有机物	手工					非连续采样、至少3个	1次/半年	《固定污染源废气 挥发性有机物的测定 固相吸附-热脱附/气相色谱-质谱法》（HJ 734—2014）	等时间间隔采样，结果取平均值
18	废气	DA004	车间排气筒	烟气量	非甲烷总烃	手工					非连续采样、至少3个	1次/半年	《固定污染源废气 总烃、甲烷和非甲烷总烃的测定 气相色谱法》（HJ 38）	等时间间隔采样，结果取平均值

序号	污染源类别/监测类别	排放口编号/监测点位	排放口名称/监测点位名称	监测内容	污染物名称	监测设施	自动监测是否联网	自动监测仪器名称	自动监测设施安装位置	自动监测设施是否符合安装、运行、维护等管理要求	手工监测采样方法及个数	手工监测频次	手工测定方法	其他信息
19	废气	DA004	车间排气筒	烟气量	颗粒物	手工					连续采样	1次/半年	《固定污染源废气低浓度颗粒物的测定 重量法》（HJ 836—2017）	采一个样
20	废气	DA004	车间排气筒	烟气量	甲苯	手工					非连续采样、至少3个	1次/半年	《固定污染源废气挥发性有机物的测定 固相吸附-热脱附/气相色谱-质谱法》（HJ 734—2014）	等时间间隔采样，结果取平均值
21	废气	DA004	车间排气筒	烟气量	二甲苯	手工					非连续采样、至少3个	1次/半年	《固定污染源废气挥发性有机物的测定 固相吸附-热脱附/气相色谱-质谱法》（HJ 734—2014）	等时间间隔采样，结果取平均值
22	废气	厂界		相对湿度，风速，风向	臭气浓度	手工					非连续采样、至少1个	1次/半年	《空气质量 恶臭的测定 三点比较式臭袋法》（GB/T 14675—1993）	多次采样取最大值

序号	污染源类别/监测类别	排放口编号/监测点位	排放口名称/监测点位名称	监测内容	污染物名称	监测设施	自动监测是否联网	自动监测仪器名称	自动监测设施安装位置	自动监测设施是否符合安装、运行、维护等管理要求	手工监测采样方法及个数	手工监测频次	手工测定方法	其他信息
23	废气	厂界		相对湿度，风速，风向	甲醇	手工					非连续采样、至少4个	1次/半年	《固定污染源排气中甲醇的测定 气相色谱法》（HJ/T 33—1999）	等时间间隔采样，结果取平均值
24	废气	厂界		相对湿度，风速，风向	甲醛	手工					非连续采样、至少4个	1次/半年	酚试剂分光光度法《空气和废气监测分析方法》（第四版增补版）（国家环保总局2003年）	等时间间隔采样，结果取平均值
25	废气	厂界		相对湿度，风速，风向	颗粒物	手工					连续采样	1次/半年	《环境空气 总悬浮颗粒物的测定 重量法》（GB/T 15432—1995）	采一个样
26	废气	厂房外		相对湿度，风速，风向	非甲烷总烃	手工					非连续采样、至少4个	1次/半年	《环境空气 总烃、甲烷和非甲烷总烃的测定 直接进样-气相色谱法》（HJ 604—2017）	等时间间隔采样，结果取平均值

序号	污染源类别/监测类别	排放口编号/监测点位	排放口名称/监测点位名称	监测内容	污染物名称	监测设施	自动监测是否联网	自动监测仪器名称	自动监测设施安装位置	自动监测设施是否符合安装、运行、维护等管理要求	手工监测采样方法及个数	手工监测频次	手工测定方法	其他信息
27	废水	DW001	废水总排放口	流量	pH	手工					混合采样、至少3个混合样	1次/半年	《水质　pH值的测定　玻璃电极法》（GB 6920—1986）	等时间间隔采样，混合成一个样
28	废水	DW001	废水总排放口	流量	色度	手工					混合采样、至少3个混合样	1次/半年	《水质　色度的测定》（GB 11903—89）	等时间间隔采样，混合成一个样
29	废水	DW001	废水总排放口	流量	悬浮物	手工					混合采样、至少3个混合样	1次/半年	《水质　悬浮物的测定　重量法》（GB 11901—1989）	等时间间隔采样，混合成一个样
30	废水	DW001	废水总排放口	流量	五日生化需氧量	手工					混合采样、至少3个混合样	1次/半年	《水质　五日生化需氧量（BOD_5）的测定　稀释与接种法》（HJ 505—2009）	等时间间隔采样，混合成一个样
31	废水	DW001	废水总排放口	流量	化学需氧量	自动	是	COD在线分析仪	厂区污水IC反应器西侧近燕山路	是			《水质　化学需氧量的测定　重铬酸盐法》（HJ 828—2017）	自动监测设备发生故障时，应开展手工监测，每天不少于4次，间隔不超过6 h

序号	污染源类别/监测类别	排放口编号/监测点位	排放口名称/监测点位名称	监测内容	污染物名称	监测设施	自动监测是否联网	自动监测仪器名称	自动监测设施安装位置	自动监测设施是否符合安装、运行、维护等管理要求	手工监测采样方法及个数	手工监测频次	手工测定方法	其他信息
32	废水	DW001	废水总排放口	流量	总氮（以N计）	手工					混合采样、至少3个混合样	1次/半年	《水质 总氮的测定 碱性过硫酸钾消解紫外分光光度法》（HJ 636—2012）	等时间间隔采样，混合成一个样
33	废水	DW001	废水总排放口	流量	氨氮（NH_3-N）	手工					混合采样、至少3个混合样	1次/半年	《水质 氨氮的测定 纳氏试剂分光光度法》（HJ 535—2009）	等时间间隔采样，混合成一个样
34	废水	DW001	废水总排放口	流量	总磷（以P计）	手工					混合采样、至少3个混合样	1次/半年	《水质 总磷的测定 钼酸铵分光光度法》（GB 11893—1989）	等时间间隔采样，混合成一个样
35	废水	DW001	废水总排放口	流量	石油类	手工					混合采样、至少3个混合样	1次/半年	《水质 石油类和动植物油类的测定 红外分光光度法》（HJ 637—2018）	等时间间隔采样，混合成一个样
36	废水	DW001	废水总排放口	流量	动植物油	手工					混合采样、至少3个混合样	1次/半年	《水质 石油类和动植物油类的测定 红外分光光度法》（HJ 637—2018）	等时间间隔采样，混合成一个样

序号	污染源类别/监测类别	排放口编号/监测点位	排放口名称/监测点位名称	监测内容	污染物名称	监测设施	自动监测是否联网	自动监测仪器名称	自动监测设施安装位置	自动监测设施是否符合安装、运行、维护等管理要求	手工监测采样方法及个数	手工监测频次	手工测定方法	其他信息
37	废水	DW001	废水总排放口	流量	甲苯	手工					混合采样、至少3个混合样	1次/半年	《水质　苯系物的测定　气相色谱法》（GB/T 11890—1989）	等时间间隔采样，混合成一个样
38	废水	DW001	废水总排放口	流量	甲醛	手工					混合采样、至少3个混合样	1次/半年	《水质　甲醛的测定乙酰丙酮分光光度法》（HJ 601—2011）	等时间间隔采样，混合成一个样
39	废水	YS001	雨水排放口1	流量	悬浮物	手工					瞬时采样、至少3个瞬时样	1次/月	《水质　悬浮物的测定　重量法》（GB 11901—1989）	等时间间隔采样，结果取平均值
40	废水	YS001	雨水排放口1	流量	化学需氧量	手工					瞬时采样、至少3个瞬时样	1次/月	《水质　化学需氧量的测定　重铬酸盐法》（HJ 828—2017）	等时间间隔采样，结果取平均值

注：上表内容选取了某专用化学产品企业的部分内容为例。表中“色度”“流量”等虽非污染物种类，但在填报及表的生成中为必须项。

1）申报单位填报监测因子数量及监测频次应符合技术规范及排污单位自行监测技术指南的要求。

2）申报单位在选择手工监测方法时，应选用排放标准中确定的标准监测分析方法。

（16）环境管理台账信息表

表 16 环境管理台账信息表

序号	类别	记录内容	记录频次	记录形式	其他信息
1	基本信息	企业名称、生产经营场所地址、行业类别、法定代表人、统一社会信用代码、产品名称、生产工艺、生产规模、环保投资、环境影响评价审批意见、排污许可证编号	对于未发生变化的基本信息，按年记录，1 次/a；对于发生变化的基本信息，在发生变化时记录	电子台账+纸质台账	台账保存期限不少于 5 年
2	监测记录信息	记录采样时间、排放口编码、污染物项目、监测设施、监测结果、是否超标、数据来源、异常情况	监测期间	电子台账+纸质台账	台账保存期限不少于 5 年
3	其他环境管理信息	固体废物记录收集日期、来源、名称、产生量、是否属于危废录、处理方式、厂内暂存量、综合利用量、自行处置量、委托处置量、委托单位等信息	每班记录 1 次	电子台账+纸质台账	台账保存期限不少于 5 年
4	生产设施运行管理信 息	主要生产单元名称、生产设施名称、生产设施编码、累计生产时间、生产负荷、主要产品产量、单位，原材料、燃料使用情况指种类、名称、用量、有毒有害元素成分及占比	1）正常工况： ①运行状态：按照各生产单元生产班制记录，每班记录 1 次。 ②生产负荷：按照各生产单元生产班制记录，每班记录 1 次。 ③产品产量：按照各生产单元生产班制记录，每班记录 1 次。 ④原辅料：按照各生产单元生产班制记录，每班记录 1 次。 ⑤燃料：每月记录 1 次。 2）异常情况期： 按照异常情况期记录，1 次/异常情况期	电子台账+纸质台账	台账保存期限不少于 5 年

序号	类别	记录内容	记录频次	记录形式	其他信息
5	污染防治设施运行管 理信息	1）正常情况：污染防治设施运行信息应按照设施类别分别记录设施的实际运行相关参数和维护记录。 ①有组织废气治理设施记录设施运行时间、运行参数等。 ②废水处理设施包括预处理设施、生化处理设施、深度处理设施及回用设施四部分，分别记录每日进水水量、出水水量、药剂名称及使用量、投放频次、电耗、污泥产生量等。 2）异常情况：污染治理设施异常信息按工况记录，每工况期记录一次，内容应记录起止时段设施名称、编号、非正常起始时刻、非正常恢复时刻、污染物排放量、排放浓度、事件原因、是否报告、应对措施等	1）正常情况：污染防治设施运行状况：按照污染治理设施管理单位班制记录，每班记录 1 次。 2）异常情况：按照异常情况期记录，1 次/异常情况期	电子台账+纸质台账	台账保存期限不少于 5 年

1）生产设施运行管理信息

正常工况各生产线的累计生产时间、生产负荷、主要产品产量、原辅料及燃料使用情况等数据；原辅料、燃料使用情况指种类、名称、用量、有毒有害元素成分及占比；原辅料、燃料采购信息。

2）污染治理设施运行管理信息

正常工况：明确记录各治理设施作用的生产环节、治理工艺，分系统记录所有环保设施的运行情况、污染物排放情况、主要药剂添加情况等。

非正常工况：污染治理设施应记录设施名称、编号、设施非正常（停运）时刻、恢复（启动）时刻、污染物排放量、排放浓度、事件原因、是否报告等。

3）监测记录信息

包括自动监测及辅助设备运行状况、系统校准、校验记录、定期比对监测记录、维护保养记录、是否故障、故障维修记录、巡检日期等信息。对于无自动监测的大气污染物和水污染物指标，排污单位应当按照排污许可证中监测方案所确定的监测频次要求，记录开展手工监测的日期、时间、污染物排放口和监测点位、监测方法、监测频次、监测仪器及型号、采样方法等，并建立台账记录报告。

4）其他环境管理信息

应记录污染治理设施运行、维护、管理等相关信息，包括设施名称、运行时间、检查维护次数、管理人员情况等；应记录厂区降尘洒水、清扫频次，原料或产品场地封闭、遮盖方式，日常检查维护频次及情况等；应记录非正常工况和特殊时段的环境管理信息及排污单位根据环境管理要求，记录其他信息。

（三）附图、附件

（1）附图

1）排污申报单位应提供生产工艺流程图、污水处理工艺流程图和场所厂区总平面布置图等，且要清晰可见、图例明确；

2）排污申报单位的生产工艺流程图应包括主要生产设施（设备）、主要原辅料的流向、生产工艺流程等内容；

3）排污申报单位的污水处理工艺流程图应包括主要处理单元、主要处理构筑物、污水走向、污水管线布置、排放口和排放去向等内容；

4）排污申报单位申请场所的生产厂区总平面布置图应包括主要生产线、厂房、设备位置关系，注明厂区雨水、污水的收集走向、排放口位置等内容；

5）监测布点图，应明确监测点位，并加以标注。

（2）附件

1）提供守法承诺书；

2）提供信息公开情况说明表；

3）提供环评批复文件影印件；

4）提供总量计划分配文件影印件；

5）提供其他必要的说明材料，如：

未采用可行技术但具备达标排放能力的证明材料；

许可排放量计算过程及与总量控制要求，取严的过程说明材料；

申报单位采取更加严格的排放限值作为申请许可排放浓度和许可排放量依据的材料；

申报单位排污口规范化设置情况说明材料；

申报单位不符合环境管理要求的整改措施材料。

第五章　橡胶和塑料制品工业企业排污许可证填报案例分析

一、橡胶和塑料制品工业排污许可证管理要求

（一）涵盖行业

橡胶和塑料制品工业涵盖的行业类别：轮胎制造（C2911），橡胶板、管、带制造（C2912），橡胶零件制造（C2913），日用及医用橡胶制品制造（C2915），运动场地用塑胶制造（C2916），其他橡胶制品制造（C2919）。塑料薄膜制造（C2921），塑料板、管、型材制造（C2922），塑料丝、绳及编制品制造（C2923），泡沫塑料制造（C2924），塑料人造革与合成革制造（C2925），塑料包装箱及容器制造（C2926），日用塑料制品制造（C2927），人造草坪制造（C2928），塑料零件及其他塑料制品制造（C2929）。

（二）分类管理

橡胶和塑料制品业排污许可管理分重点管理、简化管理和登记管理三种类型。

其中纳入重点排污单位目录的企业，申请排污许可管理为重点管理，塑料人造革、合成革制造（C2925），申请排污许可管理为重点管理；除重点管理以外的轮胎制造（C2911），年耗胶量 2 000 t 及以上的橡胶板、管、带制造（C2912），橡胶零件制造（C2913），再生橡胶制造（C2914），日用及医用橡胶制品制造（C2915），运动场地用塑胶制造（C2916），其他橡胶制品制造（C2919），年产 1 万 t 及以上的泡沫塑料制造（C2924），年产 1 万 t 及以上涉及改性的塑料薄膜制造（C2921），塑料板、管、型材制造（C2922），塑料丝、绳和编织品制造（C2923），塑料包装箱及容器制造（C2926），日用塑料品制造（C2927），人造草坪制造（C2928），塑料零件及其他塑料制品制造（C2929），申请排污许可管理为简化管理；其他的为登记管理。详见表 1。

表 1　固定污染源排污许可分类管理名录（橡胶和塑料制品业）

序号	行业类别	分类管理		
		重点管理	简化管理	登记管理
61	橡胶制品业（C291）	纳入重点排污单位名录的	除重点管理以外的轮胎制造（C2911），年耗胶量 2 000 t 及以上的橡胶板、管、带制造（C2912），橡胶零件制造（C2913），再生橡胶制造（C2914），日用及医用橡胶制品制造（C2915），运动场地用塑胶制造（C2916），其他橡胶制品制造（C2919）	其他

序号	行业类别	分类管理		
		重点管理	简化管理	登记管理
62	塑料制品业（C292）	塑料人造革、合成革制造（C2925）	年产1万t及以上的泡沫塑料制造（C2924），年产1万t及以上涉及改性的塑料薄膜制造（C2921），塑料板、管、型材制造（C2922），塑料丝、绳和编织品制造（C2923），塑料包装箱及容器制造（C2926），日用塑料品制造（C2927），人造草坪制造（C2928），塑料零件及其他塑料制品制造（C2929）	其他

（三）不予发证的情况

橡胶和塑料制品工业企业排污单位存在下列情况之一时，不予核发排污许可证。

（1）位于法律法规规定禁止建设区域内的。如饮用水水源保护区、自然保护区、风景名胜区等。

（2）属于国务院经济综合宏观调控部门会同国务院有关部门发布的产业政策目录中明令淘汰或者立即淘汰的落后生产工艺装备、落后产品的。

（3）国家或地方政府明确规定予以淘汰或取缔的等。

（4）法律法规规定不予核发排污许可证的其他情形。

二、橡胶和塑料制品工业企业排污许可证填报案例分析

（一）基本要求

（1）橡胶和塑料制品工业企业申请排污许可证的生产工艺和产品不属于国家或地方政府明确规定予以淘汰或取缔的；

（2）橡胶和塑料制品工业企业申请排污许可证的生产场所不位于法律法规明确规定禁止建设区域内；

（3）橡胶和塑料制品工业企业申请排污许可证单位具备符合国家或地方要求的污染防治设施或污染物处理能力；

（4）橡胶和塑料制品工业企业申请排污许可证单位的污染物排放应符合国家或地方规定的相关标准和要求；

（5）橡胶和塑料制品工业企业申请排污许可证单位的排污口等设置应符合国家或地方的要求；

（6）橡胶和塑料制品工业企业申请排污许可证单位提交的书面申请材料应真实、合法、准确、完整。

（二）填报要点分析

（1）排污单位基本信息表

表 2　排污单位基本信息表

单位名称	××××××有限公司	注册地址	天津××××××号
生产经营场所地址	天津××××××号	邮政编码	300000
行业类别	轮胎制造，锅炉	是否投产	是
投产日期	2008-08-08		
生产经营场所中心经度	××°××′××″	生产经营场所中心纬度	××°××′××″
组织机构代码		统一社会信用代码	
技术负责人		联系电话	
所在地是否属于大气重点控制区	是	所在地是否属于总磷控制区	否
所在地是否属于总氮控制区	是	所在地是否属于重金属污染特别排放限值实施区域	是
是否位于工业园区	是	所属工业园区名称	天津××××××区
是否有环评审批文件	是	环境影响评价审批文件文号或备案编号	津环保许可表〔2010〕××号 津环保许可函〔2011〕××号 津环保许可函〔2012〕××号 津环保许可函〔2013〕××号
是否有地方政府对违规项目的认定或备案文件	否	认定或备案文件文号	
是否需要改正	否	排污许可证管理类别	重点管理
是否有主要污染物总量分配计划文件	否	总量分配计划文件文号	

1）该申报单位的生产场所位于天津市，根据《关于执行大气污染物特别排放限值的公告》（环境保护部公告 2013 年第 14 号）、《关于执行大气污染物特别排放限值有关问题的复函》（环办大气函〔2016〕1087 号）、《关于京津冀大气污染传输通道城市执行大气污染物特别排放限值的公告》（环境保护部公告 2018 年第 9 号）等。天津市属于大气重点控制区域，所以该生产场所属于大气重点控制区域。

根据《“十三五”生态环境保护规划》（国发〔2016〕65 号），天津市为总氮的控制区，所以该生产场所执行总氮控制区。

2）该申报单位生产场所自 2007 年先后进行了扩建改造等，需将该生产经营场所全部项目的环评审批文号填写完整。

该申报单位没有违规项目，所以不需要填写认定或备案文件文号。

3）填报的投产时间是以排污单位投入运行的时间为准，若分期投运的，投产日期则以最早投运的时间为准，该单位以最早投运时间 2008 年为投产时间。

4）该申报单位没有已定的污染物控制指标，所以不填写。

（2）主要产品及产能信息表

表 3 主要产品及产能信息表

序号	主要生产单元名称	主要工艺名称	生产设施名称	生产设施编号	是否为备用锅炉	设施参数				其他设施信息	产品（介质）名称	生产能力	计量单位	设计年生产时间/h	其他产品信息	其他工艺信息
						参数名称	设计值	计量单位	其他设施参数信息							
1	热力生产单元	燃烧系统	燃气锅炉	MF0269	否	锅炉额定出力	21	t/h	/	型号：KWP-2100；安装有低氮燃烧器	蒸汽	21	t/h	8 400	/	

序号	生产线名称	生产线编号	产品名称	生产能力	产品计量单位	设计年生产时间/d	其他产品信息
1	轮胎制造	SCX001	乘用车橡胶轮胎	650	万条/a	330	轿车用轮胎（PCR）520 万条/a，高性能轮胎（UHR）130 万条/a，全部是子午线轮胎
			年检测轮胎	70	万条/a	330	70 万条/a 轮胎检测能力是指成品轮胎第二次检测能力

表 3-1　主要产品及产能信息补充表

序号	生产线名称	生产线编号	主要生产单元名称	主要工艺名称	生产设施名称	生产设施编号	设施参数				其他设施信息	其他工艺信息
							参数名称	计量单位	设计值	其他设施参数信息		
1	轮胎制造	SCX001	乘用车橡胶轮胎	炼胶	1#药品称量及投料装置	MF0024	称量秤工作范围	kg/kg	50/0.001	/	/	/
					白炭黑解包机	MF0350	处理能力	包/h	10	/	/	
					密炼机	MF0005	密炼室总容积	m^3	270	母炼	/	
					密炼机	MF0012	密炼室总容积	m^3	370	母炼	/	
					配料机	MF0015	工作范围	kg/kg	30/0.005	油秤（2），位置：2 楼	密炼机配料秤	
							工作范围	kg/kg	30/0.02	小药秤，位置：2 楼		
							工作范围	kg/kg	150/0.5	炭黑秤，位置：3 楼		
							工作范围	kg/kg	150/0.5	白炭黑秤，位置：3 楼		
							工作范围	kg/kg	20/0.005	油秤（1），位置：2 楼		
							工作范围	kg/kg	300/0.1	胶料秤，位置：2 楼		
					配料机	MF0018	工作范围	kg/kg	2 000	机载秤，2000/1，位置：2 楼	密炼机配料秤	
							工作范围	kg/kg	300/0.1	胶料秤，位置：2 楼		
					日用贮斗	MF0004	容积	m^3	/	/	/	
					炭黑解包机	MF0001	处理能力	包/h	10	/	/	
					压送罐	MF0003	输送压力	MPa	0.5	/	/	
			乘用车橡胶轮胎	压延/压出/挤出	帘布清洗机	MF0351	/	/	/	/	/	/
					气密层机	MF0027	/	/	/	/	/	
					气密层机	MF0028	/	/	/	/	/	
					压出机	MF0029	/	/	/	/	/	

序号	生产线名称	生产线编号	主要生产单元名称	主要工艺名称	生产设施名称	生产设施编号	设施参数				其他设施信息	其他工艺信息
							参数名称	计量单位	设计值	其他设施参数信息		
			乘用车橡胶轮胎	成型	成型机	MF0033	标准工作周期	s	78.6	标准工作周期：Cycle Time	生产规格 13.14.15	/
							设计生产轮胎量	条（轮胎）/d	791	/		
					成型机	MF0034	设计生产轮胎量	条（轮胎）/d	791	/	生产规格 13.14.15	
							标准工作周期	s	78.6	标准工作周期：Cycle Time		
					成型机	MF0079	设计生产轮胎量	条（轮胎）/d	567	/	生产规格 16.17.18.19	
							标准工作周期	s	109.8	/		
			乘用车橡胶轮胎	生产线输送系统	轮胎生产自动输送系统	MF0080	/	/	/	/	/	/
					轮胎生产自动输送系统	MF0081	/	/	/	/	/	
			乘用车橡胶轮胎	硫化	硫化机	MF0084	最大合模力	kN	1 960	/	/	/
					硫化机	MF0085	最大合模力	kN	1 960	/	/	
					硫化机	MF0086	最大合模力	kN	1 960	/	/	
			乘用车橡胶轮胎	模具清洗及修理	模具清洗设备	MF0278	/	/	/	/	/	/
			乘用车橡胶轮胎	打磨	轮胎打磨设备	MF0279	/	/	/	/	打磨轮胎毛刺	
					轮胎打磨设备	MF0378	/	/	/	/	打磨轮胎毛刺	
			辅助公用单元	贮存系统	备品备件仓库	MF0332	/	/	/	/	/	/
					备品库	MF0331	/	/	/	/	/	
					储罐	MF0326	贮罐容量	m^3	22	/		
					原材料库房	MF0330				/	/	

序号	生产线名称	生产线编号	主要生产单元名称	主要工艺名称	生产设施名称	生产设施编号	设施参数				其他设施信息	其他工艺信息
							参数名称	计量单位	设计值	其他设施参数信息		
			辅助公用单元	供电系统	变压器	MF0336	变压器容量	kVA	125 000	/	/	/
					柴油发电机组	MF0337	装机容量	kW	2 000	/	/	
			辅助公用单元	压缩空气系统	干燥器	MF0347	/	/	/	/	PHC-5000	/
					干燥器	MF0348	/	/	/	/	PHC-5000	
					空气压塑机	MF0345	容量	m^3/min	—	/	ZR 315	
					空气压塑机	MF0346	容量	m^3/min	—	/	ZH-630	
			辅助公用单元	供水系统	软化水处理站	MF0369	生产能力	m^3/h	35	软水处理系统	/	/
					中水站	MF0370	中水供水能力	t/a	300	/	/	
			辅助公用单元	制冷	冷却塔	MF0368	/	/	/	/	/	
					溴化锂中央空调机组	MF0371	制冷水泵扬程	m	50	/	1#制冷机，LSH-H365	
							制冷水泵流量	m^3/h	350	/		
			辅助公用单元	搬运器具修理	搬运器具修理场	MF0375	/	/	/	/	/	/
					叉车修理场	MF0376	/	/	/	/	/	
			辅助公用单元	仪表控制	仪表室	MF0377	/	/	/	/	/	
			辅助公用单元	废水处理系统	厂内综合废水处理设施	TW002	设计处理能力	t/d	550	/	/	/
					生活污水处理设施	TW001	中水回用量	t/d	200～300	/	回用	
							设计处理能力	t/d	500	/		
			辅助公用单元	废水处理系统	硫化车间废水预处理设施	TW003	/	/	/	/	隔油池	
			辅助公用单元	废气处理系统	（多级）喷淋系统	TA028	设计处理能力	m^3/h	48 000	/	开炼机产生的炼胶废气	/
					集尘除尘系统	TA001	设计处理能力	m^3/h	2 000	/	炭黑解包机废气，脉冲高效布袋除尘	

序号	生产线名称	生产线编号	主要生产单元名称	主要工艺名称	生产设施名称	生产设施编号	设施参数				其他设施信息	其他工艺信息
							参数名称	计量单位	设计值	其他设施参数信息		
					集尘除尘系统	TA002	设计处理能力	m^3/h	2 000	/	炭黑解包机废气，脉冲高效布袋除尘	
					集尘除尘系统	TA003	设计处理能力	m^3/h	6 000	/	药品称量室废气，脉冲高效布袋除尘及淋洗塔	
					硫化废气 VOCs 处理设备	TA037	设计处理风量	m^3/h	12 000	/	/	
					密炼机炼胶废气 VOCs 处理设备	TA011	设计处理风量	m^3/h	54 000	/	/	
					压延压出废气 VOCs 处理设备	TA041	设计处理风量	m^3/h	12 000	/	/	
			乘用车橡胶轮胎	裁断	胶条挤出机	MF0364	/	/	/	/	/	/
					宽冠裁断机	MF0363	/	/	/	/	型号：90°	
					帘布裁断机	MF0352	/	/	/	/	型号：86°～90°，低台裁断机	
					束带层裁断机	MF0357	/	/	/	/	型号：19°～35°	
					束带层裁断机	MF0358	/	/	/	/	型号：19°～35°	
					微冠裁断机	MF0362	/	/	/	/	型号：90°	

序号	生产线名称	生产线编号	主要生产单元名称	主要工艺名称	生产设施名称	生产设施编号	设施参数				其他设施信息	其他工艺信息
							参数名称	计量单位	设计值	其他设施参数信息		
			乘用车橡胶轮胎	胎圈	钢丝缠绕机	MF0365	/	/	/	/	型号：13～18英寸①	/
					钢丝缠绕机	MF0366	/	/	/	/	型号：13～18英寸	
					胎圈自动复合机	MF0395	/	/	/	/	型号：13～17英寸	
					胎圈自动复合机	MF0396	/	/	/	/	型号：13～17英寸	
			乘用车橡胶轮胎	喷涂	喷涂机	MF0267	喷涂时间	s/条（轮胎）	1～2	/	/	喷涂隔离剂
					喷涂机	MF0268	喷涂时间	s/条（轮胎）	1～2	/	/	

注：上表内容选取某橡胶和塑料制品工业企业的部分内容为例。

根据上表可知，橡胶和塑料制品工业企业填报该表时，应根据企业具体情况如实填写，并根据技术规范要求，落实如下内容：

1）该案例的环评批复生产能力为 650 万条/a，可填报作为申报生产能力，该单位无国家或地方政府予以淘汰或取缔的产能。若申报单位在填报该项时，没有设计产能等数据依据时，可以以近 3 年实际产量均值填写。

2）申报单位在填报产品设计参数时应填报完整，准确。

3）生产设施名称应填写与产排污相关的设施设备名称；生产设施编号可填写企业内部设施的编号。不同编号的相同生产设施需分行填报。

4）该案例申报单位为列入重点管理目录的排污单位，其生产设施按“生产设施”逐一填报。若实行简化管理的排污单位，可按“生产线”方式进行简化填报。

① 1 英寸=0.025 4 m。

（3）主要原辅材料及燃料信息表

表 4　主要原辅材料及燃料信息表

序号	种类	类型	名称	具体物质名称	设计年使用量	计量单位	其他信息
原料及辅料							
1	辅料	补强材料	白炭黑	二氧化硅	6 500	t/a	/
2	辅料	补强材料	炭黑	碳	16 000	t/a	/
3	辅料	补强材料	碳酸钙	—	300	t/a	/
4	辅料	防老材料	RD	2,2,4-三甲基-1,2-二氢化喹啉聚合物	1 000	t/a	/
5	原料	骨架材料	金属	钢丝帘线	6 000	t/a	/
6	原料	骨架材料	纤维	尼龙帘布	600	t/a	/
7	辅料	硫化材料	硫化剂（硫黄、其他）	橡胶硫化剂	160	t/a	/
8	辅料	硫化材料	硫化剂（硫黄、其他）	硫黄	200	t/a	/
9	辅料	其他材料	功能树脂	树脂	100	t/a	/
10	辅料	其他材料	加工助剂	硅烷偶联剂	500	t/a	/
11	辅料	其他材料	加工助剂	钴盐黏合剂	30	t/a	/
12	辅料	其他材料	加工助剂	隔离剂	700	t/a	/
13	辅料	其他材料	氧化锌	—	1 000	t/a	/
14	原料	橡胶材料	合成橡胶	—	20 000	t/a	/
15	原料	橡胶材料	天然橡胶	—	10 000	t/a	/

燃料

序号	燃料名称	年最大使用量	计量单位	低位热值/（kJ/kg）	含硫率/%	灰分/%	硫化氢含量/%	挥发分/%	其他相关物质成分	物质成分占比/%	其他信息
1	天然气	23	万 m^3	8500							

注：上表内容选取了某橡胶和塑料制品工业企业的部分内容为例。

根据上表可知，排污申报单位在填写该表时，应根据企业生产场所的实际情况填报，填报过程中重点关注如下内容：

1）申报单位应严格按照行业技术规范要求填写，原辅材料应结合各生产线进行统计。如该案例，该申报单位使用的原辅材料主要包括炭黑、辅料等辅料，填报完整。设计年使用量为全厂同类原辅料的总计，可根据设计或环评文件等来确定。

2）应填写正确的“有毒有害成分占比”，即有毒有害物质在其原料或辅料中的成分占比，主要原辅材料的硫元素、重金属等占比、主要有毒有害物质成分及占比。

3）“燃料”信息，燃煤要填写灰分、硫分、挥发分、热值和年最大使用量；燃油要填写硫分、热值和年最大使用量；若燃料为天然气可只填写热值和年最大使用量；该申报单位无燃煤、燃油设施，均不必填写，燃料为天然气，可只填写用量和热值即可。

4）该表中不需要填写的栏内，建议划斜杠“/”。

（4）废气产排污环节、污染物及污染治理设施信息表

表 5 废气产排污节点、污染物及污染治理设施信息表

序号	主要生产单元名称	生产设施编号	生产设施名称	对应产污环节名称	污染物种类	排放形式	污染治理设施				有组织排放口编号	有组织排放口名称	排放口设置是否符合要求	排放口类型	其他信息
							污染治理设施编号	污染治理设施名称	是否为可行技术	污染治理设施其他信息					
1	热力生产单元	MF0269	燃气锅炉	烟气	氮氧化物	有组织	TA057	低氮燃烧	是	/	DA066	燃气锅炉废气排气筒	是	主要排放口	/
2	热力生产单元	MF0269	燃气锅炉	烟气	二氧化硫	有组织	/			/	DA066	燃气锅炉废气排气筒	是	主要排放口	/
3	热力生产单元	MF0269	燃气锅炉	烟气	颗粒物	有组织	/			/	DA066	燃气锅炉废气排气筒	是	主要排放口	/
4	热力生产单元	MF0269	燃气锅炉	烟气	林格曼黑度	有组织	/			/	DA066	燃气锅炉废气排气筒	是	主要排放口	/

序号	生产线名称及编号	主要生产单元	产污设施编号	产污设施名称	对应产污环节名称	污染物种类	排放形式	污染治理设施						有组织排放口名称	有组织排放口编号	排放口设置是否符合要求	排放口类型	其他信息
								污染治理设施编号	污染治理设施名称	污染治理设施工艺	设计处理效率/%	是否为可行技术	污染治理设施其他信息					
5	轮胎制造，SCX001	乘用车橡胶轮胎	MF0378	轮胎打磨设备	轮胎毛刺打磨废气	颗粒物	有组织	TA047	集尘除尘系统	多管旋风除尘	90	是	/	2#轮胎毛刺打磨含尘废气排气筒	DA063	是	一般排放口	/
6	轮胎制造，SCX001	乘用车橡胶轮胎	MF0279	轮胎打磨设备	轮胎毛刺打磨废气	颗粒物	有组织	TA046	集尘除尘系统	脉冲布袋除尘	99	是	/	1#轮胎毛刺打磨含尘废气排气筒	DA062	是	一般排放口	/
7	轮胎制造，SCX001	乘用车橡胶轮胎	MF0278	模具清洗设备	洗模机含尘废气	颗粒物	有组织	TA049	集尘除尘系统	旋风除尘/脉冲布袋除尘	99	是	/	洗模机废气排气筒	DA065	是	一般排放口	/
8	轮胎制造，SCX001	乘用车橡胶轮胎	MF0350	白炭黑解包机	白炭黑解包机废气	颗粒物	有组织	TA061	脉冲高效布袋除尘	脉冲布袋除尘	99	是	/	白炭黑解包机废气排气筒	DA067	是	一般排放口	/
9	轮胎制造，SCX001	乘用车橡胶轮胎	MF0005	密炼机	炼胶废气	颗粒物	有组织	TA010	废气处理系统	组合工艺：脉冲布袋/水淋洗/低温等离子体及光化学	99	是	1#机头废气处理设备（组合）：2并联脉冲布袋-淋洗塔-低温等离子体及光化学	1#密炼机头炼胶废气 VOCs 排气筒	DA010	是	一般排放口	密炼机内投料废气，从布袋除尘器入口排入

序号	生产线名称及编号	主要生产单元	产污设施编号	产污设施名称	对应产污环节名称	污染物种类	排放形式	污染治理设施						有组织排放口名称	有组织排放口编号	排放口设置是否符合要求	排放口类型	其他信息
								污染治理设施编号	污染治理设施名称	污染治理设施工艺	设计处理效率/%	是否为可行技术	污染治理设施其他信息					
					炼胶废气	非甲烷总烃	有组织	TA010	废气处理系统	组合工艺：脉冲布袋/水淋洗/低温等离子体及光化学	60	是	1#废气VOCs在线监测设备（联网）	1#密炼机头炼胶废气VOCs排气筒	DA010	是	一般排放口	机头炼胶废气，从淋洗塔入口排入
					炼胶废气	挥发性有机物	有组织	TA010	废气处理系统	组合工艺：脉冲布袋/水淋洗/低温等离子体及光化学	60	是	1#机头废气处理设备（组合）：2并联脉冲布袋-淋洗塔-低温等离子体及光化学	1#密炼机头炼胶废气VOCs排气筒	DA010	是	一般排放口	机头炼胶废气，从淋洗塔入口排入
					炼胶废气	臭气浓度	有组织	TA010	废气处理系统	组合工艺：脉冲布袋/水淋洗/低温等离子体及光化学	/	是	/	1#密炼机头炼胶废气VOCs排气筒	DA010	是	一般排放口	机头炼胶废气，从淋洗塔入口排入

序号	生产线名称及编号	主要生产单元	产污设施编号	产污设施名称	对应产污环节名称	污染物种类	排放形式	污染治理设施						有组织排放口名称	有组织排放口编号	排放口设置是否符合要求	排放口类型	其他信息
								污染治理设施编号	污染治理设施名称	污染治理设施工艺	设计处理效率/%	是否为可行技术	污染治理设施其他信息					
					炼胶废气	臭气浓度	有组织	TA019	废气处理系统	组合工艺：水淋洗/低温等离子体及光化学	/	是	/	1#密炼机尾炼胶废气 VOCs 排气筒	DA019	是	一般排放口	机尾胶片冷却废气
					炼胶废气	非甲烷总烃	有组织	TA019	废气处理系统	组合工艺：水淋洗/低温等离子体及光化学	60	是	10#废气 VOCs 在线监测设备（联网）	1#密炼机尾炼胶废气 VOCs 排气筒	DA019	是	一般排放口	机尾胶片冷却废气
					炼胶废气	挥发性有机物	有组织	TA019	废气处理系统	组合工艺：水淋洗/低温等离子体及光化学	60	是	1#机尾废气处理设备（组合）：淋洗塔-低温等离子体及光化学	1#密炼机尾炼胶废气 VOCs 排气筒	DA019	是	一般排放口	机尾胶片冷却废气

注：上表内容选取了某橡胶和塑料制品工业企业的部分内容为例。

根据上表可知，申报单位在填报过程中应根据企业各产污设施情况，废气排放情况，与生产场所现场情况核实准确，据实填写。在填报过程中应落实如下相关要求。

1）该表在填报污染物种类时，应根据技术规范要求，填写准确，不能遗漏。

2）填报污染治理设施编号时，要规范，应与当地环境保护主管部门备案的废气排放口编号对应，若未编号的，可自行编号；污染治理设施与污染物种类应对应准确。

3）污染物排放口应按规范要求填报完整，根据上表可知，填报内容应包括：产污环节名称、污染物种类、排放形式、污染治理设施、有组织排放口编号、有组织排放口名称、排放口设置是否规范符合要求、排放口类型等。排放口设置若不符合要求，则制定整改措施，并填入信息平台申报系统中“改正措施”一栏，对应材料作为附件上传。“排放口类型”，应根据技术规范判断主要排放口或一般排放口。

本案例锅炉排放废气有组织排放口为主要排放口，其他排放废气有组织排放口均为一般排放口。不同行业类别的废气有组织排放口类型不同，应根据技术规范进行核实。

4）采取污染治理措施的无组织排放生产单元，应填报对应的产污环节名称、污染物种类、排放形式、污染治理设施。

5）申请表内的可行技术应为推荐的可行技术，如“××××技术”不是推荐的可行技术，应提供相关证明材料（如验收监测材料等，治理效率应不低于可行技术）；若设燃气锅炉，锅炉废气中林格曼黑度采用的是协同治理措施的，其污染治理设施编号填“无”或“/”，并在“污染治理设施其他信息”中备注“协同处理”。新建、改建、扩建建设项目排污单位采用环境影响评价审批意见要求的污染治理技术的，应在“污染治理设施其他信息”中注明为“环评审批要求技术”。既未采用可行技术，新改扩建项目也未采用环评审批要求技术的，应提供相关证明材料，证明可达到与污染防治可行技术相当的处理能力。确无污染治理设施的，相关信息划“/”。该申报单位不涉及该部分内容。

（5）废水类别、污染物及污染治理设施信息表

表 6　废水类别、污染物及污染治理设施信息表

序号	废水类别	污染物种类	污染治理设施						排放去向	排放方式	排放规律	排放口编号	排放口名称	排放口设置是否符合要求	排放口类型	其他信息
			污染治理设施编号	污染治理设施名称	污染治理设施工艺	设计处理水量/（t/h）	是否为可行技术	污染治理设施其他信息								
1	厂内综合废水处理设施排水	化学需氧量、氨氮（NH_3-N）、总氮（以 N 计）、总磷（以 P 计）、pH、悬浮物、五日生化需氧量、石油类、动植物油、流量、硫化物	TW001	厂内综合污水处理设施	调节、气浮、沉淀	23	是	安装有 COD 在线监测装置并联网	进入城市污水处理厂	间接排放	连续排放，流量不稳定，但有周期性规律	DW001	厂区综合污水排放口	是	一般排放口-总排放口	
	生活污水废水	化学需氧量、氨氮（NH_3-N）、总氮（以 N 计）、总磷（以 P 计）、动植物油、pH 值、悬浮物、五日生化需氧量	TW002	生活污水处理站	调节池-ABR 曝气-次氯酸钠消毒-石英砂过滤-活性炭过滤-中水池-部分回用/部分外排	21	是	/	其他（包括回喷、回填、回灌、回用等）	无						

注：上表内容选取了某橡胶和塑料制品工业企业的部分内容为例。表中“流量”等虽非污染物种类，但在填报及表的生成中是必须项。

根据上表可知，该企业产生废水相对明确，申报单位应按产生废水来源等分别填报，具体要求如下：

1）申报单位应将生产废水及其他生产车间废水、公用单位废水、生活污水等分别填写。

2）申报单位应按上表，将废水类别及对应污染物种类应填写完整，不可有漏填。“污染物种类”应依据排放标准确定，污染因子不可有遗漏；

3）污染治理设施编号应规范，污染治理设施与污染物种类对应。废水排放口编号应与环境保护主管部门现有编号一致，应根据《固定污染源（水、大气）编码规则（试行）》进行编号；

4）废水排放口分废水总排放口、生活污水单独排放口和车间或生产设施排放口。其中涉及生产设施废水排放口的，还有预处理排口等，该企业排口为一般排放口。

5）排放口设置要满足国家和地方的标准要求、排污口规范化等文件的要求。“排放口设置是否符合要求”，若不符合，则制定整改措施，并填入信息平台申报系统中“改正措施”一栏，对应材料作为附件上传。

6）合理区分排放去向和排放方式。间接排放时，排放口按出排污单位厂界的排放口进行填报。

7）应填报污染治理设施相关信息，包括编号、名称和工艺，判断明确是否为可行技术。对于未采用技术规范中推荐的可行技术的，应填写“否”。新建、改建、扩建建设项目排污单位采用环境影响评价审批意见要求的污染治理技术的，应在“污染治理设施其他信息”中注明为“环评审批要求技术”。既未采用可行技术，新改扩建项目也未采用环评审批要求技术的，应提供相关证明材料，证明可达到与污染防治可行技术相当的处理能力。确无污染治理设施的，相关信息划“/”。

（6）大气排放口基本情况表

表 7　大气排放口基本情况表

序号	排放口编号	排放口名称	污染物种类	排放口地理坐标		排气筒高度/m	排气筒出口内径/m	排气温度/℃	其他信息
				经度	纬度				
1	DA003	药品称量及投料废气排气筒	颗粒物	××°××′××″	××°××′××″	23	0.45	常温	/
2	DA009	药品称量及投料废气排气筒	颗粒物	××°××′××″	××°××′××″	23	0.25	常温	/

序号	排放口编号	排放口名称	污染物种类	排放口地理坐标		排气筒高度/m	排气筒出口内径/m	排气温度/℃	其他信息
				经度	纬度				
3	DA010	密炼机头炼胶废气 VOCs 排气筒	颗粒物，臭气浓度，挥发性有机物，非甲烷总烃	××°××′××″	××°××′××″	33	1.3	常温	/
4	DA019	密炼机尾炼胶废气 VOCs 排气筒	挥发性有机物，臭气浓度，非甲烷总烃	××°××′××″	××°××′××″	26	1.2	常温	/
5	DA028	返炼机废气排气筒	非甲烷总烃，臭气浓度	××°××′××″	××°××′××″	30	1.2	常温	/
6	DA045	帘布清洗机废气排气筒	颗粒物	××°××′××″	××°××′××″	15	0.38	常温	/
7	DA046	硫化喷涂废气排气筒	非甲烷总烃，颗粒物	××°××′××″	××°××′××″	15	0.55	常温	/
8	DA053	硫化废气排气筒	臭气浓度，非甲烷总烃，挥发性有机物	××°××′××″	××°××′××″	28	2.2	常温	/
9	DA055	压延压出废气排气筒	非甲烷总烃，硫化氢	××°××′××″	××°××′××″	28	2.2	常温	/
10	DA062	轮胎毛刺打磨含尘废气排气筒	颗粒物	××°××′××″	××°××′××″	15	0.65	常温	/
11	DA066	燃气锅炉废气排气筒	二氧化硫，氮氧化物，颗粒物，林格曼黑度	××°××′××″	××°××′××″	30	2.4	50	/
12	DA067	白炭黑解包机废气排气筒	颗粒物	××°××′××″	××°××′××″	15	0.2	常温	/

注：上表内容选取了某橡胶和塑料制品工业企业的部分内容为例。

根据上表可知，申报单位应将废气有组织排放的相关信息，结合申报单位实际情况进行填报，同时，还应注意如下内容：

1）污染因子应根据技术规范填写；对于已批复的环境影响评价文件等中有要求的，按要求执行；

2）根据上表可知，各排气筒参数应填写全面、准确，填报内容包括排气筒高度、出口内径、排放温度等。

（7）废气污染物排放执行标准表

表 8　废气污染物排放执行标准表

序号	排放口编号	排放口名称	污染物种类	国家或地方污染物排放标准			环境影响评价批复要求（标态）/（mg/m³）	承诺更加严格排放限值（标态）/（mg/m³）	其他信息
				名称	质量浓度限值（标态）/（mg/m³）	速率限值/（kg/h）			
1	DA003	药品称量及投料废气排气筒	颗粒物	《大气污染物综合排放标准》（GB 16297—1996）	120	11.03	120	/	
2	DA009	药品称量及投料废气排气筒	颗粒物	《大气污染物综合排放标准》（GB 16297—1996）	120	11.03	120	/	
3	DA010	密炼机头炼胶废气VOCs 排气筒	颗粒物	《橡胶制品工业污染物排放标准》（GB 27632—2011）	12	/	12	/	
4	DA010	密炼机头炼胶废气VOCs 排气筒	非甲烷总烃	《橡胶制品工业污染物排放标准》（GB 27632—2011）	10	/	10	/	
5	DA010	密炼机头炼胶废气VOCs 排气筒	挥发性有机物	《工业企业挥发性有机物排放控制标准》（DB 12/524—2020）	10	7.26	10	/	
6	DA010	密炼机头炼胶废气VOCs 排气筒	臭气浓度	《恶臭污染物排放标准》（DB 12/059—2018）	/（量纲一）	1 000	/（量纲一）	/（量纲一）	
7	DA019	密炼机尾炼胶废气VOCs 排气筒	挥发性有机物	《工业企业挥发性有机物排放控制标准》（DB 12/524—2020）	10	4.28	10	/	
8	DA019	密炼机尾炼胶废气VOCs 排气筒	非甲烷总烃	《橡胶制品工业污染物排放标准》（GB 27632—2011）	10	/	10	/	

序号	排放口编号	排放口名称	污染物种类	国家或地方污染物排放标准			环境影响评价批复要求（标态）/（mg/m^3）	承诺更加严格排放限值（标态）/（mg/m^3）	其他信息
				名称	质量浓度限值（标态）/（mg/m^3）	速率限值/（kg/h）			
9	DA019	密炼机尾炼胶废气VOCs排气筒	臭气浓度	《恶臭污染物排放标准》（DB 12/059—2018）	/（量纲一）	1 000	/（量纲一）	/（量纲一）	
10	DA028	返炼机废气排气筒	臭气浓度	《恶臭污染物排放标准》（DB 12/059—2018）	/（量纲一）	1 000	/（量纲一）	/（量纲一）	
11	DA028	返炼机废气排气筒	非甲烷总烃	《橡胶制品工业污染物排放标准》（GB 27632—2011）	10	/	10	/	
12	DA045	帘布清洗机废气排气筒	颗粒物	《大气污染物综合排放标准》（GB 16297—1996）	120	3.5	120	/	
13	DA046	硫化喷涂废气排气筒	颗粒物	《大气污染物综合排放标准》（GB 16297—1996）	120	3.5	120	/	
14	DA046	硫化喷涂废气排气筒	非甲烷总烃	《大气污染物综合排放标准》（GB 16297—1996）	120	10	120	/	
15	DA053	硫化废气排气筒	臭气浓度	《恶臭污染物排放标准》（DB 12/059—2018）	/（量纲一）	1 000	/（量纲一）	/（量纲一）	/
16	DA053	硫化废气排气筒	非甲烷总烃	《橡胶制品工业污染物排放标准》（GB 27632—2011）	10	/	10	/	
17	DA053	硫化废气排气筒	挥发性有机物	《工业企业挥发性有机物排放控制标准》（DB 12/524—2020）	10	5.14	10	/	
18	DA055	压延压出废气排气筒	硫化氢	《恶臭污染物排放标准》（DB 12/059—2018）	/	0.292	/	/	
19	DA055	压延压出废气排气筒	非甲烷总烃	《大气污染物综合排放标准》（GB 16297—1996）	120	45.8	/	/	
20	DA062	轮胎毛刺打磨含尘废气排气筒	颗粒物	《大气污染物综合排放标准》（GB 16297—1996）	120	3.5	120	/	
21	DA066	燃气锅炉废气排气筒	二氧化硫	《锅炉大气污染物排放标准》（DB 12/151—2016）	20	/	20	/	

序号	排放口编号	排放口名称	污染物种类	国家或地方污染物排放标准			环境影响评价批复要求（标态）/（mg/m^3）	承诺更加严格排放限值（标态）/（mg/m^3）	其他信息
				名称	质量浓度限值（标态）/（mg/m^3）	速率限值/（kg/h）			
22	DA066	燃气锅炉废气排气筒	氮氧化物	《锅炉大气污染物排放标准》（DB 12/151—2016）	150	/	300	/	
23	DA066	燃气锅炉废气排气筒	林格曼黑度	《锅炉大气污染物排放标准》（DB 12/151—2016）	1 级	/	1 级	/级	
24	DA066	燃气锅炉废气排气筒	颗粒物	《锅炉大气污染物排放标准》（DB 12/151—2016）	10	/	10	/	
25	DA067	白炭黑解包机废气排气筒	颗粒物	《大气污染物综合排放标准》（GB 16297—1996）	60	1.9	/	/	

注：上表内容选取了某橡胶和塑料制品工业企业的部分内容为例。

根据上表可知，案例申报单位的废气有组织排放执行标准情况，明确了执行标准名称、限值及备注说明信息。申报单位在填写该表时，应注意的内容还包括如下几点：

1）污染物种类应与排放口编号对应准确，执行的污染物排放标准名称、标准号和质量浓度限值应准确；地方有更严格排放标准的，应按地方标准填报。上述申报单位特征污染物执行的地方标准。执行限值还应根据排放标准等有关要求，根据有组织排放高度核实排放限值是否按照排放标准要求进行了取严要求。

新增污染源应按环境影响评价批复要求及承诺更加严格排放限值执行。对于 2015 年 1 月 1 日及之后取得环境影响评价审批文件的，应将审批文件中的要求（若有）填入“环境影响评价批复要求”一栏；排放限值填报应以数值+单位的形式，不可填报文字。如上表所示。

2）申报单位的执行排放标准存在不同时间段，执行不同排放控制要求的，且其中两个及以上的时间段与排污单位本次持证的有效期相重叠，填报时排放质量浓度限值或速率限值应按照执行标准填全，具体情况可以在“其他信息”中补充说明。

该排污申报单位不涉及该项内容，不必填报。

（8）大气污染物有组织排放表

表 9 大气污染物有组织排放表

序号	排放口编号	排放口名称	污染物种类	申请许可排放质量浓度限值（标态）/（mg/m^3）	申请许可排放速率限值/（kg/h）	申请年许可排放量限值/（t/a）					申请特殊排放质量浓度限值（标态）/（mg/m^3）	申请特殊时段许可排放量限值/（t/a）
						第一年	第二年	第三年	第四年	第五年		
主要排放口												
1	DA066	燃气锅炉废气排气筒	颗粒物	10	/	/	/	/	/	/	/	/
2	DA066	燃气锅炉废气排气筒	林格曼黑度	1 级	/	/	/	/	/	/	/	/
3	DA066	燃气锅炉废气排气筒	氮氧化物	150	/	6.388	6.388	6.388	6.388	6.388	/	/
4	DA066	燃气锅炉废气排气筒	二氧化硫	20	/	/	/	/	/	/	/	/
主要排放口合计			颗粒物			/	/	/	/	/	/	/
			SO_2			/	/	/	/	/	/	/
			NO_x			6.388	6.388	6.388	6.388	6.388	/	/
			VOCs			/	/	/	/	/	/	/
一般排放口												
1	DA003	药品称量及投料废气排气筒	颗粒物	120	11.03	/	/	/	/	/	/	/
2	DA009	药品称量及投料废气排气筒	颗粒物	120	11.03	/	/	/	/	/	/	/
3	DA010	密炼机头炼胶废气VOCs排气筒	非甲烷总烃	10	/	/	/	/	/	/	/	/

序号	排放口编号	排放口名称	污染物种类	申请许可排放质量浓度限值（标态）/（mg/m^3）	申请许可排放速率限值/（kg/h）	申请年许可排放量限值/（t/a）					申请特殊排放质量浓度限值（标态）/（mg/m^3）	申请特殊时段许可排放量限值/（t/a）
						第一年	第二年	第三年	第四年	第五年		
4	DA010	密炼机头炼胶废气VOCs 排气筒	挥发性有机物	10	7.26	/	/	/	/	/	/	/
5	DA010	密炼机头炼胶废气VOCs 排气筒	臭气浓度	/（量纲一）	1 000	/	/	/	/	/	/	/（量纲一）
6	DA010	密炼机头炼胶废气VOCs 排气筒	颗粒物	12	/	/	/	/	/	/	/	/
7	DA019	密炼机尾炼胶废气VOCs 排气筒	臭气浓度	/（量纲一）	1 000	/	/	/	/	/	/	/（量纲一）
8	DA019	密炼机尾炼胶废气VOCs 排气筒	非甲烷总烃	10	/	/	/	/	/	/	/	/
9	DA019	密炼机尾炼胶废气VOCs 排气筒	挥发性有机物	10	4.28	/	/	/	/	/	/	/
10	DA028	返炼机废气排气筒	臭气浓度	/（量纲一）	1 000	/	/	/	/	/	/（量纲一）	/
11	DA028	返炼机废气排气筒	非甲烷总烃	10	/	/	/	/	/	/	/	/
12	DA045	帘布清洗机废气排气筒	颗粒物	120	3.5	/	/	/	/	/	/	/
13	DA046	硫化喷涂废气排气筒	颗粒物	120	3.5	/	/	/	/	/	/	/
14	DA046	硫化喷涂废气排气筒	非甲烷总烃	120	10	/	/	/	/	/	/	/
15	DA053	硫化废气排气筒	臭气浓度	/（量纲一）	1 000	/	/	/	/	/	/（量纲一）	/
16	DA053	硫化废气排气筒	非甲烷总烃	10	/	/	/	/	/	/	/	/
17	DA053	硫化废气排气筒	挥发性有机物	10	5.14	/	/	/	/	/	/	/

序号	排放口编号	排放口名称	污染物种类	申请许可排放质量浓度限值（标态）/（mg/m^3）	申请许可排放速率限值/（kg/h）	申请年许可排放量限值/（t/a）					申请特殊排放质量浓度限值（标态）/（mg/m^3）	申请特殊时段许可排放量限值/（t/a）
						第一年	第二年	第三年	第四年	第五年		
18	DA055	压延压出废气排气筒	非甲烷总烃	120	45.8	/	/	/	/	/	/	/
19	DA055	压延压出废气排气筒	硫化氢	/	0.292	/	/	/	/	/	/	/
20	DA062	轮胎毛刺打磨含尘废气排气筒	颗粒物	120	3.5	/	/	/	/	/	/	/
21	DA067	白炭黑解包机废气排气筒	颗粒物	60	1.9	/	/	/	/	/	/	/
一般排放口合计			颗粒物			/	/	/	/	/	/	/
			SO_2			/	/	/	/	/	/	/
			NO_x			/	/	/	/	/	/	/
			VOCs			/	/	/	/	/	/	/
全厂有组织排放总计												
全厂有组织排放总计			颗粒物			/	/	/	/	/	/	/
			SO_2			/	/	/	/	/	/	/
			NO_x			6.388	6.388	6.388	6.388	6.388	/	/
			VOCs			/	/	/	/	/	/	/

注：上表内容选取了某橡胶和塑料制品工业企业的部分内容为例。

根据上表可知，该排污许可申报单位主要排放口不仅许可了排放质量浓度限值，也许可排放量限值，一般排放口主要许可了质量浓度限值。排污许可单位在填写该表时，还应注意如下要求。

1）有组织排放口依据国家和地方标准许可污染物排放质量浓度。依据技术规范中规定的许可排放量核算方法和分解落实到排污单位的重点污染物排放总量控制指标，从严确定年许可排放量限值。2015 年 1 月 1 日（含）及以后取得环境影响评价审批意见的排污单位，许可排放量还应同时满足环境影响评价文件和审批文件等确定的排放量限值要求。如上表所示。

2）排污申报单位若没有主要排放口，大气排放许可总量指标不做要求，有主要排放口的申报单位应填报许可量指标；一般排放口可不许可排放量，只填报许可排放质量浓度限值，地方有更严格要求的从其规定。申请的许可排放量应与计算过程文件保持一致，从严确定许可排放量。

3）许可排放量计算需符合规范要求。特殊时段排放量限值由核发部门结合重污染天气应急预案及上一年的环统排放数据填写日许可排放量和管控要求。对于有错峰生产要求的排污单位，重点审查是否填报错峰生产月许可排放量。计算月许可排放量限值时，应充分考虑自然月的天数，并将计算过程等说明材料作为附件一并申报。

4）许可排放量的计算方法、计算公式、参数选取过程及计算结果的计算过程说明内容应作为附件上传。

（9）大气污染物无组织排放表

表 10　大气污染物无组织排放表

序号	生产设施编号/无组织排放编号	产污环节	污染物种类	主要污染防治措施	国家或地方污染物排放标准		其他信息	年许可排放量限值/（t/a）					申请特殊时段许可排放量限值/(t/a)
					名称	质量浓度限值（标态）/（mg/m^3）		第一年	第二年	第三年	第四年	第五年	
1	厂界		臭气浓度	/	《恶臭污染物排放标准》（DB 12/059—2018）	20（量纲一）	/	/	/	/	/	/	/
2	厂界		颗粒物	/	《橡胶制品工业污染物排放标准》（GB 27632—2011）	1.0	/	/	/	/	/	/	/

序号	生产设施编号/无组织排放编号	产污环节	污染物种类	主要污染防治措施	国家或地方污染物排放标准		其他信息	年许可排放量限值/（t/a）					申请特殊时段许可排放量限值/(t/a）
					名称	质量浓度限值（标态）/（mg/m^3）		第一年	第二年	第三年	第四年	第五年	
3	厂房外		非甲烷总烃	/	《工业企业挥发性有机物排放控制标准》（DB 12/524—2020）	2	/	/	/	/	/	/	/
4	厂界		硫化氢	/	《恶臭污染物排放标准》（DB 12/059—2018）	0.02	/	/	/	/	/	/	/
全厂无组织排放总计													
全厂无组织排放总计			颗粒物					/	/	/	/	/	/
			SO_2					/	/	/	/	/	/
			NO_x					/	/	/	/	/	/
			VOCs					/	/	/	/	/	/

注：上表内容选取了某橡胶和塑料制品工业企业的部分内容为例。

无组织排放编号指产生无组织排放生产单元的主要生产设施编号，应与上述填报（如填写无组织排放）保持一致。在“其他信息”一列，可填写排放标准浓度限值对应的监测点位，如“厂界”。

（10）排污单位大气排放总许可量

大气排放总许可量指的是全厂有组织排放总计数据，应与环评批复的全厂总量控制指标数据比较，两者取严。由于该企业不许可废气排放量，该案例可以不填写。

（11）废水直接排放口基本情况表

表 11　废水直接排放口基本情况表

序号	排放口编号	排放口名称	排放口地理坐标		排放去向	排放规律	间歇排放时段	受纳自然水体信息		汇入受纳自然水体处地理坐标		其他信息
			经度	纬度				名称	受纳水体功能目标	经度	纬度	

表 11-1　入河排污口信息表

序号	排放口编号	排放口名称	入河排污口			其他信息
			名称	编号	批复文号	

表 11-2　雨水排放口基本情况表

序号	排放口编号	排放口名称	排放口地理坐标		排放去向	排放规律	间歇排放时段	受纳自然水体信息		汇入受纳自然水体处地理坐标		其他信息
			经度	纬度				名称	受纳水体功能目标	经度	纬度	
1	YS001	雨水排口	××°××′××″	××°××′××″	进入城市下水道（再入江河、湖、库）	间断排放，排放期间流量不稳定且无规律，但不属于冲击型排放	降雨时监测	××河	V类	××°××′××″	××°××′××″	生产期间且有流动水排放时监测

注：上表内容选取了某橡胶和塑料制品工业企业的部分内容为例。

该申报单位没有废水直接排放口，只有雨水排放口。其他申报单位若有，则需填写该表，应该注意如下内容：

1）若企业排放废水为间歇排放，应填写间歇排放时段。

2）应填写受纳自然水体名称和功能目标、汇入受纳自然水体处地理坐标等相关内容。地理坐标应填写准确，总排放口坐标指废水排出厂界处的坐标，车间或生产设施排放口坐标指废水排出车间或车间处理设施边界处的坐标。

3）雨水排放口编号应规范，填报排污单位内部编号，如无内部编号，则采用“YS+三位流水号数字”（如 YS001）进行编号并填报。有多个雨水排放口的申报单位，要全部填报。

（12）废水间接排放口基本情况表

表 12　废水间接排放口基本情况表

序号	排放口编号	排放口名称	排放口地理坐标		排放去向	排放规律	间歇排放时段	受纳污水处理厂信息			
			经度	纬度				名称	污染物种类	排水协议规定的质量浓度限值/（mg/L）	国家或地方污染物排放标准质量浓度限值/（mg/L）
1	DW001	厂区综合污水排放口	××°××′××″	××°××′××″	进入城市污水处理厂	连续排放，流量不稳定，但有周期性规律	/	天津×××××× 有限公司	石油类	/	0.5
									pH	/	6～9（量纲一）
									化学需氧量	/	30
									悬浮物	/	5
									硫化物	/	0.5
									动植物油	/	1
									五日生化需氧量	/	6
									氨氮（NH_3-N）	/	3
									氨氮（NH_3-N）	/	1.5
									总氮（以 N 计）	/	10

1）申报单位若排放废水为间歇排放的，应填写间歇排放时段。

2）应填写受纳污水处理厂不同污染物执行的排放标准质量浓度限值。

3）排放口地理坐标应填写正确，总排口坐标指废水排出厂界处坐标；车间或生产设施排放口坐标指废水排出车间或车间处理设施边界处坐标。

4）受纳污水处理厂信息应包括污水处理厂名称、污染物种类和其执行排放标准中的质量浓度限值；污染物种类与前述表 6 中填报的污染物种类应一致；排放质量浓度限值应填写准确，其为污水处理厂废水排放执行的排放标准质量浓度限值。

（13）废水污染物排放执行标准表

表 13　废水污染物排放执行标准表

序号	排放口编号	排放口名称	污染物种类	国家或地方污染物排放标准		排水协议规定的质量浓度限值（如有）/（mg/L）	环境影响评价批复要求/（mg/L）	承诺更加严格排放限值/（mg/L）	其他信息
				名称	质量浓度限值/（mg/L）				
1	DW001	厂区综合污水排放口	硫化物	《污水综合排放标准》（GB 8978—1996）	1.0	/	1.0	/	/
2	DW001	厂区综合污水排放口	动植物油	《污水综合排放标准》（DB 12/356—2018）	100	/	/	/	/
3	DW001	厂区综合污水排放口	五日生化需氧量	《橡胶制品工业污染物排放标准》（GB 27632—2011）	80	/	80	/	/
4	DW001	厂区综合污水排放口	石油类	《橡胶制品工业污染物排放标准》（GB 27632—2011）	10	/	10	/	/
5	DW001	厂区综合污水排放口	总氮（以 N 计）	《橡胶制品工业污染物排放标准》（GB 27632—2011）	40	/	40	/	/
6	DW001	厂区综合污水排放口	悬浮物	《橡胶制品工业污染物排放标准》（GB 27632—2011）	150	/	150	/	/

序号	排放口编号	排放口名称	污染物种类	国家或地方污染物排放标准		排水协议规定的质量浓度限值（如有）/（mg/L）	环境影响评价批复要求/（mg/L）	承诺更加严格排放限值/（mg/L）	其他信息
				名称	质量浓度限值/（mg/L）				
7	DW001	厂区综合污水排放口	总磷（以 P 计）	《橡胶制品工业污染物排放标准》（GB 27632—2011）	1	/	1	/	/
8	DW001	厂区综合污水排放口	氨氮（NH_3-N）	《橡胶制品工业污染物排放标准》（GB 27632—2011）	30	/	30	/	/
9	DW001	厂区综合污水排放口	流量	/	/	/	/	/	/
10	DW001	厂区综合污水排放口	化学需氧量	《橡胶制品工业污染物排放标准》（GB 27632—2011）	300	/	300	/	/
11	DW001	厂区综合污水排放口	pH	《橡胶制品工业污染物排放标准》（GB 27632—2011）	6～9（量纲一）	/	6～9（量纲一）	/	/

注：表中“流量”等虽非污染物种类，但在填报及表的生成中是必须项。

1）排污单位一类污染物必须填写；废水经预处理后排放到工业废水集中处理设施的，除一类污染物外，其他污染物应填写工业废水集中处理设施执行的排放标准名称和排放质量浓度限值。

2）执行国家水污染物排放标准的，标准名称及污染因子种类等应符合技术规范要求。地方有更严格排放标准的，应按地方管理要求执行。

3）执行排放标准存在不同时间段执行不同排放控制要求的，且其中两个及以上的时间段与排污单位本次申请持证的有效期相重叠时，填报排放质量浓度限值或速率限值应按照执行标准填全，补充说明情况可以在“其他信息”中进行说明。

4）雨水排放口的污染物种类应填写化学需氧量和悬浮物，但无须填报执行标准名称和质量浓度限值信息，填报“/”。地方有更严格控制要求的，按地方要求执行。

（14）废水污染物排放

表 14　废水污染物排放

序号	排放口编号	排放口名称	污染物种类	申请排放质量浓度限值/（mg/L）	申请年排放量限值/（t/a）					申请特殊时段排放量限值/（t/a）
					第一年	第二年	第三年	第四年	第五年	
主要排放口										
主要排放口合计			COD_{Cr}		/	/	/	/	/	/
			氨氮		/	/	/	/	/	/
一般排放口										
1	DW001	厂区综合污水排放口	五日生化需氧量	80	/	/	/	/	/	/
2	DW001	厂区综合污水排放口	pH	6～9（量纲一）	/	/	/	/	/	/
3	DW001	厂区综合污水排放口	石油类	10	/	/	/	/	/	/
4	DW001	厂区综合污水排放口	化学需氧量	300	/	/	/	/	/	/
5	DW001	厂区综合污水排放口	动植物油	100	/	/	/	/	/	/
6	DW001	厂区综合污水排放口	总氮（以 N 计）	40	/	/	/	/	/	/
7	DW001	厂区综合污水排放口	流量	/	/	/	/	/	/	/
8	DW001	厂区综合污水排放口	悬浮物	150	/	/	/	/	/	/
9	DW001	厂区综合污水排放口	硫化物	1.0	/	/	/	/	/	/
10	DW001	厂区综合污水排放口	总磷（以 P 计）	1	/	/	/	/	/	/
11	DW001	厂区综合污水排放口	氨氮（NH_3-N）	30	/	/	/	/	/	/

序号	排放口编号	排放口名称	污染物种类	申请排放质量浓度限值/（mg/L）	申请年排放量限值/（t/a）					申请特殊时段排放量限值/（t/a）
					第一年	第二年	第三年	第四年	第五年	
一般排放口合计			COD_{Cr}		/	/	/	/	/	/
			氨氮		/	/	/	/	/	/
全厂排放口总计										
全厂排放口总计			COD_{Cr}		/	/	/	/	/	/
			氨氮		/	/	/	/	/	/

注：表中“流量”等虽非污染物种类，但在填报及表的生成中是必须项。

1）申报单位应按排放口编号，逐一对应填写主要排放口（废水总排放口和设施或车间排放口）污染物排放质量浓度限值、年排放量限值，特殊时段排放量限值。

2）污染物种类应填报完整。依据国家和地方标准要求填报许可污染物排放质量浓度限值。依据技术规范中规定的许可排放量核算方法和分解落实到排污单位的重点污染物排放总量控制指标，从严确定许可排放量限值；对于 2015 年 1 月 1 日（含）及之后的年份取得环评文件批复的排污单位，许可排放量还应同时满足环境影响评价文件和审批意见等文件确定的排放量要求。规范中未许可排放量的污染因子，但地方有管理要求的，应按地方要求执行。

3）如果地方生态环境主管部门要求按月进行细化的，应按地方要求执行；提交申请年排放量的计算过程文件中，计算过程应准确，单位使用合理。

4）总量控制指标包括地方政府或生态环境主管部门发文确定的排污单位总量控制指标、环境影响评价文件批复中确定的总量控制指标、现有排污许可证中载明的总量控制指标、通过排污权有偿使用和交易确定的总量控制指标等地方政府或生态环境主管部门与排污许可证申领排污单位以一定形式确认的总量控制指标。污染物总量控制要求应具体到污染物类型及其指标量，应与许可量计算结果对比，按技术规范要求，从严确定许可量指标。

(15) 自行监测及记录信息表

表 15　自行监测及记录信息表

序号	污染源类别/监测类别	排放口编号/监测点位	排放口名称/监测点位名称	监测内容	污染物名称	监测设施	自动监测是否联网	自动监测仪器名称	自动监测设施安装位置	自动监测设施是否符合安装、运行、维护等管理要求	手工监测采样方法及个数	手工监测频次	手工测定方法	其他信息
1	废气	DA001	炭黑解包机废气排气筒	烟气量	炭黑尘	手工					连续采样	1 次/年	《固定污染源排气中颗粒物测定与气态污染物采样方法》(GB/T 16157—1996)	采 1 个样
2	废气	DA003	药品称量及投料废气排气筒	烟气量	颗粒物	手工					连续采样	1 次/年	《固定污染源排气中颗粒物测定与气态污染物采样方法》(GB/T 16157—1996)	采一个样
3	废气	DA009	药品称量及投料废气排气筒	烟气量	颗粒物	手工					连续采样	1 次/年	《固定污染源排气中颗粒物测定与气态污染物采样方法》(GB/T 16157—1996)	采一个样
4	废气	DA010	密炼机头炼胶废气 VOCs 排气筒	烟气量	臭气浓度	手工					非连续采样，至少 1 个	1 次/半年	《空气质量　恶臭的测定　三点比较式臭袋法》(GB/T 14675—1993)	多次采样，取最大值
5	废气	DA010	密炼机头炼胶废气 VOCs 排气筒	烟气量	挥发性有机物	手工					非连续采样，至少 3 个	1 次/季度	《固定污染源废气　挥发性有机物的测定　固相吸附-热脱附/气相色谱-质谱法》(HJ 734—2014)	等时间间隔采样，结果取平均值

序号	污染源类别/监测类别	排放口编号/监测点位	排放口名称/监测点位名称	监测内容	污染物名称	监测设施	自动监测是否联网	自动监测仪器名称	自动监测设施安装位置	自动监测设施是否符合安装、运行、维护等管理要求	手工监测采样方法及个数	手工监测频次	手工测定方法	其他信息
6	废气	DA010	密炼机头炼胶废气VOCs排气筒	烟气量	颗粒物	手工					连续采样	1次/季度	《固定污染源排气中颗粒物测定与气态污染物采样方法》（GB/T 16157—1996）	采一个样
7	废气	DA010	密炼机头炼胶废气VOCs排气筒	烟气量	非甲烷总烃	自动	是	MERT S800B型VOCs在线自动监测设备	密炼车间顶层	是	非连续采样，至少3个	1次/季度	《固定污染源排气中非甲烷总烃的测定气相色谱法》（HJ/T 38—1999）	自动监测设备出现故障时手工监测，监测频次1次/季度，等时间间隔采样，结果取平均值
8	废气	DA019	密炼机尾炼胶废气VOCs排气筒	烟气量	臭气浓度	手工					非连续采样，至少1个	1次/半年	《空气质量　恶臭的测定　三点比较式臭袋法》（GB/T 14675—1993）	多次采样，取最大值
9	废气	DA019	密炼机尾炼胶废气VOCs排气筒	烟气量	挥发性有机物	手工					非连续采样，至少3个	1次/季度	《固定污染源废气挥发性有机物的测定固相吸附-热脱附/气相色谱-质谱法》（HJ 734—2014）	等时间间隔采样，结果取平均值

序号	污染源类别/监测类别	排放口编号/监测点位	排放口名称/监测点位名称	监测内容	污染物名称	监测设施	自动监测是否联网	自动监测仪器名称	自动监测设施安装位置	自动监测设施是否符合安装、运行、维护等管理要求	手工监测采样方法及个数	手工监测频次	手工测定方法	其他信息
10	废气	DA019	密炼机尾炼胶废气VOCs排气筒	烟气量	非甲烷总烃	自动	是	MERT S800B型VOCs在线自动监测设备	密炼车间顶层	是	非连续采样，至少3个	1次/季度	《固定污染源排气中非甲烷总烃的测定 气相色谱法》（HJ/T 38—1999）	自动监测设备出现故障时手工监测，监测频次1次/季度，等时间间隔采样，结果取平均值
11	废气	DA028	返炼机废气排气筒	烟气量	臭气浓度	手工					非连续采样，至少1个	1次/半年	《空气质量 恶臭的测定 三点比较式臭袋法》（GB/T 14675—1993）	多次采样，取最大值
12	废气	DA028	返炼机废气排气筒	烟气量	非甲烷总烃	手工					非连续采样，至少3个	1次/季度	《固定污染源排气中非甲烷总烃的测定 气相色谱法》（HJ/T 38—1999）	等时间间隔采样，结果取平均值
13	废气	DA045	帘布清洗机废气排气筒	烟气量	颗粒物	手工					连续采样	1次/年	《固定污染源排气中颗粒物测定与气态污染物采样方法》（GB/T 16157—1996）	采一个样
14	废气	DA046	硫化喷涂废气排气筒	烟气量	颗粒物	手工					连续采样	1次/半年	《固定污染源排气中颗粒物测定与气态污染物采样方法》（GB/T 16157—1996）	采一个样

序号	污染源类别/监测类别	排放口编号/监测点位	排放口名称/监测点位名称	监测内容	污染物名称	监测设施	自动监测是否联网	自动监测仪器名称	自动监测设施安装位置	自动监测设施是否符合安装、运行、维护等管理要求	手工监测采样方法及个数	手工监测频次	手工测定方法	其他信息
15	废气	DA046	硫化喷涂废气排气筒	烟气量	非甲烷总烃	手工					非连续采样，至少3个	1次/半年	《固定污染源排气中非甲烷总烃的测定 气相色谱法》（HJ/T 38—1999）	等时间间隔采样，结果取平均值。DA046～DA052非甲烷总烃手工监测半年1次的理由：它们排放的废气不是硫化废气，是硫化之前的喷涂（隔离剂）产生的废气，环评执行GB 16297排放标准。因此，监测频次参照橡胶行业排污许可证技术规范中的胶浆喷涂废气排放口的监测频次要求选取半年1次进行监测
16	废气	DA053	硫化废气排气筒	烟气量	臭气浓度	手工					非连续采样，至少1个	1次/半年	《空气质量 恶臭的测定 三点比较式臭袋法》（GB/T 14675—1993）	多次采样，取最大值

序号	污染源类别/监测类别	排放口编号/监测点位	排放口名称/监测点位名称	监测内容	污染物名称	监测设施	自动监测是否联网	自动监测仪器名称	自动监测设施安装位置	自动监测设施是否符合安装、运行、维护等管理要求	手工监测采样方法及个数	手工监测频次	手工测定方法	其他信息
17	废气	DA053	硫化废气排气筒	烟气量	挥发性有机物	手工					非连续采样，至少3个	1次/季度	《固定污染源废气 挥发性有机物的测定 固相吸附-热脱附/气相色谱-质谱法》（HJ 734—2014）	等时间间隔采样，结果取平均值
18	废气	DA053	硫化废气排气筒	烟气量	非甲烷总烃	自动	是	MERT S800B型VOCs在线自动监测设备	硫化车间	是	非连续采样，至少3个	1次/季度	《固定污染源排气中非甲烷总烃的测定 气相色谱法》（HJ/T 38—1999）	自动监测设备出现故障时手工监测，监测频次1次/季度，等时间间隔采样，结果取平均值
19	废气	DA055	压延压出废气排气筒	烟气量	硫化氢	手工					非连续采样，至少3个	1次/半年	《空气质量 硫化氢 甲硫醇、甲硫醚、二甲二硫的测定 气相色谱法》（GB/T 14678—1993）	等时间间隔采样，结果取平均值
20	废气	DA055	压延压出废气排气筒	烟气量	非甲烷总烃	自动	是	MERT S800B型VOCs在线自动监测设备	硫化车间	是	非连续采样，至少3个	1次/季度	《固定污染源排气中非甲烷总烃的测定 气相色谱法》（HJ/T 38—1999）	自动监测设备出现故障时手工监测，监测频次1次/季度，等时间间隔采样，结果取平均值

序号	污染源类别/监测类别	排放口编号/监测点位	排放口名称/监测点位名称	监测内容	污染物名称	监测设施	自动监测是否联网	自动监测仪器名称	自动监测设施安装位置	自动监测设施是否符合安装、运行、维护等管理要求	手工监测采样方法及个数	手工监测频次	手工测定方法	其他信息
21	废气	DA062	轮胎毛刺打磨含尘废气排气筒	烟气量	颗粒物	手工					连续采样	1 次/年	《固定污染源排气中颗粒物测定与气态污染物采样方法》（GB/T 16157—1996）	采一个样
22	废气	DA066	燃气锅炉废气排气筒	烟气量	林格曼黑度	手工					连续采样	1 次/季度	固定污染源排放烟气黑度的测定 林格曼烟气黑度图法》（HJ/T 398—2007）	采一个样
23	废气	DA066	燃气锅炉废气排气筒	烟气量	氮氧化物	自动	是	CEMS-2000 型 NO_x 在线自动监测设备	锅炉房	是	非连续采样，至少 3 个	1 次/季度	《固定污染源废气 氮氧化物的测定 非分散红外吸收法》（HJ 692—2014）	自动监测设备出现故障时手工监测，监测频次 1 次/季度，等时间间隔采样，结果取平均值
24	废气	DA066	燃气锅炉废气排气筒	烟气量	二氧化硫	手工					非连续采样，至少 3 个	1 次/季度	《固定污染源废气 二氧化硫的测定 非分散红外吸收法》（HJ 629—2011）	等时间间隔采样，结果取平均值
25	废气	DA066	燃气锅炉废气排气筒	烟气量	颗粒物	手工					非连续采样，至少 3 个	1 次/季度	《固定污染源排气中颗粒物测定与气态污染物采样方法》（GB/T 16157—1996）	等时间间隔采样，结果取平均值
26	废气	DA067	白炭黑解包机废气排气筒	烟气量	颗粒物	手工					连续采样	1 次/年	《固定污染源排气中颗粒物测定与气态污染物采样方法》（GB/T 16157—1996）	采一个样

序号	污染源类别/监测类别	排放口编号/监测点位	排放口名称/监测点位名称	监测内容	污染物名称	监测设施	自动监测是否联网	自动监测仪器名称	自动监测设施安装位置	自动监测设施是否符合安装、运行、维护等管理要求	手工监测采样方法及个数	手工监测频次	手工测定方法	其他信息
27	废气	厂界		风速，风向	臭气浓度	手工					非连续采样，至少1个	1次/半年	《空气质量　恶臭的测定　三点比较式臭袋法》（GB/T 14675—1993）	多次采样结果取最大值
28	废气	厂界		风速，风向	硫化氢	手工					非连续采样，至少3个	1次/半年	《空气质量　硫化氢、甲硫醇、甲硫醚、二甲二硫的测定　气相色谱法》（GB/T 14678—1993）	等时间间隔采样，结果取平均值
29	废气	厂界		风速，风向	挥发性有机物	手工					非连续采样，至少4个	1次/半年	环境空气　挥发性有机物的测定　吸附管采样-热脱附/气相色谱-质谱法》（HJ 644—2013）	等时间间隔采样，结果取平均值
30	废气	厂界		风速，风向	颗粒物	手工					连续采样	1次/半年	《环境空气　总悬浮颗粒物的测定　重量法》（GB/T 15432—1995）	采一个样
31	废气	厂界		风速，风向	非甲烷总烃	手工					非连续采样，至少3个	1次/半年	《固定污染源排气中非甲烷总烃的测定　气相色谱法》（HJ/T 38—1999）	等时间间隔采样，结果取平均值
32	废水	DW001	厂区综合污水排放口	流量	pH	手工					瞬时采样，至少3个瞬时样	1次/季度	《水质　pH值的测定　玻璃电极法》（GB 6920—1986）	等时间间隔采样，结果取平均值

序号	污染源类别/监测类别	排放口编号/监测点位	排放口名称/监测点位名称	监测内容	污染物名称	监测设施	自动监测是否联网	自动监测仪器名称	自动监测设施安装位置	自动监测设施是否符合安装、运行、维护等管理要求	手工监测采样方法及个数	手工监测频次	手工测定方法	其他信息
33	废水	DW001	厂区综合污水排放口	流量	悬浮物	手工					瞬时采样，至少3个瞬时样	1次/季度	《水质 悬浮物的测定 重量法》（GB 11901—1989）	等时间间隔采样，结果取平均值
34	废水	DW001	厂区综合污水排放口	流量	五日生化需氧量	手工					瞬时采样，至少3个瞬时样	1次/季度	《水质 五日生化需氧量（BOD_5）的测定 稀释与接种法》（HJ 505—2009）	等时间间隔采样，结果取平均值
35	废水	DW001	厂区综合污水排放口	流量	化学需氧量	自动	是	COD—2000型在线自动监测设备	废水处理站	是	瞬时采样，至少3个瞬时样	1次/季度	《水质 化学需氧量的测定 重铬酸盐法》（HJ 828—2017）	自动监测设备出现故障时手工监测，监测频次1次/季度，等时间间隔采样，结果取平均值
36	废水	DW001	厂区综合污水排放口	流量	总氮（以N计）	手工					瞬时采样，至少3个瞬时样	1次/季度	《水质 总氮的测定 碱性过硫酸钾消解紫外分光光度法》（HJ 636—2012）	等时间间隔采样，结果取平均值
37	废水	DW001	厂区综合污水排放口	流量	氨氮（NH_3-N）	手工					瞬时采样，至少3个瞬时样	1次/季度	《水质 氨氮的测定 纳氏试剂分光光度法》（HJ 535—2009）	等时间间隔采样，结果取平均值
38	废水	DW001	厂区综合污水排放口	流量	总磷（以P计）	手工					瞬时采样，至少3个瞬时样	1次/季度	《水质 总磷的测定 钼酸铵分光光度法》（GB 11893—1989）	等时间间隔采样，结果取平均值

序号	污染源类别/监测类别	排放口编号/监测点位	排放口名称/监测点位名称	监测内容	污染物名称	监测设施	自动监测是否联网	自动监测仪器名称	自动监测设施安装位置	自动监测设施是否符合安装、运行、维护等管理要求	手工监测采样方法及个数	手工监测频次	手工测定方法	其他信息
39	废水	DW001	厂区综合污水排放口	流量	硫化物	手工					瞬时采样，至少3个瞬时样	1次/季度	《水质 硫化物的测定 亚甲基蓝分光光度法》（GB/T 16489—1996）	等时间间隔采样，结果取平均值
40	废水	DW001	厂区综合污水排放口	流量	石油类	手工					瞬时采样，至少3个瞬时样	1次/季度	《水质 石油类和动植物油的测定 红外光度法》（GB/T 16488—1996）	等时间间隔采样，结果取平均值
41	废水	DW001	厂区综合污水排放口	流量	动植物油	手工					瞬时采样，至少3个瞬时样	1次/年	《水质 石油类和动植物油类的测定 红外分光光度法》（HJ 637—2012代替GB/T 16488—1996）	等时间间隔采样，结果取平均值
42	废水	DW001	厂区综合污水排放口	流量	流量	自动	是	流量计（在线自动监测）	废水处理站	是	混合采样，至少3个混合样	1次/季度	流量计	自动监测设备出现故障时手工监测，监测频次1次/季度，等时间间隔采样，结果取平均值

注：上表内容选取了某橡胶和塑料制品工业企业的部分内容为例。表中“林格曼黑度”“流量”等虽非污染物种类，但在填报及表的生成中是必须项。

1）申报单位填报监测因子数量及监测频次应符合技术规范及排污单位自行监测技术指南的要求；

2）申报单位在选择手工监测方法时，应选用排放标准中确定的标准监测分析方法。

（16）环境管理台账信息表

表 16 环境管理台账信息表

序号	类别	记录内容	记录频次	记录形式	其他信息
1	基本信息	企业名称、生产经营场所地址、行业类别、法定代表人、统一社会信用代码、产品名称、生产工艺、生产规模、环保投资、环境影响评价审批意见、排污许可证编号	对于未发生变化的基本信息，按年记录，1 次/a；对于发生变化的基本信息，在发生变化时记录	电子台账+纸质台账	台账保存期限不少于 5 年
2	监测记录信息	记录采样时间、排放口编码、污染物项目、监测设施、监测结果、是否超标、数据来源、异常情况	监测期间	电子台账+纸质台账	台账保存期限不少于 5 年
3	其他环境管理信息	固体废物记的收集日期、来源、名称、产生量、是否属于危废录、处理方式、厂内暂存量、综合利用量、自行处置量、委托处置量、委托单位等信息	每班记录 1 次	电子台账+纸质台账	台账保存期限不少于 5 年
4	生产设施运行管理信息	主要生产单元名称、生产设施名称、生产设施编码、累计生产时间、生产负荷、主要产品产量、单位，原材料、燃料使用情况指种类、名称、用量、有毒有害元素成分及占比	1）正常工况： ①运行状态：按照各生产单元生产班制记录，每班记录 1 次。 ②生产负荷：按照各生产单元生产班制记录，每班记录 1 次。 ③产品产量：按照各生产单元生产班制记录，每班记录 1 次。 ④原辅料：按照各生产单元生产班制记录，每班记录 1 次。 ⑤燃料：每月记录 1 次。 2）异常情况期： 按照异常情况期记录，1 次/异常情况期	电子台账+纸质台账	台账保存期限不少于 5 年

序号	类别	记录内容	记录频次	记录形式	其他信息
5	污染防治设施运行管理信息	1）正常情况：污染防治设施运行信息应按照设施类别分别记录设施的实际运行相关参数和维护记录。 ①有组织废气治理设施记录设施运行时间、运行参数等。 ②废水处理设施包括预处理设施、生化处理设施、深度处理设施及回用设施四部分，分别记录每日进水水量、出水水量、药剂名称及使用量、投放频次、电耗、污泥产生量等。 2）异常情况：污染治理设施异常信息按工况记录，每工况期记录一次，内容应记录起止时段设施名称、编号、非正常起始时刻、非正常恢复时刻、污染物排放量、排放浓度、事件原因、是否报告、应对措施等	1）正常情况：污染防治设施运行状况：按照污染治 理设施管理单位班制记录，每班记录1次。 2）异常情况：按照异常情况期记录，1次/异常情况期	电子台账+纸质台账	台账保存期限不少于5年

1）生产设施运行管理信息

正常工况各生产线的累计生产时间、生产负荷、主要产品产量、原辅料及燃料使用情况等数据；原辅料、燃料使用情况指种类、名称、用量、有毒有害元素成分及占比；原辅料、燃料采购信息。

2）污染治理设施运行管理信息

正常工况：明确记录各治理设施作用的生产环节、治理工艺，分系统记录所有环保设施的运行情况、污染物排放情况、主要药剂添加情况等。

非正常工况：污染治理设施应记录设施名称、编号、设施非正常（停运）时刻、恢复（启动）时刻、污染物排放量、排放浓度、事件原因、是否报告等。

3）监测记录信息

包括自动监测及辅助设备运行状况、系统校准、校验记录、定期比对监测记录、维护保养记录、是否故障、故障维修记录、巡检日期等信息。对于无自动监测的大气污染物和水污染物指标，排污单位应当按照排污许可证中监测方案所确定的监测频次要求，记录开展手工监测的日期、时间、污染物排放口和监测点位、监测方法、监测频次、监测仪器及型号、采样方法等，并建立台账记录报告。

4）其他环境管理信息

应记录污染治理设施运行、维护、管理等相关信息，包括设施名称、运行时间、检查维护次数、管理人员情况等；应记录厂区降尘洒水、清扫频次，原料或产品场地封闭、遮盖方式，日常检查维护频次及情况等；应记录非正常工况和特殊时段的环境管理信息及排污单位根据环境管理要求，记录其他信息。

（三）附图、附件

（1）附图

1）申报单位申报的生产工艺流程图、污水处理工艺流程图和企业厂区总平面布置图要齐全，图件需清晰可见、图例明确；

2）申报的生产工艺流程图应包括主要生产设施（设备）、主要原辅料的流向、生产工艺流程等内容；

3）申报的污水处理工艺流程图应包括主要处理单元、主要处理构筑物、污水走向、污水管线布置、排放口和排放去向等内容；

4）申报单位的生产厂区总平面布置图应包括主要生产线、厂房、设备位置关系，注明厂区雨水、污水的收集走向、排放口位置等内容；

5）申报的监测布点图，应明确监测点位，并标注。

（2）附件

1）提供守法承诺书；

2）提供信息公开情况说明表；

3）提供环评批复文件影印件；

4）提供总量计划分配文件影印件；

5）提供其他必要的说明材料，例如：

未采用可行技术但具备达标排放能力的证明材料；

许可排放量计算过程及与总量控制要求取严的过程说明；

申报单位采取更加严格的排放限值作为申请许可排放浓度和许可排放量依据的材料；

申报单位排污口规范化设置情况说明材料；

申报单位不符合环境管理要求的整改措施材料。

第六章　一般排污单位排污许可证填报案例分析

一、管理要求

（一）涵盖行业

根据《固定污染源排污许可分类管理名录》可知，排污许可证行业管理依据《国民经济行业分类》（GB/T 4754）划分行业类别，对同一排污单位，在同一场所从事本名录两个以上行业生产经营的，申请一张排污许可证。

名录中行业类别明确了各行业对应国民经济行业分类的代码。

名录未作规定的排污单位，确需纳入排污许可管理的，其排污许可管理类别由省级生态环境主管部门提出建议，报生态环境部确定。

（二）分类管理

根据《固定污染源排污许可分类管理名录》，排污许可管理分重点管理、简化管理和登记管理三种类型。

国家根据排放污染物的企业事业单位和其他生产经营者（以下简称排污单位）污染物产生量、排放量、对环境的影响程度等因素，实行排污许可重点管理、简化管理和登记管理。

对污染物产生量、排放量或者对环境的影响程度较大的排污单位，实行排污许可重点管理；对污染物产生量、排放量和对环境的影响程度较小的排污单位，实行排污许可简化管理；对污染物产生量、排放量和对环境的影响程度很小的排污单位，实行排污登记管理。

实行登记管理的排污单位，不需要申请取得排污许可证，应当在全国排污许可证管理信息平台填报排污登记表，登记基本信息、污染物排放去向、执行的污染物排放标准以及采取的污染防治措施等信息。

属于名录第 1 至 107 类行业的排污单位，按照名录第 109 至 112 类规定的锅炉、工业炉窑、表面处理、水处理等通用工序实施重点管理或者简化管理的，只需对其涉及的通用工序申请取得排污许可证，不需要对其他生产设施和相应的排放口等申请取得排污许可证。

属于名录第 108 类行业的排污单位，涉及名录规定的通用工序重点管理、简化管理或者登记管理的，应当对其涉及的名录第 109 至 112 类规定的锅炉、工业炉窑、表面处理、水处理等通用工序申请领取排污许可证或者填报排污登记表；有下列情形之一的，还应当针对其生产设施和相应的排放口等申请取得重点管理排污许可证：

（1）被列入重点排污单位名录的；

（2）二氧化硫或者氮氧化物年排放量大于 250 t 的；

（3）烟粉尘年排放量大于 500 t 的；

（4）化学需氧量年排放量大于 30 t，或者总氮年排放量大于 10 t，或者总磷年排放量大于 0.5 t 的；

（5）氨氮、石油类和挥发酚合计年排放量大于 30 t 的；

（6）其他单项有毒有害大气、水污染物污染当量数大于 3 000 的。污染当量数按照《中华人民共和国环境保护税法》的规定计算。

（三）不予发证的情况

排污单位存在下列情况之一时，不予核发排污许可证。

（1）位于法律法规规定禁止建设区域内的。如饮用水水源保护区、自然保护区、风景名胜区等；

（2）属于国务院经济综合宏观调控部门会同国务院有关部门发布的产业政策目录中明令淘汰或者立即淘汰的落后生产工艺装备、落后产品的；

（3）国家或地方政府明确规定予以淘汰或取缔的，如《国务院关于发布政府核准的投资项目目录（2016 年本）的通知》（国发〔2016〕72 号）规定等。

（4）法律法规规定不予核发排污许可证的其他情形。

二、填报要求

排污许可证申请填报要求可归纳为材料完整、内容规范、数据准确、措施合理四个方面。

（一）材料完整

排污企业提交的申请材料要完整，满足许可要求。提交申请材料主要包括：

（1）排污许可证申请表；

（2）自行监测方案；

（3）排污单位承诺书：由排污单位法定代表人或者主要负责人签字或者盖章；

（4）排污口规范化情况说明；

（5）环境影响评价报告及批复文件，包括按照有关国家规定经地方人民政府依法处理、整顿规范并符合要求的现状评估报告及备案文件等证明材料；

（6）申请前信息公开情况说明表；

（7）重点污染物排放总量材料：《排污许可管理办法（试行）》实施后（2018 年 1 月

10 日及之后）的新建、改建、扩建项目排污单位存在通过污染物排放等量或者减量替代削减获得重点污染物排放总量控制指标情况的，且出让重点污染物排放总量控制指标的排污单位已经取得排污许可证的，应当提供出让重点污染物排放总量控制指标的排污单位的排污许可证完成变更的相关材料；

（8）附图、附件等材料，其中，附图应包括生产工艺流程图和厂区总平面布置图；附件至少应包括原辅材料（包括平台原辅材料信息表必填项所有内容）的检测报告；

（9）排污许可证副本（仅办理排污许可证变更或延续的单位需要提交）。

另外，申报单位需要注意，对涉及商业秘密的内容，应当标注并说明。

（二）内容规范

内容规范是指排污单位从申请前信息公开、企业守法承诺书、排污许可证申请表、相关附图、附件等材料均要规范，满足相关要求。

（1）申请前信息公开要规范，应满足以下几点：

1）实行排污许可重点管理的排污单位需要在提交排污许可申请材料前，将承诺书、基本信息以及拟申请的许可事项向社会公开。

2）信息公开途径应当选择包括全国排污许可证管理信息平台等便于公众知晓的方式，信息公开时间应不少于 5 个工作日。

3）信息公开内容包括承诺书、基本信息以及拟申请的许可事项，各公开内容的具体要求参照《排污许可管理办法（试行）》。

4）信息公开情况说明表应填写完整，包括信息公开的起止日期、信息公开内容和反馈意见处理情况。有法定代表人的排污单位，应由法定代表人签字，且应与排污许可证申请表、承诺书等保持一致。对于集团公司下属不具备法定代表人资格的独立分公司，可由主要负责人签字。

5）排污单位应如实填写申请前信息公开期间收到的意见并逐条答复。若没有收到意见，则填写“无”。

（2）守法承诺书应规范：

1）按照国家排污许可平台规定格式填写。

2）承诺书抬头应为受理并核发排污许可证的管理部门。

3）法定代表人（或主要负责人）的签字应与信息公开情况说明表、排污许可证申请表等保持一致。

（3）排污许可证申请表应规范：

排污许可证申请表是企业申请排污许可证的主要要件，是企业环境管理信息的主要载体，排污许可证申请表主要包括：封面，排污单位基本信息，主要生产设施、主要产品及产能信息，主要原辅材料及燃料信息，废气、废水等产排污环节和污染防治设施信息，申请的排放口位置和数量、排放方式、排放去向信息，排放污染物种类和执行的排放标准信息，按照排放口和生产设施申请的污染物许可排放浓度和排放量信息，以及申请排放量限值计算过程，自行监测及记录信息，环境管理台账记录信息，以及生产工艺流程图和厂区总平面布置图等。

（三）数据准确

数据准确是排污许可证管理最基本的原则，填报数据必须真实有效，计算数据必须采用科学的方法和手段，申报填写的指标必须是能够满足相应的管理要求，使许可证能够如实反映排污单位的真实特征。在许可证填报过程中，每一步工作都应坚持科学发展的原则，统筹兼顾，有坚实的理论依据，必须以科学的态度，客观的选取指标，把握科学发展规律，提高发展质量和效益，以保障排污许可证的准确性。

（四）措施合理

排污许可证中污染物治理及管理措施要合理、可行，具备经济技术可行性，污染治理达标性，管理操作简便性，运行维护安全性等。选取的措施必须满足规范要求，既不能落后于治理现状，也不可超前于生产水平。

三、填报说明

排污许可证申请表是企业申请排污许可证的主要要件，是企业环境管理信息的主要载体，也是发放排污许可证的主要依据。根据排污许可证申请表的组成，结合实际填报和审查工作，对排污许可证申请表填报过程中容易产生的问题进行总结，并进行说明。

（一）基本信息

排污单位基本信息包括封面、排污单位基本信息表等。

（1）封面

排污许可证申请单位名称、注册地址、行业类别、生产经营场所地址、统一社会信用代码、法人代表、技术负责人及联系方式等。如图1所示。

根据图1可知，排污单位在填报时，首先选择此次许可证申请为首次申请、延续还是变更；其次，在填写过程中还应注意：注册地址应与排污单位营业执照或法人证书的相关信息一致；生产经营场所地址应与申请排污许可证单位申请的生产场所地址一致；行业类别应根据现行的国民经济行业代码填写，若涉及多个行业类别的，应多个行业全部填写；法定代表人应与《承诺书》及《信息公开情况说明表》上的签名保持一致。

排污许可证申请表（试行）

（首次申请、延续、变更）

单位名称：××××××公司
注册地址：
行业类别：
生产经营场所地址：
统一社会信用代码：
法定代表人（主要负责人）：
技术负责人：
固定电话：
移动电话：

企业盖章：

申请日期：　　年　　月　　日

图 1　封面示意图

（2）排污单位信息

排污许可证申请单位基本情况表包括：单位名称、注册地址、生产经营场所地址、邮政编码、行业类别、是否投产、投产日期、生产经营场所地址中心经纬度坐标、组织代码、统一社会信用代码、技术负责人、联系电话、所在地是否属于大气重点控制区、所在地是否属于总磷控制区、所在地是否属于总氮控制区、所在地是否属于重金属污染特别排放限值实施区域、是否位于工业园区、所属工业园区名称、是否有环评审批文件、环评审批文件文号或备案编号、是否有地方政府对违规项目的认定或备案文件、认定或备案文件文号、是否需要改正、排污许可证管理类别、是否有主要污染物总量分配计划文件、总量分配计划文件文号等内容，详见表 1。

表 1 排污单位基本信息表

单位名称		注册地址	
生产经营场所地址		邮政编码[(1)]	
行业类别		是否投产[(2)]	
投产日期[(3)]			
生产经营场所中心经度[(4)]		生产经营场所中心纬度[(5)]	
组织机构代码		统一社会信用代码	
技术负责人		联系电话	
所在地是否属于大气重点控制区[(6)]		所在地是否属于总磷控制区[(7)]	
所在地是否属于总氮控制区[(7)]		所在地是否属于重金属污染特别排放限值实施区域[(8)]	
是否位于工业园区[(9)]		所属工业园区名称	
是否有环评审批文件		环境影响评价审批文件文号或备案编号[(10)]	
是否有地方政府对违规项目的认定或备案文件[(11)]		认定或备案文件文号	
是否需要改正[(12)]		排污许可证管理类别[(13)]	
是否有主要污染物总量分配计划文件[(14)]	否	总量分配计划文件文号	

注：（1）指生产经营场所地址所在地邮政编码。

（2）2015 年 1 月 1 日起，正在建设过程中，或者已建成但尚未投产的，选“否”；已经建成投产并产生排污行为的，选“是”。

（3）指已投运的排污单位正式投产运行的时间，对于分期投运的排污单位，以先期投运时间为准。

（4）（5）指生产经营场所中心经纬度坐标，可通过排污许可管理信息平台中的 GIS 系统点选后自动生成经纬度。

（6）“大气重点控制区”指生态环境部关于大气污染特别排放限值的执行范围。

（7）总磷、总氮控制区是指《国务院关于印发“十三五”生态环境保护规划的通知》（国发〔2016〕65 号）以及生态环境部相关文件中确定的需要对总磷、总氮进行总量控制的区域。

（8）是指各省根据《土壤污染防治行动计划》确定重金属污染排放限值的矿产资源开发活动集中的区域。

（9）是指各级人民政府设立的工业园区、工业集聚区等。

（10）是指环境影响评价报告书、报告表的审批文件号，或者是环境影响评价登记表的备案编号。

（11）对于按照《国务院关于化解产能严重过剩矛盾的指导意见》（国发〔2013〕41 号）和《国务院办公厅关于加强环境监管执法的通知》（国办发〔2014〕56 号）要求，经地方政府依法处理、整顿规范并符合要求的项目，须列出证明符合要求的相关文件名和文号。

（12）指首次申请排污许可证时，存在未批先建或不具备达标排放能力的，且受到生态环境部门处罚的排污单位，应选择“是”，其他选“否”。

（13）排污单位属于《固定污染源排污许可分类管理名录》中排污许可重点管理的，应选择“重点”，简化管理的选择“简化”。

（14）对于有主要污染物总量控制指标计划的排污单位，须列出相关文件文号（或者其他能够证明排污单位污染物排放总量控制指标的文件和法律文书），并列出上一年主要污染物总量指标；对于总量指标中包括自备电厂的排污单位，应当在备注栏对自备电厂进行单独说明。

排污许可证申请单位基本情况表在填报过程中需要说明的几点：

a. 重点区域，分大气重点控制区域、总氮及总磷控制区和重金属污染物特别排放限值实施区域。

大气重点控制区域，是国家及生态环境部发布的相关文件中，明确执行特别排放限值的地区或区域。如《关于执行大气污染物特别排放限值的公告》（环境保护部公告 2013年第14号）、《关于执行大气污染物特别排放限值有关问题的复函》（环办大气函〔2016〕1087号）、《关于京津冀大气污染传输通道城市执行大气污染物特别排放限值的公告》（环境保护部公告 2018年第9号）等等。

总氮、总磷控制区，排污许可证申请应根据现行国家及生态环境部发布的相关文件中，明确执行总氮、总磷控制区的区域。例如，《“十三五”生态环境保护规划》（国发〔2016〕65号）中的相关规定。

重金属污染物特别排放限值实施区域，根据国务院或地方政府环保主管部门设定的污染物特别排放区域清单来确定。

b. 审批文件包括：环评审批文件、竣工环保验收审批文件、地方政府违规项目的认定或备案文件。

环评审批文件，排污单位应将全部建设项目的环评审批文号或备案编号填报，包括排污单位的新建项目、分期建设项目、技改扩建项目等。若排污单位在《建设项目环境保护管理条例》（国务院令 第253号，1998年11月29日）之前已建成，且建成至今一直未实施改、扩建的，该项选否，可不用填写。

竣工环保验收审批文件，有“三同时”验收批复文件的排污单位，须列出批复文件文号。

地方政府违规项目的认定或备案文件，排污单位的建设项目中有地方政府对违规项目的认定或备案文件的，需要填写认定或备案文件文号。

若不满足上述条件，手续不完善的，应填写改正规定。

c. 投产时间，以排污单位投入运行的时间为准，若分期投运的，投产日期应以最早投运的时间为准。

d. 主要污染物总量分配计划文件，对于有主要污染物总量分配计划文件的排污许可单位，则填写该部分内容。没有的，可不需要填写。

排污单位应确认是否有总量分配计划文件，若有，则应填报全部污染物总量控制指标文件文号（或者能够证明排污单位污染物排放总量控制指标的文件等）。

主要污染控制因子，指应控制许可排放量限值的污染因子。分大气污染控制因子和水污染控制因子，其中水污染控制因子为化学需氧量、氨氮、总磷、总氮、重金属因子等，大气污染控制因子为颗粒物、二氧化硫、氮氧化物和VOCs等。

（二）排污单位登记信息

（1）产品及产能

排污许可证申请单位在产品及产能需要填报内容包括：排污单位的主要生产单元名称、主要生产工艺名称、生产设施名称、生产设施编号、设施参数、产品名称、计量单位、生产能力、设计年生产时间等，另外也包括：生产线名称、生产线编号、生产线产品设计产值及单位、设计年生产时间，其他信息等。详见表 2 及表 3，表 2 及表 2-1 与表 3 等同，不同行业在填报中由于产品方案与生产内容对应复杂程度不一样，表的体现形式不一样。

表 2　主要产品及产能信息表

序号	生产线名称	生产线编号	产品名称	设计值	产品计量单位	设计年生产时间/d	其他产品信息

表 2-1　主要产品及产能信息补充表

序号	生产线名称	生产线编号	主要生产单元名称	主要工艺名称	生产设施名称	生产设施编号	设施参数				其他设施信息	其他工艺信息
							参数名称	计量单位	设计值	其他设施参数信息		

表 3　主要产品及产能信息表

序号	主要生产单元编号	主要生产单元名称	主要工艺名称[1]	生产设施名称[2]	生产设施编号	设施参数[3]				其他设施信息	产品名称[4]	生产能力[5]	计量单位[6]	设计年生产时间/h[7]	其他产品信息	其他工艺信息
						参数名称	设计值	计量单位	其他设施参数信息							

注：（1）指主要生产单元所采用的工艺名称。

（2）指某生产单元中主要生产设施（设备）名称。

（3）指设施（设备）的设计规格参数，包括参数名称、设计值、计量单位。

（4）指相应工艺中主要产品名称。

（5）（6）指相应工艺中主要产品设计产能。

（7）指设计年生产时间。

上述产品及产能信息表在填写过程中应注意的内容主要包括如下几个方面：

a. 填写内容准确完整，避免漏项。

b. 生产能力指的是排污单位主要产品的设计年产能，若排污单位原设计产能中含有国家或地方政府已予以淘汰或取缔的产能的，应予以减掉，不能填写，其计量单位根据技术规范规定选取。若排污单位没有设计产能，以该单位近 3 年实际产量的平均值计。

c. 实行重点管理的排污单位，应详细填报。实行简化管理的排污单位，可进行简化填报。

（2）原辅材料及燃料

排污许可证申请单位的原辅材料及燃料信息表包括：种类、名称、年最大使用量、计量单位、硫元素占比、有毒有害成分及占比、其他信息等。见表 4。

表 4　主要原辅材料及燃料信息表

序号	种类(1)	类型	名称(2)	设计年使用量	计量单位(3)	有毒有害成分	成分占比/%(4)	其他信息
原料及辅料								
燃料								
序号	燃料名称	设计年使用量	计量单位	灰分/%	硫分/%	挥发分/%	低位发热量/（kJ/kg）	其他信息

注：（1）指材料种类，选填“原料”或“辅料”。

（2）指原料、辅料名称。

（3）指万 t/a、万 m^3/a 等。

（4）指有毒有害物质或元素，及其在原料或辅料中的成分占比，如氟元素（0.1%）。

排污申报单位在填报中要按技术规范填写完整，原辅材料根据生产工艺，应包含生产用辅料、污染治理辅料等。设计年使用量为许可证申请单位全厂同种原辅料的总计。有毒有害成分，如含镍磷化药剂应填报“总镍”等。参数名称，应选取原辅材料中的相应成分参数，并明确成分占比（%）。

燃煤企业应填报灰分、硫分、挥发分、热值等内容。燃油企业应填报硫分、热值等内容，灰分和挥发分处填“/”。“热值单位”为“MJ/kg”或“MJ/m^3”。

（3）排污节点、污染物及污染治理措施

首先，废气产排污节点、污染物及污染防治设施信息表包括：产污设施编号、产污设施名称、对应的产污环节名称、污染物种类、排放形式、污染治理设施信息、有组织排放口编号、有组织排放口名称、排放口设置是否满足要求、排放口类型、其他信息等。见表 5。

表 5 废气产排污节点、污染物及污染治理设施信息表

序号	产污设施编号	产污设施名称(1)	对应产污环节名称(2)	污染物种类(3)	排放形式(4)	污染防治设施					有组织排放口编号(6)	有组织排放口名称	排放口设置是否符合要求(7)	排放口类型	其他信息
						污染防治设施编号	污染防治设施名称(5)	污染防治设施工艺	是否为可行技术	污染防治设施其他信息					

注：（1）指主要生产设施。

（2）指生产设施对应的主要产污环节名称。

（3）以相应排放标准中确定的污染因子为准。

（4）指有组织排放或无组织排放。

（5）污染治理设施名称，对于有组织废气，以火电行业为例，污染治理设施名称包括三电场静电除尘器、四电场静电除尘器、普通袋式除尘器、覆膜滤料袋式除尘器等。

（6）排放口编号可按照地方生态环境主管部门现有编号进行填写或者由排污单位自行编制。

（7）指排放口设置是否符合排污口规范化整治技术要求等相关文件的规定。

上表在填写过程中应注意如下几个方面：

a. 污染物种类应按技术规范填写全面、准确，避免漏项。

b. 污染治理设施编号要规范，污染治理设施与污染物种类一一对应。

c. 有组织排放主要排放口及规定应采取污染治理措施的有组织排放一般排放口，应按规范要求填报完整，填报内容包括对应产污环节名称、污染物种类、排放形式、污染治理设施、有组织排放口编号、有组织排放口名称、排放口设置是否规范符合要求、排放口类型。

规范未规定采取污染防治措施的有组织排放一般排放口应填报对应产污环节名称、污染物种类、排放形式、有组织排放口编号、有组织排放口名称、排放口设置是否规范符合要求、排放口类型。

d. 规范规定应采取污染治理措施的无组织排放生产单元，应填报对应产污环节名称、污染物种类、排放形式、污染治理设施。

规范未规定采取污染防治措施的无组织排放生产单元，应填报对应产污环节名称、污染物种类。

另外，污染治理备注协同控制的情况，应进行备注。如柴油发动机试验废气采用氨选择性催化还原法时，颗粒物、挥发性有机物等其他污染物应备注“协同控制”。

e. 污染治理设施相关信息，包括编号、名称和工艺，应明确是否为可行技术。对于未采用技术规范中推荐的可行技术的，应填写“否”。新建、改建、扩建建设项目排污单位采用环境影响评价审批意见要求的污染治理技术的，应在“污染治理设施其他信息”中注明为“环评审批要求技术”。既未采用可行技术，新改扩建项目也未采用环评审批要求技

术的，应提供相关证明材料，证明可达到与污染防治可行技术相当的处理能力。确无污染治理设施的，相关信息划“/”。采用的污染治理设施或措施不能达到许可排放浓度要求的排污单位，应在“其他信息”中备注“待改”，并填写“改正规定”。

其次，废水类别、污染物种类、污染治理设施信息、排放去向、排放方式、排放规律、排放口编号、排放口设置是否满足要求、排放口类型、其他信息等。见表6。

表6 废水类别、污染物及污染治理设施信息表

序号	废水类别(1)	污染物种类(2)	污染防治设施					排放去向(3)	排放方式	排放规律(4)	排放口编号(6)	排放口名称	排放口设置是否符合要求(7)	排放口类型	其他信息
			污染防治设施编号	污染防治设施名称(5)	污染防治设施工艺	是否为可行技术	污染防治设施其他信息								

注：（1）指产生废水的工艺、工序，或废水类型的名称。

（2）以相应排放标准中确定的污染因子为准。

（3）包括不外排；排至厂内综合污水处理站；直接进入海域；直接进入江河、湖、库等水环境；进入城市下水道（再入江河、湖、库）；进入城市下水道（再入沿海海域）；进入城市污水处理厂；直接进入污灌农田；进入地渗或蒸发地；进入其他单位；工业废水集中处理厂；其他（包括回喷、回填、回灌、回用等）。对于工艺、工序产生的废水，“不外排”指全部在工序内部循环使用，“排至厂内综合污水处理站”指工序废水经处理后排至综合处理站。对于综合污水处理站，“不外排”指全厂废水经处理后全部回用不排放。

（4）包括连续排放，流量稳定；连续排放，流量不稳定，但有周期性规律；连续排放，流量不稳定，但有规律，且不属于周期性规律；连续排放，流量不稳定，属于冲击型排放；连续排放，流量不稳定且无规律，但不属于冲击型排放；间断排放，排放期间流量稳定；间断排放，排放期间流量不稳定，但有周期性规律；间断排放，排放期间流量不稳定，但有规律，且不属于非周期性规律；间断排放，排放期间流量不稳定，属于冲击型排放；间断排放，排放期间流量不稳定且无规律，但不属于冲击型排放。

（5）指主要污水处理设施名称，如“综合污水处理站”“生活污水处理系统”等。

（6）排放口编号可按地方环境管理部门现有编号进行填写或由排污单位根据国家相关规范进行编制。

（7）指排放口设置是否符合排污口规范化整治技术要求等相关文件的规定。

上表在填写过程中需要注意的事项主要包括如下几个方面：

a. 废水类别及污染物种类，根据生产工序废水来源、公用单元废水来源及生活污水分别填写；污染物种类根据各废水主要污染物种类情况进行选取，涉及特征污染物种类的必须明确。

b. 污染治理设施信息，包括污染治理设施编号、名称、工艺、设计处理水量及明确是否为可行技术。未采用技术规范中推荐的可行技术的，应填写“否”。新建、改建、扩建建设项目排污单位采用环境影响评价审批意见要求的污染治理技术的，并注明为“环评审批要求技术”。如果上述条件均不满足的，应提供相关证明材料，证明可达到与污染防治可行技术相当的处理能力。确无污染治理设施的，相关信息划“/”。

c. 排放去向，排污申报单位填报中应合理区分排放去向和排放方式。间接排放时，排放口按排放出排污单位厂界的排放口进行填报。

废水排放去向包括不外排；排至厂内综合污水处理站；直接进入海域；直接进入江河、湖、库等水环境；进入城市下水道（再入江河、湖、库）；进入城市下水道（再入沿海海域）；进入城市污水处理厂；直接进入污灌农田；进入地渗或蒸发地；进入其他单位；工业废水集中处理厂；其他（包括回喷、回填、回灌、回用等）。而对于工艺、工序产生的废水，“不外排”指全部在工序内部循环使用，“排至厂内综合污水处理站”指工序废水经处理后排至综合处理站。对于综合污水处理站，“不外排”指全厂废水经处理后全部回用不排放。

排放方式包括：连续排放，流量稳定；连续排放，流量不稳定，但有周期性规律；连续排放，流量不稳定，但有规律，且不属于周期性规律；连续排放，流量不稳定，属于冲击型排放；连续排放，流量不稳定且无规律，但不属于冲击型排放；间断排放，排放期间流量稳定；间断排放，排放期间流量不稳定，但有周期性规律；间断排放，排放期间流量不稳定，但有规律，且不属于非周期性规律；间断排放，排放期间流量不稳定，属于冲击型排放；间断排放，排放期间流量不稳定且无规律，但不属于冲击型排放。

d. 废水排放口分为废水总排放口、生活污水单独排放口和车间或生产设施排放口。废水主要排放口包括：主要排放口和一般排放口。排放口设置要满足国家和地方的标准要求、排污口规范化等文件的要求。

（4）附图、附件

附图包括：排污申报单位生产工艺流程图、厂区总平面布置图、监测点位示意图；附件包括：承诺书、申请前信息公开情况说明表、环评批复文件或备案文件、总量计划文件、污染治理设施可行性文件、许可排放量计算过程文件及其他必要的说明材料。

在填报中需要注意的事项：上传图件需清晰、规范，图例明确；生产工艺流程图应包括主要生产设施（设备）、主要原燃料的流向、主要生产工艺流程和产排污节点等相关内容。厂区总平面布置图应标清主体设施、公辅设施、环保设施等内容，注明废气主要排放口、一般排放口和无组织排放的生产单元，雨水及污水管网、雨水和污水排放口位置等。监测点位示意图，应明确各监测点位布置情况及说明。

（三）大气污染物排放

大气污染物排放主要包括排放口、有组织排放、无组织排放、大气排放总许可量等。

（1）排放口包括排放口基本情况及执行标准情况

大气排放口基本信息包括：排放口编号、排放口名称、污染物种类、地理坐标、排气筒高度、排气筒出口内径、排气温度及其他信息等。见表 7。

表 7　大气排放口基本情况表

序号	排放口编号	排放口名称	污染物种类	排放口地理坐标[1]		排气筒高度/m	排气筒出口内径/m[2]	排气温度/℃	其他信息
				经度	纬度				

注：（1）指排气筒所在地经纬度坐标，可通过排污许可管理信息平台中的 GIS 系统点选后自动生成经纬度。
（2）对于不规则形状排气筒，填写等效内径。

上表是对排污申报单位现有废气污染物排放口的统计汇总，排污单位在填写过程中特别注意：排放口编号、排放口名称以及对应排放污染物等信息准确，对应坐标等信息准确一致。

废气污染物排放执行标准是对排污申报单位上述排放口执行标准情况的填报。具体填写内容见表 8。

表 8　废气污染物排放执行标准表

序号	排放口编号	排放口名称	污染物种类	国家或地方污染物排放标准[1]			环境影响评价批复要求[2]/（mg/m^3）	承诺更加严格排放限值[3]/（mg/m^3）	其他信息
				名称	质量浓度限值/（mg/m^3）	速率限值/（kg/h）			

注：（1）指对应排放口须执行的国家或地方污染物排放标准的名称、编号及质量浓度限值。
（2）新增污染源必填。
（3）如火电厂超低排放质量浓度限值。

排污申报单位在填写上表时，主要是选择合理准确的执行标准，应按照国家或地方污染物排放标准的选取原则选取。填写的标准名称及污染因子种类等应符合规范要求。排放标准中有污染物排放速率要求的，还应填报污染物排放速率限值。

若执行标准分时段执行不同的排放控制要求，且两个及以上的时段与排污单位申请许可证的有效期在时间上重合的，填报时排放质量浓度限值或速率限值应按照不同时段要求填写，并在“其他信息”中说明。

对于 2015 年 1 月 1 日及之后取得环境影响评价审批文件的，应将审批文件中的要求（若有）填入“环境影响评价批复要求”一栏。

（2）有组织排放

有组织排放信息主要为大气污染物有组织排放，该部分内容涉及排放口编号、排放口名称、污染物种类、国家或地方污染物排放标准情况、环境影响评价排放要求、承诺更加严格排放限值及其他信息等。见表 9。

表 9 大气污染物有组织排放表

序号	排放口编号	排放口名称	污染物种类	申请许可排放质量浓度限值/（mg/m^3）	申请许可排放速率限值/（kg/h）	申请年许可排放量限值/（t/a）					申请特殊排放浓度限值[1]/（mg/m^3）	申请特殊时段许可排放量限值[2]/（mg/m^3）
						第一年	第二年	第三年	第四年	第五年		
主要排放口												
主要排放口合计			颗粒物									
			SO_2									
			NO_x									
			VOCs									
一般排放口												
一般排放口合计			颗粒物									
			SO_2									
			NO_x									
			VOCs									
全厂有组织排放总计[3]												
全厂有组织排放总计			颗粒物									
			SO_2									
			NO_x									
			VOCs									

主要排放口备注信息
一般排放口备注信息
全厂排放口备注信息

注：（1）（2）指地方政府制定的环境质量限期达标规划、重污染天气应对措施中对排污单位有更加严格的排放控制要求。

（3）“全厂有组织排放总计”指的是，主要排放口与一般排放口之和数据。

上表在填报过程中，排污申报单位需要关注的重点是填报有组织排放污染物总量情况和执行许可的污染物排放质量浓度限值。一般排放口不许可排放量，地方有更严要求的要从其严。

污染物排放量限值的计算应符合技术规范要求。特殊时段排放量限值由核发部门结合重污染天气应急预案及上一年的环统数据填写日许可排放量和管控要求。对于有错峰生产要求的排污单位，重点审查是否填报错峰生产月许可排放量。计算月许可排放量时，应充分考虑自然月的天数，应填报计算过程。

（3）无组织排放

无组织排放主要统计排污申报单位的无组织排放生产设施编号、产污环节和污染物种类、主要污染防治措施、执行排放标准等信息。见表 10。

表 10　大气污染物无组织排放表

序号	生产设施编号/无组织排放编号	产污环节[1]	污染物种类	主要污染防治措施	国家或地方污染物排放标准		其他信息	年许可排放量限值/（t/a）					申请特殊时段许可排放量限值/（t/a）
					名称	质量浓度限值（标态）/（mg/m^3）		第一年	第二年	第三年	第四年	第五年	
全厂无组织排放总计													
全厂无组织排放总计			颗粒物										
			SO_2										
			NO_x										
			VOCs										

注：（1）主要可以分为设备与管线组件泄漏、储罐泄漏、装卸泄漏、废水集输贮存处理、原辅材料堆存及转运、循环水系统泄漏等环节。

排污申报单位在填写上表的过程中，应选取准确合理，尤其是对污染物执行标准质量浓度限值的选取。可增加厂界作为无组织排放的监控点。目前无组织排放总量不计入排污许可总量管理范围，无组织排放总计可以不填。无组织排放编号指产生无组织排放生产单元的主要生产设施编号。在“其他信息”一列，可填写排放标准浓度限值对应的监测点位，如“厂界”。

（4）企业大气排放总许可量

企业大气排放总许可量为企业大气污染物排放量的限值，根据许可证时限分年度计。见表 11。

表 11　企业大气排放总许可量

单位：t/a

序号	污染物种类	第一年	第二年	第三年	第四年	第五年
1	颗粒物					
2	SO_2					
3	NO_x					
4	VOCs					

企业大气排放总许可量备注信息

注：企业大气排放总许可量为：“全厂有组织排放总计”与“全厂无组织排放总计”之和数据、全厂总量控制指标数据两者取严。

排污申报单位在填写该表时，应将建设项目总量控制指标进行汇总核算，排污单位大气污染物排放总许可量指标来源包括地方政府或生态环境主管部门发文确定的排污单位总量控制指标、环境影响评价文件批复中确定的总量控制指标、现有排污许可证中载明的总量控制指标、通过排污权有偿使用和交易确定的总量控制指标等地方政府或生态环境主管部门与排污许可证申领排污单位以一定形式确认的总量控制指标。污染物总量控制要求应具体到污染物类型及其指标量，应与后续许可量计算过程及许可量申请数据进行对比，从严确定许可量。

大气排放总许可量确认原则是分别按照技术规范要求进行计算相应的排放量，调查排污许可单位污染物排放量，根据各污染物许可排放量中的最小值，也就是说取严值确定大气排放总许可量。

（四）水污染物排放

水污染物排放包括排放口和申请排放信息等。

（1）排放口

水污染物排放口包括：废水直接排放口、入河排污口、雨水排放口、废水间接排放口和废水污染物排放执行标准等。

排污申报单位填报的排放口地理坐标要准确，总排口坐标为废水排出厂界处的监控排口的坐标，车间或生产设施排放口坐标指废水排出车间或车间处理设施边界处可监控排口的坐标。

如果排污申报单位排放废水直接排放进地表水体的，则需填报受纳水体名称、水体功能目标应与相关管理部门核实准确，并填写准确的汇入受纳自然水体处的地理坐标。对直接排入河流等的要填写排放口对应的入河排污口名称、编号以及批复文号等相关信息等。如果属于间接排放的，可不填写。见表 12、表 12-1。

表 12 废水直接排放口基本情况表

<table>
<tr><th rowspan="2">序号</th><th rowspan="2">排放口编号</th><th rowspan="2">排放口名称</th><th colspan="2">排放口地理坐标 (1)</th><th rowspan="2">排放去向</th><th rowspan="2">排放规律</th><th rowspan="2">间歇排放时段</th><th colspan="2">受纳自然水体信息</th><th colspan="2">汇入受纳自然水体处地理坐标 (4)</th><th rowspan="2">其他信息</th></tr>
<tr><th>经度</th><th>纬度</th><th>名称 (2)</th><th>受纳水体功能目标 (3)</th><th>经度</th><th>纬度</th></tr>
<tr><td></td><td></td><td></td><td></td><td></td><td></td><td></td><td></td><td></td><td></td><td></td><td></td><td></td></tr>
</table>

注：（1）对于直接排放至地表水体的排放口，指废水排出厂界处经纬度坐标；可手工填写经纬度，也可通过排污许可证管理信息平台中的 GIS 系统点选后自动生成经纬度。

（2）指受纳水体的名称，如××河等。

（3）指对于直接排放至地表水体的排放口，其所处受纳水体功能类别，如Ⅲ类、Ⅳ类、Ⅴ类等。

（4）对于直接排放至地表水体的排放口，指废水汇入地表水体处经纬度坐标；可通过排污许可证管理信息平台中的 GIS 系统点选后自动生成经纬度。

另外，排污单位废水向海洋排放的，应当填写岸边排放或深海排放。深海排放的，还应说明排污口的深度、与岸线直线距离。在备注中填写。

表 12-1 入河排污口信息表

序号	排放口编号	排放口名称	入河排污口			其他信息
			名称	编号	批复文号	

排污申报单位填写雨水排放口情况时，应填写格式规范，内容准确。如排放口坐标是否为雨水排出厂界的监控排口坐标。雨水受纳水体的名称、水体功能目标、汇入受纳自然水体处地理坐标等都应准确无误。见表 12-2。

表 12-2 雨水排放口基本情况表

序号	排放口编号	排放口名称	排放口地理坐标(1)		排放去向	排放规律	间歇排放时段	受纳自然水体信息		汇入受纳自然水体处地理坐标(4)		其他信息
			经度	纬度				名称(2)	受纳水体功能目标(3)	经度	纬度	

注：（1）对于直接排放至地表水体的排放口，指废水排出厂界处经纬度坐标；可手工填写经纬度，也可通过排污许可证管理信息平台中的 GIS 系统点选后自动生成经纬度。

（2）指受纳水体的名称，如××河等。

（3）指对于直接排放至地表水体的排放口，其所处受纳水体功能类别，如III类、IV类、V类等。

（4）对于直接排放至地表水体的排放口，指废水汇入地表水体处经纬度坐标；可通过排污许可证管理信息平台中的 GIS 系统点选后自动生成经纬度。

另外，排污单位废水向海洋排放的，应当填写岸边排放或深海排放。深海排放的，还应说明排污口的深度、与岸线直线距离。在备注中填写。

排污申报单位废水排放为间接排放的，需填写间接排放口基本情况表。见表 13。

表 13 废水间接排放口基本情况表

序号	排放口编号	排放口名称	排放口地理坐标(1)		排放去向	排放规律	间歇排放时段	受纳污水处理厂信息			
			经度	纬度				名称(2)	污染物种类	排水协议规定的质量浓度限值(3)	国家或地方污染物排放标准质量浓度限值(4)

注：（1）对于排至厂外城镇或工业污水集中处理设施的排放口，指废水排出厂界处经纬度坐标；对纳入管控的车间或者生产设施排放口，指废水排出车间或者生产设施边界处经纬度坐标；可通过排污许可证管理信息平台中的 GIS 系统点选后自动生成经纬度。

（2）指厂外城镇或工业污水集中处理设施名称，如×××生活污水处理厂、×××园区污水处理厂等。

（3）属于选填项，指排污单位与受纳污水处理厂等协商的污染物排放质量浓度限值要求。

（4）指污水处理厂废水排入环境水体时应当执行的国家或地方污染物排放标准质量浓度限值（mg/L）。

同样，其填写应格式规范，内容准确。尤其是排污单位受纳污水处理厂信息，应包括名称、污染物种类和执行排放标准中的质量浓度限值；污染物种类与之前填报污染物种类对应，而且其排放质量浓度限值应为污水处理厂废水排放执行的排放标准质量浓度限值。

表 14 废水污染物排放执行标准表

序号	排放口编号	排放口名称	污染物种类	国家或地方污染物排放标准[1]		排水协议规定的质量浓度限值（如有）	环境影响评价批复要求	承诺更加严格排放限值	其他信息
				名称	质量浓度限值				

注：（1）指对应排放口须执行的国家或地方污染物排放标准的名称及质量浓度限值。
（2）属于选填项，指排污单位与受纳污水处理厂等协商的污染物排放质量浓度限值要求。
另外，该表新增污染源必填。

废水污染物排放执行标准填报中需要注意的事项：

1）执行国家水污染物排放标准的，标准名称及污染因子种类等应符合技术规范要求。地方有更严格排放标准的，应填报地方标准。

2）排放标准规定不同时间段执行不同排放管控要求，且其中两个及以上的时间段与排污单位申请的本次持证有效期有关，填报时排放质量浓度限值应填全，具体情况可以在“其他信息”中说明。

3）雨水排放口的污染物种类填写化学需氧量和悬浮物，但无须填报执行标准名称和质量浓度限值信息，填报“/”。地方有更严格控制要求的，按地方要求执行。

（2）企业水排放总许可量

企业废水污染物排放总许可量为企业废水污染物排放量的限值，根据许可证时限分年度计。

表 15 废水污染物排放

序号	排放口编号	排放口名称	污染物种类	申请排放质量浓度限值	申请年排放量限值/（t/a）[1]					申请特殊时段排放量限值/（t/a）
					第一年	第二年	第三年	第四年	第五年	
主要排放口										
主要排放口合计			COD_{Cr}							
			氨氮							
			总氮（以N计）							

一般排放口							
一般排放口合计	COD_{Cr}						
	氨氮						
	总氮（以N计）						
全厂排放口源							
全厂排放口总计	COD_{Cr}						
	氨氮						
	总氮（以N计）						

主要排放口备注信息
一般排放口备注信息
全厂排放口备注信息

注：（1）排入城镇集中污水处理设施的生活污水无须申请许可排放量。

污染物种类填报是否完整。依据国家和地方标准许可污染物排放质量浓度。依据技术规范中规定的许可排放量核算方法和依法分解落实到排污单位的重点污染物排放总量控制指标，从严确定许可排放量；对于 2015 年 1 月 1 日（含）及之后的年份取得环评文件批复的排污单位，许可排放量还应同时满足环境影响评价文件和审批意见确定的排放量的要求。规范中未许可排放量的因子，如有地方要求，应核实与地方要求是否一致。

满足当地生态环境主管部门按月进行细化的要求，是否提交申请年排放量的计算过程文件，计算过程是否正确，注意总镍、总铬的单位是千克/年。

总量控制指标包括地方政府或生态环境主管部门发文确定的排污单位总量控制指标、环境影响评价文件批复中确定的总量控制指标、现有排污许可证中载明的总量控制指标、通过排污权有偿使用和交易确定的总量控制指标等地方政府或生态环境主管部门与排污许可证申领排污单位以一定形式确认的总量控制指标。污染物总量控制要求应具体到污染物类型及其指标量，应与后续许可量计算过程及许可量申请数据进行对比，按技术规范要求，从严确定许可量。

（五）噪声排放

噪声排放信息表具体内容见表 16。

表 16 噪声排放信息

噪声类别	生产时段		执行排放标准名称	厂界噪声排放限值		备注
	昼间	夜间		昼间/dB（A）	夜间/dB（A）	
稳态噪声						
频发噪声						
偶发噪声						

噪声排放信息内容比较简单，排污许可申请单位根据自身噪声执行标准情况填写即可。

（六）固体废物排放

固体废物排放信息主要包括固体废物排放信息和固体废物处置信息两部分。见表 17。

表 17 固体废物排放信息

固体废物排放信息

序号	固体废物来源	固体废物名称	固体废物种类	固体废物类别	固体废物描述	固体废物产生量/（t/a）	处理方式	处理去向						其他信息
								自行贮存量/（t/a）	自行利用/（t/a）	自行处置/（t/a）	转移量/（t/a）		排放量/（t/a）	
											委托利用量	委托处置量		

委托利用、委托处置

序号	固体废物来源	固体废物名称	固体废物类别	委托单位名称	危险废物利用和处置单位危险废物经营许可证编号

自行处置

序号	固体废物来源	固体废物名称	固体废物类别	自行处置描述

其中排放信息中应明确固体废物产生来源、名称、类别、产生量及处置方式等。要求填报中信息全面，数据准确，去向明确合理；固体废物处置信息应填写明确的处理处置去向，尤其是危险废物处理处置情况，应上传相应的处理处置合同等佐证材料。

（七）环境管理要求

环境管理要求主要包括两方面的内容，其一为自行监测，其二为环境管理台账记录。

（1）自行监测

自行监测包括：监测类别、监测点位、点位名称、监测内容、污染物名称、监测设施、自动监测是否联网、自动监测仪器名称、自动监测设施安装位置、自动监测设施是否满足管理要求、手工监测采样方法及个数、手工监测频次手工监测方法等。见表 18。

表 18 自行监测及记录信息表

序号	污染源类别/监测类别	排放口编号/监测点位	排放口名称/监测点位名称	监测内容[(1)]	污染物名称	监测设施	自动监测是否联网	自动监测仪器名称	自动监测设施安装位置	自动监测设施是否符合安装、运行、维护等管理要求	手工监测采样方法及个数[(2)]	手工监测频次[(3)]	手工测定方法[(4)]	其他信息

注：（1）指气量、水量、温度、含氧量等项目。

（2）指污染物采样方法，如对于废水污染物："混合采样（3 个、4 个或 5 个混合）""瞬时采样（3 个、4 个或 5 个瞬时样）"；对于废气污染物："连续采样""非连续采样（3 个或多个）"。

（3）指一段时期内的监测次数要求，如 1 次/周、1 次/月等，对于规范要求填报自动监测设施的，在手工监测内容中填报自动在线监测出现故障时的手工频次。

（4）指污染物浓度测定方法，如"测定化学需氧量的重铬酸钾法""测定氨氮的水杨酸分光光度法"等。

另外，根据行业特点，如果需要对雨排水进行监测的，应当手动填写。

自行监测填报中应关注的重点：污染源类别填写废水或废气，排放口编号、排放口名称和监测的污染物种类应前后保持一致，无组织排放的排放口编号填写"厂界"。监测内容并非填写污染物项目，废水填写"流量"；废气有组织排放监测应填写相关烟气参数，包括烟气量、烟气流速、烟气温度、烟气压力、含氧量等，具体参照执行的排放标准要求；废气无组织排放监测应填写相关气象因子，包括风向、风速等，详见 HJ/T 55 和执行排放标准中的相关要求。

监测频次不得低于相应的技术规范的要求，环评文件中有明确要求的，应参照环评文件要求执行。开展自动监测的，应填报自动监测设备出现故障时的手工监测相关信息，并在其他信息中填写"自动监测设备出现故障时开展手工监测"。手工监测方法应优先选用执行排放标准中规定的方法。

监测质量保证与质量控制要求应符合 HJ 819、HJ/T 373 中相关规定。

监测数据记录、整理和存档要求应符合技术规范和 HJ 819 的相关规定。

（2）环境管理台账记录

环境管理台账主要包括类别、记录内容、记录频次、记录形式等，见表 19。

表 19 环境管理台账信息表

序号	类别	记录内容	记录频次	记录形式	其他信息

环境管理台账记录在填报中应关注的重点为：按照技术规范要求填报环境管理台账记录内容，不要有漏项；检查记录频次应符合规范要求，与记录内容应对应；记录形式应按照电子台账和纸质台账同时记录，台账记录至少保存 3 年；注意区分实施重点管理排污单位的环境管理台账与其他排污单位环境管理台账在内容要求上的差异。地方有更严格要求的要按地方要求执行，并做完善。

（八）其他

排污许可证申请单位在完成上述填报内容后，还需要对核实填报以下内容，补充登记信息、有核发权的地方生态环境主管部门增加的管理内容、改正规定、锅炉申请信息及其他。

该部分填报过程中应重点关注的内容是地方生态环境主管部门增加的管理内容和改正规定。

（1）地方生态环境主管部门增加的内容

地方生态环境主管部门增加的内容应明确，排污许可单位应严格落实。地方生态环境主管部门可将国家和地方对排污单位的废水、废气和固体废物环境管理要求，以及法律法规、技术规范中明确的污染防治措施运行维护管理要求等写入“其他控制及管理要求”中。地方有法规对噪声、固体废物、环境风险等方面有管理要求，可纳入“其他许可内容”。

（2）改正规定

改正规定主要针对排污许可单位未依法取得建设项目环境影响评价文件审批意见、未取得地方人民政府按照国家有关规定依法处理、整顿规范所出具的相关证明材料、采用的污染防治设施或措施不能达到许可排放浓度要求，以及存在其他依法依规需要改正行为的，应填写本表，由排污单位提出需要改正的内容及改正时限，由地方生态环境主管部门审核并最终决定改正措施及时限，不予发证，下达限期整改通知书。见表 20。

表 20 改正规定信息表

序号	整改问题	整改措施	整改时限	整改计划

（3）其他

排污许可申请单位还应按技术规范填写执行（守法）报告、信息公开、其他控制及管理要求等。

执行报告内容和频次符合技术规范的要求。

应按照《企业事业单位环境信息公开办法》《排污许可管理办法（试行）》等管理要求，填报信息公开方式、时间、内容等信息。公开的方式包括两种：一是在国家排污许可信息公开系统中公开；二是依法规范的其他便于公众知晓的方式。时间节点按照《企业事业单位环境信息公开办法》的要求执行。

具体公开的内容包括：基础信息，包括单位名称、统一社会信用代码等；

排污信息，包括排放污染物的名称、排放方式、排放口数量、排放浓度和总量等信息；

防治污染设施的建设和运行情况；

其他应当公开的环境信息。其他信息需按照《企业事业单位环境信息公开办法》和《排污许可管理办法（试行）》执行。